LINDER 1
Biologie

Nordrhein-Westfalen

herausgegeben von
Wolfgang Jungbauer
Hans-Peter Konopka
Antje Starke

Schroedel

Linder Biologie 1
Nordrhein-Westfalen

Herausgeber
Dr. Wolfgang Jungbauer, Gunzenhausen
Hans-Peter Konopka, Recklinghausen
Antje Starke, Leipzig

Autoren
Dr. Jürgen Heilemann, Paderborn
Dr. Wolfgang Jungbauer, Gunzenhausen
Hans-Peter Konopka, Recklinghausen
Kristin Menke, Münster
Dr. Michael Reck, Freiburg
Dr. Heiner Schäfer, Immenhausen
Antje Starke, Leipzig
Dr. Astrid Wasmann, Groß Nordende

Dieses Werk ist eine Überarbeitung von
978-3-507-86596-9

© 2016 Bildungshaus Schulbuchverlage
Westermann Schroedel Diesterweg
Schöningh Winklers GmbH, Braunschweig
www.schroedel.de

Das Werk und seine Teile sind urheberrechtlich geschützt. Jede Nutzung in anderen als den gesetzlich zugelassenen Fällen bedarf der vorherigen schriftlichen Einwilligung des Verlages.
Hinweis zu § 52a UrhG: Weder das Werk noch seine Teile dürfen ohne eine solche Einwilligung gescannt und in ein Netzwerk eingestellt werden. Dies gilt auch für Intranets von Schulen und sonstigen Bildungseinrichtungen.
Für Verweise (Links) auf Internet-Adressen gilt folgender Haftungshinweis: Trotz sorgfältiger inhaltlicher Kontrolle wird die Haftung für die Inhalte der externen Seiten ausgeschlossen. Für den Inhalt dieser externen Seiten sind ausschließlich deren Betreiber verantwortlich. Sollten Sie bei dem angegebenen Inhalt des Anbieters dieser Seite auf kostenpflichtige, illegale oder anstößige Inhalte treffen, so bedauern wir dies ausdrücklich und bitten Sie, uns umgehend per E-Mail davon in Kenntnis zu setzen, damit beim Nachdruck der Verweis gelöscht wird.

Druck A[1] / Jahr 2016
Alle Drucke der Serie A sind im Unterricht parallel verwendbar.

Redaktion Marcel Tiffert
Illustrationen
Birgitt Biermann-Schickling, Franz-Josef Domke, Julius Ecke, Eike Gall, Christine Henkel, Brigitte Karnath, Liselotte Lüddecke, Karin Mall, Birgit Schlierf, Olaf Schlierf
Umschlaggestaltung Visuelle Lebensfreude, Hannover
Layout Visuelle Lebensfreude, Hannover
Druck und Bindung
westermann druck GmbH, Braunschweig

ISBN 978-3-507-88230-0

Inhalt

8 Grundlagen der Biologie

1	**Die Biologie ist eine Naturwissenschaft**	10
2	**Kennzeichen von Lebewesen**	12
	Methode Führen der Biologiemappe	14
	Methode Betrachten, Beobachten und Beschreiben	15
3	**Lebewesen genauer untersuchen**	16
	Methode Mikroskopieren	18
	Aufgaben und Versuche Lebewesen genauer untersuchen	19
4	**Leben folgt bestimmten Konzepten**	20
	Zusammenfassung	22
	Wissen vernetzt	23

24 Vielfalt von Lebewesen

1	**Pflanzen in der Nachbarschaft**	26
1.1	Lebensräume in der Umgebung	26
1.2	Der Hahnenfuß – eine häufige Wiesenpflanze	28
1.3	Hahnenfuß ist nicht gleich Hahnenfuß	29
1.4	Pflanzenteile wirken zusammen	30
	Aufgaben und Versuche Pflanzenteile wirken zusammen	31
1.5	Bau und Vielfalt von Blüten	32
	Aufgaben und Versuche Blüten	34
	Methode Anlegen eines Herbars	35
1.6	Von der Kirschblüte zur Kirsche	36
1.7	Formen der Bestäubung	38
1.8	Ausbreitung von Samen und Früchten	40
1.9	Keimung und Wachstum	42
	Methode Vergleichen	44
	Aufgaben und Versuche Keimung und Wachstum	45
1.10	Ungeschlechtliche Fortpflanzung	46
2	**Tiere im Wald**	48
2.1	Der Wald als Lebensraum	48
	Methode Exkursion in den Wald	50
	Methode Eine Sammlung anlegen	51
2.2	Spechte – Kletterkünstler am Stamm	52
2.3	Der Mäusebussard ist ein Greifvogel	54
2.4	Wie Vögel fliegen	56
2.5	Viele Säugetiere sind an das Leben im Wald angepasst	58
2.6	Zauneidechse, Blindschleiche, Kreuzotter	60
2.7	Auch im Boden gibt es Leben	62
	Methode Experimentieren und Protokollieren	63
	Aufgaben und Versuche Unterrichtsprojekte Wald	64

3	**Der Teich als Lebensraum**	**66**
3.1	Leben am und im Teich	66
3.2	Libellen gehören zu den Insekten	68
3.3	Weichtiere im Teich	70
3.4	Fische	72
3.5	Lurche	74
	Methode Arbeiten mit einem Bestimmungsschlüssel	76
	Aufgaben und Versuche Leben im Teich	78
	Methode Sezieren und Präparieren eines Fisches	79
3.6	Nahrungsbeziehungen im Teich	80
3.7	Vergleich Wirbeltiere – Wirbellose	82
4	**Der Mensch nutzt Pflanzen**	**84**
4.1	Kohl – eine wichtige Nutzpflanze	84
4.2	Der Garten als Lebensraum	86
4.3	Das Feld als Lebensraum	88
4.4	Die Kartoffel	90
	Aufgaben und Versuche Nutzpflanzen	91
5	**Der Mensch nutzt Tiere**	**92**
5.1	Lebensweise und Körperbau von Hunden	92
5.2	Innerer Aufbau von Hunden	94
5.3	Abstammung des Hund	95
5.4	Verhalten bei Hunden	96
5.5	Hunde säugen ihre Jungen	97
5.6	Hundehaltung	98
	Methode Einen Steckbrief erstellen	99
5.7	Die Katze – ein Schleichjäger	100
	Aufgaben und Versuche Vergleich von Hund und Katze	102
5.8	Rinder stammen vom Wildrind ab	104
5.9	Das Rind – das wichtigste Nutztier	105
5.10	Das Rind ist ein Wiederkäuer	106
	Methode Erstellen einer Mindmap	108
5.11	Abstammung und Verwandtschaft des Pferdes	109
5.12	Das Perd – ein Nutztier im Wandel	110
5.13	Das Schwein – ein Allesfresser	112
5.14	Hühnerhaltung	114
5.15	Das Haushuhn – Fortpflanzung und Entwicklung bei Vögeln	116
	Aufgaben und Versuche Haus- und Nutztiere	118
6	**Naturschutz**	**120**
6.1	Gefährdung heimischer Arten	120
6.2	Schutz heimischer Arten	122
7	**Vergleich von Wirbeltieren**	**124**
	Zusammenfassung	126
	Wissen vernetzt	128

130
Angepasstheit von Pflanzen und Tieren

172
Bau und Leistungen des menschlichen Körpers

1	Ohne Sonne kein Leben	132
2	Verwertung der Fotosyntheseprodukte	134
	Aufgaben und Versuche Fotosynthese	136
3	Pflanzen und Tiere – Leben mit den Jahreszeiten	138
3.1	Frühblüher	138
3.2	Die Wiese im Jahreslauf	140
3.3	Der Maulwurf	142
3.4	Sträucher und Bäume in Herbst und Winter	144
3.5	Igel halten einen Winterschlaf	146
	Methode Arbeiten mit Diagrammen	147
3.6	Eichhörnchen legen Vorräte an	148
3.7	Säugetiere überwintern unterschiedlich	150
3.8	Zugvögel sind nur Sommergäste	152
3.9	Standvögel im Winter	154
3.10	Tiere regeln ihre Körpertemperatur unterschiedlich	156
3.11	Überwinterung von Wirbellosen	158
4	Extreme Lebensräume	160
4.1	Leben in der Wüste	160
4.2	Leben in Eis und Schnee	162
4.3	Leben in der Tiefsee	164
	Aufgaben und Versuche Extreme Lebensräume	166
	Zusammenfassung	168
	Wissen vernetzt	170

1	Der Körper des Menschen	174
2	Ernährung und Verdauung	176
2.1	Unsere Nahrungsmittel bestehen aus verschiedenen Stoffen	176
2.2	Aufbau von Nährstoffen	178
	Aufgaben und Versuche Nachweis von Nährstoffen	179
2.3	Nahrung liefert Energie	180
2.4	Zähne zerkleinern die Nahrung	182
2.5	Verdauung der Nahrung	184
	Aufgaben und Versuche Ernährung und Verdauung	186
3	Bewegung ist Teamarbeit des ganzen Körpers	188
3.1	Das Skelett	188
3.2	Die Wirbelsäule	190
3.3	Haltungsfehler können vermieden werden	191
3.4	Knochen und Gelenke	192
3.5	Muskeln	194
	Aufgaben und Versuche Bewegungsapparat	196
3.6	Muskeln arbeiten auf Befehl	198
	Aufgaben und Versuche Muskeln und Sehnen	199
3.7	Erste Hilfe	200
4	Atmung und Blutkreislauf	202
4.1	Luft zum Leben	202
	Methode Arbeiten mit Modellen	203
4.2	Atmungsorgane	204
4.3	Blut	206
4.4	Herz und Blutkreislauf	208
	Aufgaben und Versuche Atmung, Blut und Blutkreislauf	210
5	Aktiv für ein gesundheitsbewusstes Leben	212
5.1	Gesunde Ernährung	212
5.2	Bewegung fördert die Gesundheit	214
5.3	Gefahren für die Atmungsorgane	216
5.4	Drogen machen süchtig	218
	Methode Erstellung eines Informationsplakates	219
5.5	Gefahren für die Haut	220
	Zusammenfassung	222
	Wissen vernetzt	224

226
Die Umwelt erleben mit den Sinnesorganen

254
Sexualität und Entwicklung des Menschen

1	**Erfahrungen mit allen Sinnen**	**228**
	Aufgaben und Versuche Erfahrungen mit allen Sinnen	230
2	**Aufbau und Funktion von Sinnesorganen**	**232**
2.1	Sicher im Straßenverkehr	232
	Aufgaben und Versuche Wie schütze ich mich im Straßenverkehr?	233
2.2	Bau und Funktion des Auges	234
2.3	Die Informationsverarbeitung erfolgt im Gehirn	236
2.4	Räumliches Sehen	237
	Aufgaben und Versuche Auge und Sehen	238
2.5	Sehfehler sind korrigierbar	239
2.6	Aufbau und Funktion des Ohres	240
	Aufgaben und Versuche Das Ohr	242
2.7	Lärm macht krank	243
2.8	Leben ohne Hörsinn	244
3	**Sinnesleistungen im Vergleich**	**246**
3.1	Viele Tiere übertreffen in ihren Sinnesleistungen den Menschen	246
3.2	Viele Tiere sind Sinnesspezialisten	248
	Zusammenfassung	250
	Wissen vernetzt	252

1	**Auf dem Weg zum Erwachsenwerden**	**256**
2	**Bau und Funktion der Geschlechtsorgane**	**258**
2.1	Vom Jungen zum Mann	258
2.2	Vom Mädchen zur Frau	260
2.3	Der weibliche Zyklus	262
3	**Liebe und Partnerschaft**	**264**
4	**Ein Kind entsteht**	**266**
4.1	Befruchtung und Schwangerschaft	266
4.2	Die Geburt	269
4.3	Vom Säugling zum Kleinkind	270
5	**Familienplanung**	**271**
6	**Sexueller Missbrauch – mein Körper gehört mir**	**272**
	Zusammenfassung	274
	Wissen vernetzt	275

Anwenden der Basiskonzepte	276
Sicheres Arbeiten im Fachraum	280
Register	281
Bildquellen	287

Informieren / Lernen / Arbeiten

Dieses Biologiebuch bietet viel mehr als nur Informationen. Beim ersten Durchblättern fallen unterschiedlich gestaltete Seiten auf. Es ist gut, sich bereits hier mit dem Aufbau des Biologiebuches vertraut zu machen.

Einstiegsseiten. Jedes Hauptkapitel beginnt mit Materialien bzw. Aufgaben, die zum Thema passen und wichtige Anregungen geben. Diese Seiten sollen „Appetit" machen auf das, was in dem jeweiligen Kapitel kommt.

Grundseiten. Hier erhält man die wesentlichen Informationen zu einem Thema, also das Grundwissen. Mit den Aufgaben am Ende des Textes kann man prüfen, ob die Informationen verstanden wurden und ob sie angewendet werden können. Die Texte werden durch kleine Überschriften gegliedert. So werden die entscheidenden Informationen schnell zugänglich. Zusätzliche Informationen sind durch ⊕ gekennzeichnet.

Methode. Auf diesen Seiten werden sowohl allgemeine Arbeitsmethoden, zum Beispiel Durchführung einer Internetrecherche, als auch fachspezifische Methoden, zum Beispiel das Mikroskopieren, beschrieben.

Aufgaben und Versuche. Hier sind Experimente und Aufgaben zu finden, die selbstständig oder in Gruppenarbeit zu bewältigen sind.

Zusammenfassung. Auf diesen Seiten werden die wichtigsten Inhalte eines Hauptkapitels vor dem Hintergrund der jeweiligen Basiskonzepte wiederholt.

Vernetze dein Wissen. Diese Aufgaben dienen der Festigung und Vernetzung der vermittelten Inhalte über das jeweilige Hauptkapitel hinaus.

Auf den meisten Seiten finden sich Arbeitsaufträge und Aufgaben, die jeweils durch ein Blatt-Symbol gekennzeichnet sind.

1 *Aufgabentyp: Wiederholung*
2 *Aufgabentyp: Anwendung*
3 *Aufgabentyp: Transfer*

Grundlagen der Biologie

Wie sahen Dinosaurier wirklich aus?

Dinosaurier sind vor etwa 65 Millionen Jahren ausgestorben. Woher weiß man eigentlich, wie groß die Dinosaurier waren und welche Farbe sie hatten? Kann man nur Vermutungen aufstellen, oder gibt es auch gesicherte Erkenntnisse? Welche Wissenschaften liefern Beiträge zu diesen Erkenntnissen?

1 *Stellt euch selbst weitere Fragen, schreibt diese auf und sucht nach Antworten.*

Drei süße Kerle

1 *Vergleicht die abgebildeten Hunde. Nennt Gemeinsamkeiten und Unterschiede.*
2 *Stellt Vermutungen an, ob es sich bei den Hunden um Geschwister handeln kann.*

Grundlagen der Biologie

Hausmaus und Spielzeugmaus

Spielzeugmaus und weiße Hausmaus sehen sehr ähnlich aus. Trotzdem unterscheiden sie sich in einigen wesentlichen Merkmalen.
Zwei aus eurer Gruppe gehen kurz vor die Tür und bereiten ein Rollenspiel vor: Einer stellt eine Spielzeugmaus dar, der andere eine Hausmaus.

1. Beobachtet das Spiel der beiden und notiert wichtige Unterschiede in einer Tabelle, die ihr im Verhalten der beiden erkennen könnt.
2. Besprecht die Tabelle und sucht weitere Kennzeichen von Spielzeugmaus und Hausmaus.

Die Pusteblume nah betrachtet

Die „Pusteblume" kennt jedes Kind. Aber habt Ihr Euch schon einmal eine Pusteblume mit der Lupe aus der Nähe betrachtet? Betrachtet die kleinen „Fallschirmchen" und fertigt eine Skizze an. Verwendet dazu die Methode „Betrachten, Beobachten und Beschreiben" auf Seite 15.

1. Nehmt eine Pusteblume in die Hand und pustet dagegen. Beschreibt anschließend eure Beobachtungen.

Eine Zwiebel verändert sich

Setze eine Blumenzwiebel wie abgebildet auf ein Glas mit Wasser. Glas und Zwiebel werden einige Tage auf einem Fensterbrett stehen gelassen.

1. Beschreibe auftretende Veränderungen.
2. Protokolliere den Versuchsaufbau und die Versuchsergebnisse.
3. Überlege, wie der Versuch abgewandelt werden kann.

1 Die Biologie ist eine Naturwissenschaft

Der Winter geht zu Ende und die ersten Frühlingsboten zeigen sich. In einem Winkel des Gartens haben sich einige Schneeglöckchen durch die Schneedecke geschoben. Dem aufmerksamen Beobachter entgeht nicht, dass der Schnee um die Schneeglöckchen herum geschmolzen ist. Kann denn eine Pflanze Wärme abgeben? Die Antwort auf diese und ähnliche Fragen wird mit Hilfe der Naturwissenschaften gegeben.

Naturwissenschaften. Schon vor vielen Tausenden von Jahren beschäftigten sich Menschen mit der Natur. Man sammelte Erfahrungen mit dem Lauf der Sonne, den Jahreszeiten, mit der Umwelt, dem Wetter und den Gesteinen im Boden. Das ursprüngliche Interesse galt dem unmittelbar Nützlichen. So wurden schon vor rund 11 000 Jahren aus Lehm Ziegelsteine gebrannt, um sie für den Hausbau zu verwenden. Metalle wurden für Werkzeuge und Waffen gewonnen. Pflanzen wurden angebaut und Tiere wurden gehalten, um die Versorgung mit Nahrungsmitteln zu sichern. So führte die Neugier und die Lust am Forschen dazu, dass immer mehr Wissen angesammelt wurde.

Biologie. Man unterscheidet verschiedene Bereiche der Naturwissenschaften. So ist die Beobachtung und die Untersuchung von Pflanzen und Tieren sowie ihrer Lebensweise Aufgabe der Biologie. Das Wort

1 Schneeglöckchen

stammt aus der griechischen Sprache und setzt sich aus „bios" = Leben und „logos" = Lehre zusammen. Die Biologie ist also eine Wissenschaft, die sich mit den Lebewesen beschäftigt.

Physik, Chemie, Geologie. Welche Kräfte lassen zum Beispiel Eisberge schwimmen, einen Stein nach unten fallen oder den Mond um die Erde kreisen? Die Antwort auf diese Fragen gibt die Physik. Sie erforscht die Eigenschaften und Gesetzmäßigkeiten der unbelebten Dinge der Natur. Auch das Verbrennen eines Holzstücks ist ein Vorgang der unbelebten Natur. Hierbei verändern sich Stoffe. Aus dem Holz entsteht schwarze Holzkohle, und Rauchgase werden an die Luft abgegeben. Die Untersuchung derartiger und anderer Vorgänge erfolgt durch die Chemie. Die Entstehung

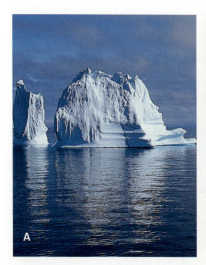

2 Beispiele aus verschiedenen Naturwissenschaften. **A** Physik; **B** Chemie; **C** Geologie

Grundlagen der Biologie

und Veränderung von Gesteinen, zum Beispiel durch Verwitterung, ist Forschungsgegenstand der Geologie. Daneben gibt es noch weitere Naturwissenschaften etwa die Astronomie oder Himmelskunde.

Methoden der Biologie. Im Mittelpunkt aller biologischen Fragestellungen stehen Naturbeobachtungen. Nicht immer sind diese Phänomene spektakuläre Ereignisse wie das Auffinden eines Dinosaurierskelettes oder die Entdeckung einer neuen Tierart. Auch unscheinbare Ereignisse wie das Schmelzen der Schneedecke rings um ein Schneeglöckchen wecken das Interesse von Biologen. Aus den Beobachtungen ergeben sich oft Fragen. Diese führen zu Vermutungen, die als Hypothesen bezeichnet werden. Vielfach kann man diese mithilfe von Versuchen, den Experimenten, überprüfen. Solche Experimente können oft im Freiland durchgeführt werden. Manchmal ist auch die Durchführung unter kontrollierten Versuchsbedingungen in einem Labor notwendig. Für jeden Versuch ist eine präzise Versuchsanleitung und eine lückenlose Dokumentation der Versuchsergebnisse erforderlich.

3 Biologen erkunden die Wechselwirkungen von Lebewesen in deren Lebensräumen

4 Biologen beobachten das Verhalten von Tieren

Beschäftigungsfelder von Biologen. Biologen erforschen nicht nur die Lebensweise und die Lebensansprüche von Tieren und Pflanzen. Sie erkunden auch das Zusammenleben und die Wechselwirkungen zwischen den Arten in ihren Lebensräumen. Manche dieser Arten sind für Menschen besonders nützlich oder schädlich. Diese genau kennen zu lernen ist ein wichtiges Betätigungsfeld für Biologen. Mit dem Mikroskop kann der Feinbau von Lebewesen erforscht werden. Die für das Auge unsichtbare Welt der kleinsten Lebewesen, der Mikroben, umfasst zum Beispiel viele Krankheitserreger. Aber auch bestimmte Nahrungsmittel oder andere wichtige Stoffe werden von Mikroben erzeugt. In speziellen Versuchsanlagen wird das Wachstum von Pflanzen und Tieren unter verschiedenen Bedingungen erforscht. Schließlich untersuchen Biologen im Labor auch Proben aus der Umwelt und erforschen die Fortpflanzung und Entwicklung von Lebewesen sowie deren Stoffwechselvorgänge.

5 Biologen führen Laboruntersuchungen an Lebewesen durch

Aufgabe

 Begründe, warum die Biologie eine Naturwissenschaft ist.

2 Kennzeichen von Lebewesen

Zoobesuch. In einem Zoo kann man im Reptilienhaus viele exotische Tiere wie Krokodile oder Chamäleons beobachten. Ein Chamäleon kann stundenlang mit eingerolltem Schwanz bewegungslos auf einem Ast sitzen. Auch durch seine Färbung hebt es sich kaum von diesem ab. Wodurch unterscheidet sich ein Lebewesen wie das Chamäleon von Gegenständen der unbelebten Natur, wie zum Beispiel einem Stein?

Reaktion auf Reize. Erst bei längerer Beobachtung zeigt das Chamäleon Kennzeichen von Lebewesen. Nähert sich ein passendes Beutetier wie eine Fliege oder eine Heuschrecke, reagiert das Tier auf diesen Reiz: Es bewegt die Augen, entrollt den Schwanz und geht in eine Art Lauerstellung. Plötzlich schnellt seine Zunge aus dem Maul und fängt das Beutetier. **Reizaufnahme und Reaktion** sind ein Kennzeichen aller Lebewesen. Sie sind für Tiere in der Regel lebenswichtig. So wird eine hungrige Katze beim Anblick einer Maus zum Sprung auf die Beute ansetzen. Die Maus dagegen wird beim Anblick der Katze schnell die Flucht ergreifen. Auch Pflanzen reagieren auf Reize. Eine junge Sonnenblume wendet ihren Blütenstand stets zum Sonnenlicht und dreht sich dabei. Nach dem Sonnenuntergang senkt sie ihren Blütenstand und dreht sich zurück. Umgekehrt reagieren Pflanzen, die in der Nacht blühen. Nachtkerzen öffnen ihre Blüten erst bei Dunkelheit. Pflanzen reagieren aber nicht nur auf Licht, sondern auch auf Schwerkraft, Wärme, Kälte und andere Reize.

Eigenständige Bewegung. Ein weiteres Kennzeichen von Lebewesen ist die **eigenständige Bewegung.** Sie wird bei einem gegen die Wasserströmung springenden Lachs besonders deutlich. Im Gegensatz zu Tieren können Pflanzen sich zwar nicht von der Stelle rühren, auf der sie wachsen, aber sie zeigen deutliche Bewegungen ihrer Blüten oder Blätter. Meist erfolgen diese Bewegungen sehr langsam, wie zum Beispiel die Drehbewegung der Sonnenblume im Licht.

Stoffwechsel. Andere Vorgänge des Lebens sind dagegen kaum erkennbar. So nehmen Pflanzen mit ihren Wurzeln Wasser und Mineralstoffe aus dem Boden auf. Auch andere Lebewesen nehmen Stoffe auf und wandeln sie um, sie betreiben einen **Stoffwechsel.** Pflanzen bilden in ihren Blättern mithilfe des Sonnenlichtes Zucker. Dabei entsteht Sauerstoff, den die Pflanzen abgeben. Das kann man bei Wasserpflanzen wie der Wasserpest besonders gut beobachten, wenn sich an den Blättern kleine Gasbläschen bilden. Menschen und Tiere atmen den Sauerstoff ein. Zusätzlich nehmen sie mit ihrer Nahrung Stoffe auf, die im Körper verarbeitet und somit umgewandelt werden. Stoffe, die der Körper nicht verwerten kann, sowie Gift- und Abfallstoffe werden wieder ausgeschieden.

Fortpflanzung. Ein weiteres Kennzeichen von Lebewesen ist die **Fortpflanzung.** Dies geschieht bei Pflanzen manchmal durch die Bildung von Ablegern, von Zwiebeln oder von Knollen. Meistens entsteht ein neues Lebewesen jedoch aus einer befruchteten Eizelle.

1 Chamäleon. A in Ruhe; **B** beim Beutefang

Grundlagen der Biologie

Wachstum und Entwicklung. Aus einer befruchteten Eizelle bildet sich durch **Wachstum und Entwicklung** ein neues Lebewesen, das später selbst wieder geschlechtsreif wird. So wachsen Hühnerküken zunächst im Ei heran. Beim Schlüpfen sind sie 21 Tage alt und etwa fünf Zentimeter groß. In den nächsten Monaten entwickeln sie sich zum geschlechtsreifen Tier. Aus einer einzigen befruchteten Eizelle ist durch viele Zellteilungen ein ganzes Lebewesen mit sehr unterschiedlichen Zellen entstanden.

Alle Lebewesen bestehen aus Zellen. Am Beispiel der feinen Moosblättchen ist schon mit der Lupe zu erkennen, dass Lebewesen aus Zellen bestehen. Manche Lebewesen bestehen sogar nur aus einer einzigen Zelle wie beispielsweise Bakterien.

Körpergestalt. Jedes Lebewesen hat eine unverwechselbare **Körpergestalt,** an der man es erkennen kann. Auf diese Weise kann man Tiere oder Pflanzen voneinander unterscheiden, zum Beispiel Hunde und Katzen oder Tulpen und Rosen. Jedes Lebewesen gibt seine Körpergestalt an seine Nachkommen weiter. Auch die in einem Aquarium gehaltenen Nachkommen des australischen Fetzenfisches werden nach Generationen noch die gleiche Gestalt haben wie ihre Artgenossen im offenen Meer.

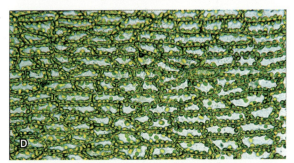

2 Kennzeichen von Lebewesen. **A** Lachse **B** Wasserpest; **C** Haushuhn; **D** Moos; **E** Fetzenfisch

---

Aufgaben

1. *Beschreibe Reizaufnahme und Reaktion am Beispiel des Beutefangs beim Chamäleon. Nutze dazu auch die Abbildung 1.*
2. *Ordne den Abbildungen auf dieser Seite die gezeigten Kennzeichen von Lebewesen zu. Begründe deine Entscheidungen.*
3. *Stelle eine Vermutung an, warum Fetzenfische diese besondere Gestalt haben. Überprüfe deine Vermutung mithilfe eines Fachbuches oder einer kleinen Internetrecherche. Berichte über dein Ergebnis.*

Grundlagen der Biologie

METHODE: Führen der Biologiemappe

Mit einer gut geführten **Mappe** kann der Unterrichtsstoff leicht wiederholt oder eine Klassenarbeit gut vorbereitet werden. Die folgenden Regeln zur Mappenführung sind als Anregung gedacht. Besprecht mit der Lehrerin oder dem Lehrer, wie ihr die Hinweise umsetzt.

- In die Mappe sollte alles geschrieben werden, was während der Stunde wichtig ist. Dazu zählen zum Beispiel Tafelbilder, Zeichnungen, Notizen über Versuche und Versuchsergebnisse.
- Merksätze und wichtige Begriffe sollten ebenfalls notiert und passend gekennzeichnet werden.
- **Arbeitsblätter** werden jeweils hinter die Notizen in die Mappe geheftet. So kann man leicht nachschauen, worauf sich die Aufzeichnungen beziehen.
- Auch Aufgaben, die in der Schule erarbeitet werden, und die Hausaufgaben werden in die Mappe geschrieben. Wer mag, kann auch Zusatzmaterial mit in die Mappe heften.
- Damit die Mappe beim Aufschlagen wie ein Buch zu lesen ist, müssen die neuen Blätter immer hinten angeheftet werden. Deshalb sollte ein Schnellhefter verwendet werden. So kann man – wenn man einmal gefehlt hat – die nachgeholten Aufzeichnungen schnell richtig einordnen.
- Eine leere Klarsichthülle am Ende der Mappe ist sinnvoll, um Arbeiten oder ausgeschnittenes Material schnell wegzupacken.
- Zur besseren Übersicht in der Mappe sollte ein **Inhaltsverzeichnis** mit den behandelten Themen angelegt und vorn in die Mappe geheftet werden.

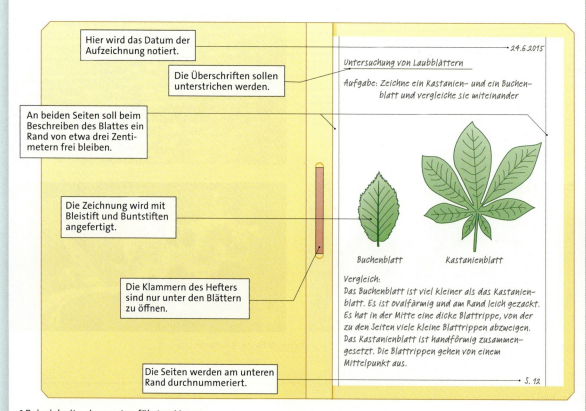

1 Beispielseite einer gut geführten Mappe

Aufgaben

1. Nenne mögliche Zusatzmaterialien, die eine Biologiemappe bereichern könnten.
2. Erarbeitet in der Klasse verbindliche Regeln für das Nachholen von versäumten Unterrichtsinhalten.

Grundlagen der Biologie

METHODE: Betrachten, Beobachten und Beschreiben

Venusfliegenfalle. Die Venusfliegenfalle ist eine relativ kleine Pflanze, die aus Nordamerika stammt. Betrachtet man die Pflanze, so fallen ihre merkwürdig geformten Blätter auf. Sie haben die Fähigkeit, Insekten zu fangen und zu verdauen. Man kann in Büchern oder im Internet nachschauen, um herauszufinden wie dies geschieht. Wesentlich spannender ist es jedoch, eine Venusfliegenfalle selbst beim Insektenfang zu beobachten.

Betrachten, Beobachten und Beschreiben. Beim **Betrachten** eines Lebewesens achtet man auf das Aussehen, den Körperbau, die Farbe und auf mögliche Besonderheiten.
Für das **Beobachten** muss etwas mehr Zeit eingeplant werden, denn nun sollen auch Bewegungen, Verhalten, Farb- oder Formveränderungen eines Lebewesens wahrgenommen werden.
Beim **Beschreiben** werden wichtige Erkenntnisse einer Betrachtung oder Beobachtung mündlich formuliert oder schriftlich festgehalten. Beschreibungen eines Lebewesens sollten nach einem bestimmten Prinzip erfolgen, zum Beispiel von der groben Übersicht zum genauen Detail.
Eine Beschreibung wird besonders anschaulich, wenn sie mit einer beschrifteten Zeichnung, einem Diagramm oder einem Foto versehen wird.

Fangverhalten der Venusfliegenfalle. Die Abfolge der Schritte Betrachten, Beobachten und Beschreiben kann am Beispiel der Venusfliegenfalle deutlich gemacht werden. Nachdem ein Fangblatt genau betrachtet und gezeichnet worden ist, folgt die Beobachtung des Fangvorgangs: Lebende Insekten, zum Beispiel Fliegen, werden von dem Nektar der Pflanze auf ein Fangblatt gelockt. Wenn ein Insekt beim Herumlaufen kurz hintereinander zwei benachbarte Fühlborsten oder dieselbe Fühlborste mehrfach berührt, klappen die beiden Blatthälften zusammen. Die Zähne am Blattrand greifen dabei ineinander. Die Beute

ist gefangen. Sie wird später durch Verdauungssäfte zersetzt, die von dem Blatt hergestellt und abgegeben werden. Nach drei bis fünf Tagen öffnet sich das Blatt erneut. Nun kann man das Außenskelett der Fliege, das nicht verdaut wurde, sehen. Der beobachtete Fangvorgang kann abschließend beschrieben und mit einer Zeichnung oder einem Foto ergänzt werden.

1 Venusfliegenfalle. **A** Gesamte Pflanze; **B** Fangblatt

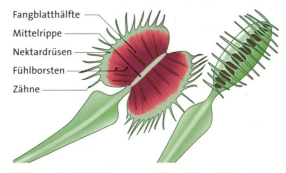

Fangblatthälfte
Mittelrippe
Nektardrüsen
Fühlborsten
Zähne

2 Schematische Zeichnung einer Venusfliegenfalle

Aufgaben

1. *Betrachte das Blatt einer Venusfliegenfalle und fertige eine beschriftete Zeichnung an. Orientiere dich an Abbildung 2.*
2. *Beobachte und beschreibe den Fangvorgang der Pflanze. Fertige, wenn möglich, passende Fotos an.*

3 Lebewesen genauer untersuchen

Gewässeruntersuchung. Pflanzen und Tiere sollte man am besten in ihrem Lebensraum untersuchen. Zum Beispiel können Wasserlebewesen während eines Unterrichtsgangs zu einem stehenden oder fließenden Gewässer erkundet werden. Hierzu braucht man entsprechende Geräte, zum Beispiel einen Kescher. Dies ist eine Art Netz, mit dem Pflanzen und kleine Tiere aus einem Gewässer herausgeholt werden können. Nach dem Umsetzen in eine mit Wasser gefüllte Schale können die gefangenen Lebewesen dann genauer betrachtet werden.

Betrachten mit der Lupe. Die Wasserpest ist eine häufig vorkommende Wasserpflanze. Das Betrachten feinerer Strukturen, zum Beispiel der kleinen Blättchen, gelingt nur mit einer **Lupe**. Das ist eine gewölbte Glaslinse, die – je nach Stärke der Wölbung – die betrachteten Objekte sechs bis zwanzigfach vergrößert abbildet. So werden die Blattadern und Unebenheiten auf der Blattoberfläche eines Wasserpestblattes sichtbar.

Betrachten mit dem Mikroskop. Soll untersucht werden, wie etwa ein Blatt von innen aussieht, benötigt man ein **Lichtmikroskop**. Es enthält mehrere Linsen, die übereinander angeordnet sind, wodurch ein Blatt der Wasserpest ohne weitere Hilfsmittel bis zu 400-fach vergrößert dargestellt werden kann.

1 Keschern im Gewässer

Schon bei der kleinsten Vergrößerung ist zu sehen, dass das Blatt aus vielen gleichförmigen, rechteckig gebauten **Zellen** besteht. Sie liegen eng aneinander und sind miteinander verbunden. Solch einen Zellverband nennt man ein **Gewebe**.

Pflanzenzelle. Unter einem Lichtmikroskop werden Einzelheiten einer Zelle sichtbar. Jede Pflanzenzelle ist von einer Zellwand umgeben, die ihr Festigkeit gibt und ihre typische Form bestimmt. Im Inneren der Zelle befindet sich das **Zellplasma**. Es ist gegen die Zellwand durch eine Haut, die **Zellmembran,** abgegrenzt. Diese ist so dünn, dass sie selbst bei stärkster Vergrößerung mit dem Lichtmikroskop nicht sichtbar ist.

 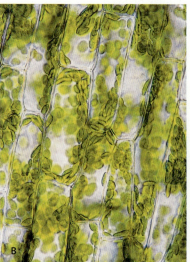 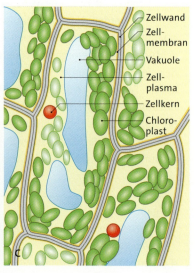

2 Wasserpest. A Mit der Lupe betrachtet; **B** Blattzellen unter dem Lichtmikroskop; Schema

Grundlagen der Biologie

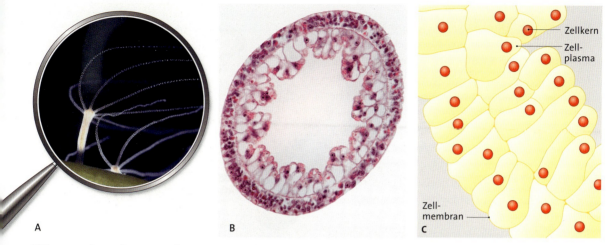

3 Süßwasserpolyp Hydra. **A** Unter der Lupe; **B** Querschnitt eines Fangarms unter dem Lichtmikroskop; **C** Zellen des Fangarms

Bestandteile der Pflanzenzelle. Im Zellplasma einer Pflanzenzelle befindet sich der kugelige **Zellkern.** Er enthält Informationen über den Aufbau der Zelle und steuert ihre Lebensvorgänge. Ohne Zellkern wäre eine Zelle nicht lebensfähig. Im Zellplasma liegt auch die **Vakuole.** Sie ist ein mit Zellsaft gefüllter Hohlraum. Hier kann die Pflanzenzelle Stoffe speichern, zum Beispiel Farbstoffe. Ebenfalls im Zellplasma befinden sich kleine, linsenförmige **Chloroplasten.** Sie enthalten den grünen Blattfarbstoff **Chlorophyll.** In ihnen werden mithilfe des Sonnenlichts Nährstoffe aufgebaut.

Zellebene. Eine Zelle ist ein räumliches, schachtelförmiges Gebilde. Mit dem Feintrieb eines Lichtmikroskops kann immer nur eine Ebene der Zelle scharf eingestellt werden. Die darüber- oder darunterliegenden Bereiche erscheinen im mikroskopischen Bild unscharf.

Süßwasserpolypen. Auf Pflanzenteilen, die aus einem Gewässer genommen wurden, sind manchmal ein bis zwei Zentimeter lange, fadenförmige Lebewesen zu finden. Sie können sich bewegen. Mit einer Lupe erkennt man, dass es sich um Süßwasserpolypen handelt. Süßwasserpolypen sind mit ihrem nur wenige Millimeter großem Körper recht kleine Tiere. Ihr Körper ist schlauchförmig, innen hohl und fast durchsichtig. Je nach aufgenommener Nahrung können die Tiere deshalb in unterschiedlichen Farben erscheinen. Süßwasserpolypen können sich mit einer Haftscheibe am unteren Ende des Körpers an Wasserpflanzen, Holz oder auch Steinen festsetzen. Dort warten sie auf vorbeischwimmende Beute wie Insektenlarven oder Wasserflöhe. Der Beutefang geschieht mit Fangarmen, die die Mundöffnung des Tieres umgeben.

Tierische Zellen. Untersucht man die Zellen der Fangarme eines Süßwasserpolypen unter dem Mikroskop, sieht man ein Gewebe. Das Zellplasma ist von einer dünnen Zellmembran umgeben, eine feste Zellwand fehlt jedoch. Im Zellplasma ist der Zellkern zu erkennen, eine zentrale Vakuole ist in Tierzellen nicht vorhanden. Auch Chloroplasten fehlen in tierischen Zellen. Sie kommen nur in pflanzliche Zellen vor. Tierische Zellen können das Sonnenlicht also nicht für den Aufbau von Nährstoffen nutzen.

Aufgaben

1. *Untersuche eine Wasserpest unter dem Lichtmikroskop. Zeichne sie bei 100facher Vergößerung.*
2. *Vergleiche tierische und pflanzliche Zellen am Beispiel von Süßwasserpolyp und Wasserpest. Erstelle dazu eine Tabelle.*
3. *Beschreibe die Beziehung von Pflanzen und Tieren zueinander in Bezug auf ihre Ernährung.*

Grundlagen der Biologie

METHODE: Mikroskopieren

Vergrößerung. Ein Lichtmikroskop enthält zwei Linsensysteme: das **Okular** und das **Objektiv.** Das Okular steckt oben im Tubus. Diese Röhre bestimmt den richtigen Abstand von Okular und Objektiv. Das Okular ist auswechselbar, sodass man zum Beispiel eines mit einer fünffachen oder zehnfachen Vergrößerung verwenden kann. Außerdem lassen sich verschiedene Objektive mit dem Objektivrevolver abwechselnd einschwenken. Multipliziert man die angegebene Vergrößerung des Objektivs mit der des Okulars, so erhält man die Gesamtvergrößerung des Mikroskops.

Bau des Mikroskops. Das Stativ trägt den Objekttisch. Darauf wird das zu untersuchende **Objekt** mit den Objektklammern über der Öffnung in der Mitte des Tisches befestigt. Durch diese Öffnung dringen die Lichtstrahlen der Lampe, die sich im Fuß des Mikroskops befindet. Die Helligkeit des Lichtes kann mit einer Blende reguliert werden. Sie befindet sich unter dem Objekttisch.

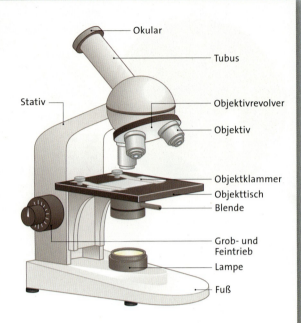

1 Bauteile eines Lichtmikroskopes

Regeln für das Mikroskopieren.

- Vor dem Mikroskopieren wird das zu untersuchende Objekt auf einem Objektträger präpariert, mit einem Deckglas abgedeckt und anschließend auf dem Objekttisch festgeklemmt.
- Mit dem Revolver wird das Objektiv mit der kleinsten Vergrößerung eingestellt.
- Der Objekttisch wird vorsichtig mit dem Grobtrieb herauf gedreht, bis sich das Objektiv kurz über dem Deckglas befindet, es aber nicht berührt.
- Man schaut in das Okular und dreht den Grobtrieb langsam wieder nach unten bis ein Bild erscheint. Dieses wird mit dem Feintrieb scharf gestellt.
- Gegebenenfalls müssen Helligkeit und Kontrast des Bildes mit der Blende reguliert werden.
- Für eine stärkere Vergrößerung wird nun das nächstgrößere Objektiv eingestellt. Die oben beschriebenen Schritte müssen dann wiederholt werden.

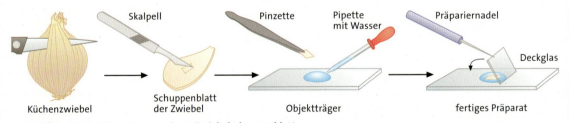

2 Herstellung eines Präparates aus einem Zwiebelschuppenblatt

Aufgaben

1. Beschreibe die Durchführung der Präparation eines Zwiebelschuppenblattes schriftlich. Nutze Abbildung 2.
2. Führe die Präparation durch. Mikroskopiere und zeichne dann eine Zelle des Zwiebelschuppenblattes.
3. Vergleiche Lupe und Mikroskop miteinander.

Grundlagen der Biologie

AUFGABEN UND VERSUCHE: Lebewesen genauer untersuchen

A Die Reaktion eines Mimosenblattes

»Nun sei doch nicht so empfindlich wie eine Mimose!« Dieser Ausspruch hat einen biologischen Hintergrund.
Material: eine Mimose als Topfpflanze
Durchführung: Streiche vorsichtig mit dem Finger entlang eines Mimosenblattes.

Aufgaben
1. Beschreibe die Reaktion eines Mimosenblattes auf die Berührung.
2. Erläutere den Ausspruch.
3. Erkläre, welche Kennzeichen von Lebewesen die Mimose erkennen lässt.

B Versuche mit einer Gehäuseschnecke

Material: eine Gehäuseschnecke aus Garten oder Park (am Ende des Versuches wieder freilassen!); glatte Fläche, zum Beispiel Glasscheibe oder Küchenbrettchen; Holzstöckchen
Durchführung: Fange im Garten oder Park eine Gehäuseschnecke und setze sie auf eine glatte Fläche. Betrachte das Tier genau. Beobachte seine Fortbewegung. Berühre dann mit einem Stöckchen die Fühler der Schnecke.

Aufgaben
1. Fertige eine beschriftete Skizze an.
2. Beschreibe das Kriechverhalten der Schnecke.
3. Erläutere die Bedeutung der Reaktion auf die Berührung unter natürlichen Bedingungen.

C Zellen der Mundschleimhaut

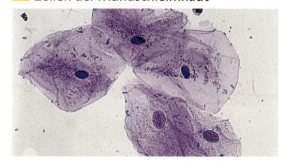

Material: Objektträger; Deckglas; Wasser; verdünnte Methylenblau-Lösung; 2 Pipetten; Holzspatel; Präpariernadel; Mikroskop
Durchführung: Gib mit der Pipette einen Tropfen Wasser auf einen Objektträger. Schabe nun mit der Spitze des Holzspatels vorsichtig über die Innenseite deiner Wangen und tupfe den Spatel in den Tropfen Wasser.
Füge anschließend mit einer sehr feinen Pipette einen winzigen Tropfen Methylenblau-Lösung hinzu und lege mit der Präpariernadel ein Deckglas auf.

Aufgaben
1. Mikroskopiere die Zellen bei 400-facher Vergrößerung und zeichne einige von ihnen.
2. Vergleiche eine Zelle der Mundschleimhaut mit einer Zelle der Wasserpest.

D Kriminaltechnische Untersuchungen

Bei der Aufklärung von Kriminalfällen spielen häufig mikroskopische Untersuchungen eine Rolle. Mit ihnen lassen sich Spuren vom Tatort wie Kleidungsfasern oder Haare auswerten.
Material: verschiedene Haare, Objektträger, Auflicht-Mikroskop
Durchführung: Vier Mitschüler zupfen sich je zwei Haare aus. Jeweils ein Haar wird zwischen zwei Objektträger unter ein Mikroskop gelegt und gut beleuchtet. Der Lehrer wählt aus den restlichen vier Haaren eines aus.

Aufgaben
1. Mikroskopiere die vier Haare.
2. Ordne das ausgewählte Haar einem der vier Schüler zu. Begründe deine Entscheidung.

Grundlagen der Biologie

4 Leben folgt bestimmten Konzepten

Goldhamster. Goldhamster sind beliebte Heimtiere. Sie sehen sehr niedlich aus und sind Einzelgänger. Allerdings verschlafen sie den Tag meist in ihrem Versteck und werden erst nachts richtig aktiv. Sie stammen aus Syrien, einem Land im östlichen Mittelmeerraum. Dort graben sie mit ihren kräftigen Vorderpfoten bis zu zwei Meter tiefe Gänge. Nachts gehen sie auf Futtersuche. Sie ernähren sich von Pflanzensamen, Wurzeln und Insekten.

Nachtaktive Tiere. Goldhamster haben große, knopfartig vorspringende Augen. Auch andere Nagetiere, die nachts auf Nahrungssuche gehen, weisen große Augen auf. Dies gilt beispielsweise für Wüstenrenn- und Wüstenspringmäuse. Tiere, die vorwiegend am Tag aktiv sind, haben meist kleine Augen. Das Sehen in der Nacht erfordert offensichtlich von den Augen eine ganz besondere Leistungsfähigkeit. Große, vorgewölbte Augen können während der Nacht das wenige Licht viel besser aufnehmen als kleine, flache Augen. Es besteht demnach ein Zusammenhang zwischen dem Bau und der besonderen Aufgabe der Augen.

1 Goldhamster

Gilt diese Aussage nur für Mäuse und Hamster? Der heimische Waldkauz ernährt sich vorwiegend von Feldmäusen, die er in der Dämmerung jagt. Lautlos stürzt er sich im Flug auf die Beute, greift sie mit seinen Krallen und trägt sie zu seiner Baumhöhle. Alle Eulen haben sehr große Augen, mit denen sie ihre Beute bei wenig Licht finden können. Auch der Koboldmaki aus Südostasien weist außergewöhnlich große Augen auf.

2 Nachtaktive Tiere. **A** Wüstenspringmaus; **B** Waldkauz; **C** Koboldmaki

Beobachtungen führen zu Konzepten. Aus der Beobachtung und Beschreibung einzelner Lebewesen und ihrer Lebensmerkmale lassen sich allgemeine übergeordnete Zusammenhänge ableiten. Diese grundlegenden Zusammenhänge bezeichnet man auch als biologische Prinzipien oder **Basiskonzepte**. Der spezielle Bau eines Auges, also seine **Struktur**, ermöglicht ganz bestimmte Aufgaben wie das gute Sehen in der Nacht. Diese Aufgaben kann man auch als **Funktion** bezeichnen. Die großen, leistungsstarken, vorgewölbten Augen vieler nachtaktiver Tiere sind deshalb ein Beispiel für den Zusammenhang zwischen Struktur und Funktion. Man kann auch sagen, dass sie ein Beispiel für das **Basiskonzept Struktur und Funktion** sind. Kennt man dieses Basiskonzept, kann man es auf ganz unterschiedliche Lebewesen anwenden und sich viele Zusammenhänge in der Biologie besser merken.

3 Kopf einer Fledermaus

Fledermäuse. Fledermäuse jagen nachts. Ihre Beutetiere sind Insekten, die im Flug ergriffen und dann gefressen werden. Fledermäuse haben jedoch winzige Augen, obwohl sie nachts aktiv sind. Fledermäuse, deren Augen abgedeckt wurden, jagen ihre Beute ebenso erfolgreich. Sie sind dagegen völlig hilflos, wenn man ihre Ohren verstopft. Fledermäuse orientieren sich nämlich nicht mit ihren Augen, sondern mithilfe des Gehörs. Deshalb haben die meisten Fledermäuse große Ohrmuscheln. Dies ist ein weiteres Beispiel für das Basiskonzept Struktur und Funktion.

Basiskonzept Angepasstheit. Die großen Augen oder Ohrmuscheln nachtaktiver Tiere sind Hilfsmittel sind Hilfsmittel zur Orientierung in der Dunkelheit. Der Lebensraum mit seinen besonderen Bedingungen hat also einen Einfluss auf die Ausstattung von Tieren mit Merkmalen. Solche Strukturen bezeichnet man als **Angepasstheiten**. Neben körperlichen Merkmalen wie Gestalt und Farbe zählen auch Ernährungsweise und Verhaltensformen zu den Angepasstheiten. Bei Fledermäusen wären solche Verhaltensweisen die nächtliche Jagd, das Ergreifen von Beutetieren im Flug und das Überwintern in Kolonien in geschützten Höhlen. Diese Zusammenhänge werden durch das Basiskonzept Angepasstheit beschrieben.

Basiskonzepte und Pflanzen. Basiskonzepte beziehen sich auf alle Lebewesen. So findet man in den trockenheißen Steppen und Wüstengebieten Pflanzen, die Wasser speichern können. Kakteen haben zum Beispiel zu Dornen umgewandelte Blätter. Hier liegt eine Angepasstheit an den natürlichen Lebensraum Wüste vor.

4 Kakteen an ihrem natürlichen Standort

Aufgaben

1. Beschreibe den Struktur-Funktions-Zusammenhang bei den Augen des Goldhamsters.
2. Erstelle einen kurzen Steckbrief zur Wüstenspringmaus. Notiere Aussagen zu Größe, Lebensraum und entsprechenden Angepasstheiten.
3. Wende das Basiskonzept Angepasstheit auf einen Kaktus an.

ZUSAMMENFASSUNG: Grundlagen der Biologie

Biologie – eine Naturwissenschaft
Die Vielfalt der Naturerscheinungen wird von den verschiedenen Naturwissenschaften untersucht. Alle Lebewesen, einschließlich des Menschen, sind Teil der Natur. Eine der umfangreichsten Naturwissenschaften ist die Biologie. Ihre Aufgabe ist die Untersuchung von Lebewesen wie Pflanzen, Tieren und Menschen sowie deren Lebensweise.

Biologische Arbeitsweisen
Jede naturwissenschaftliche Fragestellung beruht auf Beobachtungen. Zu deren Erklärung werden begründete Vermutungen gebildet, sogenannte Hypothesen. Diese müssen durch weitere Beobachtungen und gezielte Experimente überprüft werden. Damit Experimente jederzeit wiederholt werden können, müssen sie sorgfältig geplant, durchgeführt und dokumentiert werden. Schließlich können Schlussfolgerungen gezogen werden, die für die Erklärung ähnlicher Fragestellungen von Bedeutung sind. So lassen sich allgemein anwendbare, übergeordnete Konzepte ableiten, die man als Basiskonzepte bezeichnet.

Kennzeichen von Lebewesen
Hausmaus und Spielzeugmaus stimmen äußerlich weitgehend überein. Aber nur die Hausmaus ist wirklich lebendig: Lebewesen besitzen nämlich besondere Kennzeichen. Dazu gehören neben Bewegung und Gestalt die Merkmale Reizbarkeit, Stoffwechsel, Wachstum und Entwicklung sowie Fortpflanzung.

Basiskonzepte
Der Schädel eines Koboldmakis hat im Verhältnis zur Kopfgröße die größten Augenhöhlen, die man kennt. Auch im Schädel einer Eule sind die großen Augenhöhlen besonders auffällig. Weil noch viele weitere Tiere, die nachts Nahrung suchen, große Augen aufweisen, ist ein Zusammenhang zwischen Struktur und Funktion der Augen wahrscheinlich. Derartige Zusammenhänge werden durch das Basiskonzept Struktur und Funktion beschrieben. Mit ihren großen, besonders leistungsfähigen Augen sind die genannten Tiere an das Sehen bei wenig Licht angepasst. Da dies auch für andere Tiere gilt, spricht man vom Basiskonzept Angepasstheit.

1 Wachstum und Entwicklung bei Hundewelpen

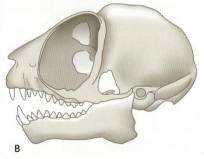

2 Koboldmaki. A Kopf; B Schädel

WISSEN VERNETZT: Grundlagen der Biologie

A Rüssel und Ohren beim Elefanten

Elefanten sind die größten zurzeit auf der Erde vorkommenden Landtiere. Der Rüssel ist eine verlängerte Nase und kann für verschiedenste Tätigkeiten eingesetzt werden.

Aufgaben
1. Nenne einige Funktionen des Elefantenrüssels. Verwende zum Beispiel Beobachtungen, die du bei einem Zoo- oder Zirkusbesuch machen konntest.
2. Stelle Vermutungen an, welche Aufgaben die großen Ohrmuscheln des Afrikanischen Elefanten haben könnten.

B Welche Funktion haben die Streifen beim Zebra?

Zebras sind mit Wildpferden und Wildeseln verwandt. Typisch für diese in Herden lebenden Wildtiere ist das Streifenmuster ihres Felles, das sich jedoch bei den einzelnen Tieren unterscheidet. Zebras waren ursprünglich in ganz Afrika verbreitet. In Nordafrika wurden die Tiere jedoch vom Menschen ausgerottet.

Aufgaben
1. Sammelt in der Klasse Ideen, welche Aufgabe(n) das Streifenmuster eines Zebras haben könnte.
2. Überprüft eure Vermutungen mithilfe von Fachbüchern oder dem Internet. Begründet dann, ob das Streifenmuster des Zebras eine Angepasstheit an das Leben in der afrikanischen Savanne ist.
3. Nenne weitere, dir bekannte Beispiele aus dem Tierreich, bei denen auffällige Streifen und Flecken im Fell zu beobachten sind. Stelle Vermutungen zur Funktion der Fellfärbung an.

C Füße bei Gans und Wellensittich

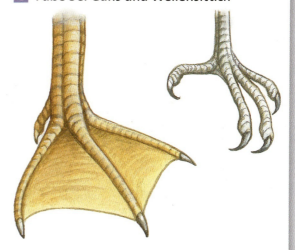

Aufgaben
1. Beschreibe und vergleiche die Füße von Gans und Wellensittich.
2. Erkläre die Angepasstheiten bei den Füßen von Gans und Wellensittich.
3. Es gibt auch Vögel wie den Strauß, die sich schnell laufend vorwärts bewegen. Stelle eine begründete Vermutung über dessen Fußform an. Beziehe die Struktur und Funktion sowie die Angepasstheit ein. Bezeichne diese Fußform.

Vielfalt von Lebewesen

Schlangen sind vom Aussterben bedroht

Die Abbildung zeigt den Kopf einer Ringelnatter. Ringelnattern zählen zu den Kriechtieren. In Deutschland findet man noch elf Arten, die alle unter Naturschutz stehen, um sie vor dem Aussterben zu bewahren.

1. Stellt verschiedene Informationen zur Ringelnatter zusammen. Beachtet dabei zum Beispiel Lebensraum, Vorkommen in NRW, Größe, Merkmale, Nahrung, Fortpflanzung und Schutzmaßnahmen.
2. Viele Menschen haben Angst vor Schlangen und töten sie deswegen. Diskutiert in der Klasse, ob dies gerechtfertigt ist.

Die Kartoffel – eine Giftpflanze?

Als vor etwa 400 Jahren die ersten Kartoffelpflanzen aus Südamerika nach Europa gebracht wurden, konnten die Menschen wenig mit diesen Pflanzen anfangen. Wegen ihrer hübschen Blüten wurde die Kartoffelpflanze als Zierpflanze geschätzt. Der Versuch, ihre grünen Beeren zu essen, führte zu schweren Vergiftungserscheinungen.

1. Informiert Euch in Fachbüchern über die Giftwirkung der verschiedenen Teile der Kartoffelpflanze.
2. Gestaltet eine Ausstellung mit verschiedenen Kartoffelsorten und Kartoffelprodukten, um die Vielfalt dieser Nutzpflanze und ihrer Nutzung zu belegen. Ihr könnt reale Objekte und Fotos in eure Ausstellung einbeziehen.

Gäste am Futterhaus

An einer Futterstelle kann man im Winter zahlreiche Vögel beobachten. Dabei trifft man viele Arten wie Sperlinge, Meisen Rotkehlchen oder Finken, die das ganze Jahr über in ihrem Brutgebiet in Deutschland bleiben. Man nennt diese Arten Standvögel.

1. Beobachtet zu zweit oder in kleinen Gruppen Vögel im Garten. Bringt dazu verschiedene Futterangebote an Bäumen und Sträuchern an. Ihr könnt auch ein Fernglas nutzen oder fotografieren.
2. Bestimmt mithilfe von Bestimmungsbüchern möglichst viele verschiedene Arten. Erstellt für zwei Arten kurze Steckbriefe. Vergleicht euer Ergebnis mit dem anderer Gruppen. Gibt es Unterschiede in der Artenvielfalt?

Zwei Hunde begegnen sich

Jeder Hundebesitzer kennt diese Situation: Beim "Gassigehen" mit seinem Hund trifft er auf einen anderen, ziemlich großen Hund. Der fremde Hund rennt herbei, der eigene Hund wirft sich auf den Rücken und bleibt mit angezogenen Pfoten liegen, während er vom fremden Hund beschnüffelt wird.

1. Zieht bei Hundebesitzern oder bei einem Tierarzt Erkundigungen über diese Verhaltensweise ein.
2. Sucht Abbildungen, zum Beispiel auch von Wölfen, und gestaltet eine Präsentation zum Thema „Verhalten bei Hunden".

Füchse im Vergleich

Zu den Verwandten von Wolf und Haushund zählen die Füchse. In unseren Breiten ist der Rotfuchs anzutreffen. In den nördlichen Polargebieten lebt dagegen der Polarfuchs.

1. Sucht Informationen über beide Fuchsarten.
2. Vergleicht diese beiden Fuchsarten tabellarisch. Denkt an Gemeinsamkeiten und Unterschiede.

1 Pflanzen in der Nachbarschaft

1.1 Lebensräume in der Umgebung

Unterrichtsgang in der Schulumgebung. Pflanzen wachsen an vielen Standorten. Ein aufmerksamer Beobachter findet sie sogar dort, wo man sie gar nicht erwarten würde. Sie wachsen in den Fugen der Gehwegplatten, auf alten Hausdächern oder durch den Straßenbelag auf dem Parkplatz. Bei einem Unterrichtsgang in die Umgebung der Schule kann man viele verschiedene Pflanzenarten entdecken. Dabei fällt auf, dass bestimmte Pflanzenarten nur an ganz bestimmten Standorten wachsen.

Pflanzen auf Mauern. Auf alten, teilweise verwitterten Mauern leben Pflanzen, die man auf angrenzenden Wiesen nicht findet. Die Mauer bildet somit den **Lebensraum** ganz bestimmter Pflanzenarten. Typisch für den Lebensraum Mauer sind zum Beispiel die Weiße Fetthenne, der Mauerpfeffer, der Braune Streifenfarn und das Zymbelkraut.

Umweltfaktoren. Der Bewuchs einer Mauer wird durch bestimmte Bedingungen, die **Umweltfaktoren**, beeinflusst. Dazu gehören zum Beispiel das Wasser und das Sonnenlicht. Diese beiden Umweltfaktoren sind für das Überleben der Pflanzen besonders wichtig. Aber auch die **Temperatur** am Wuchsort kann darüber entscheiden, ob eine Pflanzenart in einem Lebensraum wie einer Mauer wachsen, gedeihen und sich fortpflanzen kann.

Wasser als Umweltfaktor. Die wesentlichen Umweltfaktoren für den Lebensraum Mauer sind extreme Trockenheit und hohe Temperaturen im Sommer. Die Weiße Fetthenne hat kleine, sehr dicke und fleischige Blätter. Presst man diese zusammen, tritt eine wässrige Flüssigkeit aus. Offenbar können die Blätter der Fetthenne Wasser speichern. Dadurch ist die Fetthenne in besonderer Weise an den trockenen Lebensraum Mauer angepasst. Andere Pflanzen, wie das Zymbelkraut, dringen mit ihren langen Wurzeln zwischen die Mauerritzen, um das wenige dort gesammelte Wasser aufzunehmen.

1 Lebensräume und ihre Charakterpflanzen. **A** Mauer: Weiße Fetthenne; **B** Trockenwiese: Karthäuser-Nelke;

Vielfalt von Lebewesen

Pflanzen auf trockenen Wiesen. In einer Wiese wachsen unter anderem die Karthäuser-Nelke, das Frühlingsfingerkraut, und der Wiesensalbei. Auf **Wiesen** gibt es meist keinen Schatten, deshalb sind die dort lebenden Pflanzenarten ganztags dem vollen Sonnenlicht ausgesetzt. Durch die dauerhafte Sonneneinstrahlung können die Temperaturen besonders im Sommer stark ansteigen. Der Boden kann dann schnell austrocknen. Kräftige Sonneneinstrahlung und hohe Temperaturen charakterisieren also den Lebensraum Trockenwiese. Die Karthäuser-Nelke besitzt kleine, harte Blätter und eine tief reichende Wurzel. Mit ihren Wurzeln erreicht sie das Bodenwasser. Die schmalen Blätter bieten der intensiven Sonneneinstrahlung nur eine kleine Angriffsfläche. So ist die Karthäuser-Nelke gut an ihre Umwelt angepasst.

Feuchtwiesen. Typische Pflanzen sumpfiger Wiesen sind die Sumpfdotterblume, die Flatter-Binse und der Igelkolben. Im feuchten Boden sind diese Pflanzen selbst in trockenen Sommermonaten ständig ausreichend mit Wasser versorgt. Sie bilden nur flache Wurzeln aus und müssen auch kein Wasser speichern.

Pflanzen im Wald. In einem Laubwald findet man am Waldboden unter anderem das Buschwindröschen, den Wurmfarn, verschiedene Moosarten sowie das Waldveilchen. Das Waldveilchen besitzt verhältnismäßig große und zarte Blätter sowie einen Wurzelstock zur Nährstoffspeicherung. Es wächst und blüht im Frühjahr, wenn die Bäume des Waldes noch ohne Laub sind. Mit seinen Blättern kann es den hohen Lichteinfall wirksam für sein Wachstum nutzen. Im Laufe des Frühjahrs treiben die Blätter der Bäume aus, sodass immer weniger Licht auf den Waldboden gelangt. Im Sommer ist das Blätterdach der Bäume geschlossen und auf dem Boden ist es relativ dunkel. Nun beendet das Waldveilchen das Wachstum. **Licht** ist demnach ein wesentlicher Umweltfaktor für die Pflanzen des Lebensraumes Wald.

Aufgaben

1. Beschreibe die besonderen Umweltfaktoren des Lebensraumes Mauer und erläutere, wie Pflanzen dieses Lebensraumes angepasst sind.
2. Ein Landwirt zieht auf einer Feuchtwiese Entwässerungsgräben. Leite mögliche Auswirkungen auf die dort vorkommenden Pflanzen ab.
3. Stellt in der Gruppe Vermutungen auf, welche Umweltfaktoren an einer Eisebahnstrecke von Bedeutung sind.

C Feuchtwiese: Sumpfdotterblume; **D** Wald: Waldveilchen

1.2 Der Hahnenfuß – eine häufige Wiesenpflanze

Blütenpflanzen. Auf einer Wiese fallen besonders die farbigen **Blüten** auf. Neben weißblühenden Margariten und rotblühendem Klee findet man häufig gelbblühende Pflanzen, wie den Hahnenfuß. Die Blüten kennzeichnen die Hahnenfußpflanze als **Blütenpflanze**. Diese Blüte ist für den Hahnenfuß ein wichtiges **Grundorgan**. Es dient der Pflanze zur Fortpflanzung.

Blätter. Schaut man sich die dunkelgrünen **Blätter** des Hahnenfußes genauer an, fällt auf, dass sie einem Hühnerfuß ähneln. Nach dieser Blattform hat die Blütenpflanze ihren Namen erhalten. In den grünen Blättern stellen Pflanzen energiereiche Stoffe her, die sie zum Aufbau neuer Zellen und zur Aufrechterhaltung der Lebensvorgänge benötigen. Der Vorgang des Stoffaufbaus erfolgt nur, wenn die Blätter Licht erhalten. Weiterhin benötigen Pflanzen dafür Wasser und Mineralstoffe aus dem Boden sowie einen gasförmigen Stoff aus der Luft, das Kohlenstoffdioxid. Dieses Gas wird über kleine spaltförmige Öffnungen auf der Blattunterseite, die Spaltöffnungen, aufgenommen. Über die Spaltöffnungen wird auch Wasserdampf aus der Pflanze nach außen abgegeben.

Wurzel. Die **Wurzel** muss erst frei gelegt werden, damit man sie genauer betrachten kann. Sie ist verzweigt, weißlich oder gelblich gefärbt und besitzt nahe der Wurzelspitzen zahlreiche feine Härchen. Diese Wurzelhärchen vergrößern die Oberfläche der Wurzel und erleichtern damit die Aufnahme von Wasser aus der Erde. Die Wurzel selbst besitzt noch eine weitere Funktion: Sie verankert die Pflanze im Boden.

Sprossachse. Oberhalb der Wurzel schließt sich die **Sprossachse** an. Sie ist grün gefärbt und wächst meist senkrecht nach oben. Sie trägt die Blätter und Blüten. Schneidet man die Sprossachse quer durch, so sieht man mit der Lupe kleine Punkte. Sie sind die Querschnitte langer Leitungsbahnen, die die gesamte Sprossachse und die Wurzel durchziehen. Über diese Leitungsbahnen werden Stoffe in der Pflanze transportiert und in allen Pflanzenorganen verteilt.

1 Blumenwiese

2 Aufbau einer Blütenpflanze

Aufgaben

1. *Stelle tabellarisch die Grundorgane von Blütenpflanzen und deren Funktionen zusammen.*
2. *Beschreibe das Zusammenwirken der verschiedenen Grundorgane einer Blütenpflanze.*
3. *Erkläre die Kennzeichen der Lebewesen anhand einer Blütenpflanze.*

1.3 Hahnenfuß ist nicht gleich Hahnenfuß

Wiesenpflanzen. Auf einer Wiese leben neben dem Scharfen Hahnenfuß noch viele andere Blütenpflanzen. Vergleicht man den Aufbau einer Hahnenfußpflanze mit dem Bau eines Gänseblümchens, stellt man weitgehende Übereinstimmungen fest. Blütenpflanzen stimmen also in ihrem Grundbauplan überein. Daneben gibt es jedoch auch Unterschiede. So bestehen die Blütenstände des Löwenzahns oder des Gänseblümchens aus vielen kleinen Einzelblüten. Die Blätter dieser Wiesenpflanzen sind bodenständig und kreisförmig angeordnet, sie bilden eine Rosette. Wird die Wiese zum Beispiel im Juni gemäht, treiben solche Pflanzen später einfach wieder aus.

Hahnenfußarten sind unterschiedlich. Innerhalb einer Pflanzengruppe treten zum Teil deutliche Unterschiede auf. So gibt es viele verschiedene Hahnenfußarten. Ebenfalls auf Wiesen findet man den Kriechenden Hahnenfuß. Er sieht dem Scharfen Hahnenfuß sehr ähnlich, hat jedoch liegende, kriechende Sprossachsen. In Bächen und Gräben findet man den Wasser-Hahnenfuß. Er hat weiße Blüten und zwei Blattformen. Die Blätter an der Wasseroberfläche sind rundlich, die Blätter im Wasser fadenförmig zerschlitzt. Hahnenfußarten findet man in vielen Lebensräumen. Der Acker-Hahnenfuß kommt auf Feldern vor, der Berg-Hahnenfuß auf feuchten Wiesen im Hügelland.

Basiskonzept Vielfalt. Blütenpflanzen zeigen wie alle Lebewesen eine enorme Vielfalt in ihren Erscheinungsformen. Die **Vielfalt** wird durch unterschiedliche Formen der Blätter, Blütenfarbe und Blütenform, Größe und Gestalt der Pflanzen bedingt. Wie die einzelnen Hahnenfußarten zeigen, sind solche Unterschiede geringer, je stärker die Pflanzen miteinander verwandt sind.

1 Verschiedene Wiesenpflanzen.
A Löwenzahn; **B** Gänseblümchen; **C** Vogel-Wicke

2 Verschiedene Hahnenfußarten. **A** Acker-Hahnenfuß;
B Wasser-Hahnenfuß; **C** Kriechender Hahnenfuß

Aufgaben

1. *Stelle tabellarisch drei Hahnenfußarten gegenüber. Finde Gemeinsamkeiten und Unterschiede.*
2. *Begründe, weshalb Gänseblümchen das Mähen einer Wiese besonders leicht überstehen.*
3. *Diskutiert in der Gruppe über eine mögliche Verwandtschaft von Löwenzahn, Gänseblümchen und Vogel-Wicke.*

1.4 Pflanzenteile wirken zusammen

Schnittblumen. Schnittblumen, denen die Wurzeln fehlen, verwelken meist nach einigen Tagen, selbst wenn sie mit Wasser versorgt werden. Das Zusammenspiel von Blättern und Wurzeln ist von größter Bedeutung für das Überleben einer Pflanze.

Aufnahme und Transport von Wasser und Mineralstoffen. Für das Wachstum und den Stoffwechsel einer Pflanze sind sowohl Wasser als auch Mineralstoffe notwendig. Die Versorgung mit Wasser allein reicht also nicht aus. Mineralstoffe für die Pflanze sind meist in genügender Menge im Boden vorhanden. Sie lösen sich im Bodenwasser und werden von der Pflanze zusammen mit dem Wasser über die Wurzelhärchen aufgenommen. Das Wasser mit den darin gelösten Mineralstoffen gelangt in die Leitungsbahnen der Wurzel und von dort in die Leitungsbahnen der Sprossachse. Dann wird es in der Pflanze verteilt.

Wasserdampfabgabe. Durch die Spaltöffnungen der Blattunterseiten wird ständig Wasser in Form von Wasserdampf aus den Blättern in die Umgebung abgegeben. Die Wasserabgabe gewährleistet einen ständigen Wasserstrom in der Pflanze und sichert damit auch die Mineralstoffversorgung. Durch die Verdunstung des Wassers entsteht in den Leitungsbahnen ein Unterdruck. Wie in einem Strohhalm, mit dem man Flüssigkeit ansaugt, wird deshalb Wasser durch die Leitungsbahnen bis in die Blätter gezogen. Falls durch die Verdunstung zu viel Wasser verloren geht, kann die Pflanze die Spaltöffnungen schließen.

Transport von Zucker. Die in den Blättern mithilfe des Sonnenlichtes produzierten energiereichen Stoffe, vorwiegend Zucker, werden ebenfalls in Leitungsbahnen transportiert. Im Gegensatz zu Wasser und Mineralstoffen erfolgt der Transport dieser Stoffe von den Blättern in die Wurzel. Auf diese Weise werden die Zellen der Wurzel mit energiereichen Stoffen versorgt, die sie selbst nicht produzieren können.

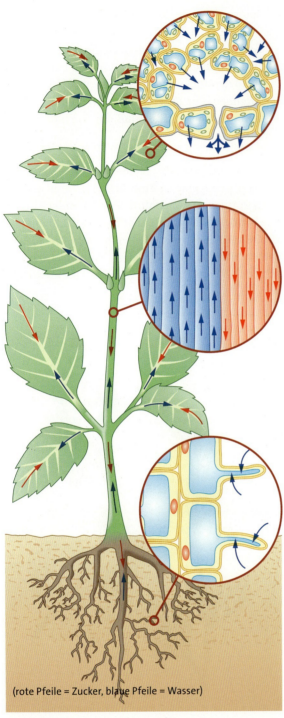

(rote Pfeile = Zucker, blaue Pfeile = Wasser)

1 Zusammenwirken der Pflanzenteile

Aufgaben

1. Beschreibe den Weg des Wassers in der Pflanze von der Aufnahme bis zur Abgabe.
2. Erläutere anhand von Abbildung 1, warum Schnittblumen nur einige Tage in einer Vase überleben.
3. Erkläre, weshalb viele Wasserpflanzen Spaltöffnungen an der Blattoberseite besitzen.

Vielfalt von Lebewesen

AUFGABEN UND VERSUCHE: Pflanzenteile wirken zusammen

A Blätter und Zweige

Material: drei Hainbuchenzweige; vier Reagenzgläser; Reagenzglasständer; Speiseöl; Pipette; wasserfester Stift; Wasser

Durchführung: Suche drei Hainbuchenzweige von etwa gleicher Länge und ungefähr gleicher Blattzahl. Der erste Zweig bleibt unverändert. Entferne nun von dem zweiten Zweig alle Blätter und von dem dritten Zweig rund die Hälfte aller Blätter. Stelle dann je einen Zweig in eines der Reagenzgläser. Ein Reagenzglas bleibt ohne Zweig. Fülle in alle Reagenzgläser die gleiche Menge Wasser und gib darauf mithilfe der Pipette eine dünne Schicht Speiseöl. Markiere jetzt den Stand des Wassers an den Reagenzglaswänden mit einem wasserfesten Stift.

Aufgaben

1. Markiere täglich den Wasserstand an den Reagenzglaswänden. Vergleiche den Wasserstand in allen vier Reagenzgläsern über mehrere Tage. Arbeite jeweils mit einem Partner zusammen.
2. Erkläre die beobachteten Veränderungen.
3. Erläutere die Funktion des blattlosen Zweiges und des leeren Reagenzglases.
4. Erläutere die Funktion des Speiseöls in den Versuchsansätzen.

B Sturmschäden bei Tief- und Flachwurzlern

Aufgabe

1. Beschreibe die unterschiedlichen Auswirkungen des Sturms auf die Bäume in der Abbildung.
2. Erläutere die Ursachen, die diesen Auswirkungen zugrunde liegen.

C Weihnachtssterne

Material: Weihnachtsstern; Lupe; Zeichenmaterial
Durchführung: Betrachte die Pflanze genau. Zeichne ein Blatt und eine Blüte des Weihnachtssterns.

Aufgaben

1. Erkläre, welcher Pflanzenteil des Weihnachtssterns die rötliche Farbe zeigt und stelle eine Vermutung an, warum das so ist. Überprüfe deine Vermutung mithilfe des Internets.
2. Sammelt in der Gruppe weitere Informationen zum Weihnachtsstern und erstellt einen Steckbrief. Notiere zum Beispiel Heimat, Größe, Wuchsform und Besonderheiten.

1.5 Bau und Vielfalt von Blüten

Knospen am Kirschbaum. Im Frühjahr bildet ein Kirschbaum viele grüne Knospen aus, die sich später zu weißen Blüten öffnen. Betrachtet man diese näher, so erkennt man an ihnen unterschiedliche Teile. Dem Stiel der Knospe folgt eine becherförmige Vertiefung, der Blütenboden. Hier entspringen fünf grüne **Kelchblätter.** Sie bilden die schützende Hülle einer Blütenknospe. Man kann an ihnen eine feine Äderung erkennen. Zusammen mit der grünen Färbung verrät diese, dass die Kelchblätter umgebildete Laubblätter sind.

Aus Knospen werden Kirschblüten. Nach dem Entfalten der grünen Blütenknospe zur Blüte wird ein Kreis von fünf weißen **Kronblättern** sichtbar. Diese schließen sich innen an die Kelchblätter an und stehen zu diesen auf Lücke. Aufgrund der fünf Kron- und Kelchblätter spricht man auch von einer fünfzähligen Blüte. Die weiße Farbe der Kronblätter lockt Insekten wie Bienen an. Auch an den Kronblättern lässt sich eine feine Äderung erkennen. Das zeigt, dass sie ebenfalls eine Abwandlung normaler Laubblätter sind.

Bau der Staubblätter. Im Inneren der Blüte, zwischen den Kronblättern, steht ein Büschel gelber **Staubblätter.** Ihre Anzahl schwankt in den einzelnen Kirschblüten meist zwischen 20 und 35. Jedes Staubblatt weist einen feinen Staubfaden auf, an dessen oberen Ende der Staubbeutel sitzt. Dieser besteht aus vier Pollensäcken. Berührt man einen reifen Staubbeutel mit einem Finger, so bleibt gelber Blütenstaub daran hängen. Diesen nennt man Pollen. Er wird in den Pollensäcken gebildet. Der Blütenstaub besteht aus mikroskopisch feinen Pollenkörnern, aus denen sich die männlichen Geschlechtszellen der Blütenpflanzen entwickeln. Staubblätter sind die männlichen Blütenorgane.

Bau des Fruchtblattes. In der Mitte der Blüte, zwischen den feinen Staubblättern, findet man das **Fruchtblatt.** Dieses erinnert an einen Stempel und wird deshalb auch so bezeichnet. Im unteren, verdickten Teil des Stempels, dem Fruchtknoten, liegt die Samenanlage. In ihr befindet sich die weibliche Geschlechtszelle, die Eizelle. Der deutlich schmalere Mittelteil des Stempels, der Griffel, endet in der klebrigen Narbe. Fruchtblätter sind die weiblichen Blütenorgane.

Zwitterblüten. Während manche Pflanzen wie die Weide nur männliche oder weibliche Blüten besitzen, handelt es sich bei der Kirschblüte um eine **Zwitterblüte.** Eine solche Blüte besitzt sowohl männliche als auch weibliche Blütenorgane.

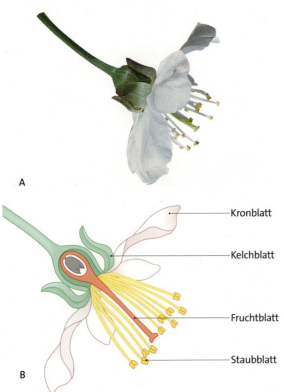

1 Kirschblüte. **A** Foto; **B** Schema

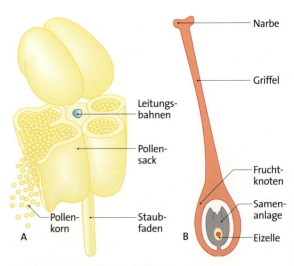

2 Männliche und weibliche Blütenorgane.
A Staubblatt; **B** Fruchtblatt

Vielfalt von Lebewesen

Kirsche und Heckenrose sind verwandt. Vergleicht man eine Kirschblüte mit einer Erdbeer-, Birnen-, Apfel- oder Heckenrosenblüte, stellt man fest, dass sie sich stark ähneln. Alle diese Blüten sind fünfzählig und in Kelch und Krone gegliedert. Auch die vielen Staubblätter treten bei allen Blüten dieser Pflanzen auf. Ebenso der becherförmige Blütenboden. Dies ist ein Hinweis auf eine enge Verwandtschaft. Trotzdem unterscheiden sich die einzelnen Pflanzenarten auch in bestimmten Merkmalen voneinander. Kirsche, Birne und Apfel haben einen verholzten Stamm. Sie zählen zu den Bäumen. Die Heckenrose hat zwar auch eine verholzte Sprossachse, ist jedoch ein Strauch. Erdbeeren sind dagegen krautige Pflanzen. Sie haben eine unverholzte, grüne Sprossachse. Weitere Unterschiede findet man zum Beispiel in der Größe und Form der Blätter.

Tulpenblüten. Ein Frühjahrsbeet zeigt zahlreiche Tulpenblüten. Untersucht man eine Blüte genauer, bemerkt man zuerst das Fehlen der grünen Kelchblätter. Stattdessen sind bei dieser Blüte Kelch- und Kronblätter völlig gleichartig. Sie bilden eine Blütenhülle aus zwei Kreisen. In jedem Kreis befinden sich drei Blütenblätter. Die Tulpenblüte ist deshalb dreizählig. Im Blüteninneren erkennt man sechs Staubblätter. Sie sind kräftig gebaut und tragen längliche Pollensäcke. In der Mitte der Staubblätter liegen drei Fruchtblätter. Aus ihnen bildet sich später die Frucht der Tulpe.

3 Heckenrosenblüte. **A** Foto; **B** Schema: Gesamtansicht, Längsschnitt, Blütendiagramm (s. Seite 34)

4 Tulpenblüte. **A** Foto; **B** Schema: Gesamtansicht, Längsschnitt, Blütendiagramm

Aufgaben

1. Erläutere für einen selbstgewählten Blütenteil der Kirschblüte den Struktur-Funktions-Zusammenhang.
2. Vergleiche die Blüten der Heckenrose und der Tulpe miteinander. Fertige dazu eine Tabelle an und finde mindestens drei Gemeinsamkeiten und drei Unterschiede.
3. Untersuche eine weitere Blüte einer anderen Pflanzen-Art. Beschreibe den genauen Bau dieser Blüte..

Vielfalt von Lebwesen

AUFGABEN UND VERSUCHE: Blüten

A Präparation einer Kirschblüte

Material: Kirschblüte; Lupe; Pinzette; Skalpell; Mikroskop; Objektträger; Deckgläschen

Durchführung: Betrachte den Bau der Kirschblüte mit einer Lupe und bestimme die einzelnen Blütenteile. Zupfe nun mit der Pinzette nacheinander von der Blüte zuerst die Kronblätter, dann die Kelchblätter, die Staubblätter und schließlich den Stempel mit dem Fruchtknoten ab.

Nimm ein Staubblatt und schneide es in Höhe des Staubbeutels mit dem Skalpell quer durch. Betrachte den Querschnitt mit der Lupe und fertige davon eine beschriftete Zeichnung an.

Schneide nun den Fruchtknoten längs und betrachte ihn mit der Lupe. Fertige anschließend eine beschriftete Zeichnung davon an.

Aufgaben

1. Vergleiche jeweils die Anzahl, Farbe und Stellung der verschiedenen Blütenteile miteinander.
2. Nimm etwas Blütenstaub auf einen Finger und versuche ihn wegzublasen. Beschreibe die Beobachtung und erläutere sie.
3. Mikroskopiere einige Pollenkörner. Fertige eine Zeichnung von einem einzelnen Pollenkorn an.
4. In den USA starb im Jahr 2007 ein großer Teil der Bienen durch eine Krankheit. Stelle eine begründete Vermutung an, welche Auswirkungen ein derartiges Bienensterben für die Kirschbäume hat.

B Legebild und Blütendiagramm

Material: Kirschblüte; Pinzette; Zirkel; schwarzer Zeichenkarton; Klebestift; durchsichtige Klebefolie (zehn mal zehn Zentimeter); weißes Papier; Buntstifte

Durchführung: Zeichne auf den schwarzen Zeichenkarton mit einem Zirkel vier unterschiedlich große, ineinander liegende Kreise.

Zupfe nun alle Blütenteile mit der Pinzette von außen nach innen ab und lege sie geordnet entsprechend ihrer Stellung in der Blüte auf die einzelnen Kreisringe. Jeder Kreisring dient dabei als Legehilfe. Beginne mit den Kelchblättern und lege diese auf den äußeren Ring. Klebe die Blütenteile vorsichtig mit sehr wenig Klebstoff fest. So bleiben sie zunächst am gewünschten Ort. Das Legebild wird zum Schluss mit der Klebefolie fixiert.

Aufgaben

1. Erstelle ein Legebild der Kirschblüte.
2. In einem Blütendiagramm werden die einzelnen Teile einer Blüte durch Symbole ersetzt. Dabei stellt man sich vor, dass man von oben auf die Blüte schaut und diese dann quer durchschneidet. Ziehe auf einem Blatt weißem Papier erneut vier unterschiedlich große, ineinander liegende Kreise. Zeichne dann alle Blütenteile von innen nach außen mithilfe der Symbole aus der Abbildung unten auf den unterschiedlichen Kreisen ein. Beachte auch die Farben der einzelnen Symbole.

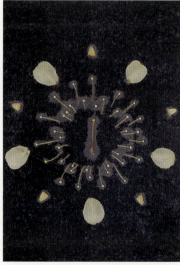
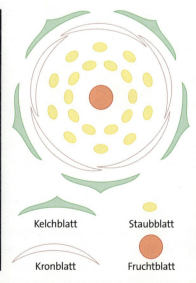

Kelchblatt — Staubblatt — Kronblatt — Fruchtblatt

Vielfalt von Lebewesen

METHODE: Anlegen eines Herbars

Herbar. In einem mehrjährigen Projekt sollen alle Blütenpflanzenarten auf dem Schulgelände erfasst und bestimmt werden. Hierzu sammelt man Belegexemplare, die in einer Sammlung zusammengetragen werden. Eine solche Sammlung gepresster und getrockneter Pflanzen nennt man ein Herbar. Pressen und Trocknen sind notwendig, um den raschen Verfall der Pflanzen durch Fäulnis und Schimmelbildung zu verhindern. Beim Trocknen bleichen die Farben der Blüten oft aus und einige Merkmale werden verdeckt. Deshalb bilden Fotos der Pflanzen am natürlichen Standort eine wichtige Ergänzung.

Anlegen eines Herbars. Zum Anlegen eines Herbars werden die frischen Pflanzen möglichst vollständig und sorgfältig ausgebreitet zwischen je zwei Blätter Lösch- oder Seidenpapier gelegt. Anschließend werden diese jeweils in zwei bis drei Zeitungsbögen eingelegt. Mehrere Bögen werden zwischen zwei Holzbrettern übereinandergestapelt und mit einigen Büchern oder Steinen beschwert. Das Zeitungspapier sollte in den ersten Tagen eventuell durch neues Papier ersetzt werden. Pflanzen trocknen unterschiedlich schnell. Meist können die Pflanzen nach ein bis zwei Wochen weiter verarbeitet werden. Die trockenen Pflanzen werden nun vorsichtig auf Zeichenkarton gelegt und mit schmalen Klebebandstreifen befestigt. Auf dem Bogen werden Pflanzennamen, eventuell die Pflanzenfamilie, Fundort, Sammeldatum und Namen des Sammlers notiert. Die fertigen Herbarblätter werden lose in einer Mappe aufbewahrt oder einzeln in Klarsichthüllen gesteckt.

Naturschutz beachten. Damit keine geschützten Pflanzen herbarisiert werden, sollen nur Pflanzen gesammelt werden, deren Namen bekannt sind. Man kann die Pflanzen auch vorher am Standort bestimmen.

1 Anlegen eines Herbars. **A** Vorbereitung des Pressens; **B** selbst gefertigte Pflanzenpresse; **C** Herbarbogen mit Etikett

Aufgabe

1 Fertige ein Herbar an, das Pflanzen mit mindestens drei verschiedenen Blütenformen enthält.

1.6 Von der Kirschblüte zur Kirsche

Bienennahrung. An einem blühenden Kirschbaum im Mai sieht man viele Bienen von Blüte zu Blüte fliegen. Die Bienen werden durch den Duft der Blüten angelockt. Der Duft strömt aus Drüsen am Blütenboden. Dort befindet sich eine zuckerhaltige Flüssigkeit, der Blütennektar. Von diesem ernähren sich die Bienen, indem sie ihn mit ihrem Rüssel aufnehmen. Dabei drücken sie die Staubblätter auseinander. Wenn diese reif sind, platzen die Staubbeutel auf und entlassen Pollenkörner. Haben die Bienen Kirschblüten einmal als Nahrungsquelle entdeckt, fliegen sie regelmäßig zwischen diesen hin und her. Bienen lernen schnell, an welchen Pflanzenarten es sehr viel Nahrung gibt. Sie suchen deshalb immer wieder Blüten der gleichen Pflanzenart auf.

Bestäubung. Die winzigen Pollenkörner besitzen an ihrer Oberfläche Haken und Härchen. Damit bleiben sie leicht im Pelz der Bienen hängen. Die Bienen fliegen mit ihnen beladen zu einer anderen Kirschblüte. Dort suchen sie weiter nach Nektar. Dabei bleiben einige Pollenkörner der ersten Blüte an der klebrigen Narbe der zweiten Blüte hängen. Der Vorgang, bei dem Pollenkörner auf die Narbe der gleichen Pflanzenart gelangen, heißt **Bestäubung.**

Reifung von Staub- und Fruchtblatt. Die Staubblätter und der Stempel einer Kirschblüte reifen selten gleichzeitig. Zuerst öffnen sich die Narben und werden klebrig. Etwas später reifen auch die Staubblätter. Die Staubblätter des einen Kirschbaums sind noch geschlossen, während sie bei einem anderen Kirschbaum in der Nähe schon Pollenkörner entlassen. Auch innerhalb eines Baums gibt es zeitliche Unterschiede. Bei manchen Blüten sind die Staubblätter zuerst reif, dann folgt die Entfaltung der Narben.

Insektenbestäubung. Bienen sind als Insekten an der Übertragung der Pollenkörner des Kirschbaums beteiligt. In diesen Fällen spricht man von Insektenbestäubung. Eine Biene fliegt verschiedene Kirschbäume an. Sie überträgt dabei die im Pelz hängenden Pollenkörner des einen Kirschbaums auf einen anderen Kirschbaum. So werden Blüten des einen durch die Pollenkörner des anderen Kirschbaumes bestäubt. Diesen Vorgang nennt man **Fremdbestäubung.**

1 Kirschblüte mit Biene

2 Bestäubung

Vielfalt von Lebewesen

Befruchtung. Nach der Bestäubung verändern sich die auf der Narbe liegenden Pollenkörner. Sie wachsen zu Schläuchen aus. Diese Pollenschläuche dringen in den Griffel ein. In dem Pollenschlauch entsteht aus dem Zellkern und dem Zellplasma des Pollenkorns eine männliche Geschlechtszelle. Die weibliche Geschlechtszelle heißt Eizelle. Sie befindet sich im Innern des Fruchtknotens, in der Samenanlage. Wenn der Pollenschlauch die Samenanlage erreicht hat, öffnet er sich und die männliche Geschlechtszelle verschmilzt mit der weiblichen Eizelle. Die beiden Zellkerne vereinigen sich zu einem Zellkern. Dieser Vorgang wird als **Befruchtung** bezeichnet.

Fruchtreifung. Nach der Befruchtung einer Kirschblüte fallen die Blütenblätter und wenig später auch die Staubblätter ab. Aus dem Fruchtknoten entwickelt sich eine Frucht. Der Fruchtknoten wird dicker, denn das Fruchtknotengewebe nimmt viel Wasser auf und lagert Zucker ein. So entwickelt sich das Fruchtknotengewebe zur Fruchtwand der reifen Kirschfrucht. Dieses saftige rote Fruchtfleisch schließt nach außen mit einer Haut ab. Im Inneren der Frucht geht aus der Samenanlage der Samen mit dem Embryo hervor. Er besteht aus zwei Keimblättern und einer Keimwurzel.

Kirschen sind Steinfrüchte. Der Samen einer Kirsche wird von einer steinharten Schicht umschlossen, die schützend die Samenanlage umschließt. Der Reifungsvorgang dauert von Mai bis Mitte Juli. Die reifen Früchte einer Kirsche enthalten jeweils einen einzigen Samen. Er ist umgeben von einer harten Steinschicht und von saftigem Fruchtfleisch. Eine solche Frucht wird als **Steinfrucht** bezeichnet. Die reife Frucht fällt auf den Boden. Sind die Bedingungen günstig, kann aus dieser Kirsche ein neuer Kirschbaum wachsen.

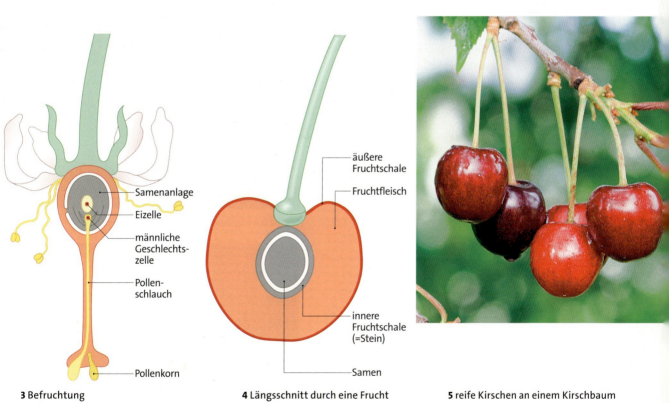

3 Befruchtung   **4** Längsschnitt durch eine Frucht   **5** reife Kirschen an einem Kirschbaum

---

Aufgaben

1. *Beschreibe mit eigenen Worten die in Abbildung 2 und 3 dargestellten Vorgänge.*
2. *Erstelle eine Tabelle mit den Bestandteilen der Kirschfrucht und ordne den Bestandteilen jeweils eine Aufgabe zu.*
3. *Informiert euch in der Gruppe über weitere Steinfrüchte, die für die Ernährung des Menschen eine Rolle spielen.*

1.7 Formen der Bestäubung

Käfer- und Fliegenblüten. Auf den weißen Blütendolden der Wilden Möhre kann man im Sommer zahlreiche Käfer und Fliegen beobachten. Die Blüten senden einen speziellen Duftstoff aus, der diese Insekten gezielt anlockt. Zusätzlich werden sie mit Nektar belohnt. Sie können ihn mit ihren kurzen Mundwerkzeugen gut aus den flachen Blüten aufnehmen. Durch das Hin- und Herlaufen zwischen den Einzelblüten transportieren so zum Beispiel Schwebfliegen die Pollenkörner.

1 Schwebfliege bestäubt Wilde Möhre

Bienen- und Hummelblüten. Die blauen Blüten des Wiesensalbeis bestehen aus einer Ober- und Unterlippe sowie zwei langen gebogenen Staubblättern. Schneidet man eine Blüte vorsichtig auf, kann man am Grund der langen Staubfäden eine verdickte Stelle sehen. Hier befindet sich ein leicht bewegliches Gelenk. Kriecht eine Biene oder Hummel in die Salbeiblüte senken sich die Staubfäden wie ein Hebel auf den Rücken des Insektes. Dieser wird dabei mit Pollenkörnern eingepudert. Fliegt die Biene oder Hummel zur nächsten Salbeiblüte, werden die Pollenkörner an der Narbe abgestreift.

Falterblüten. Bei Schlüsselblumen und Disteln sind die Kronblätter zu einer schmalen Röhre geschlossen. Der Nektar befindet sich ganz am Grund der Blütenröhren. Ihn können nur Insekten wie Schmetterlinge mit einem sehr langen Saugrüssel erreichen.
Schlüsselblumen haben noch eine weitere Besonderheit. Bei ihnen gibt es zwei verschiedene Blütentypen. Beim ersten Blütentyp sitzen die Staubgefäße oben an der Blütenröhre. Die kurze Narbe liegt am Grund der Röhre. Ein Schmetterling auf Nahrungssuche nimmt mit seinem Saugrüssel vom Grund Nektar auf. Dabei stößt er an die Staubgefäße. Er transportiert die Pollenkörner zum zweiten Blütentyp. Hier ragt die Narbe weit heraus und die Staubblätter liegen in der Röhre verborgen. Die Pollenkörner bleiben an der Narbe hängen. Die Blüte ist bestäubt.

2 Bestäubung beim Wiesensalbei durch eine Biene

Zweihäusigkeit. Bei Weiden sitzen männliche und weibliche Blüten auf verschiedenen Bäumen. Die Weide ist damit **zweihäusig**. Die gelblichen männlichen Blüten bestehen nur aus Staubblättern. Sie bilden die Blütenstände, die Weidenkätzchen. Die grünen weib-

3 Taubenschwänzchen-Schmetterling bestäubt Distelblüte

lichen Blüten bestehen nur aus Fruchtblättern. An den ersten warmen Frühlingstagen fliegen Hummeln und Bienen auf Nahrungssuche zwischen den Kätzchen verschiedener Weiden hin und her. Auf diese Weise werden Weiden bestäubt.

Windbestäubung. Bei der Hasel befinden sich männliche und weibliche Blüten auf einem Strauch. Die Hasel ist deshalb **einhäusig**. Die männlichen Blüten bilden längliche, gelb-braune Kätzchen. Die weiblichen Blüten sind sehr klein und unauffällig. Sie bestehen aus langen roten Narben und einem Hüllblatt. Wenn sich die reifen Staubbeutel der männlichen Haselblüten im Februar öffnen, wehen gelbe Staubwolken durch die Luft. Der Wind trägt dabei Tausende Pollenkörner davon. Sie sind besonders klein und leicht. Sie bleiben auf den Narben der weiblichen Blüten hängen und bestäuben so die Hasel. Eine solche Bestäubung nennt man Windbestäubung. Den Haselblüten fehlen die auffälligen Kronblätter, Duftstoffe und Nektar, da keine Insekten angelockt werden müssen. Außerdem würden große Blütenblätter den Wind behindern.

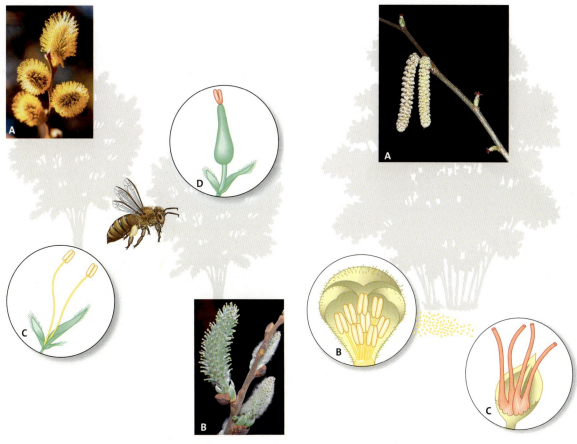

4 Bestäubung einer Weide. **A** männliche Kätzchen; **B** weibliche Kätzchen; **C** männliche Einzelblüte; **D** weibliche Einzelblüte

5 Windbestäubung einer Hasel. **A** männliche Kätzchen; **B** männliche Einzelblüte; **C** weibliche Einzelblüte

Aufgaben

1. *Beschreibe mit eigenen Worten die in Abbildung 2 dargestellte Bestäubung eines Salbeis.*
2. *Vergleiche Insekten- und Windbestäubung miteinander.*
3. *Im Mai kann man beobachten, dass sich Boden und auch Wasserpfützen gelb von den Pollenkörnern der Kiefer färben. Stelle begründete Vermutungen zur Bestäubungsart einer Kiefer an.*

1.8 Ausbreitung von Samen und Früchten

Windverbreitung beim Löwenzahn. Viele Samen und Früchte werden durch die Luft verbreitet. Hält man eine Pusteblume in der Hand und pustet dagegen, kann man die reifen Früchte in die Luft wirbeln sehen. Sie sehen wie Fallschirme aus. Ein von einem Haarkranz gebildeter Schirm sitzt auf einem Faden, an dem der Samen des Löwenzahns hängt. Durch einen Windstoß werden diese **Flugfrüchte** weite Strecken durch die Luft getragen. Man nennt diese Form der Ausbreitung Windverbreitung. Die Flugfrüchte des Löwenzahns können mehrere Kilometer von der Mutterpflanze entfernt landen und durch Widerhaken im Boden verankert werden. So kann aus dem Samen einer Löwenzahnpflanze an einem ganz anderen Standort eine neue Pflanze wachsen.

1 Flugfrüchte des Löwenzahns

Windverbreitung beim Ahorn. Die Flugfrucht des Ahorn besteht aus zwei Samen, an denen jeweils ein Flugblatt hängt. Beim Herunterfallen drehen sich die Früchte wie ein Propeller um ihre eigene Achse. So bleibt die Ahornfrucht länger in der Luft und landet nicht unmittelbar unter der Mutterpflanze. Dort sind die Bedingungen zum Auskeimen nämlich nicht günstig: Es ist dunkel und trocken.

Selbstverbreitung beim Mohn. Eine Mohnkapsel enthält bis zu 20.000 winzig kleine und leichte Samen. Die Kapsel hat Poren am oberen Rand. Durch die Poren werden die Samen entlassen und fortgetragen, wenn der Wind den Pflanzenstängel mit der Kapsel hin- und herbewegt. Das Ausstreuen funktioniert ähnlich wie bei einem Salzstreuer. Deshalb nennt man diese Kapsel auch **Streufrucht**.

1 Ausbreitungsformen. **A** Flugfrucht des Spitzahorns; **B** Streufrucht des Klatschmohns; **C** Schleuderfrucht des Springkrauts

Vielfalt von Lebewesen

Selbstverbreitung beim Springkraut. Die reifen Früchte des Springkrauts springen bei Berührung oder auch schon durch einen Windhauch auf. Dabei rollen sich die Fruchtblätter blitzschnell zusammen. Die Samen werden einige Meter weit herausgeschleudert. Die Früchte des Springkrauts nennt man daher **Schleuderfrüchte.**

Tierverbreitung bei Lockfrüchten. Reife Vogelbeeren sind schon von Weitem an ihrer leuchtend roten Farbe zu erkennen. Die Farbe ist ein Signal für Vögel und lockt sie an. Frisst zum Beispiel ein Rotkehlchen die fleischig saftige Frucht, werden die Samen nicht verdaut, sondern mit dem Vogelkot ausgeschieden. Auf diese Weise können die Samen einer Vogelbeere weit entfernt von der Mutterpflanze keimen. Da an dieser Verbreitungsform Tiere beteiligt sind, spricht man von Tierverbreitung. Auch die Früchte der Himbeeren, des Flieders, des Pfaffenhütchens und des Weißdorns sind **Lockfrüchte,** deren Samen durch Tiere verbreitet werden.

Tierverbreitung durch Klettfrüchte. Im Fell eines Hundes bleiben oft die Früchte des Kletten-Labkrauts hängen. Diese sind mit Widerhaken besetzt. Zudem

4 Vogelbeeren als Lockfrüchte

sind sie klebrig. Als „blinde Passagiere" werden die Klettfrüchte von dem Hund transportiert und später irgendwo abgestreift.

Tierverbreitung durch Eichhörnchen. Eichhörnchen verstecken nahrhafte Früchte wie Haselnüsse, Eicheln und Bucheckern. Dies kann zur Verbreitung der Pflanzen führen. Hat ein Eichhörnchen im Herbst ein Versteck mit Waldfrüchten angelegt, kann es sein, dass dieses Winterlager nicht wieder aufgesucht wird oder nicht alle Samen verzehrt werden. Die vergessenen Früchte und Samen können zu einem späteren Zeitpunkt keimen.

Tierverbreitung durch Ameisen. Die Samen des Veilchens tragen ein kleines, nahrhaftes Anhängsel. Es dient den Ameisen als Nahrung. Man nennt es „Ameisenbrötchen". Die Ameisen transportieren diese Belohnung mitsamt den daran hängenden Samen über weite Strecken zu ihrem Ameisenhaufen. Manchmal bleibt unterwegs ein Samen mit Anhang liegen oder der Samen fällt zwischendurch ab. An der Stelle kann der Samen des Veilchens keimen.

3 Klettfrucht des Kletten-Labkrautes

5 Waldameise mit Veilchensamen

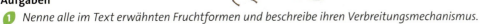

Aufgaben

1. Nenne alle im Text erwähnten Fruchtformen und beschreibe ihren Verbreitungsmechanismus.
2. Erläutere die Angepasstheiten der windverbreiteten und der tierverbreiteten Früchte.
3. Manche Früchte werden auf der Wasseroberfläche treibend verbreitet. Stellt in der Gruppe begründete Vermutungen an, welche Angepasstheiten diese Früchte aufweisen müssen.

1.9 Keimung und Wachstum

Aufbau eines Bohnensamens. In vielen Gärten werden Bohnenpflanzen angebaut, zum Beispiel die Feuerbohne. Sie trägt langgestreckte, grüne Früchte. Die Früchte werden als Hülsen bezeichnet und enthalten mehrere Samen. Ein Samen einer Feuerbohne ist von einer lederartigen, schützenden Samenschale umschlossen. Klappt man die beiden Spalthälften auseinander, wird der Keimling sichtbar. So bezeichnet man den winzigen Pflanzenembryo, aus dem später die junge Pflanze entsteht. Man erkennt die beiden weißen Keimblätter, die den Samen fast vollständig ausfüllen. Sie enthalten die Nährstoffe, die für die Entwicklung des Keimlings notwendig sind. Am Rand sieht man die Keimwurzel. Sie geht in den Keimstängel über. Hier sitzen die ersten beiden Laubblätter. Obwohl sie winzig und noch ganz hell sind, kann man sie schon aufgrund ihrer Form als Blätter erkennen.

Quellung. Der im Samen liegende Keimling ist gegen ungünstige Außeneinflüsse wie Trockenheit geschützt. Der Samen enthält nur wenig Wasser, deshalb finden in ihm kaum Lebensvorgänge statt. In diesem Zustand kann man den Samen einige Jahre aufbewahren, ohne dass er seine Keimfähigkeit verliert.

1 Samen einer Feuerbohne. **A** trocken; **B** nach Quellung

Kommt er dagegen mit Wasser in Berührung, verändert er sich. Durch die Wassereinlagerungen wird er deutlich größer und schwerer. Dies bezeichnet man als **Quellung.** Die Quellung dauert in der Regel etwa einen Tag. Danach hat der Samen so viel Wasser aufgenommen, dass Lebensvorgänge einsetzen und er zu einer jungen Pflanze heranwachsen kann.

Keimung. Aus dem Samen wächst eine neue Pflanze. Dabei platzt zuerst die Samenschale auf und die Keimwurzel bricht durch. Sie wächst an der Wurzel-

---

Aufgaben

1. Beschreibe mit eigenen Worten die in Abbildung 2 dargestellten Vorgänge.
2. Stelle in einer Tabelle die einzelnen Bestandteile einer Feuerbohne und ihre jeweilige Funktion gegenüber.
3. Stelle begründete Vermutungen zum Verlauf der Keimung der Feuerbohne an, wenn man den Samen sehr tief in die Erde legt.

2 Keimung einer Feuerbohne. **A** gequollener Samen; **B** und **C** Keimwurzel; **D** Keimwurzel mit Seitenwurzeln

Vielfalt von Lebewesen

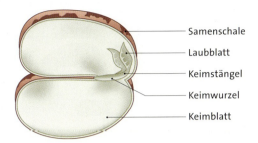

3 Aufbau eines Samens

spitze in die Länge. Bald werden auch Seitenwurzeln gebildet. Sie verankern den Keimling im Boden. An ihnen wachsen winzige Wurzelhaare, die Wasser und darin gelöste Mineralstoffe aufnehmen. Erst jetzt kommt der Keimstängel aus der Samenschale hervor. Er ist gebogen und hebt die beiden kleinen Laubblätter aus der Erde an das Licht. Die Keimblätter verbleiben in der Samenschale. Über der Erde richtet sich der Stängel auf und die zwei Laubblätter entfalten sich. Durch die Einwirkung des Lichts werden Keimstängel und Laubblätter grün. Sie bilden Chlorophyll in den Chloroplasten ihrer Zellen. Gleichzeitig wächst der Stängel in die Länge. Inzwischen ist der Nahrungsvorrat der Keimblätter aufgebraucht. Die junge Pflanze verwendet von nun an nur noch Nährstoffe, die sie selber hergestellt hat.

Zellteilung als Grundlage der Entwicklung. In der Phase der Keimruhe findet aufgrund des Wassermangels in den Pflanzenzellen kein Stoffwechsel statt. Nach der Quellung setzt der Stoffwechsel ein. Die gespeicherten Nährstoffe werden abgebaut und die in ihnen enthaltene Energie wird freigesetzt. Diese wird zum Aufbau neuer Stoffe verwendet. Die vorhandenen Zellen teilen sich. Die dabei entstandenen neuen Zellen wachsen schnell heran und teilen sich wiederum. So verdoppelt sich bei jedem Teilungsschritt die Anzahl der Zellen. In manchen Bereichen der Pflanze gehen diese Vorgänge schneller vor sich als in anderen. Deshalb ist das Wachstum im Abschnitt hinter der Wurzelspitze besonders kräftig. Nach der Zellteilung entwickeln sich die entstandenen Zellen unterschiedlich, je nach ihrer Lage im Pflanzenkörper. In der Wurzel entstehen typische Wurzelzellen, in den Laubblättern dagegen typische Blattzellen.

E Keimwurzel mit Keimstängel; **F** und **G** Streckung des Keimstängels; **H** Keimstängel mit Laubblättern

Vielfalt von Lebewesen

METHODE: Vergleichen

Will man herausfinden, ob zwei Pflanzen- oder Tierarten mehr oder weniger miteinander verwandt sind, wählt man zunächst verschiedene Vergleichspunkte. Danach überprüft man die Eigenschaften der beiden Arten von Lebewesen. So erkennt man Gemeinsamkeiten und Unterschiede.

Garten- und Feuerbohne sind zwei nah verwandte Pflanzenarten. Als Vergleichsgesichtspunkte wählt man zuerst äußere Merkmale wie zum Beispiel Form, Größe und Farbe des Samens. In der Form sind sich die Samen von Garten- und Feuerbohne sehr ähnlich: Beide sind oval. In Größe und Farbe unterscheiden sich die Samen der beiden Pflanzen jedoch: Die Samen der Gartenbohne sind kleiner als die der Feuerbohne. Auch im Hinblick auf die Farbe gibt es Unterschiede: Während der Samen der Gartenbohne weiß ist, weist der rote Samen der Feuerbohne schwarze Flecken auf.

Neben äußeren Merkmalen können auch Vorgänge, wie zum Beispiel die Keimung, verglichen werden. In diesem Punkt unterscheiden sich Garten- und Feuerbohne deutlich voneinander. Bei der Gartenbohne werden die Keimblätter vom wachsenden Spross aus der Erde herausgehoben. Man spricht von oberirdischer Keimung. Bei der Feuerbohne sieht man die Keimblätter nicht, da sie bei der unterirdischen Keimung in der Erde verbleiben.

Nach der Keimung wird die Feuerbohne zwei bis vier Meter hoch und bildet Ranken aus. Die Gartenbohne wird nur etwa 60 Zentimeter hoch.

Die Ergebnisse des Vergleichs können in einer Tabelle dargestellt werden. In die erste Spalte schreibt man die Vergleichspunkte, in die zweite und dritte Spalte die Merkmale der beiden Bohnenpflanzen.

Der Vergleich zeigt, dass trotz vieler gemeinsamer Merkmale eine sichere Unterscheidung der beiden Bohnenarten möglich ist.

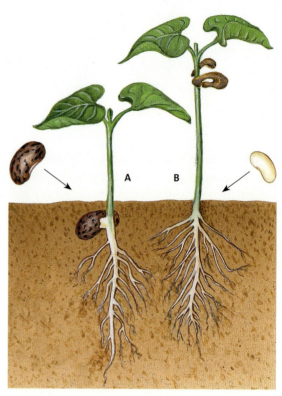

1 Samen und Keimlinge. **A** Feuerbohne; **B** Gartenbohne

Vergleichspunkt	Feuerbohne	Gartenbohne
Form des Samens	oval	oval
Farbe des Samens	rot-schwarz	weiß
Größe des Samens	2,1 cm	1,2 cm
Keimungsart	unterirdisch	oberirdisch
Wuchs	rankend: lang mit dünnem Stängel	buschig: niedriger Wuchs

2 Vergleich von Feuer- und Gartenbohne

Aufgaben

1. Nenne zwei Gemeinsamkeiten und zwei Unterschiede der Feuer- und der Gartenbohne.
2. Vergleicht in Partnerarbeit Hund und Katze unter den Gesichtspunkten Größe, Körperbedeckung, Gebiss, Lautäußerung, Tag- Nachtaktivität, Jagdverhalten, Zusammenleben mit Artgenossen. Lege dazu eine Tabelle an.
3. Suche Informationen über den Spitz-Ahorn und den Berg-Ahorn. Vergleiche die beiden Baumarten unter selbst gewählten Gesichtspunkten.

Vielfalt von Lebewesen

AUFGABEN UND VERSUCHE: Keimung und Wachstum

A Sprengkraft der Erbsensamen

Material: Erbsensamen; Reagenzglas mit Stopfen; Wasser; Plastikschale

Durchführung in Partnerarbeit: Ein Reagenzglas wird mit trockenen Erbsensamen gefüllt. Dann wird Wasser hinein gegossen, bis das Reagenzglas fast voll ist. Nun verschließt ihr das Reagenzglas mit einem passenden Stopfen und lasst es einen Tag lang stehen. Am besten legt ihr es in eine Plastikschale.

Aufgaben

1. Beschreibt eure Beobachtungen.
2. Erklärt das Ergebnis des Versuchs.
3. Erläutert den dahinter stehenden Vorgang.

B Untersuchung eines Bohnensamens

Material: gequollener Bohnensamen (einen Tag in Wasser einlegen); Pinzette; Pipette; Zeichenpapier; Bleistift; Lupe; Iod-Kaliumiodid-Lösung

Durchführung: Entferne die Samenschale von einem Bohnensamen. Benutze hierfür die Pinzette. Klappe die beiden Bohnenhälften auseinander.

Aufgaben

1. Betrachte die Bohnenhälften mithilfe einer Lupe und zeichne sie. Beschrifte die Zeichnung.
2. Schreibe die Bestandteile des Bohnenembryos in eine Tabelle. Ordne den Bestandteilen Aufgaben zu.
3. Gib einen Tropfen der Iod-Kaliumiodid-Lösung auf eine Bohnenhälfte. Erkläre deine Beobachtung. Nimm Seite 179 zur Hilfe.

C Keimungsbedingungen

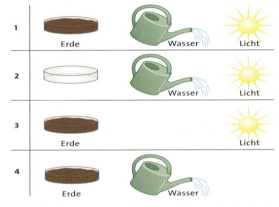

Material: Kressesamen; 4 Petrischalen mit Deckel; Watte; Erde; Wasser

Durchführung in Partnerarbeit: *Erste Petrischale:* Füllt Erde und Kressesamen hinein, begießt den Boden mit Wasser und legt den Deckel darüber. Stellt die Petrischale ins Licht.
Zweite Petrischale: Legt den Boden der Petrischale mit Watte aus. Gebt Kressesamen darauf, begießt mit Wasser und legt den Deckel darüber. Stellt die Petrischale ins Licht.
Dritte Petrischale: Füllt Erde und Kressesamen hinein, aber gebt kein Wasser hinzu. Legt den Deckel darüber und stellt die Petrischale ins Licht.
Vierte Petrischale: Füllt Erde in die Petrischale, gebt Kressesamen darauf und begießt sie mit Wasser. Legt nun den Deckel darüber und stellt die Petrischale ins Dunkle.

Aufgaben

1. Beschreibt eure Beobachtungen.
2. Erklärt die Ergebnisse.
3. Entwickelt eine Versuchsanordnung, um den Faktor Temperatur bei der Keimung zu überprüfen.

1.10 Ungeschlechtliche Fortpflanzung

Ausläufer. Wächst eine Wald-Erdbeere an einem für sie günstigen Standort, bildet sie auf dem Erdboden kriechende Sprossverzweigungen, die **Ausläufer.** Diese entstehen bereits vor der Blüte. Die Ausläufer bilden an ihren Enden Wurzeln aus und verankern sich im Boden. Dann treiben dort aus den Ausläufern kleine Blätter aus. Man sagt, die Wald-Erdbeere hat einen Ableger gebildet. Die neu entstandenen Pflanzen werden von der Mutterpflanze versorgt, bis sie selbstständig Nährstoffe produzieren. Nun vertrocknet der Spross zwischen Mutter- und Tochterpflanze. Der Ableger erzeugt jetzt selbst Ausläufer, die wiederum zu Tochterpflanzen auswachsen. So kommt es, dass an manchen Standorten viele Wald-Erdbeeren dicht zusammen stehen.

1 Wald-Erdbeeren

Stecklinge. Bei Geranien fallen die Seitentriebe leicht ab, wenn man dagegen stößt. Aus dem heruntergefallenen Seitentrieb kann dann eine neue Pflanze wachsen. Viele Balkon- und Gartenbesitzer nutzen diese Eigenschaft der Geranien. Sie erzeugen mit wenig Aufwand jedes Jahr wieder prächtig blühende Geranien. Dazu schneidet man einen etwa fingerlangen Stängel dicht unter einem Blattansatz ab und entfernt die unteren Blätter. Anschließend wird der Trieb etwa drei Zentimeter tief in die Erde gesteckt. Man nennt diesen Trieb daher **Steckling.** Der Blumentopf mit dem Steckling wird ins Helle gestellt und feucht gehalten. Der wurzellose Steckling kann nicht so viel Wasser aufnehmen, wie er über seine Blätter verdunstet. Volle Sonneneinstrahlung muss daher vermieden werden. Nach etwa einer Woche bilden sich auf dem abgeschnittenen Stängel einige helle Ausstülpungen. In zwei bis drei Wochen bildet der Steckling ausreichend Wurzeln für das Auswachsen zu einer Tochterpflanze. Bald treiben viele Blätter aus und etwas später entwickeln sich die ersten Blüten.

2 Ausläuferbildung bei der Wald-Erdbeere

Ungeschlechtliche Fortpflanzung. Die **ungeschlechtliche Fortpflanzung** findet ohne Blüten- und Samenbildung statt. Sie hat den Vorteil, dass bei günstigen Umweltbedingungen eine schnelle Ausbreitung möglich ist. Alle durch Ausläufer gebildeten Nachkommen und die Mutterpflanze haben die gleichen Eigenschaften.

Ungeschlechtliche Fortpflanzung ist bei Pflanzen weit verbreitet. Sie kann über verschiedene Pflanzenteile erfolgen. So kann eine neue Pflanze je nach Pflanzenart aus dem Stängel, dem Blatt oder der Wurzel entstehen. Kartoffeln beispielsweise sind die Knollen eines unterirdischen Stängelausläufers. Sie werden in die Erde gesteckt. Im Laufe des Sommers wächst aus ihnen eine Kartoffelpflanze mit vielen neuen Knollen, den Kartoffeln. Diese werden im Herbst geerntet. Gärtner ziehen die ungeschlechtliche Fortpflanzung für die Vermehrung vieler Gartenpflanzen, Sträucher und Obstbäume vor, weil diese Art der Vermehrung sehr schnell geht.

3 Ungeschlechtliche Vermehrung von Usambaraveilchen in der Gärtnerei

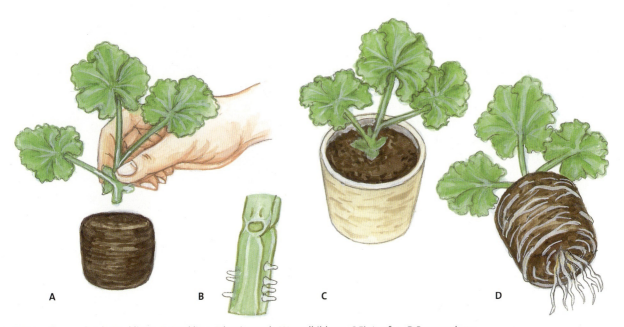

4 Vermehrung durch Stecklinge. **A** Steckling; **B** beginnende Wurzelbildung; **C** Eintopfen; **D** Bewurzelung

Aufgaben

1. Beschreibe anhand von Abbildung 2 die ungeschlechtliche Fortpflanzung bei der Wald-Erdbeere.
2. Beschreibe mithilfe der Abbildung 4 die Vermehrung durch Stecklinge.
3. Vergleiche ungeschlechtliche und geschlechtliche Fortpflanzung miteinander.
4. Erkläre, warum Gärtner die Methode der ungeschlechtlichen Vermehrung so häufig nutzen.

2 Tiere im Wald

2.1 Der Wald als Lebensraum

Lebensraum Wald. In einem Wald steht an einer Wegkreuzung eine knorrige, alte Eiche. Unter der Eiche jagt ein Rotfuchs nach Waldmäusen. Die Eingänge zu seinem Bau befinden sich in der Nähe. Die Spuren im feuchten Boden vor dem Bau beweisen, dass dieser noch von einem Dachs bewohnt wird. Füchse graben ihren Bau meist nicht selbst, sondern quartieren sich gern in Dachsbauten ein. Auch für andere Waldbewohner ist dieser Baum ein Lebensraum. Ihre Spuren kann man ebenfalls unter der Eiche finden. Wildschweine zum Beispiel durchwühlen mit ihrer kräftigen Schnauze den Boden auf der Suche nach Würmern und anderen Kleintieren. Dabei finden sie manchmal auch in der Erde vergrabene Eicheln, die sie sehr gern fressen. Es sind Nahrungsvorräte, die Eichelhäher und Eichhörnchen für den Winter angelegt haben. In manchen Jahren liegen besonders viele Eicheln unter der Eiche. Dann können auch Rehe und Hirsche angelockt werden, die sich einen Speckvorrat für den Winter anfressen.

Baumhöhlen. Buntspechte zimmern ihre Bruthöhlen in Baumstämme. Nach dem Ausfliegen der Jungen bleiben frei werdende Spechthöhlen selten leer. Eine ganze Anzahl von Tierarten ist darauf angewiesen. Beispielsweise werden sie von Kohl- und Blaumeisen zum Übernachten und Brüten genutzt. Siebenschläfer und Haselmaus halten ihren Winterschlaf ebenfalls darin. Größere Höhlen dienen Waldkauz oder Baummarder als Unterkunft. Mehr als die Hälfte der 21 mitteleuropäischen Fledermausarten haben ihre Sommerquartiere ebenfalls in großen Baumhöhlen.

Leben auf den Blättern. An Eichen können Käfer und manchmal auch Schmetterlinge genauer beobachtet werden. Ein Maikäfer frisst beispielsweise an einem Blatt. Der Eichenwickler, ein Schmetterling, legt seine Eier zwischen zusammengesponnene Eichenblätter. Die daraus schlüpfenden Raupen fressen im Schutz dieser Höhlung.
Auf manchen Eichenblättern findet man kleine Kugeln von etwa zwei Zentimetern Durchmesser. Urheber sind die nur vier Millimeter großen Eichengallwespen. Das Weibchen sticht mit einem länglichen

1 Eine Eiche als Lebensraum. **A** Wildschwein; **B** Dachs; **C** Haselmaus; **D** Rotfuchs; **E** Waldameise; **F** Schließmundschnecke; **G** Maikäfer; **H** Eichelhäher; **I** Eichhörnchen; **J** Buntspecht; **K** Baummarder; **L** Blattgallen der Eichengallwespe; **M** Eichenwickler; **N** Waldkauz

Vielfalt von Lebewesen

Fortsatz am Hinterleib in das Blatt und legt ein Ei darin ab. Die daraus schlüpfende Raupe gibt eine Flüssigkeit ab. Die Flüssigkeit löst die Bildung der kugelförmigen Wucherung im Blatt aus. Die Wucherungen werden als Blattgallen bezeichnet. Darin findet die Raupe Schutz und reichlich Nahrung.

Leben am Stamm. Waldameisen bewegen sich wie auf einer Straße nach oben in die Baumkronen und schleppen Nahrung nach unten zum Ameisenhaufen. Auch Schnecken kriechen auf der Rinde entlang und hinterlassen silberglänzende Schleimspuren. So weidet die Schließmundschnecke den auf der Rindenoberfläche wachsenden grünen Algenbelag ab.

Bedeutung alter Bäume. Je älter die Bäume eines Waldes sind, um so mehr Tierarten finden dort ihren Lebensraum. Spechte benötigen für den Bau ihrer Höhlen dickere Stämme. Auf ehemalige Spechthöhlen ist wiederum eine Vielzahl anderer Tiere angewiesen. Mit zunehmendem Alter findet man am Baum immer mehr tote Äste. Das tote Holz wird von vielen Tieren als Überwinterungs-, Nahrungs- und Brutplatz genutzt. Die Fraßgänge von Borkenkäfern und Bockkäfern erleichtern die Ansiedlung von Baumpilzen. Diese zersetzen das Holz weiter, bis es schließlich zerfällt. Da in bewirtschafteten Wäldern die meisten Bäume schon im Alter von etwa 100 Jahren gefällt werden, ist es sehr wichtig, zumindest einige alte Bäume zu verschonen und unter Schutz zu stellen.

Nachtaktive Tiere. Viele Tiere des Waldes verbergen sich tagsüber. Erst in der Dämmerung gehen sie auf Nahrungssuche. So lassen sich beispielsweise Maikäfer am Abend viel häufiger beobachten als am hellen Tag. Auch die Mehrzahl der Schmetterlinge ist in den Nachtstunden aktiv. Zu diesen Nachtfaltern gehört auch der Eichenspinner. Die Bezeichnung „Spinner" bezieht sich auf die Eigenschaft der Raupen, zur Verpuppung einen Kokon aus Spinnseide anzufertigen.

Aufgaben

1. Die Tiere in Abbildung 1 nutzen unterschiedliche Nahrungsquellen. Nenne dazu fünf Beispiele.
2. Manche Tiere nutzen Waldbäume nicht als Nahrungsquelle, sondern zu anderen Zwecken. Nenne drei Beispiele.
3. Finde sechs Beispiele für Tierarten, die Nadelwälder bewohnen. Gib jeweils an, wofür sie die Bäume benutzen.
4. Die Verwaltung eines Nationalparks ließ entlang eines Weges mehrere alte Buchen fällen, um die Besucher vor herabstürzenden Ästen zu schützen. Beurteilt in der Gruppe mögliche Folgen für den Lebensraum.

Vielfalt von Lebewesen

METHODE: Exkursion in den Wald

Wildlebende Pflanzen und Tiere lassen sich am besten in ihrem natürlichen Lebensraum erkunden. Einen solchen Erkundungsgang bezeichnet man als **Exkursion.** Ein mögliches Ziel einer Exkursion kann ein Wald sein.

Eine Exkursion muss genau geplant werden. Steht das Ziel fest, beispielsweise ein Wald in der Umgebung, sprecht ihr in der Klasse ab, welche Untersuchungen vorgenommen werden sollen. Dabei bietet es sich an, in Gruppen zu arbeiten. Zunächst ist es sinnvoll, eine Übersicht über häufige Pflanzen und Tiere des Waldes zu bekommen. Die Namen der meisten Pflanzen, Säugetiere und Vögel lassen sich mithilfe von Bestimmungsbüchern schnell herausfinden. Kleintiere wie Insekten und Spinnentiere sammelt ihr am besten zunächst mit Fangnetzen, Pinseln und Sieben und bewahrt sie in Sammelgläsern auf. Die genaue Beobachtung und Bestimmung erfolgt dann entweder in Beobachtungsschalen oder in Becherlupen. In manchen Fällen ist die Bestimmung erst in der Schule mithilfe einer Stereolupe möglich. Alle Tiere werden nach der Bestimmung wieder freigelassen. Die Naturschutzbestimmungen müssen genau beachtet werden. Sollen die Lebensbedingungen im Wald untersucht werden, kann man zum Beispiel die Temperatur mit einem Thermometer und die Helligkeit mit einem Lichtmessgerät in verschiedenen Teilen des Waldes bestimmen. Alle Untersuchungen der Exkursion werden notiert und jede Gruppe trägt ihre Ergebnisse vor. Werden alle Ergebnisse auf einem Informationsplakat zusammengetragen, entsteht ein umfassendes Bild des Lebensraums Wald.

Checkliste
- ✓ Ziel, Art des Geländes
- ✓ voraussichtliche Dauer der Geländearbeit
- ✓ voraussichtliches Wetter
- ✓ passende Kleidung, Schuhe
- ✓ Proviant, Getränke
- ✓ Karte, Kompass
- ✓ Feldstecher, Lupe
- ✓ Sammelgeräte, Sammelbehälter
- ✓ Insektenkescher
- ✓ Messgeräte
- ✓ Fotoapparat oder Smartphone
- ✓ Schreibzeug
- ✓ Bestimmungsbücher

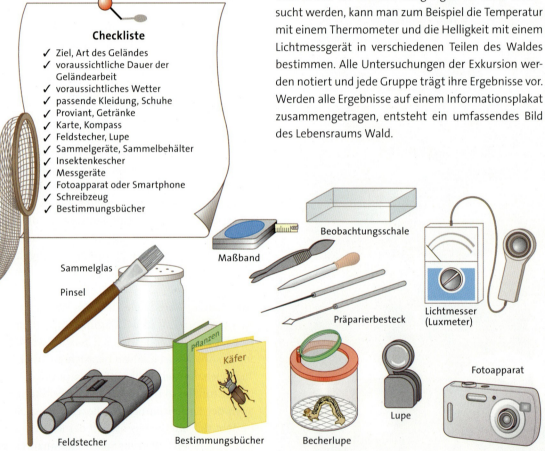

1 Ausrüstung für eine Exkursion

Aufgaben

1. Nenne Gründe für die Durchführung von Exkursionen im Biologieunterricht.
2. Erläutere, zu welchem Zweck die Ausrüstungsgegenstände in Abbildung 1 dienen.
3. Erstelle eine Stichwortliste zur Vorbereitung einer Exkursion an einen Teich.

Vielfalt von Lebewesen

METHODE: Eine Sammlung anlegen

Eine Exkursion, beispielsweise in den Wald, kann mit dem Anlegen einer **Sammlung** verbunden werden. Auf diese Weise könnt ihr in der Schule eine Ausstellung über interessante Funde im Wald anlegen. Damit die gesammelten Gegenstände möglichst nicht beschädigt werden und später einem bestimmten Fundort oder besonderen Fundumständen zugeordnet werden können, werden sie im Wald zunächst in Tüten aufbewahrt. Dann notiert ihr auf einem Zettel Fundort und Funddatum sowie eventuell andere wissenswerte Einzelheiten zu dem Fund und legt den Zettel mit in die Tüte.

Zu jeder Sammlung über einen Lebensraum gehört eine Übersicht über häufig vorkommende Pflanzen. Dazu legt ihr am besten ein **Herbarium** an. Was dabei zu beachten ist, könnt ihr auf Seite 35 dieses Lehrbuchs nachlesen. Achtet darauf, dass geschützte Pflanzen für das Herbarium nicht ausgerissen werden dürfen. Solche Pflanzen könnt ihr aber fotografieren und die Sammlung mit diesen Fotos ergänzen. Auch Tiere, beispielsweise Insekten, Spinnen, Schnecken und Vögel, können in der Sammlung durch Fotos vertreten sein. Alle ausgestellten Gegenstände und Fotos sollten mit einem Schildchen versehen werden, auf dem steht, um welches biologische Objekt es sich handelt. Damit die Angaben auch stimmen, solltet ihr in Zweifelsfällen ein Bestimmungsbuch zu Rate ziehen.

In einem **Schaukasten** könnt ihr zum Thema „Spurensuche im Wald" von Insekten angefressene Bucheckern, Holzstücke mit Fraßspuren von Borkenkäfern, von Eichhörnchen angenagte Zapfen und von Eichelhähern zerhackte Haselnüsse ausstellen. Auch Fotos von Spuren im Schnee, Eulengewöllen oder von angebissenen Sträuchern passen dazu.

Aufgaben

1. Nenne Gründe für das Anlegen einer biologischen Sammlung.
2. Erstellt eine Liste von Fundstücken, die den Grundstock für eine Sammlung zum Thema Wald bilden können.
3. Sammlungen können auch zu einzelnen Tier- oder Pflanzengruppen angelegt werden. Erarbeitet Vorschläge.

2.2 Spechte – Kletterkünstler am Stamm

Schnabel und Zunge. Hört man im Wald unregelmäßiges Hämmern oder laute Trommelwirbel, sind das Hinweise auf die Anwesenheit eines Buntspechts. Mit hämmernden Schlägen des kräftigen, spitzen Schnabels meißelt ein Specht Löcher in den Stamm. Dadurch gelangt er an Insekten, die unter der Rinde und im Holz leben. Keine andere heimische Vogelart macht dem Specht diese Nahrungsquelle streitig. Der Spechtschnabel wird aufgrund seiner Angepasstheit als **Meißelschnabel** bezeichnet. Mit ihrer langen, empfindlichen Zunge können Spechte in Insektengänge eindringen und diese abtasten. Spüren sie dabei ein größeres Insekt auf, ziehen sie die Zunge zurück und schleudern sie blitzschnell wieder vor. Die mit Widerhaken versehene Zungenspitze bohrt sich dann wie eine Harpune in den Körper der Beute. Kleinere Tiere bleiben gleich an dem klebrigen Speichel hängen, der die Zunge umgibt. Wegen ihrer besonderen Bewegungsweise bezeichnet man die Zunge als **Schleuderzunge.**

Buntstpechte sind Klettervögel. Spechte haben vier Zehen an ihren **Kletterfüßen.** Die spitzen, gebogenen Krallen an den Zehen geben den Spechten beim Hämmern und Klettern festen Halt. Je zwei Zehen sind nach vorn beziehungsweise nach hinten gerichtet. Während des Hämmerns stützen sich Spechte auf kräftige Schwanzfedern. Dieser **Stützschwanz** ist ebenfalls eine Angepasstheit der Spechte an das Klettern an senkrechten Baumstämmen.

Fortpflanzung. Spechte sind die meiste Zeit des Jahres Einzelgänger. Zur Fortpflanzung finden sich Männchen und Weibchen bei den meisten Arten durch Rufe und rhythmische Trommelsignale. Zum Trommeln schlagen Spechte schnell hintereinander gegen einen trockenen Ast. Die Bruthöhle wird von beiden Partnern gemeinsam gezimmert. In die fertige Höhle legt das Weibchen seine weißen Eier. Beide Geschlechter brüten und beteiligen sich an der Aufzucht der Jungen. Nach dem Ausfliegen der jungen Spechte können die alten Höhlen von vielen anderen Tieren als „Nachmieter" genutzt werden.

1 Angepasstheiten des Buntspechts. **A** Meißelschnabel; **B** Schleuderzunge; **C** Kletterfuß; **D** Stützschwanz

2 Buntspecht. **A** Meißeln der Bruthöhle; **B** Fütterung eines Jungtieres

Schwarzspecht. Der Schwarzspecht kann eine Körperlänge von fast einem halben Meter erreichen. Er ist damit etwa doppelt so groß wie der Buntspecht. Schwarzspechte leben nur in großen, zusammenhängenden Waldgebieten. Ihre Bruthöhlen legen sie vorwiegend im Stamm von großen Nadelbäumen oder Eichen an. Der Eingang zu einer solchen Schwarzspechthöhle hat einen Durchmesser von etwa zehn Zentimetern. Nachdem die jungen Spechte die Bruthöhle verlassen haben, wird sie oft von anderen Höhlenbrütern genutzt, beispielsweise Tauben.

Grünspecht. An Waldrändern, in Parks und manchmal auch in Gärten kann man den Grünspecht beobachten. Diese Art gehört zu den so genannten Erdspechten. Solche Spechte suchen ihre Nahrung statt unter Baumrinden vorwiegend am Boden. Grünspechte ernähren sich meist von Ameisen. Dazu stoßen sie mit ihrem Schnabel Löcher in einen Ameisenhaufen und nehmen die Nahrung mit der klebrigen Zunge auf. Zum Trommeln verwenden Grünspechte ihren Schnabel nur selten.

Vielfalt. Weltweit kommen etwa 200 verschiedene Spechtarten vor. Mittelspecht, Kleinspecht und Grauspecht sind weitere Arten, die in Deutschland leben. Die verschiedenen Arten haben eine ähnliche Lebensweise, unterscheiden sich jedoch unter anderem in ihrer Gefiederfärbung, ihren Lautäußerungen, der bevorzugten Nahrung und in ihrem Verhalten. Spechte sind ein Beispiel für die Artenvielfalt einer Vogelgruppe mit ähnlichen Körpermerkmalen und Angepasstheiten. Die meisten Arten nutzen Baumstämme als Lebensraum, auf dem sie Nahrung finden und wo sie ihre Bruthöhlen anlegen.

3 Schwarzspecht an seiner Nisthöhle

4 Grünspecht bei der Nahrungssuche

Aufgaben

1. Nenne Angepasstheiten der Spechte an ihren Lebensraum.
2. Erkläre die Bezeichnungen Klettervogel und Höhlenbrüter.
3. Erstelle einen Steckbrief zu einer Spechtart. Nutze dazu den Lehrbuchtext sowie weitere Informationen in Fachbüchern oder im Internet sowie die Seite 99 in diesem Buch.
4. Im Gegensatz zu vielen Singvögeln legen Spechte weiße Eier. Deute diesen Sachverhalt im Hinblick auf die Angepasstheit der Spechte.
5. Artenvielfalt kommt nicht nur bei Spechten vor. Belegt diese Feststellung am Beispiel der Singvögel und der Greifvögel. Arbeitet dazu in Gruppen.

2.3 Der Mäusebussard ist ein Greifvogel

Beutefang. Ein Mäusebussard kreist morgens am Waldrand. Nahe einer frisch gemähten Wiese lässt er sich auf einem Baum nieder und hält Ausschau. Mit seinen scharfen Augen erkennt er eine auf der Wiese herumlaufende Maus. Im Gleitflug stößt der Bussard herab. Im letzten Moment bremst er mit ausgebreitetem Schwanz und wirft seine Beine nach vorn. Dabei stoßen die Krallen wie Dolche in die Beute. Mit Greifbewegungen und einem Schnabelhieb in den Nacken wird die Beute getötet. Mit der erbeuteten Maus in den Fängen fliegt der Bussard zu einem höher gelegenen Platz, um dort in Ruhe zu fressen. Die Verwandten des Mäusebussards greifen ihre Beute ebenfalls mit den Füßen. Man bezeichnet diese Vogelgruppe daher als **Greifvögel**.

Schnabel. Greifvögel haben einen kräftigen, scharfkantige Schnabel. Das Oberteil des Schnabels ist hakenartig nach unten gebogen. Diese Schnabelform ist eine Angepasstheit an die Nahrungsaufnahme, bei der mit dem Schnabel Fleischstücke aus dem Beutetier herausgerissen werden. Unverdauliche Nahrung wie Federn und Haare würgt der Vogel wieder aus dem Magen heraus.

1 Mäusebussard

Körperbau. Bussarde erreichen eine Flügelspanne von etwa einem Meter. Das für ein Tier dieser Größe ziemlich geringe Gewicht von einem Kilogramm begünstigt das Fliegen. Der Vogelkörper ist durch eine Reihe von Angepasstheiten gekennzeichnet, die mit dem Begriff Leichtbauweise zusammengefasst werden können. Vögel besitzen insgesamt weniger einzelne Knochen als die Säugetiere. Außer im Bereich des Halses sind alle anderen Wirbel fest zusammengewachsen. Das spart Muskelmasse, die sonst benötigt würde, um den Körper in einer bestimmten Position zu halten. Nimmt man den Oberarmknochen eines Vogels in die Hand, erweist er sich ebenfalls leichter als erwartet. Beim Versuch, ihn zu verbiegen, zersplit-

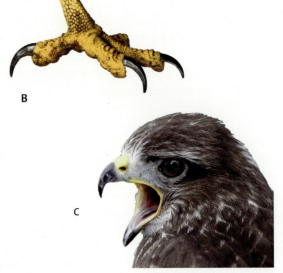

2 Angepasstheiten des Mäusebussard an den Nahrungserwerb.
A Angriffshaltung; **B** Greiffuß; **C** leistungsfähige Augen, scharfkantiger Hakenschnabel

tert er. Die Knochen des Vogels sind Röhrenknochen, die innen hohl und mit Luft gefüllt sind. Der Schädel ist sehr leicht und besteht aus dünnwandigen Knochen. Die dünnen Kiefer enthalten keine Zähne. Sie sind mit einem leichten und dennoch stabilen Hornschnabel umgeben. Aus der gleichen Hornsubstanz bestehen die Federn. Die Flügel dienen als Tragflächen und Antrieb, der Schwanz zum Steuern. Die Körperbedeckung bietet Schutz vor der Witterung. Die Federn sind alle ebenfalls „federleicht".

Innere Organe. Die inneren Organe des Vogels zeigen eine Leichtbauweise. In den hohlen Knochen und zwischen den Organen verteilt liegen Luftsäcke. Sie sind mit den Lungen verbunden. Die Luftsäcke dienen als Zwischenspeicher für die Atemluft. Damit wird der Austausch der Atemgase sowohl beim Einatmen als auch beim Ausatmen möglich. So sind Vogellungen trotz ihres vergleichsweise geringen Gewichts die leistungsfähigsten Atmungsorgane im ganzen Tierreich. Vögel besitzen auch keine Harnblase, deren schwerer Urin beim Fliegen belasten würde. Stattdessen scheiden sie durch die Kloake zusammen mit dem Kot hoch konzentrierte, weiße Harnsäure aus. Vogelweibchen haben auch nur einen Eierstock, der außerhalb der Brutzeit fast völlig zurückgebildet wird.

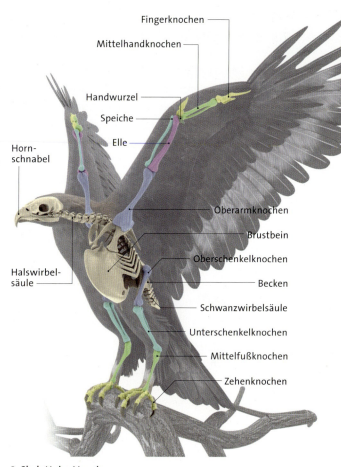

3 Skelett des Vogels

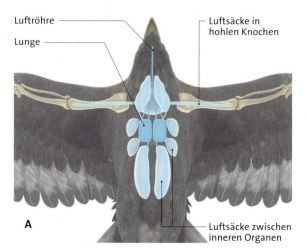

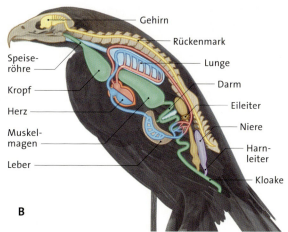

4 Organe des Vogels. **A** Atmungsorgane; **B Innere Organe**

Aufgaben

1. *Erläutere die Bezeichnung Greifvogel.*
2. *Stelle in einer Tabelle alle Angepasstheiten des Mäusebussards an das Fliegen zusammen.*
3. *Erstellt in Partnerarbeit zu drei weiteren heimischen Greifvogelarten Steckbriefe.*

2.4 Wie Vögel fliegen

Aufbau von Federn. Vögel unterscheiden sich von anderen Wirbeltieren durch den Besitz von **Federn**. Es sind sehr leichte, aber auch stabile und elastische Konstruktionen. Unter einer starken Lupe erkennt man die Feinstruktur der Feder. Beiderseits vom Schaft abgehende Äste tragen kleine, dicht stehende Strahlen. Dabei greifen die gezackten Hakenstrahlen eines Astes in die glatten Bogenstrahlen des benachbarten Astes. So bildet die Feder eine wasserdichte Fläche, die auch Luft nur schlecht durchlässt. Diese Fläche bezeichnet man als Fahne.

Federtypen. Aufgrund ihres Baus lassen sich verschiedene Federtypen unterscheiden. Eine Schwungfeder aus der Flügelfläche oder eine den Vogelkörper schützende Deckfeder besitzen undurchlässige Fahnen. Dadurch unterscheiden sie sich von einer Daunenfeder, deren einzelne Federstrahlen nicht miteinander verhakt sind. Daunen findet man daher im wärmenden Untergefieder erwachsener Vögel. Jungvögeln tragen zunächst nur Daunen als Körperbedeckung. Sie schützen sich bei schlechtem Wetter unter dem Federkleid der Eltern.

Flügel. Die Vordergliedmaßen der Vögel sind zu Flugorganen umgebildet. Die Schwungfedern bilden den Hauptteil der Flügelfläche. Die Flügel werden durch eine kräftige Muskulatur bewegt. Sie besteht aus dem großen und dem kleinen Brustmuskel. Das Brustbein mit seinem nach unten ragenden Kiel dient als Ansatzstelle für diese Muskeln. Zieht sich der große Flugmuskel zusammen, schlägt der Flügel nach unten. Das Zusammenziehen des kleinen Flugmuskels bewirkt das Heben des Flügels. Flügelfläche und Stellung der Schwungfedern sind genau auf diese Arbeitsweise der Flugmuskulatur abgestimmt. Beim Abschlag werden die Flügel gestreckt. Die Schwungfedern der Flügel werden dabei von der Luft gegen die Nachbarfedern gedrückt. Die nun übereinanderliegenden Federn lassen fast keine Luft durch. Beim Aufschlag verringert sich dagegen der Luftwiderstand. Der Flügel wird angewinkelt und die Federn lassen die Luft hindurch, wie die verstellbaren Lamellen einer Jalousie.

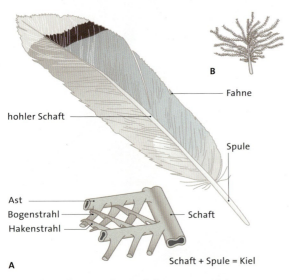

1 Bau der Federn. **A** Schwungfeder; **B** Daunenfeder

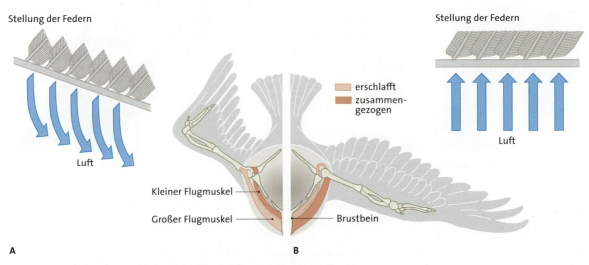

2 Zusammenwirken der Strukturen beim Flügelschlag. **A** Aufschlag; **B** Abschlag

Gleitflug. Mit ausgebreiteten Flügeln und ohne Flügelschlag lässt sich ein Adler abwärtsgleiten. Dieser **Gleitflug** ist die einfachste und wahrscheinlich auch die älteste Form des Fliegens. Je stärker die Flügel beim Gleiten angewinkelt werden, umso schneller und steiler geht es nach unten.

Segelflug. Größere Vögel wie Adler und Störche nutzen oft aufsteigende Luftströmungen, um Höhe zu gewinnen. Sie breiten ihre brettartigen Flügel weit aus und fächern den Schwanz. So kann die aufsteigende Luftströmung beim **Segelflug** voll ausgenutzt werden. Handelt es sich um aufsteigende Warmluft, wie sie über Städten oder Feldern entsteht, lassen sich die Vögel spiralförmig in die Höhe tragen. An Berghängen findet man gleichfalls Aufwinde.

Besonders gut kann man diese Flugart an Meerengen, wie zum Beispiel an der Straße von Gibraltar, beobachten. Sie liegt zwischen Europa und Afrika. Dort schrauben sich während des Vogelzuges manchmal Hunderte Greifvögel und Störche gleichzeitig in einer Warmluftsäule segelnd in die Höhe. So können sie in der anschließenden Gleitflugphase das entgegengesetzte Ufer erreichen. Beim Gleiten und Segeln spart der Vogel Energie, weil er dabei die Flügel kaum bewegen muss.

Ruderflug. Beim **Ruderflug** wird viel Energie für die Bewegung der Flugmuskulatur aufgewendet. Der Flügelschlag hält das Tier in der Luft und bewegt es vorwärts. Der Ruderflug ist die variantenreichste Form des Fliegens. Eine Möglichkeit ist der geradeaus führende Streckenflug. Er ist zum Beispiel bei Kleinvögeln, wie Meisen, zu beobachten. Nach Mäusen jagende Turmfalken verharren oft an einer Stelle in der Luft. Dabei werden die Flügel vor- und zurückgeschlagen. Diese Art des Ruderflugs heißt Rüttelflug. Ähnlich verhält sich ein Kolibri, der im Schwirrflug vor einer Blüte schwebt.

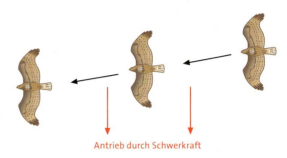
3 Gleitflug

4 Segelflug

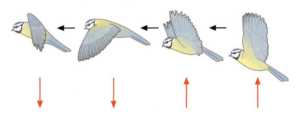
5 Streckenflug

6 Turmfalke im Rüttelflug

Aufgaben

1. Nenne die verschiedenen Aufgaben von Federn.
2. Erläutere anhand von Abbildung 2 den Zusammenhang zwischen Struktur und Funktion beim Vogelflug.
3. Kanadagänse bewegen sich meist im Ruderflug, während Gänsegeier häufig segeln. Beide Tiere besitzen die gleiche Körpergröße. Stelle eine begründete Vermutung an, welche dieser Vogelarten einen größeren Brustbeinkiel besitzt.

2.5 Viele Säugetiere sind an das Leben im Wald angepasst

Rotwild. Rothirsche lebten ursprünglich in Laub- und Mischwäldern mit offenen Flächen. Heute kommen sie meist nur noch dort vor, wo sie ohne Konflikte mit Land- und Forstwirtschaft leben können. Man trifft Rothirsche zum Beispiel in den höheren Lagen der Mittelgebirge. Üblicherweise würden sie im Winter in die Täler ziehen. Dieser Weg ist den Rothirschen heute jedoch durch die dichte Besiedlung meist versperrt, sodass sie in den höheren Lagen bleiben müssen. In diesen kargen Gebieten ist im Winter eine zusätzliche Fütterung notwendig.

Lebensweise des Rotwilds. Rothirsche sind dämmerungsaktive Tiere, die tagsüber Schutz im Dickicht suchen. Sie sind scheu und meiden den Kontakt mit Menschen. Weibchen und Junghirsche leben in Herden, ältere Männchen als Einzelgänger. Im Herbst werden die **Hirschkühe** paarungsbereit. Ein starkes Männchen übernimmt die Leitung einer Herde. Es wird zum **Platzhirsch.** Vielfach kommt es mit anderen Männchen zu Streitigkeiten und Kämpfen um eine Herde. Der Platzhirsch ist das einzige Männchen, das sich mit den Weibchen paart. Dies geschieht im Spätherbst. Das Hirschkalb wird im nächsten Mai oder Juni geboren und bleibt zuerst an einem festen Platz. Dort wird es drei bis vier Monate lang gesäugt. Nur die Männchen bilden ein Geweih aus. Je älter der Rothirsch ist, desto größer ist die Zahl der ausgebildeten Geweihenden.

2 Rothirschkuh mit Kalb

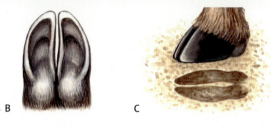

1 Rothirsch. A Herde; **B** Vorderfuß; **C** Trittsiegel; **D** Fährte

Ernährung und Feinde. Rothirsche sind reine Pflanzenfresser. Ähnlich wie Rinder sind auch sie Wiederkäuer. Sie nehmen Gräser, Kräuter und Knospen auf, im Herbst kommen Bucheckern, Eicheln und Kastanien hinzu. Mit diesem **Mastfutter** fressen sich die Rothirsche eine Speckschicht als Wintervorrat an. Hirsche haben in Deutschland kaum natürliche Feinde. Luchse können ab und zu ein Kalb erjagen. Die Größe des Hirschbestandes wird im Wesentlichen durch den Menschen bei der Jagd reguliert.

Dachs. In einem Laub- oder Mischwald kann man in der Abenddämmerung Tiere sehen, die man tagsüber nicht antrifft. Dazu gehören Dachse. Die Tiere sind etwa fuchsgroß. Sie haben ein silbriggraues Fell und einen schwarz-weiß gestreiften Kopf. Hiermit sind Dachse in der Dunkelheit oder im Dämmerlicht gut getarnt. Dachse haben einen gedrungenen Körper mit kurzen, stämmigen Beinen. Ihre Augen und Ohren sind klein. Die Schnauze der Dachse ist lang und rüsselartig. Am Tag halten sich die Tiere in ihrem Bau auf. Im Gegensatz zum Fuchs, der häufig in einen verlassenen **Dachsbau** einzieht, graben Dachse ihren Bau selber. Dazu wühlen sie mit ihrer Nase im Boden und scharren mit ihren Vorderpfoten in der Erde. Die Pfoten tragen zu diesem Zweck lange Krallen.

Ernährung und Fortpflanzung des Dachses. Dachse sind **Allesfresser.** Sie ernähren sich sowohl von pflanzlicher als auch von tierischer Nahrung. Mithilfe ihres gut ausgeprägten Geruchssinnes suchen Dachse den Boden ab. Dabei schwenken sie ihre Nase schnüffelnd hin und her. Im Frühjahr werfen Dachsweibchen zwei bis fünf Junge. Die Tragzeit beträgt etwa dreieinhalb Monate. Die Jungen sind weiß und blind. Sie werden etwa vier Monate im Bau gesäugt und beginnen dann selbstständig nach Nahrung zu suchen.

Waschbär. Waschbären sind in der Dunkelheit aktiv. Die etwa ein Meter großen Tiere sehen aus, als hätten sie eine Maske auf. Das graubraune Fell am Körper und der geringelte Schwanz tarnen die Tiere gut. Waschbären haben einen ähnlichen Speiseplan wie Dachse. Sie prüfen die Beschaffenheit der Nahrung mit der Nase und den Pfoten, bevor sie diese fressen. An den Fingern sind Sinneshaare, mit denen Waschbären besonders gut tasten können. Waschbären suchen auch im Wasser nach Nahrung. Das Abtasten unter Wasser sieht aus, als ob die Tiere die Nahrung waschen würden. Diese Eigenschaft hat ihnen zu ihrem Namen verholfen.

Fortpflanzung und Verbreitung des Waschbären. Waschbärweibchen bringen im Frühsommer ein bis sieben Junge zur Welt. Die Tragzeit beträgt neun Wochen. Die Jungen werden in verlassenen Dachsbauten oder Baumhöhlen aufgezogen. Diese dienen auch als Ruhe- und Schlafplatz. Obwohl Waschbären im Wald leben, kann man sie auch in Gärten, Parks, Dachböden oder sogar in Kanalröhren finden. Ursprünglich kommen Waschbären aus Amerika. In Europa ausgesetzte Tiere vermehrten sich und breiteten sich so immer mehr aus.

3 Dachs. A ausgewachsenes Tier; **B** Fährte; **C** Schaufelpfote

4 Waschbär. A ausgewachsenes Tier; **B** Fährte

Aufgaben

1. Stelle in einer Tabelle Lebensraum, Lebensweise und Nahrung von Rothirsch, Dachs und Waschbär gegenüber.
2. Vergleiche Dachs und Waschbär. Gehe dabei vor allem auf die Angepasstheiten an ihren Lebensraum ein.
3. Vergleiche anhand der Abbildungen 1, 3 und 4 die verschiedenen Vorderfüße und Fährten.
4. Überlegt in der Gruppe, welche Auswirkungen ein Jagdverbot für Hirsche haben könnte.

2.6 Zauneidechse, Blindschleiche, Kreuzotter

Zauneidechse. Die Zauneidechse hat einen schmalen, sehr beweglichen Körper und einen langen Schwanz. Die vier Beine mit spitzen Krallen an den Zehen sitzen seitlich am Rumpf und können den Körper nur wenig vom Boden abheben. Bei der Fortbewegung führt die Eidechse zunächst ein Vorderbein und das gegenüberliegende Hinterbein gleichzeitig nach vorne, danach die beiden anderen Beine. Zusammen mit der seitlichen Beinstellung führt dies zu einem „schlängelnden Kriechen". Diese Art der Fortbewegung ist charakteristisch für die **Reptilien,** die man auch als Kriechtiere bezeichnet. Die Wirbelsäule kennzeichnet Reptilien als Wirbeltiere. Die Körperoberfläche ist mit Hornschuppen und Hornplatten bedeckt. Diese **Schuppenhaut** schützt die Zauneidechse gegen Austrocknung und vor Verletzungen. Da die Schuppenhaut nicht mitwächst, muss sie von Zeit zu Zeit erneuert werden. Diesen Vorgang nennt man **Häutung**.

Nahrungsaufnahme und Wahrnehmung. Die beiden Kiefer der Zauneidechse sind mit vielen spitzen Zähnen besetzt. Mit diesen kann sie ihre lebende Beute, die hauptsächlich aus Spinnen und Insekten besteht, gut festhalten, aber nicht zerkleinern. Die Beutetiere werden daher nur zerquetscht und danach unzerkaut geschluckt. Beim Auffinden der Beute verlässt sich die Zauneidechse vor allem auf ihren Geruchssinn. Mit ihrer gespaltenen Zunge sammelt sie Geruchsstoffe aus der Luft auf und führt diese ihrem Riechorgan im Gaumen zu.

Regulation der Körpertemperatur. Im Herbst und im Winter müssen sich die Zauneidechsen in frostsicheren Erdhöhlen verkriechen. Hier sind sie vor Kälte geschützt. Sie können nämlich ihre Körpertemperatur nicht selbstständig regulieren, anders als die Säugetiere und die Vögel. Man bezeichnet Tiere wie Eidechsen als **wechselwarm,** Säugetiere und Vögel hingegen sind **gleichwarm**.

Fortpflanzung. Zauneidechsen führen ein kurzes Paarungsspiel durch, bevor es zur Begattung des Weibchens kommt. Die Eier werden im Inneren des Weibchens befruchtet. Wenig später legt dieses sechs bis zwölf weiße Eier in ein warmes und feuchtes Erdversteck. Die Eier besitzen keine harte Kalkschale. Sie sind nur von einer pergamentartigen Hülle umgeben. Die Elterntiere kümmern sich nicht weiter um das

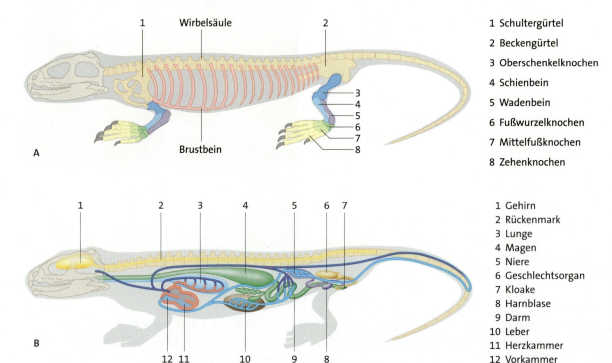

1 Körperbau der Zauneidechse. **A** Skelett; **B** innere Organe

Gelege. Allein die Wärme der Umgebung ermöglicht nun die Entwicklung der Eier. Nach etwa zwei Monaten schlüpfen die Jungeidechsen und sind sofort selbstständig.

Blindschleiche. Die Blindschleiche besitzt einen walzenförmigen Körper ohne Beine. Trotz ihres schlangenartigen Aussehens ist sie mit Eidechsen nahe verwandt. Blindschleichen sind lebendgebärend. Die Weibchen behalten die befruchteten Eier in ihrem Körper, bis die vollständig ausgebildeten Jungtiere schlüpfen und dann geboren werden.

Kreuzotter. Die Kreuzotter ist an ihrer dunklen Zickzackband-Färbung auf dem Rücken gut erkennbar, es gibt aber auch einfarbige Tiere. Sie besitzt wie alle Schlangen eine sehr lange, bewegliche Wirbelsäule. Bis auf den kurzen Hals und den Schwanzabschnitt tragen alle Wirbel je ein Paar frei beweglicher Rippen. Diese sind über Rippenmuskeln mit der Bauchdecke verbunden. Unten am Bauch befinden sich zahlreiche, nach hinten gerichtete Hornplatten.

Fortbewegung der Schlangen. Bei der Fortbewegung der Kreuzotter werden einzelne Rippenpaare durch Muskelbewegungen nach vorne gezogen. Dabei richten sich die Hornplatten am Bauch auf und halten den Körper auf der Unterlage fest. Benachbarte Körperabschnitte lassen sich so nach vorne schieben. Diese Rippenbewegungen wiederholen sich abschnittsweise entlang des Körpers. So kommt eine gleitende Vorwärtsbewegung zustande. Diese Fortbewegung wird durch ein starkes Verbiegen der Wirbelsäule, das „Schlängeln", unterstützt.

Giftschlangen. Giftschlangen wie die Kreuzotter tragen in ihrem Oberkiefer zwei Giftzähne, die mit Giftdrüsen verbunden sind. Beim Öffnen des Mauls klappen die Giftzähne nach vorne und stellen sich auf. Beim Biss gelangt Gift aus den Giftdrüsen über einen Kanal in den Giftzähnen in die Bisswunde. Der Biss der Kreuzotter ist für kleine Beutetiere meist tödlich. Die Kreuzotter verschlingt das tote Beutetier unzerkaut. Für den Menschen ist der Biss einer Kreuzotter nur selten gefährlich.

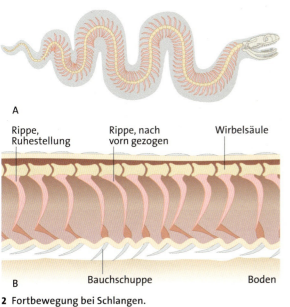

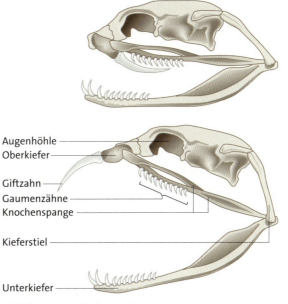

2 Fortbewegung bei Schlangen. A Skelett; B Rippenbewegungen

3 Kieferapparat der Kreuzotter

Aufgaben

1. Vergleiche den Körperbau von Zauneidechse und Kreuzotter miteinander.
2. Erstelle eine Liste mit gemeinsamen Merkmalen der Reptilien.
3. Erläutere Vor- und Nachteile einer Regulation der Körpertemperatur.

2.7 Auch im Boden gibt es Leben

Kleintiere in der Laubschicht. Im herbstlichen Wald findet man meist eine dicke Schicht abgefallenen Laubes. Besucht man die gleiche Stelle im Frühjahr wieder, ist diese Laubschicht deutlich dünner. Eine genauere Untersuchung zeigt, dass die meisten Blätter mehr oder weniger große Löcher aufweisen. Oft ist nur noch das Netz der Blattadern erhalten. Unter und zwischen dem Laub wimmelt es von kleinen Tieren. In einem Stück Waldboden von der Größe dieses Lehrbuches leben mehr Organismen, als es Menschen auf der Erde gibt. Nur ein Bruchteil von ihnen ist größer als zwei Millimeter.

Abbau von Blättern. Am Abbau von abgeworfenem Laub sind ganz unterschiedliche Organismen beteiligt. In einem ersten Schritt fressen winzige, flügellose Tiere wie Springschwänze und Bodenmilben die weiche Pflanzensubstanz zwischen den Blattadern. So wird die widerstandsfähige Blatthaut an mehreren Stellen geöffnet. Solche „Fenster" bieten wiederum Angriffsmöglichkeiten für Schnakenlarven und Asseln. Sie können mit ihren kräftigeren Mundwerkzeugen nicht nur das weiche Material, sondern auch die härteren Teile dünner Blattadern abbeißen. Auf diese Weise entstehen größere Löcher. Schnecken und Tausendfüßer wie der Saftkugler fressen das Blatt so weit auf, dass nur noch einige skelettartige Reste der großen Blattadern verbleiben. Diese werden zusammen mit Erde von Regenwürmern aufgenommen. Durch Verdauungsprozesse entsteht der fruchtbare Regenwurmkot, welcher an der Bodenoberfläche abgegeben wird. Jeder dieser Abbauschritte vergrößert gleichzeitig auch die Oberflächen, an denen sich mikroskopisch kleine Bakterien und Pilze festsetzen können. Durch ihre Lebenstätigkeit wandeln sie auch die letzten Reste des ursprünglichen Blattes in Mineralsstoffe um, die wieder von Pflanzen aufgenommen werden können.

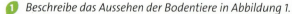

1 Abbau eines Buchenblattes. **A** Fensterfraß; **B** Lochfraß; **C** Skelettfraß; **D** Vermischung mit dem Boden

---

Aufgaben

1. Beschreibe das Aussehen der Bodentiere in Abbildung 1.
2. Erläutere die Bedeutung des Laubabbaus für den Lebensraum Wald.
3. Kiefernnadeln werden wesentlich langsamer abgebaut als Buchenblätter. Stelle eine begründete Vermutung zu der Ursache auf.

Vielfalt von Lebewesen

METHODE: Experimentieren und Protokollieren

Der Waldboden ist im Herbst oft mit einer dicken Laubschicht bedeckt, die im Frühjahr schon wieder verschwunden ist. Verrottet Laub nur mit Erde, oder sind Bodenlebewesen daran beteiligt? Ein **Experiment** kann diese Frage klären. Zuerst sollte eine genaue Versuchsplanung erfolgen: Die benötigten Materialien und Geräte werden zurechtgelegt. Auch Versuchsaufbau und Versuchsbedingungen müssen vorher geklärt werden. Wichtig ist, dass die Versuchsdurchführung ohne Unterbrechung stattfinden kann und notwendige Beobachtungen zur rechten Zeit möglich sind.

Ein **Versuchsprotokoll** enthält die Frage und eine begründete Vermutung, die **Hypothese,** die zu dem Experiment geführt haben. Nach der Auflistung der benötigten Materialien und Geräte folgt die Beschreibung der Versuchsdurchführung. Zur Veranschaulichung kann diese noch mit einer beschrifteten Versuchsskizze ergänzt werden. Anschließend werden die Beobachtungen zum Versuchsablauf notiert. Die Versuchsauswertung enthält die Schlussfolgerungen, die sich aus den Beobachtungen und Messergebnissen ableiten lassen.

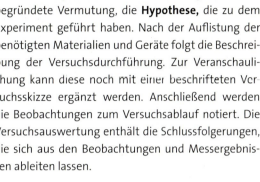

Versuchsprotokoll   Datum

<u>Frage</u>: Wie verrottet Laub am schnellsten?

<u>Hypothese</u>: Bodenlebewesen lassen Laub schneller verrotten, weil sie sich vom Laub ernähren.

<u>Versuch</u>: Kompostierung von Linden- und Buchenblättern

<u>Material</u>: Zwei Bechergläser (1000 ml), Teelöffel, Laubgemisch aus Linden- und Buchenblättern, Asseln, Regenwürmer, Erde, Feinstrumpfhose, Gummibänder.

<u>Versuchsdurchführung</u>: In zwei Bechergläsern wird je ein Versuchsansatz hergestellt:

Becherglas 1	Becherglas 2
Laub-Gemisch + Erde	Laub-Gemisch + Erde + Würmer und Asseln

Nach dem Befüllen der Bechergläser wird die Öffnung mit einem Stück der Feinstrumpfhose und einem Gummiband so verschlossen, dass keine Tiere entweichen können. Die Versuchsansätze müssen stets feucht, aber nicht nass gehalten werden.

<u>Beobachtung nach 7 Tagen</u>:
1) Erde und Laub schimmeln an einigen Stellen.
2) Die Blätter sind angefressen; im Becherglas befinden sich etliche Kotkrümel.

<u>Beobachtung nach 14 Tagen</u>:
1) Erde und Laub schimmeln kräftig; das Laub ist dunkel verfärbt.
2) Die Blätter sind dunkel und stark angefressen; starke Kotbildung, an einigen Stellen Schimmelbildung sichtbar.

<u>Auswertung</u>:
Mit Erde allein dauert der Kompostiervorgang sehr lange. Ist das Laub mit Würmern und Asseln versetzt, verrottet es schneller, da die Tiere die Blätter fressen. Die Hypothese war also richtig. Lindenblätter verrotten schneller als Buchenblätter.

Aufgaben

1. Erläutere die Bedeutung von Experimenten in der Biologie.
2. Führt den dargestellten Versuch mit Birkenblättern durch und fertigt ein Versuchsprotokoll an.
3. Erstellt in Partnerarbeit ein Versuchsprotokoll zu einem „Alltagsversuch", zum Beispiel einen Kuchen backen.

Vielfalt von Lebewesen

AUFGABEN UND VERSUCHE: Unterrichtsprojekte Wald

Mit dem Thema Wald könnt ihr euch auf ganz unterschiedliche Art und Weise beschäftigen. Interessante Themenbereiche sind beispielsweise Tiere und Pflanzen des Waldes, Lebewesen im Waldboden oder der Wald in verschiedenen Jahreszeiten. Deshalb der Vorschlag: Betrachtet den Wald in Arbeitsgruppen aus unterschiedlichen Blickwinkeln.
- Wald erforschen
- Wald erleben
- Wald und Naturschutz
- Wald und Kunst
- Wald als Wirtschaftsfaktor

Dazu findet ihr auf diesen beiden Seiten einige Arbeitsanweisungen und Vorschläge, die euch helfen, euer Thema zu planen und zu bearbeiten. Sicher fallen euch noch weitere Themen ein.

Wenn ihr euch für ein Thema entschieden habt, könnt ihr je nach Themenbereich unterschiedliche Arbeitsmethoden anwenden. Um erste Informationen zu sammeln, bietet sich die Suche in der Schulbibliothek oder im Internet an.

Besprecht in der Gruppe, welche Arbeitsmethoden zur Erarbeitung und Dokumentation des Themas am sinnvollsten sind. Wählt entsprechende Methoden aus, zum Beispiel Fotos, Video-Clips, Skizzen oder Zeichnungen erstellen, Interviews durchführen und ausarbeiten, Pflanzen und Tiere beobachten und bestimmen.

Wenn ihr euch für eine oder mehrere Arbeitsmethoden entschieden habt, stellt eine Liste der notwendigen Arbeitsmaterialien zusammen.

A Wald und Naturschutz

Wenn ihr euch mit dem Thema „Wald und Naturschutz" beschäftigen möchtet, könnt ihr eine Waldsäuberungsaktion durchführen oder Waldbesucher mit einem Informationsplakat zum Thema „Naturschutz im Wald" informieren.

Aufgaben

 Besorgt euch Materialien bei den Forstämtern oder verschiedenen Naturschutzorganisationen. Informiert euch dabei auch über die Bedeutung des Waldes für den Menschen. Ebenfalls ist es interessant, eine Liste bedrohter Pflanzen- und Tierarten des Waldes zu erstellen. Erarbeitet, wie man seltene Pflanzen- und Tierarten im Wald schützen kann.

B Waldlehrpfad

Um etwas über ein Thema wie „Pflanzen des Waldes" zu lernen, kann man einen Waldlehrpfad besuchen.

Aufgaben

 Richtet in kleinen Gruppen mehrere Stationen eines Waldlehrpfads ein. Sucht dazu Pflanzen aus, die ihr vorstellen möchtet. Sie sollten in der Nähe des Waldweges wachsen. Bestimmt sie und stellt Informationen zusammen, zum Beispiel Name der Pflanze, Blütezeit, Herkunft und Besonderheit in der Verwendung.

C Wald erleben

Organisiert einen Walderlebnisnachmittag für eure Klasse, eure Eltern und die Lehrerinnen und Lehrer eurer Schule.

Aufgaben

1. Stellt verschiedene Stationen im Wald zusammen, bei denen der Wald mit allen Sinnen erforscht werden kann. Überlegt dazu, welche Materialien und Helfer ihr für die einzelnen Stationen benötigt. Tragt alles in eine übersichtliche Tabelle wie im folgenden Beispiel ein.

Station	Material	Personen
Bäume ertasten		
Mit verbundenen Augen werden die Teilnehmer zu drei verschiedenen Bäumen geführt, deren Rinde sie ertasten sollen. Anschließend versuchen sie, die Bäume mit offenen Augen wiederzufinden.	5 Tücher, um die Augen zu verbinden, 5 Teilnehmer	5 Helfer, jeweils ein Helfer führt einen Teilnehmer zu den Bäumen
Geräuschkarte erstellen		
Auf einem leeren Blatt Papier zeichnen die Teilnehmer in der Mitte als Punkt den eigenen Standort ein. Danach werden fünf Minuten lang alle wahrgenommenen Geräusche auf der Karte notiert. Dabei sollten die Teilnehmer die Entfernung, aus der das jeweilige Geräusch kommt, abschätzen	leeres Papier, Stifte	1 Helfer, 5 Teilnehmer, Helfer teilt an der Station Arbeitsmaterialien aus
Pflanzen am Geruch erkennen		
Mit verbundenen Augen riechen die Teilnehmer an Pflanzenteilen von jeweils zwei verschiedenen Kräutern, Sträuchern oder Bäumen. Anschließend sollen sie die dazugehörigen Pflanzen in der Umgebung wiederfinden.	5-mal 6 verschiedene Pflanzenteile zum Schnuppern, 5 Tücher, um die Augen zu verbinden	5 Helfer, 5 Teilnehmer, jeweils ein Helfer reicht einem Teilnehmer die verschiedenen Pflanzenteile
Waldmemory		
Die Teilnehmer betrachten 15 Sekunden lang die Waldgegenstände. Danach werden die Gegenstände verdeckt. Jetzt müssen die Mitspieler in möglichst kurzer Zeit für jeden Gegenstand einen „Doppelgänger" sammeln	1 großes Tuch, 10 bis 15 Waldgegenstände, zum Beispiel verschiedene Früchte, Blätter, Holzstücke	1 Helfer, 2-mal 5 Teilnehmer, es treten zwei Gruppen gegeneinander auf Zeit an

1 Ergebnissicherung bei Projekten

3 Der Teich als Lebensraum

3.1 Leben am und im Teich

Vielfalt an Lebensformen. An warmen Sommertagen kann man in Ufernähe eines Teiches manchmal Libellen beobachten. Mücken bilden kleine Schwärme und frisch geschlüpfte Schlammfliegen starten ihren ersten Flug. Direkt auf der Wasseroberfläche leben Wasserläufer und Taumelkäfer. Sie scheinen auf dem Wasser zu laufen und gehen erstaunlicherweise nicht unter. Knapp unter der Oberfläche schweben winzig kleine Algen und Wasserflöhe. Sie sind nur mit einer Lupe oder einem Mikroskop zu beobachten.

Leben am Teichboden. Am Grund eines Gewässers suchen meist Karpfen, Flussbarsche und Kaulquappen nach Nahrung. Dort bauen auch Schlammröhrenwürmer ihre Behausungen, in die sie sich bei Gefahr zurückziehen können. Die Würmer ernähren sich von abgestorbenen Pflanzenresten, die auf den Boden sinken. Auch Teichmuscheln leben auf dem Gewässergrund. Der Schlamm riecht immer etwas faulig. Dies weist auf die Lebenstätigkeit von Bakterien hin.

Lebensgemeinschaft aus Pflanzen und Tieren. In einem Teich leben viele verschiedene Pflanzen- und Tierarten. Sie bilden eine **Lebensgemeinschaft:** In

---

Aufgaben

1. Erkläre anhand von Abbildung 1 den Begriff Lebensgemeinschaft.
2. Verschiedene Tiere und Pflanzen nutzen den Lebensraum Teich auf unterschiedliche Weise. Erläutere diese Aussage an jeweils drei Beispielen.
3. Erläutere, wodurch das Nebeneinander vieler verschiedener Arten in einem Lebensraum möglich ist.

1 Pflanzen und Tiere eines Teiches.
A Karpfen; **B** Flussbarsch; **C** Schlammröhrenwürmer; **D** Schwimmwanze; **E** Gelbrandkäfer; **F** Teichrose;

einigem Abstand zum Ufer bedecken Teichrosenblätter die Wasseroberfläche. Sie haben meterlange Sprosse. Diese stellen die Verbindung zwischen den Wurzeln im Bodenschlamm und den Blättern an der Wasseroberfläche her. Das Laichkraut bildet ebenfalls Schwimmblätter aus. In den Blättern legen zum Beispiel Kleinlibellen ihre Eier ab. Zwischen den Schwimmblättern lauern Wasserfrösche auf vorbeifliegende Libellen. Hin und wieder tauchen an der Wasseroberfläche Schwimmwanzen und Gelbrandkäfer auf. Sie füllen ihren Luftvorrat wieder auf. Zahlreiche Wasserpflanzen wachsen unter der Wasseroberfläche, wie zum Beispiel das Tausendblatt und die Wasserpest. An ihren Sprossen und Blättern leben Schnecken, winzige Glockentierchen und Stabwanzen. Im Uferbereich gründeln Stockenten nach Wasserpflanzen und Kleintieren. Am Grunde leben Krebse, die sich von Kleintieren und Aas ernähren.

G Kleinlibelle; **H** Wasserfrosch; **I** Laichkraut; **J** Teichmuschel; **K** Krebs; **L** Wasserpest; **M** Stabwanze; **N** Tausendblatt; **O** Glockentierchen; **P** Stockente; **Q** Königslibelle; **R** Rohrkolben

3.2 Libellen gehören zu den Insekten

Merkmale von Insekten. Am Ufer eines Teiches sitzt eine Libelle auf einem Ast. Sie schillert farbenprächtig in der Sonne. Ihr Körper ist deutlich in **Kopf, Brust** und **Hinterleib** unterteilt. Außerdem besitzen die Libellen drei Beinpaare und zwei Flügelpaare, die am Brustteil sitzen. Dieser Körperbau ist ein typisches Merkmal der **Insekten.** Sie unterscheiden sich von den nah verwandten Spinnen. Diese haben vier Beinpaare und tragen niemals Flügel. Die Körperhülle aller Insekten besteht aus dem Stoff Chitin. Es bildet einen festen Panzer, durch den die Insekten vor Verletzungen und anderen äußeren Einflüssen geschützt sind. Der **Chitinpanzer** der Insekten erfüllt neben dem Schutz noch eine weitere wichtige Funktion. Insekten haben kein innen liegendes Knochenskelett. Die Chitinhaut übernimmt diese Funktion mit. Deshalb spricht man auch von einem Außenskelett. Die Muskeln der Insekten setzen entsprechend auch von innen am Chitinpanzer an.

Innere Organe. Körper und Flügel der Insekten sind von einem feinen Röhrensystem durchzogen. Durch diese **Tracheen** wird der Körper der Insekten mit Sauerstoff versorgt. Die Luft gelangt über kleine, seitliche Körperöffnungen in die Tracheen.
Ein schlauchförmiges Herz pumpt Körperflüssigkeit von hinten nach vorne durch den Körper. An der Kopfseite verlässt die Flüssigkeit das Herz und fließt frei durch den Körper. Man spricht deshalb von einem **offenen Blutkreislauf.**

1 Libelle auf einem Ast

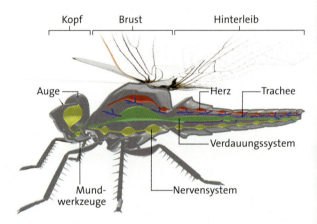

2 Grundaufbau eines Insektes

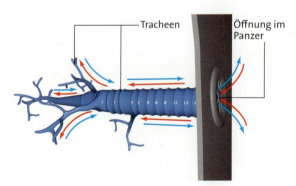

3 Atmungssystem der Insekten

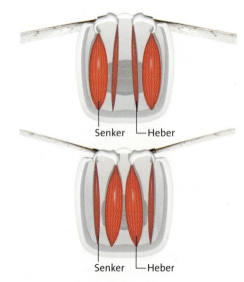

4 Ansatzstelle der Flugmuskulatur bei Insekten

Vielfalt von Lebewesen

Fortpflanzung der Libellen. Libellen sind Insekten, die meist in der Nähe von Gewässern leben. Dies hängt mit ihrer Fortpflanzungsweise zusammen. Manchmal kann man im Sommer zwei Libellen beobachten, die miteinander verbunden sind: Das Männchen besitzt am Hinterleib zangenartige Fortsätze, mit denen es das Weibchen am Kopf festhält. Zur Paarung biegt das Weibchen seinen Hinterleib nach vorne zum Begattungorgan des Männchens. So sind die beiden Partner zum typischen **Paarungsrad** der Libellen verbunden. Das Weibchen legt die befruchteten Eier an Pflanzenmaterial oder direkt in das Wasser ab. Aus den Eiern schlüpfen kleine **Larven,** die sich in ihrem Aussehen deutlich von den ausgewachsenen Tieren unterscheiden.

Entwicklung der Libellen. Libellenlarven leben nach dem Schlüpfen zunächst ausschließlich im Wasser. Hier ernähren sie sich von kleinen Wassertieren. Dabei wachsen sie schnell heran. Die Atmung erfolgt mit dem Hinterleib. Dazu wird Wasser in den Enddarm eingesaugt. Dieser ist von zahlreichen dünnen Häutchen ausgekleidet. Über die Häutchen wird der Sauerstoff aus dem Wasser aufgenommen. Während der Entwicklung der Larven erweist sich der Chitinpanzer als Hindernis: Er wächst nicht mit. Deshalb müssen sich die Libellenlarven von Zeit zu Zeit häuten. Vor der Häutung bilden die Larven unter dem alten einen neuen Chitinpanzer aus. Die alte Haut platzt auf und wird abgestreift. Die neue Haut dehnt sich dann aus und erhärtet langsam. Insgesamt verbringen Libellenlarven bis zu vier Jahre im Wasser. Sie häuten sich dabei mehrmals. Am Ende der Entwicklung klettern die ausgereiften Libellenlarven aus dem Wasser. Hier häuten sie sich ein letztes Mal. Aus der Larvenhülle kriecht dann eine Libelle heraus. Die fertig entwickelten Tiere werden Vollinsekt oder **Imago** genannt. Bei vielen Insekten folgt nach dem Larvenstadium noch ein zusätzliches, längeres Ruhestadium. Eine solche **Puppe** ist zum Beispiel bei Käfern und Schmetterlingen zu finden. Auch das Puppenstadium wird durch eine letzte Häutung beendet.

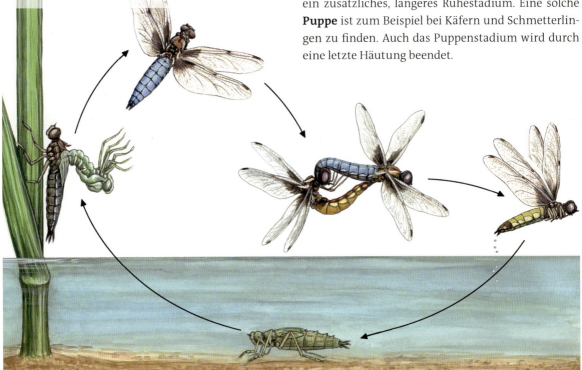

5 Entwicklung einer Libelle

Aufgaben

1. Beschreibe den Körperaufbau einer Libelle. Stelle dabei die typischen Merkmale eines Insektes heraus.
2. Erläutere mithilfe von Abbildung 5 den Lebenszyklus einer Libelle.
3. Erkläre mithilfe von Abbildung 4 den Mechanismus der Flügelbewegung bei Libellen.

3.3 Weichtiere im Teich

Weichtiere. Schnecken und ihre Verwandten wie Muscheln und Tintenfische, bezeichnet man als **Weichtiere.** Zusammen mit Insekten und vielen weiteren Tiergruppen gehören sie zu den wirbellosen Tieren. Schnecken sind eine sehr artenreiche Tiergruppe mit mehr als 100 000 Arten. Einige davon sind reine Landbewohner, die meisten leben jedoch im Süßwasser oder im Meer.

Schnecken. Auf Wasserpflanzen oder auf Steinen findet man häufig Schlammschnecken. Sie sind durch ihre spitz zulaufenden, meist dunkel gefärbten Gehäuse leicht zu erkennen. Schnecken sind für ihre langsame Fortbewegung bekannt.

Fortbewegung bei Schnecken. Betrachtet man eine Schnecke von unten, erkennt man, dass diese Tiere keine Gliedmaßen haben. Die Bauchseite wird stattdessen von einer breiten Kriechsohle eingenommen, dem **Fuß.** Im Fuß verlaufen Muskeln längs und quer. Bei der Fortbewegung ziehen sie sich abwechselnd zusammen. Dadurch entsteht ein Wellenmuster. Es läuft von hinten nach vorn über den Fuß und schiebt die Schnecke langsam vorwärts. Dabei gleitet sie auf einem Schleimfilm, den eine Drüse absondert.

Ernährung der Schnecken. Der Kopf der Schnecke ist nur wenig vom Fuß abgesetzt. Dort liegen Augen und Fühler, mit denen sich die Tiere orientieren können. An der Unterseite des Kopfes befindet sich die Mundöffnung. Schlammschnecken sind überwiegend Pflanzenfresser. Sie nehmen ihre Nahrung mit einer beweglichen Zunge auf. Diese ist eine Reibplatte, die außen dicht mit Hornzähnchen besetzt ist. Man nennt dieses Organ auch **Radula.** Bei geöffnetem Mund raspelt die Radula Nahrungsteilchen von Pflanzen oder die Überzüge von Steinen ab und drückt sie gegen den harten Oberkiefer. Von dort gelangt die Nahrung über Magen und Darm zu einer großen Verdauungsdrüse. Diese sondert eine Flüssigkeit zur Verdauung ab. Außerdem nimmt die Verdauungsdrüse die verwertbaren Stoffe aus dem Nahrungsbrei auf.

Atmung bei Schnecken. Die inneren Organe der Schnecken liegen fast alle in einem Hohlraum. Er wird als Eingeweidesack bezeichnet. Der Eingeweidesack liegt geschützt im Kalkgehäuse der Schnecke. Innen ist das Gehäuse von einer lebenden Schicht ausgekleidet. Sie wird **Mantel** genannt. Nahe der Gehäuseöffnung bildet der Mantel einen Hohlraum. Die Auskleidung dieser Mantelhöhle ist von vielen kleinen Blutgefäßen durchzogen. Über diese Oberfläche, die die Aufgaben einer Lunge übernimmt, atmet die Schnecke. Dafür muss sie von Zeit zu Zeit an die Wasseroberfläche kommen. Hier lässt die Schlammschnecke über das Atemloch frische Luft in die Atemhöhle. Unter Wasser ist das Atemloch geschlossen. Über das Blut wird der Sauerstoff im ganzen Körper verteilt. Manche Wasserschnecken haben Kiemen, mit denen sie unter Wasser atmen können. Hierzu gehört zum Beispiel die Sumpfdeckelschnecke.

3 Radula

1 Schlammschnecke

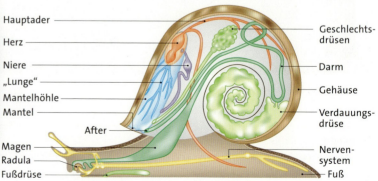

2 Bauplan einer Schnecke

Muscheln. Die Teichmuschel ist ein Bewohner des Teichbodens. Mit ihrer Bauchseite steckt sie im weichen Untergrund. Bei den Muscheln ist der Weichkörper seitlich von einer zweiteiligen Kalkschale bedeckt. Normalerweise klaffen die Schalenhälften etwas auseinander. Bei Gefahr kann die Muschel ihre Schale jedoch fest verschließen. Dazu dienen zwei äußerst kräftige und ausdauernde Schließmuskeln. Zum Graben und langsamen Kriechen verwendet die Teichmuschel einen keilförmigen Fuß. Dieser kann zwischen den Schalenklappen durchtreten. Das Hinterende der Muschel ragt ins Wasser. Dort liegen zwischen den Schalenhälften zwei Öffnungen. In einem Aquarium mit gefärbtem Wasser kann man erkennen, dass durch die größere Öffnung Wasser in die Muschel hineinfließt. Dies ist die Einströmöffnung. Durch die kleinere Ausströmöffnung gelangt es wieder hinaus. Millionen von Wimpern erzeugen diesen Wasserstrom.

4 Teichmuschel in ihrem Lebensraum

Ernährung und Atmung von Muscheln. Wie bei den Schnecken wird auch die Muschelschale von einem Mantel ausgekleidet. Die Ränder des Mantels sind bis auf die Ein- und Ausströmöffnung sowie einen Spalt für den Fuß zusammengewachsen. In die Mantelhöhle ragen beiderseits des Fußes jeweils zwei blattförmige Kiemen. Der Wasserstrom wird an den Kiemen vorbeigeführt. Dort erfolgt nicht nur die Atmung. Die Kiemen haben gleichzeitig die Funktion einer Reuse. Wie in einem Sieb verfangen sich hier kleinste Nahrungsteilchen. Diese werden dann durch Wimpern zur Mundöffnung gebracht. Da die Muschel aktiv Wasser durch ihre Mantelhöhle strudelt und dabei Nahrung aus dem Wasser herausfiltert, ist sie ein **Strudler** und **Filtrierer.** Durch ihre Filtriertätigkeit tragen die Muscheln viel zur Sauberkeit eines Gewässers bei. Sie entfernen auch abgestorbenes Material und Verunreinigungen aus dem Wasser.

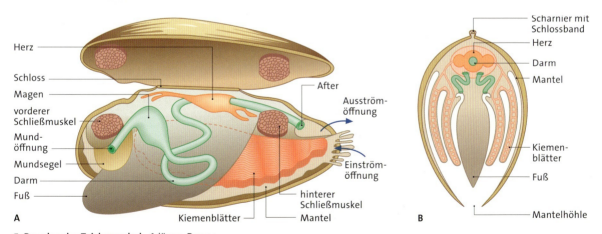

5 Bauplan der Teichmuschel. A längs; **B** quer

Aufgaben

1. Nenne Merkmale von Weichtieren.
2. Vergleiche den Aufbau von Schnecken und Muscheln miteinander. Nenne Gemeinsamkeiten und Unterschiede.
3. Bei den meisten Tieren kann man eine gleich aufgebaute linke und rechte Körperseite unterscheiden. Untersuche, ob dies auch für Gehäuseschnecken zutrifft.

3.4 Fische

Körperbau. In Teichen und Seen sieht man oft Karpfen, die langsam zwischen den Wasserpflanzen schwimmen. Sie können bis zu einen Meter lang werden und besitzen einen **spindelförmigen** Körper. Zur Fortbewegung im Wasser dienen Flossen. Wie die meisten Fische besitzen Karpfen eine große Schwanzflosse am Körperende. Sie sorgt bei der Fortbewegung für den Vortrieb. Paarige Brust- und Bauchflossen sowie eine langgestreckte Rücken- und eine kleine Afterflosse dienen zum Steuern oder sie stabilisieren die Körperlage. Die Haut der Karpfen ist mit einer Schleimschicht überzogen. Sie verringert die Reibung im Wasser. Zusätzlich liegen in der Haut des Karpfens knöcherne Schuppen.

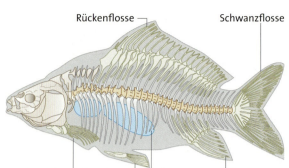

1 Karpfen

Schwimmblase. Karpfen können, wie andere Fische auch, ähnlich einem U-Boot in unterschiedlichen Wassertiefen schweben. Dazu haben sie ein besonderes Organ, die **Schwimmblase.** Dabei handelt es sich um einen mit Gas gefüllten Hohlraum. Mit ihm kann der Wasserdruck in unterschiedlichen Tiefen ausgeglichen werden. Gibt der Fisch Gas aus der Schwimmblase ins Blut ab, verkleinert sich die Schwimmblase und der Fisch sinkt nach unten. Nimmt die Schwimmblase Gas aus dem Blut auf, vergrößert sich die Schwimmblase. Der Fisch erhält mehr Auftrieb und steigt deshalb nach oben.

Kiemen als Atmungsorgane. Fische entnehmen den zum Leben nötigen Sauerstoff dem Wasser. Dafür besitzen sie besondere Atmungsorgane, die **Kiemen.** Diese sitzen seitlich hinter dem Kopf in Kiemenhöhlen und werden außen durch Kiemendeckel geschützt. In jeder Kiemenhöhle verlaufen vier Kiemenbögen. An ihnen sitzen zarte und stark durchblutete Kiemenblättchen. Diese nehmen den Sauerstoff aus dem Wasser auf und lassen ihn in das Blut übertreten. Das mit Sauerstoff angereicherte Blut wird den anderen Organen zugeführt. Damit genügend Sauerstoff aufgenommen werden kann, muss ständig Wasser an den Kiemenblättchen vorbei strömen. Dazu nimmt der Karpfen Wasser mit dem Maul auf und presst dieses bei geöffneten Kiemendeckeln durch die Kiemenhöhle wieder nach außen.

Fortpflanzung bei Fischen. In schnell fließenden Bächen kann man häufig Bachforellen beobachten. Diese Fische werden mit drei bis vier Jahren geschlechtsreif. Zur Fortpflanzung suchen die Weib-

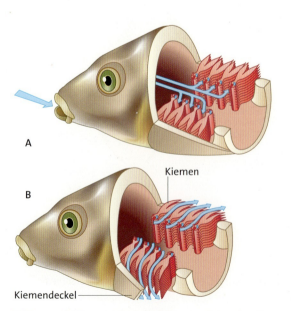

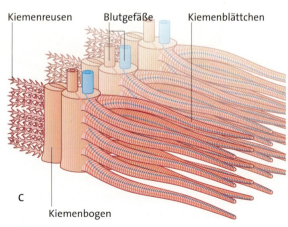

2 Kiemen. A Wasser strömt ein; **B** Wasser wird nach außen gepresst; **C** Feinbau

chen im flachen Wasser Kiesbänke auf. Dabei werden sie von Männchen begleitet. Mit kräftigen Schlägen der Schwanzflosse gräbt das Weibchen dort mehrere längliche Gruben. In diese Gruben gibt das Weibchen etwa 1000 bis 1500 Eier ab; man bezeichnet dies als Laichen. Sofort danach schwimmt das Männchen über die Laichgruben und gibt seine Spermien dazu. Diese verteilen sich als milchige Wolke über den Eiern. Dabei können Spermien und Eizellen verschmelzen. Diesen Vorgang bezeichnet man als Befruchtung. Anschließend werden die Laichgruben teilweise wieder mit Kies bedeckt. Die Befruchtung der Eier findet bei den meisten Fischen außerhalb des Körpers des Weibchens statt. Man spricht daher von einer **äußeren Befruchtung.** Die befruchteten Eier sind nur wenig geschützt. Wenn sich zusätzlich die Elterntiere wie bei den Karpfen nicht weiter um die Eier kümmern, sind die Verluste sehr hoch. Daher werden von einem Karpfenweibchen bis zu 1,5 Millionen Eier abgelegt.

Entwicklung. Aus befruchteten Eiern entwickeln sich in wenigen Wochen Fischembryonen. Nach etwa drei Monaten schlüpfen die jungen Fische. Auf ihrer Bauchseite ist noch der Dottersack zu erkennen. Er enthält Nährstoffe, die in der Folgezeit für die weitere Entwicklung gebraucht werden. Nach etwa drei Monaten sind die Nährstoffe aufgebraucht und der Dottersack verschwindet. Die Jungfische haben nun die typische Körperform der erwachsenen Tiere und ernähren sich selbstständig.

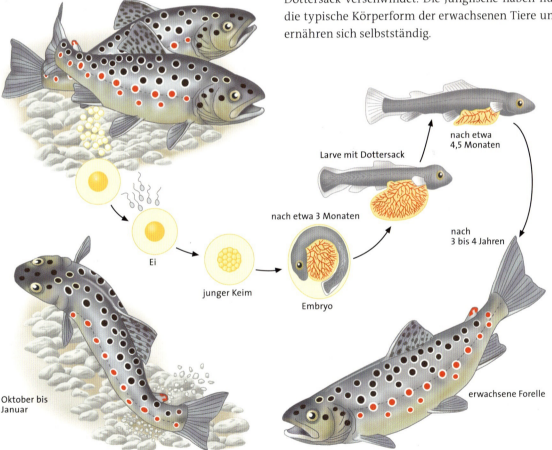

3 Fortpflanzung und Entwicklung bei der Bachforelle

Aufgaben

1. Nenne Eigenschaften, die Fischen ein Leben im Wasser ermöglichen.
2. Erläutere mithilfe von Abbildung 3 die äußere Befruchtung und die Entwicklung bei einem Fisch.
3. Vergleiche den Körperbau von Fischen und Kriechtieren miteinander.
4. Stellt in der Gruppe begründete Vermutungen auf, weshalb Fische außerhalb des Wassers ersticken.

3.5 Lurche

Körperbau des Wasserfroschs. Gut getarnt sitzt ein Wasserfrosch zwischen Wasserpflanzen. Auffällig sind die großen, aus dem Kopf deutlich hervortretenden Augen sowie die langen Hinterbeine. Die Mittelfußknochen sind stark verlängert und tragen fünf Zehen. Die Vorderbeine sind viel kürzer und haben nur vier Finger. Das Skelett der Frösche weist eine sehr kurze Wirbelsäule auf. Sie kennzeichnet Frösche als Wirbeltiere. An den wenigen Wirbeln sitzen keine Rippen. Der Schädel ist fest mit dem Schultergürtel und dem kurzen Brustbein verbunden. Deshalb können Wasserfrösche den Kopf nur wenig bewegen.

Fortbewegung. Mit den langen Hinterbeinen springen Frösche sehr weit. Dazu stoßen sie sich mit ihnen kräftig vom Boden ab. Nach dem Sprung landen sie mit den Vorderbeinen. Auch im Wasser können sich Frösche gut fortbewegen. Dabei ziehen sie die Hinterbeine zuerst an und stoßen sie dann kräftig nach hinten. Schwimmhäute zwischen den Zehen verbessern dabei den Abstoß im Wasser. Die Vorderbeine werden beim Schwimmen seitlich an den Körper angelegt.

Ernährung. Wasserfrösche ernähren sich von Insekten, die sie aus der Luft fangen. Die Beute wird mithilfe der klebrigen Zunge festgehalten. Diese kann blitzschnell aus dem geöffneten Maul herausgeschleudert werden. Die Beute wird mit der Zunge in das geöffnete Maul gezogen, von kleinen Zähnchen im Oberkiefer festgehalten und als Ganzes verschluckt.

Atmung. Die Lunge des Wasserfroschs ist einfach gebaut und kann daher nur wenig Sauerstoff aufnehmen. Die Schleimhaut des Mundraums und die reich mit Blutgefäßen versehene Körperhaut werden als zusätzliche Atemorgane genutzt. Bei der **Mundhöhlenatmung** wird durch Heben und Senken des Mundbodens die Atemluft in der Mundhöhle ständig erneuert. Für die **Hautatmung** muss die Körperhaut dünn und stets angefeuchtet sein. Dazu geben Drüsen der Haut Schleim ab, der die Haut zusätzlich vor Krankheitserregern schützt. Aufgrund der Hautatmung können Frösche sehr lange tauchen. Dabei wird der im Wasser gelöste Sauerstoff aufgenommen.

Fortpflanzung. In feuchten Frühjahrsnächten kann man beobachten, wie zahlreiche Kröten und Frösche aus ihren Überwinterungsquartieren zu Tümpeln und Teichen wandern. In diese Gewässer legen die Weibchen wenig später ihre Eier ab, den Laich. Gleichzeitig geben die Männchen ihre Spermien in das Wasser hinzu. Es kommt wie bei Fischen zu einer äußeren Befruchtung. Die Eihüllen quellen anschließend im Wasser auf und haften an einander. Dadurch werden die Eier zu Laichballen oder Laichschnüren verklebt.

Entwicklung. Die Larven der meisten Lurche schlüpfen nach einer Entwicklungszeit von ein bis drei Wochen, je nach Wassertemperatur. Sie atmen über seitliche, außen liegende Büschelkiemen, die bald von Hautfalten überdeckt werden. Ihr Schwanz wächst und bildet oben und unten einen Flossensaum aus,

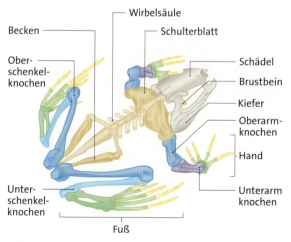

1 Körperbau eines Frosches

2 Frosch beim Beutefang

der zum Ruderschwanz wird. Die Larven haben sich zu frei schwimmenden **Kaulquappen** entwickelt. Diese ernähren sich zunächst vorwiegend von Algen, die sie mit ihren Hornkiefern von Steinen und Wasserpflanzen abschaben. Im warmen Wasser wachsen die Kaulquappen rasch heran. Bald entstehen beiderseits des Schwanzansatzes die Hinterbeine. Die Lungen entwickeln sich, sodass die Kaulquappen immer öfter an der Wasseroberfläche nach Luft schnappen. Allmählich werden die inneren Kiemen und auch der Ruderschwanz zurückgebildet. Gleichzeitig wachsen die Vorderbeine. Die Hornkiefer werden abgeworfen, die Mundöffnung verbreitert sich und der Darm verkürzt sich. Durch diese Veränderungen, die **Metamorphose,** ist ein kleiner Frosch entstanden, der auch an Land leben kann. Nach ungefähr zwei bis vier Jahren sind die Jungfrösche ausgewachsen und geschlechtsreif.

3 Teichmolch

Verwandtschaftliche Einordnung. Wasserfrösche sind gleichermaßen an das Leben im Wasser und an Land angepasst. Dies gilt auch für ihre Verwandten wie beispielsweise Kröten und Molche. Diese Tiere werden als **Amphibien** bezeichnet. Ihr deutscher Name lautet Lurche. Die Lurche lassen sich in zwei große Gruppen gliedern. Froschlurche haben einen breiten Körper ohne Schwanzfortsatz. Zu ihnen gehören Frösche und Kröten. Andere Lurche behalten auch nach der Metamorphose ihren Schwanzfortsatz. Sie bilden die Gruppe der Schwanzlurche. Zu ihnen gehören Molche und Salamander.

4 Fortpflanzung und Entwicklung bei Wasserfröschen

Aufgaben

1. *Beschreibe den Beutefang beim Wasserfrosch.*
2. *Vergleiche die Angepasstheiten von Kaulquappe und Frosch an ihren Lebensraum.*
3. *Erläutere, warum Wasserfrösche als Luftatmer im Schlamm von Gewässern überwintern können.*
4. *Salamander werden manchmal irrtümlich als Reptilien bezeichnet. Begründe die richtige Zuordnung zu den Lurchen.*

Vielfalt von Lebewesen

METHODE: Arbeiten mit einem Bestimmungsschlüssel

Betrachtet man die abgebildeten Amphibien, erkennt man an ihrer Körperform leicht zwei unterschiedliche Typen: Amphibien mit einem Schwanz, nämlich B und D, und solche ohne Schwanz, also A und C. Die beiden Arten ohne Schwanz unterscheiden sich außerdem im Bau ihrer Körperhaut. Bei A ist diese glatt, bei C ist sie warzig. Auch die beiden Amphibien mit einem Schwanz unterscheiden sich: B besitzt einen runden Schwanz, dagegen ist der Schwanz von D flach. Will man die abgebildeten Amphibien A bis D bestimmen, müssen zu den wichtigsten unterschiedlichen Merkmalen Fragen formuliert und beantwortet werden. Die Fragen sind so gestellt, dass nur zwei Antworten möglich sind. Eine solche Frage könnte beispielsweise lauten: Besitzt das betreffende Amphibium einen Schwanz? Die Antworten können ja oder nein sein. Durch die Antwort wird man zur nächsten Frage geleitet. Hat man diese Frage beantwortet, folgt die nächste. So wird man zu immer weiteren Merkmalsunterschieden geleitet. Am Ende einer solchen Kette von Fragen steht der Name der Art. Sie ist somit bestimmt worden. Man spricht daher von einem **Bestimmungsschlüssel.**

Damit ein Bestimmungsschlüssel leichter zu benutzen ist, kann man ihn auch als Grafik darstellen. Ein Bestimmungsschlüssel in Deutschland vorkommender Amphibienarten ist nebenstehend abgebildet. Dabei entsprechen den Fragen mit ihren Antworten jeweils Wegverzweigungen. Je nach Antwort weisen die Verzweigungen den weiteren Weg. Bei der Benutzung startet man mit der ersten Frage und geht auf dem entsprechenden Weg zur nächsten Frage über. Dieses Vorgehen wird wiederholt, bis man bei einer Art angekommen ist.

1 Lurche (Amphibien)

Aufgaben

1. Erkläre den Nutzen eines Bestimmungsschlüssels.
2. Bestimme die auf dieser Seite abgebildeten Lurche und beschreibe den Weg im Bestimmungsschlüssel.
3. Stelle einen Bestimmungsschlüssel für die auf den Lehrbuchseiten 52 und 53 abgebildeten Spechtarten auf.

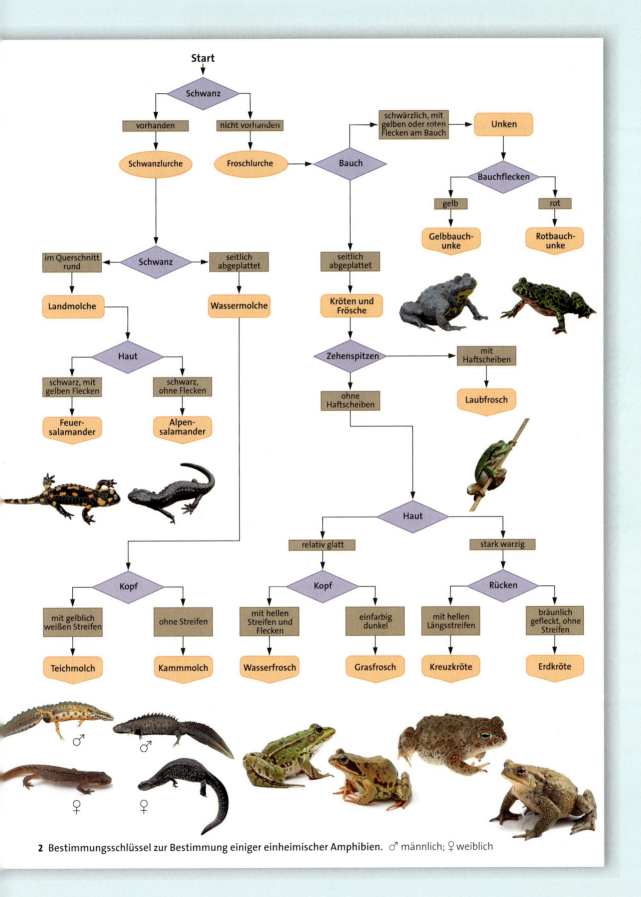

2 Bestimmungsschlüssel zur Bestimmung einiger einheimischer Amphibien. ♂ männlich; ♀ weiblich

77

Vielfalt von Lebewesen

AUFGABEN UND VERSUCHE: Leben im Teich

A Leben im Teich

Bei ruhigem Wasser lassen sich Fische, Lurche und Insektenlarven im Uferbereich durch die Wasseroberfläche beobachten. Noch bessere Beobachtungen gelingen mit einem einfachen Hilfsmittel.

Material: Plastikrohr oder kleiner Farbeimer, bei dem der Boden herausgeschnitten wurde (Durchmesser mindestens 15 cm, Länge etwa 30 cm); Haushaltsfolie; Gummiband; Gewebeband

Durchführung: Das Rohr wird an einer Seite mit der Folie straff bespannt, das Gummiband hält die Folie vorübergehend. Mit dem Gewebeband werden die Ränder der Folie am Rohr angeklebt, sodass kein Wasser eindringen kann, wenn das Rohr unter Wasser getaucht wird. Nun kann man im flachen Wasser stehend das so vorbereitete Rohr mit der Folienseite wenige Zentimeter unter die Wasseroberfläche drücken und durch die Öffnung den Gewässergrund beobachten.

Aufgaben
1. Sucht den Grund in Kleingruppen nach Pflanzen und Tieren ab und protokolliert die Beobachtungen in Form einer Artenliste.
2. Informiert euch über Namen und Lebensweisen der beobachteten Bewohner des Teiches und tragt eure Ergebnisse in geeigneter Form in der Klasse vor.

B Wasserläufer

Auf der Wasseroberfläche von Teichen und langsam strömenden Flüssen kann man sehr oft Wasserläufer beobachten. Dies sind Wasserwanzen, die sich von anderen Insekten ernähren, die auf die Wasseroberfläche gefallen sind. Sie laufen sehr schnell über das Wasser. Wie auf einer dünnen Haut sinken sie zwar etwas ein, aber ihre Beine durchstoßen nicht die Wasseroberfläche.

Material: große Glas- oder Kunststoffschale mit Wasser; Büroklammern; Spülmittel; Filterpapier

Durchführung: Lege die Büroklammern vorsichtig auf die Wasseroberfläche.

Tipp: Manchmal hilft es, die Büroklammern auf ein schwimmendes Filterpapier zu legen und dieses vorsichtig unter Wasser zu drücken, bis es von selbst abtaucht.

Aufgaben
1. Beschreibe deine Beobachtungen. Betrachte vor allem die Wasseroberfläche unter der Büroklammer.
2. Gib einige Tropfen Spülmittel in das Wasser. Beschreibe wieder deine Beobachtungen.
3. Diese Experimente erklären modellhaft, auf welche Weise sich Wasserläufer auf der Wasseroberfläche bewegen können. Stelle eine begründete Vermutung über die Bewegungsweise der Wasserläufer auf.
4. Beurteilt nun in der Gruppe die Auswirkungen des Einleitens von Spülmitteln aus Haushalten in Gewässer. Stellt eure Ergebnisse in der Klasse vor.

METHODE: Sezieren und Präparieren eines Fisches

Die äußere Gestalt und Gliederung von Lebewesen kann man bereits durch Betrachtung erfassen, während der innere Aufbau erst sichtbar wird, nachdem das Lebewesen mit geeigneten Werkzeugen geöffnet wurde. Diese Methode bezeichnet man als **Sezieren** oder Sektion. Zur näheren Betrachtung einzelner kleinerer Strukturen wird eine Lupe verwendet.

Zu Beginn der Sektion wird der Fisch in eine Wachsschale gelegt und betrachtet. Bekannte Strukturen werden benannt. Danach betastet man den Fisch und beschreibt die Beschaffenheit von Haut, Flossen und Kiemendeckeln. Diese Ergebnisse werden notiert.

Nachdem man sich mit dem äußeren Aufbau des Fisches vertraut gemacht hat, beginnt man mit der Sektion. Zur Betrachtung der Kiemen hebt man vorsichtig den harten Kiemendeckel mit einer Pinzette an. Nun präpariert man diesen mit der Schere vom Körper ab. Man darf dabei die zarten Kiemenblättchen nicht beschädigen. Dann legt man den Kiemendeckel mit den Kiemenblättchen in eine mit Wasser gefüllte Petrischale. Nun kann man den Feinbau der Kiemenblättchen mit einer Lupe genauer betrachten.

Nach Betrachtung der Kiemen öffnet man den Fisch entsprechend der in der Abbildung gezeigten Schnittlinien mit einer spitzen Schere. Beim Aufschneiden des Fisches ist darauf zu achten, dass man nicht zu tief schneidet, um keine Organe zu zerstören. Der durch die Schnitte entstandene Hautlappen wird nach oben geklappt und vom restlichen Körper etwa auf mittlerer Höhe mit der Schere abgetrennt. Danach betrachtet man die freigelegten Organe. Eventuell müssen diese behutsam mit etwas Zellstoff trocken getupft werden. Man untersucht die Organe vorsichtig mit der Pinzette und den Präpariernadeln.

Nach Beendigung der Sektion des Fisches werden die Geräte und der Arbeitsplatz gesäubert; der Fisch wird gemäß der Anweisung des Biologielehrers entsorgt.

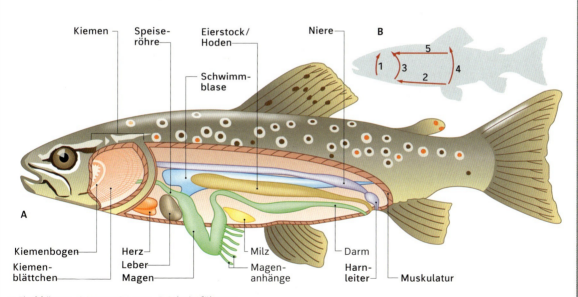

1 Fischkörper. **A** Innere Organe; **B** Schnittführung

Aufgaben

1. Seziere einen Fisch nach der Anleitung.
2. Fertige eine Zeichnung zum Aufbau der Kiemen an und beschrifte diese.
3. Zeichne den sezierten Fisch und beschrifte die Zeichnung. Die Zeichnung sollte etwa handgroß sein und mit einem Bleistift angefertigt werden.

3.6 Nahrungsbeziehungen im Teich

1 Hecht beim Beutefang

2 Nahrungsbeziehungen in einem Teich. **A** Alge; **B** Wasserfloh;

Nahrungsketten. Bewegungslos steht ein Hecht zwischen Wasserpflanzen. Mit einem kräftigen Flossenschlag schnellt er plötzlich aus seiner Deckung und schnappt nach einem kleinen Fisch, zum Beispiel einer Rotfeder. Mit seinen nadelartigen, spitzen Zähnen hält der Hecht die zappelnde Beute sicher fest. Die Rotfeder wird im Stück verschlungen. Hechte sind Raubfische, die sich vor allem von Friedfischen ernähren. Friedfische wie die Rotfeder fressen keine anderen Fische, sondern Kleintiere und Pflanzen. Zu ihrer Nahrung gehören unter anderem auch Larven von Kleinlibellen. Diese leben räuberisch und fangen vorbeischwimmende Wasserflöhe. Wasserflöhe ernähren sich ihrerseits von kleinen, im Wasser schwebenden Algen. Die Organismen eines Teiches sind also über Nahrungsbeziehungen miteinander verbunden. Eine Art ist jeweils die Nahrungsgrundlage für eine andere Art. Sie bilden eine **Nahrungskette**.

Nahrungsnetz. Am Anfang jeder Nahrungskette stehen Pflanzen. Sie nehmen keine Nahrung auf, sondern produzieren die zum Leben notwendigen Stoffe selbst. Pflanzen wie die Algen werden deshalb als **Produzenten** bezeichnet. Organismen, die Nährstoffe aufnehmen müssen, nennt man dagegen **Konsumenten**. Hierzu gehören zum Beispiel auch die Tiere. Das letzte Glied einer Nahrungskette ist der Endkonsument. Dies kann auch der Mensch sein. Ein Tier wie der Hecht ist Bestandteil mehrerer Nahrungsketten. Er frisst nicht nur Rotfedern, sondern auch andere Friedfische, Frösche und Insektenlarven. Werden all diese Nahrungsketten zusammengefügt und miteinander verbunden, entsteht ein **Nahrungsnetz**. Innerhalb eines Nahrungsnetzes sind die Tiere nicht auf eine einzige Beuteart angewiesen. Sie können auch auf andere Arten ausweichen, wenn zum Beispiel durch Umwelteinflüsse eine Beuteart seltener wird. Dadurch bleibt das artenreiche Leben im Teich auch dann erhalten, wenn sich die Bedingungen geringfügig ändern.

Vermeidung von Konkurenz. Rückenschwimmer und Stabwanze gehören zu den Wasserwanzen. Sie ernähren sich bevorzugt von anderen Insekten. Sie suchen ihre Nahrung aber in verschiedenen Bereichen des Teiches. Der Rückenschwimmer fängt seine Beutetiere vor allem im Bereich der Wasseroberfläche. Die Stabwanze lauert eher zwischen Wasserpflanzen im Uferbereich auf geeignete Nahrung. Durch die Nutzung unterschiedlicher Bereiche des Teiches für die Nahrungssuche haben sowohl der Rückenschwimmer als auch die Stabwanze Vorteile. Durch die unterschiedliche Ernährungsweise fressen sie sich nämlich nicht gegenseitig die Beutetiere weg. Dadurch wird der Wettbewerb, die **Konkurrenz**, zwischen beiden Arten weitgehend vermieden. So können Arten mit ähnlichen Nahrungsansprüchen nebeneinander im gleichen Lebensraum existieren.

Vielfalt von Lebewesen

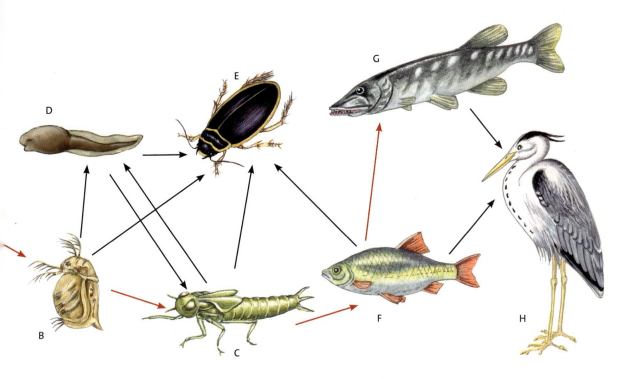

C Libellenlarve; D Kaulquappe; E Gelbrandkäfer; F Rotfeder; G Hecht; H Graureiher

Systeme. In einem Teich kommen viele verschiedene Arten von Lebewesen gemeinsam vor. Diese bilden durch vielfältige Wechselbeziehungen, beispielsweise Nahrungsnetze, eine Lebensgemeinschaft. Der Teich insgesamt ist ein System. Es kann durch die Wechselbeziehungen im Rahmen der Umweltbedingungen und der Lebensgemeinschaft beschrieben werden. Auch jedes Lebewesen stellt für sich ein System dar. So steht es in Kontakt mit seiner Umwelt, etwa um zu atmen oder um sich zu ernähren. Zu diesem System gehören auch alle Organe sowie die Zellen, aus denen diese aufgebaut sind. Deren Funktionen sind aufeinander abgestimmt. Systeme auf verschiedenen Ebenen (Zelle, Organ, Lebewesen, Lebensgemeinschaft) finden sich in vielen Bereichen der Biologie. Sie werden durch das **Basiskonzept System** beschrieben.

3 Beispiel für das Basiskonzept System

Aufgaben

1. *Beschreibe die Nahrungskette aus dem Absatz „Nahrungsketten".*
2. *Erläutere den Unterschied zwischen den Begriffen Nahrungskette und Nahrungsnetz.*
3. *Begründe, dass der System-Begriff auch auf den Wald angewendet werden kann.*
4. *Ein Gartenteichbesitzer beseitigt mit einem Algenvernichtungsmittel alle Algen. Beurteile dieses Vorgehen.*
5. *In einem Gartenteich, in dem Rückenschwimmer leben, wird eine weitere Insektenart eingesetzt, die sich auf dieselbe Art ernährt wie der Rückenschwimmer. Diskutiert in der Gruppe, welche Wechselwirkungen zwischen den Lebewesen des Nahrungsnetzes auftreten werden.*

3.7 Vergleich Wirbeltiere – Wirbellose

Wirbeltiere. Amsel und Stubenfliege besitzen Flügel und können fliegen. Der Bau der Flügel und die Art des Fliegens zeigen aber wesentliche Unterschiede. Noch deutlicher sind die Unterschiede im Körperbau. Bei der Amsel unterscheidet man den Kopf und den Rumpf, an dem die beiden Flügel und die beiden Beine ansetzen. Alle Körperteile werden von einem innen liegenden Skelett aus Knochen mit einer zentralen Wirbelsäule gestützt. Diesen Aufbau findet man bei allen Vögeln, aber auch bei Fischen, Lurchen, Kriechtieren und Säugetieren. Deshalb fasst man diese Tiere zur großen Gruppe der **Wirbeltiere** zusammen.

Wirbellose. Bei der Stubenfliege wird der Körper von einem harten Panzer aus Chitin umschlossen, einem **Außenskelett**. Bei ihr fehlt ein Innenskelett. Alle Tiere ohne Innenskelett werden in der großen Gruppe der **Wirbellosen** zusammengefasst. Hierzu gehören so unterschiedliche Tiere wie zum Beispiel Schnecken, Würmer und Quallen, aber auch Krebse, Spinnen und Insekten.

Flügel bei Insekt und Vogel. Der Flug von Stubenfliege und Amsel folgt denselben Gesetzmäßigkeiten: Durch die Auf- und Abwärtsbewegung der Flügel wird Auftriebskraft erzeugt. Sie ist notwendig zum Abheben und Fliegen. Die Konstruktion der Flügel ist aber deutlich verschieden. Die Flügel der Fliege bestehen aus einer harten, durchsichtigen Haut. Sie ist von Adern durchzogen. Die Flügel der Amsel weisen in ihrem Inneren ein Knochenskelett auf und werden von Federn gebildet.

Fliegen bei Insekt und Vogel. Bewegungen kommen durch das Zusammenspiel von Muskeln und Skelettteilen zustande. Bei einem Wirbeltier wie der Amsel sind die Knochen in den Gelenken gegeneinander beweglich. Die Muskeln rufen die Bewegungen hervor. Sie sind über Sehnen mit den Knochen verbunden.
Bei der Stubenfliege bestehen die Gliedmaßen aus mehreren röhrenförmigen Abschnitten. Dünne Gelenkhäute zwischen den Abschnitten ermöglichen die Beweglichkeit. Die Muskeln setzen von innen an den Röhren an.

Atmung und Blutkreislauf. Die Amsel atmet mit Lungen. Die Stubenfliege hat stattdessen ein Tracheensystem. Dabei handelt es sich um ein fein verzweigtes System von dünnen Röhren, das den ganzen Körper durchzieht. Es versorgt alle Gewebe mit Sauerstoff. Das Blut der Amsel wird vom Herzen in geschlossenen Adern durch den Körper gepumpt. Es liegt ein **geschlossener Blutkreislauf** vor. Die Stubenfliege hat keine Adern. Hier pumpt ein röhrenförmiges Herz eine Körperflüssigkeit frei in den Körper. Dies bezeichnet man als einen **offenen Blutkreislauf**.

1 Beispiele für Wirbellose Tiere

Aufgaben

1. *Erkläre die Bezeichnung Wirbeltier und Wirbelloser.*
2. *Benenne die Wirbellosen in Abbildung 1.*
3. *Erläutere mithilfe von Abbildung 2 wesentliche Unterschiede im Körperbau von Vögeln und Insekten.*
4. *Stelle begründete Vermutungen zur Leistungsfähigkeit der Atmungssysteme von Stubenfliege und Amsel an.*

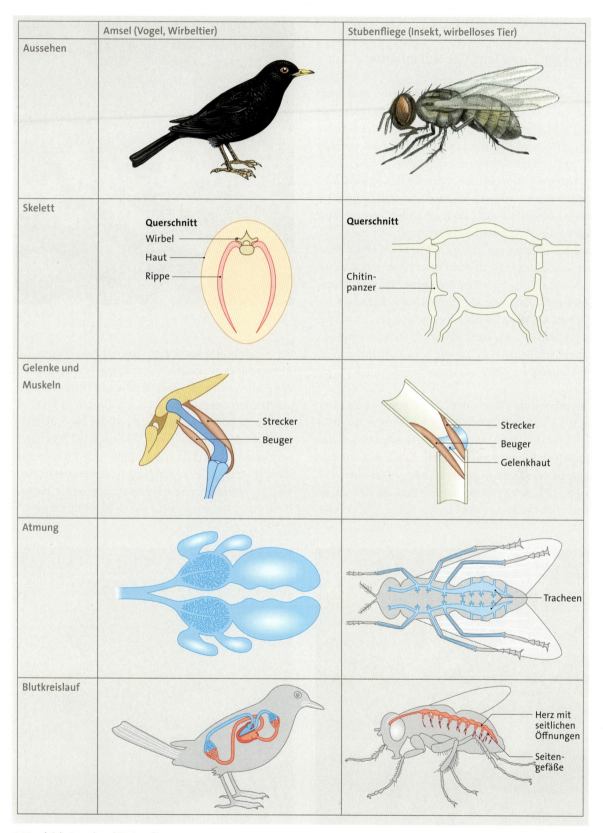

2 Vergleich Amsel und Stubenfliege

4 Der Mensch nutzt Pflanzen

4.1 Kohl – eine wichtige Nutzpflanze

Kohl ist vielfältig. Viele Gartenbesitzer sind stolz auf ihren Gemüsegarten. Hier können sie nach eigenen Vorstellungen düngen, auf Spritzmittel verzichten und über viele Monate hinweg frisches Gemüse ernten. In kaum einem Gemüsegarten fehlen Kohlpflanzen wie zum Beispiel Rosenkohl, Kohlrabi, Wirsing, Blumenkohl oder Weißkohl. So unterschiedlich diese Kohlsorten auch sind, sie haben gemeinsame Merkmale. Ihre Blüten weisen immer vier meist gelbe Blütenblätter auf. Diese sind in Form eines Kreuzes angeordnet. Daran kann man erkennen, dass die Kohlsorten eng miteinander verwandt sind. Heute weiß man, dass alle Kohlsorten vom Menschen gezüchtet wurden. Sie stammen von einer ursprünglichen Kohlart ab, dem Wildkohl. Dies ist eine unscheinbare Pflanze, die vor allem im Mittelmeerraum zu finden ist.

1 Gemüsegarten

Fortpflanzung. Nach der Bestäubung entwickeln sich aus den Blüten von Wildkohlpflanzen längliche Früchte. Man bezeichnet sie als Schoten. Die Schoten enthalten kleine, runde **Samen.** Im folgenden Jahr keimen die Samen in feuchter Erde und es entstehen wieder Wildkohlpflanzen. Da zur Bildung der Samen zwei Elternpflanzen notwendig sind, spricht man von geschlechtlicher Fortpflanzung. Eine Pflanze, die Samen bildet, wird als Mutterpflanze bezeichnet. Aus den Samen gehen die Tochterpflanzen hervor. Bei vielen Kräutern sterben die Elternpflanzen im Herbst ab und die Samen überdauern den Winter. Die Fortpflanzung hat also zwei Aufgaben: Einerseits sichert sie den Fortbestand der Art auch über ungünstige Jahreszeiten hinweg. Andererseits gehen aus einer Mutterpflanze viele Tochterpflanzen hervor. Es erfolgt somit eine Vermehrung. Dies bezeichnet man als **Reproduktion.**

2 Wildkohl

3 Blüten beim Brokkoli

Vielfalt von Lebewesen

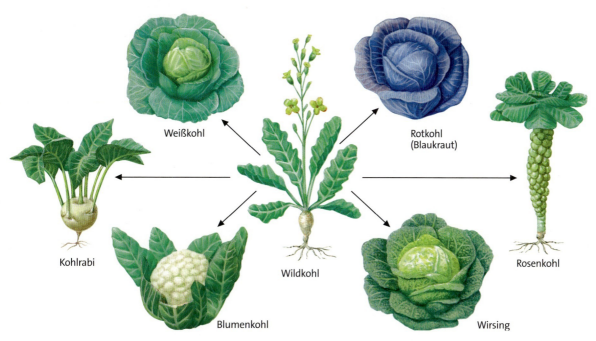

4 Aus dem Wildkohl sind durch Züchtung viele Kohlsorten entstanden

Vererbung. In einem Samen sind die notwendigen Informationen für alle Merkmale der Tochterpflanzen enthalten. Solche Merkmale sind zum Beispiel die Farbe der Blütenblätter, die Form der Blätter oder der Bau der Früchte. Die Informationen über die Ausprägung der Merkmale nennt man **Erbanlagen.** Die Weitergabe dieser Informationen von Generation zu Generation bezeichnet man als **Vererbung.** Die Grundlagen von Reproduktion und Vererbung sind für alle Lebewesen gleich. Sie werden im **Basiskonzept Reproduktion und Vererbung** zusammengefasst.

Pflanzenzüchtung. Vergleicht man die Nachkommen zweier Elternpflanzen, kann man Unterschiede in manchen Merkmalen feststellen. So zum Beispiel bei der Blattgröße oder der Blütenfarbe. Oft sind unterschiedliche Erbanlagen die Ursache. Über Jahrhunderte hinweg haben Pflanzenzüchter junge Pflanzen ausgewählt, die ihnen besonders vorteilhaft erschienen. Diese Pflanzen wurden dann herangezogen und gezielt zur Fortpflanzung eingesetzt. So entstanden neue Kombinationen von Merkmalen. Dabei wurden Eigenschaften ausgewählt, die für den Menschen besonders wichtig waren. Bei Rotkohl, Weißkohl, Grünkohl und Wirsing wurden möglichst große und dicht zusammenstehende, essbare Blätter gezüchtet. Die Abstände an der Sprossachse, wo die Blätter ansetzen, sind im Vergleich zum Wildkohl sehr verkürzt. Deshalb bilden Weißkohl und Rotkohl einen kugelförmigen „Kohlkopf". Beim Grünkohl und beim Wirsing sind die Blätter stark gekraust. Für den Rosenkohl sind mehrere kleine, aus Blättern gebildete „Köpfchen" typisch. Sie sitzen direkt am Stängel. Blumenkohl und Broccoli haben viele fleischig verdickte Blütenknospen, die zu einem „Kopf" zusammengefasst sind. Beim Kohlrabi ist der untere Teil des Stängels zu einer runden Knolle verdickt, an der die Blätter mit langen Stielen ansetzen.

Aufgaben

1. Stelle in einer Tabelle wichtige Kohlsorten und ihre jeweils vom Menschen genutzten Pflanzenteile gegenüber.
2. Erläutere anhand von Skizzen, wie die Pflanzenzüchter im Lauf von Jahrhunderten aus dem Wildkohl den Rotkohl züchteten.
3. Auch im Tierreich gelten die gleichen Gesetze der Züchtung wie im Pflanzenreich. Erläutere die Entstehung einer Milchkuh und eines Mastrindes ausgehend vom Urrind.

4.2 Der Garten als Lebensraum

Gartengestaltung. Das Anlegen und Gestalten von Gärten hat eine lange Tradition. Sie beginnt im alten Ägypten und führt über mittelalterliche Klostergärten bis zu den englischen Landschaftsgärten. Gärten erfreuen sich auch heute noch einer großen Beliebtheit. In Deutschland gibt es allein über 17 Millionen Gärten. Hier kann man arbeiten, sich ausruhen, seine Lieblingspflanzen anbauen und ernten. Die Gestaltung eines Gartens richtet sich nach der Größe, den Umweltbedingungen und natürlich nach den eigenen Bedürfnissen.

Nutzgarten. **Nutzgärten** liefern mit ihren Gemüsebeeten, Obstbäumen und Beerensträuchern von Frühling bis Herbst frisches Gemüse, Obst und Beerenfrüchte. Auch Gewürz- und Heilpflanzen wie Zitronenmelisse, Thymian, Schnittlauch und Ringelblume lassen sich gut im Garten anbauen und vielfältig nutzen. Auf den Gemüsebeeten wachsen zum Beispiel Spinat, Salat, Möhren und Tomaten. Typische Beerensträucher in Nutzgärten sind Himbeere, Stachelbeere und Johannisbeere. Auch Kulturheidelbeeren und Brombeeren werden gern kultiviert.
Je nach Nutzpflanze verwendet man unterschiedliche Teile der Pflanze. Bei Möhre und Schwarzwurzel wird die nährstoffreiche Wurzel geerntet. Bei Salat und Spinat nutzt man die Blätter. Bei sehr vielen Nutzpflanzen stehen die Früchte im Vordergrund. So möchte man von Tomaten, Gurken, Paprika, Bohnen, Erbsen, Zucchini, Kürbis, Apfel und Birne die schmackhaften Früchte ernten.

Ziergarten. Manche Gartenbesitzer legen mehr Wert auf Schönheit und Erholung als auf Obst und Gemüse aus dem eigenen Garten. Sie legen sich einen **Ziergarten** mit Blumenrabatten, Wiesenflächen, Gräsern und Ziersträuchern an. Häufig findet man zusätzlich Sitzmöglichkeiten, Ruheplätze und Wasserflächen wie künstlich angelegte Teiche oder Bachläufe. Typische Zierpflanzen sind zum Beispiel Lilie, Studentenblume, Gartenmohn, Schwertlilie, Dahlie und Rose.

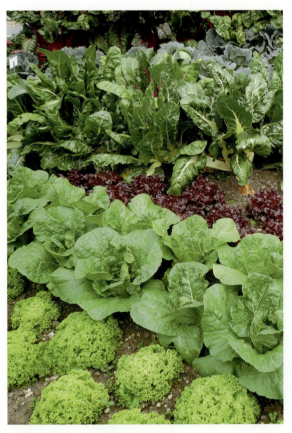

1 Gemüsebeete in einem Nutzgarten

2 Blumenrabatte in einem Ziergarten

Garten als Lebensraum. Ganz andere Ansprüche erfüllt ein naturnaher Garten. Hier findet man vor allem heimische Pflanzen, die durch eine unterschiedliche Blüte- und Fruchtzeit vielen Tieren Nahrung bieten. Außerdem sind naturnahe Gärten häufig weniger streng strukturiert. Sie wirken etwas wilder. Begrenzt werden sie zum Beispiel durch eine Hecke, in der Sträucher wie Holunder, Hasel oder Vogelbeere vorkommen. Diese bieten Singvögeln Unterschlupf und Nistmöglichkeiten. So hat man zum Beispiel am Weißdorn, einem heimischen Strauch, über 32 verschiedene Vogelarten gezählt.

Kleinlebensräume für viele Arten. Statt Rasenflächen, die jede Woche im Sommer gemäht werden, findet man in naturnahen Gärten auch Wiesenstreifen. Hier wachsen nicht nur Gräser und Gänseblümchen, sondern auch Margerite, Hahnenfuß und Klee. Sie locken Schmetterlinge und andere Insekten an. Die Samen der Wildpflanzen sind Futter für viele Körner fressende Vögel wie Buchfink, Zeisig oder Dompfaff. Liegen gebliebenes Totholz, ein Baumstubben, ein Laubhaufen oder eine Mauer aus losen Steinen bieten ebenfalls zahlreiche Lebensräume und Unterschlupfmöglichkeiten für Tiere. Dort findet man Spinnen, Asseln, Insekten, Mäuse und mit etwas Glück überwintert sogar ein Igel.

Artenvielfalt. In naturnahen Gärten können auch zusätzliche Nisthilfen wie Brutkästen, Fledermausquartiere oder ein Insektenhotel angebracht werden. Wissenschaftliche Untersuchungen konnten belegen, dass in großen naturnahen Gärten über 2000 verschiedene Tierarten leben können.

Aufgaben

1. Erstelle mithilfe der Informationen auf der Methoden-Seite 108 eine Mindmap zum Thema Garten. Nutze den Text und ergänze eigenes Bildmaterial.
2. Erläutere, warum man in einem naturnahen Garten möglichst ausschließlich heimische und standortgerechte Pflanzen anbauen sollte.
3. Ein Gartenbesitzer möchte Sommerflieder anpflanzen, weil er Schmetterlinge mag. Sein Nachbar rät ihm zusätzlich zu einer kleinen Ecke mit Brennnesseln. Bewerte diesen Ratschlag.

3 Heimische Heckenpflanzen bieten im Garten Nahrung und Unterschlupf. **A** Zwergmaus; **B** Pinselkäfer; **C** Igel

4.3 Das Feld als Lebensraum

Kulturpflanzen. Schaut man über eine Landschaft mit Feldern, so fällt auf, dass meist große Flächen mit der gleichen Pflanzenart bestellt sind. Solche Pflanzen, die der Mensch gezielt anbaut und pflegt, bezeichnet man als **Kulturpflanzen.** Unsere Vorfahren haben sie aus Wildpflanzen gezüchtet. So bauten die Menschen schon vor über 6000 Jahren Urformen des heutigen Getreides wie Einkorn und Emmer an. Diese Getreidearten hatten dünne Halme und kleine Ähren mit wenigen Körnern. Durch ständige Auslese und Züchtung wurden die Pflanzen immer kräftiger und ertragreicher. Einige Kulturpflanzen wie Mais, Zuckerrübe und Kartoffel haben ihren Ursprung in fremden Ländern. Ein zunehmender Handel und die Entdeckung neuer Gebiete brachte diese Nutzpflanzen nach Mitteleuropa.

Ackerwildkräuter. Neben den gewünschten Nutzpflanzen findet man am Ackerrand zahlreiche weitere Blütenpflanzen. Diese Ackerwildkräuter finden hier genügend Licht und Platz. An seinen leuchtend roten Blüten erkennt man den Klatschmohn. Blaue Blüten zeigen Kornblume und Ackerrittersporn.

Felder sind Lebensräume. Viele Jahre lang gab es kaum Ackerwildkräuter auf den Feldern. Der Einsatz von Pflanzenschutzmitteln hatte sie fast vollständig verdrängt. Damit war auch die Lebensgrundlage für viele Tiere wie Feldmaus, Hamster und Rebhuhn zerstört. Rebhuhnküken fressen zum Beispiel in den ersten Lebenswochen große Mengen Insektenlarven. Erst später ernähren sie sich von Sämereien. Werden auf den Feldern Schädlingsbekämpfungsmittel eingesetzt, fehlt ein abwechslungsreiches Nahrungsangebot. Rebhühner gehören deshalb zu den gefährdeten Arten. Erst durch einen bewussteren Umgang mit Pflanzenschutzmitteln und das Anlegen von Feldhecken konnten sich die Bestände an seltenen Tieren und Pflanzen erholen.

1 Felder sind Lebensräume. **A** Weizen; **B** Feldrand

2 Feldbewohner. **A** Klatschmohn; **B** Kornblume, **C** Feldhamster; **D** Rebhuhn

Vielfalt von Lebewesen

Getreideanbau. In Nordrhein-Westfalen spielt der Getreideanbau eine große Rolle. Fast zwei Drittel der Ackerflächen werden jedes Jahr mit den verschiedenen Getreidearten bestellt. Dabei wird besonders viel Weizen angebaut, gefolgt von Roggen.

Merkmale der Getreidepflanzen. Weizen, Roggen, Gerste und Hafer haben typische Merkmale, die alle Gräser zeigen. Dazu zählen der schlanke Wuchs, die büschelförmige Wurzel und die schmalen, paralleladrigen Blätter. Charakteristisch ist auch der hohle, biegsame Halm mit Knoten. Diese Knoten entstehen durch Querwände, die den Halm stabilisieren. Hier setzen auch die schmalen Blätter an, die den Halm mit einer Blattscheide umfassen.

Grasblüten. Statt auffällig gefärbter Kronblätter haben Grasblüten kleine, dünne Schuppenblätter, die Spelzen. Diese können am oberen Ende spezielle Pflanzenhaare, die Grannen, tragen. Ansonsten findet man bei Grasblüten die typischen Bauteile wie Fruchtblatt und Staubblätter. Mehrere Blüten stehen in einem Blütenstand zusammen. Bei Weizen und Roggen entsteht so eine Ähre, beim Hafer eine Rispe.

Windbestäubung. Bei trockenem Wetter öffnen sich die Spelzen. Dann erkennt man die langen, aus der Blüte heraushängenden Staubblätter. Der Wind kann die sehr kleinen und leichten Pollen über große Entfernungen tragen. Sie werden von den federartigen, klebrigen Narben der Grasblüten aufgefangen.

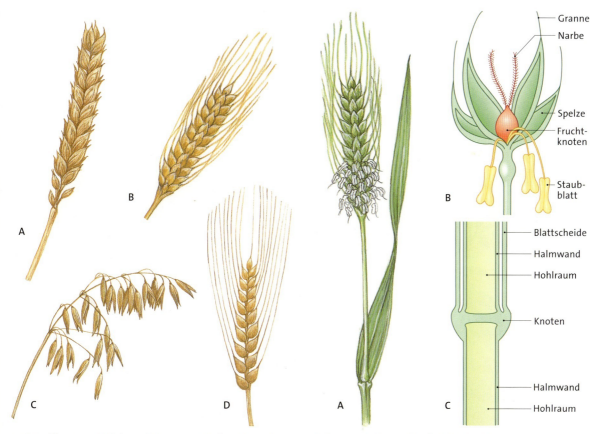

3 Getreidearten. **A** Weizen; **B** Roggen; **C** Hafer; **D** Gerste

4 Roggen. **A** Blütenstand; **B** Blüte; **C** Halm

Aufgaben

1. *Suche nach Informationen zu zehn Kulturpflanzen, die auf Feldern angebaut werden und über ihre Nutzung. Erstelle eine tabellarische Übersicht hierzu.*
2. *Viele Ackerwildkräuter sterben im Herbst ab und überwintern in Form von Samen. Erkläre diesen Sachverhalt.*

4.4 Die Kartoffel

Abstammung der Kartoffel. Die Kartoffel ist in Europa eine der bedeutendsten Kulturpflanzen. Ursprünglich stammt sie aus Südamerika. Die Spanier lernten die Kartoffel bei ihren Eroberungszügen durch Südamerika kennen. Um 1555 brachten sie die ersten Pflanzen wegen ihrer schönen, violetten Blüten nach Europa. Die Bedeutung der Knollen als wertvolles Nahrungsmittel wurde erst später erkannt.

Bau der Kartoffelpflanze. Die Kartoffelpflanze ist mehrjährig. Aus einer unterirdischen Knolle wachsen im Frühjahr die reich beblätterten Triebe. Die Blätter sind gefiedert, die sternförmigen Blüten violett oder weiß gefärbt. Als Früchte bilden Kartoffeln vielsamige, etwa kirschgroße Beeren. Die Früchte enthalten wie alle oberirdischen Teile der Kartoffelpflanze einen Giftstoff, das Solanin.

Bau der Kartoffelknolle. An den Kartoffelknollen gibt es sichtbare Vertiefungen, die als „Augen" bezeichnet werden. In diesen Vertiefungen sitzen Seitenknospen, aus denen sich Sprosse mit Blättern entwickeln. Daher werden die Knollen der Kartoffel auch als Sprossknollen bezeichnet. Wenn Kartoffelpflanzen wachsen, bilden sie zahlreiche unterirdische Sprossausläufer, die sich zu neuen Knollen verdicken. Bevor die oberirdischen Pflanzenteile im Herbst absterben, werden in den Knollen Reservestoffe gespeichert, hauptsächlich Stärke. Die Knollen der Kartoffel sind demnach Speicherorgane.

Anbau. Der Anbau von Kartoffelpflanzen erfolgt durch das Ausbringen der Knollen. Kartoffeln benötigen für ihr Wachstum ein gemäßigtes Klima und eine ausreichende Bodenfeuchte. Weltweit gibt es etwa 5000 Kartoffelsorten, in Deutschland werden davon etwa 150 angebaut. Man unterscheidet Frühkartoffeln und lagerfähige Spätkartoffeln sowie fest kochende und mehlige Sorten. Völlige Dunkelheit ist für die Lagerung von Kartoffeln besonders wichtig, denn schon bei geringfügiger Belichtung entwickeln die Knollen grüne Stellen, die das giftige Solanin enthalten.

1 Kartoffelpflanze. **A** Wuchsform; **B** Blüten; **C** Früchte; **D** Knollen

Aufgaben

1. *Die Reproduktion der Kartoffelpflanze erfolgt auf zweierlei Weise. Erkläre diesen Sachverhalt.*
2. *Um 1840 wurde in Europa die Kartoffelkrautfäule eingeschleppt. Etwa zur gleichen Zeit kam es in Irland zu einer Auswanderungswelle nach Amerika. Erläutere mögliche Zusammenhänge.*

AUFGABEN UND VERSUCHE: Nutzpflanzen

A Nutzpflanzen können Stärke speichern

Material: verschiedene Pflanzenteile wie Banane, Kartoffelknolle roh sowie gekocht, Süßkartoffelknolle, Maissamen; ein Messer; Uhrgläser; Pipette; Iod-Kaliumiodid-Lösung (Nachweismittel)

Durchführung: Schneide eine dünne Scheibe der jeweiligen Nutzpflanze ab. Den Maissamen teilst du einfach. Lege jeweils eine Probe zum Testen auf ein Uhrglas. Gib dann mit der Pipette einen Tropfen des Nachweismittels dazu. Eine Violett- bis Schwarzfärbung zeigt einen positiven Stärketest an. Teste alle Nutzpflanzen auf Stärke.

Aufgaben

1. Protokolliere deine Beobachtungen in Form einer Tabelle. Gib dabei die Nutzpflanze, den getesteten Pflanzenteil, die Färbung mit dem Nachweismittel und das Testergebnis an.
2. Werte deine Ergebnisse aus.
3. Recherchiere Informationen über eine Stärke liefernde Pflanze deiner Wahl und stelle sie in geeigneter Form in der Klasse vor.

B Nutzpflanzen können Vitamin C liefern

Material: verschiedene Pflanzenteile wie Banane, Kartoffelknolle, Kiwi, Apfel, Birne, Zitrone, Limette, Orange, Grapefruit; ein Messer; Uhrgläser; Vitamin-C-Teststreifen (Ascorbinsäure-Test aus der Apotheke)

Durchführung: Schneide eine dünne Scheibe der zu testenden Pflanze frisch ab. Drücke einen Teststreifen für drei Sekunden fest auf dein Teststück. Der Test misst nur in Pflanzensäften. Warte dann zehn Sekunden und vergleiche die Farbe mit den Vergleichsfeldern auf der Dose. Teste alle Nutzpflanzen auf ihren Gehalt an Vitamin C. Nimm jeweils einen neuen Teststreifen.

Aufgaben

1. Stelle Vermutungen auf, welche der zu testenden Nutzpflanzen am meisten Vitamin C enthalten könnte.
2. Protokolliere deine Beobachtungen in Form einer Tabelle. Gib dabei die Nutzpflanze und das Testergebnis an.
3. Werte deine Ergebnisse aus.
4. Recherchiere, warum der Körper Vitamin C braucht.

C Viele Nutzpflanzen tragen Beerenfrüchte

Bei Beerenfrüchten reift die Fruchtknotenwand zu einem saftigen Fruchtfleisch heran. Dieses wird von der dünnen Fruchtschale umschlossen. Im Fruchtfleisch sitzen viele kleine Samen.

Material: Stachelbeere, Weinbeere, Banane, Tomate oder Kiwi; Messer; Uhrglas; weißes Papier; Buntstifte; Traubenzucker-Teststreifen (Glucose-Test aus der Apotheke)

Durchführung: Jede Arbeitsgruppe erhält eine Frucht. Schneide diese Beerenfrucht längs durch und lege eine Hälfte auf das Uhrglas. Zeichne dann die Beerenfrucht so genau wie möglich und beschrifte ihre Teile. Nimm danach einen Teststreifen für Traubenzucker und drücke ihn kräftig für einige Sekunden an das Fruchtfleisch. Vergleiche den erhaltenen Farbton nach etwa 30 Sekunden mit den Feldern auf der Testdose und notiere den Wert.

Aufgaben

1. Beschreibe die von dir gezeichnete Frucht.
2. Erstelle eine Tabelle mit den einzelnen Früchten, die in den Arbeitsgruppen getestet wurden. Gib die Pflanzenart, die Fruchtform, die Farbe der Fruchtwand, die Samenform und den Traubenzuckergehalt an. Tragt dazu in der Klasse eure Arbeitsergebnisse zusammen.
3. Vergleiche eine Kirschfrucht und die von dir getestete Frucht miteinander. Finde Gemeinsamkeiten und Unterschiede.

5 Der Mensch nutzt Tiere

5.1 Lebensweise und Körperbau von Hunden

Sinnesorgane. Ein Hund zeigt beim Spazierengehen bestimmte Verhaltensweisen. Mit seiner Nase schnüffelt er an jedem Baum oder Gartenzaun. Hunde haben einen sehr feinen Geruchssinn und können Duftspuren erkennen, die der Mensch nicht wahrnehmen kann. Man bezeichnet Hunde deshalb als **Nasentiere**. Hunde können auch ausgezeichnet hören. Nähert sich zum Beispiel jemand dem Haus, stellt der Hund die Ohren auf und dreht den Kopf in Richtung der Geräuschquelle. Hunde sind also auch **Ohrentiere**. Nur die Leistung der Augen ist bei Hunden nicht allzu hoch.

Hunde sind Hetzjäger. Entdeckt ein Hund während eines Spaziergangs einen Hasen, rennt er ihm oft mit großen Sprüngen hinterher. Dabei zeigt der Hund große Ausdauer. Man bezeichnet diese Jagdweise als Hetzjagd und den Hund als Hetzjäger. Sein Körperbau ist für diese Art des Beuteerwerbs sehr gut geeignet. So treten Hunde während des Laufens nur mit den Zehen auf. Hunde sind **Zehengänger**. Menschen dagegen berühren beim Gehen den Boden mit den ganzen Fußsohlen. Die Krallen an den Zehen sind kurz und stumpf. Sie können nicht eingezogen werden. Die Wirbelsäule des Hundes ist sehr biegsam. Die Vorderbeine sind über den Schultergürtel und die Hinterbeine über das Becken mit der Wirbelsäule verbunden.

1 Schäferhund

Hunde haben ein Raubtiergebiss. Fängt der Hund ein Beutetier, wird es mit den langen dolchartigen Eckzähnen festgehalten. Man nennt diese Zähne deshalb Fangzähne. Mit den sechs kleineren Schneidezähnen zupft ein Hund nur Fleischreste von Knochen ab. Hinter den Eckzähnen folgen die Backenzähne. Man unterscheidet die etwas kleineren vorderen Backenzähne und die größeren hinteren Backenzähne. Alle Backenzähne sind spitz und scharf. Dabei gibt es vier, die durch ihre Größe und Form besonders auffällig sind. Es sind auf beiden Seiten des Oberkiefers jeweils der letzte vordere Backenzahn und im Unterkiefer jeweils der erste hintere Backenzahn. Diese Zähne sind besonders groß und zackig. Sie gleiten beim Zubeißen wie die beiden Teile einer Schere aneinander vorbei. Dadurch zerbrechen und zerschneiden sie die Beute in kleinere Stücke. Man bezeichnet diese Zähne als **Reißzähne** und ein solches Gebiss als **Raubtiergebiss**.

2 Einsatzbereiche von Hunden. **A** Spürhund; **B** Suchhund

Vielfalt von Lebewesen

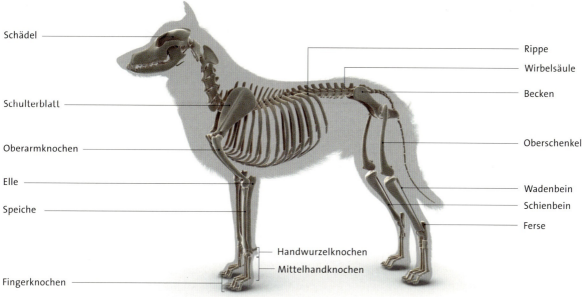

3 Skelett des Hundes

Hunde helfen dem Menschen. Menschen nutzen die besonderen Fähigkeiten von Hunden für verschiedene Aufgaben. Mit ihrem guten Gehör, ihrer Schnelligkeit und Ausdauer sowie dem scharfen und kräftigen Gebiss sind Hunde hervorragend zum Bewachen geeignet. Schon seit Jahrtausenden verwenden zum Beispiel Schafhirten Hunde zum Zusammenhalten ihrer Schafherden. Auch die Bewachung von Häusern und Grundstücken wird oft von Hunden übernommen. Jäger nehmen Hunde mit auf die Jagd. Polizeibeamte setzen Hunde zur Suche nach vermissten Personen oder zur Verfolgung flüchtiger Straftäter ein. Zollbeamte überprüfen mit der Hilfe von Hunden Personen und Gepäckstücke nach Drogen und Sprengstoff.

Zahnformel. Die Zusammensetzung eines Tiergebisses aus verschieden geformten Zähnen kann durch eine übersichtliche **Zahnformel** veranschaulicht werden. Weil die linken und rechten Kieferhälften spiegelbildlich aufgebaut sind, schreibt man nur die Zahnfolge einer Kieferhälfte. Durch einen waagrechten Strich werden Oberkiefer und Unterkiefer

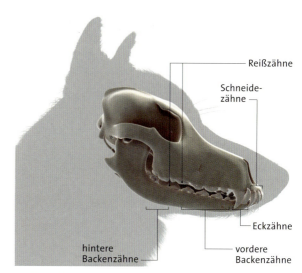

4 Schädel des Hundes

getrennt. Dann gibt man die Zahl der Zähne in der Reihenfolge Schneidezähne, Eckzähne, vordere und hintere Backenzähne an. Die Zahnformel für Hunde lautet also: $\frac{3\ 1\ 4\ 2}{3\ 1\ 4\ 3}$

Aufgaben

1. Ein Spaziergänger kreuzt mit seinem frei laufenden Hund zufällig die Fährte eines Rehs. Erkläre die zu erwartenden Verhaltensweisen des Hundes.
2. Erkläre, welche Eigenschaften von Hunden beim Lawinenspürhund genutzt werden.
3. Betrachte im Spiegel deine eigenen Zähne. Stelle eine Vermutung an, inwieweit ein Zusammenhang zwischen der Form der Zähne und der Art der Nahrung besteht.

5.2 Innerer Aufbau von Hunden

Verdauung in Mundraum und Magen. Fleisch ist viel leichter verdaulich als Pflanzennahrung. Deshalb muss die Nahrung nicht intensiv gekaut werden. Das Fleisch wird in Fetzen von den Knochen gerissen und dann verschluckt. Durch die Speiseröhre gelangt die Nahrung in den Magen. Mithilfe der Magensäure werden die Nährstoffe in ihre Bausteine zerlegt. Diesen Vorgang bezeichnet man als **Verdauung.**

Verdauung und Ausscheidung. Der Darm eines Hundes ist ziemlich kurz. Die Darmwand nimmt freigesetzte Nährstoffbausteine auf. In der Darmwand befinden sich feine Blutgefäße mit sehr dünnen Wänden. Hier gelangen die Bausteine ins Blut. Im Darm verbleiben nur unverdauliche Nahrungsreste, denen nun das meiste Wasser entzogen wird. Dadurch werden sie eingedickt, in Kot umgewandelt und durch den After ausgeschieden. Auch im Blut befinden sich giftige oder unbrauchbare Stoffe, die im Stoffwechsel entstehen. Diese Stoffe werden dem Körper durch die Nieren entnommen, im Harn gesammelt und dann über die Harnblase ausgeschieden.

Baustoffe und Betriebsstoffe. Im Körper werden aus den Bausteinen der Nahrung körpereigene Stoffe aufgebaut, die **Baustoffe** und **Betriebsstoffe.** Baustoffe dienen dem Körperaufbau, Betriebsstoffe werden zur Aufrechterhaltung der Körperwärme und zur Bewegung genutzt.

Atmung und Blutkreislauf. Für die Lebensvorgänge ist auch ein in der Luft enthaltenes Gas notwendig, der **Sauerstoff.** Beim Einatmen gelangt Luft in die Lungen. Dort tritt der Sauerstoff in feine Blutgefäße über. Im Gegenzug wird ein anderes Gas, das im Körper entstandene **Kohlenstoffdioxid,** an die Atemluft abgegeben. Der Blutstrom verteilt den Sauerstoff, aber auch die Bausteine der Nahrung, im ganzen Körper. Angetrieben wird der Blutstrom durch das Herz.

Nerven und Gehirn. Von den Sinnesorganen wie Augen und Ohren werden Informationen über Nerven in das Gehirn geleitet. Dort werden die Meldungen verarbeitet. Der Hauptnervenstrang, der vom Gehirn entlang der Wirbelsäule verläuft, wird als Rückenmark bezeichnet. Über das Rückenmark werden auch Befehle vom Gehirn an die Muskeln übertragen.

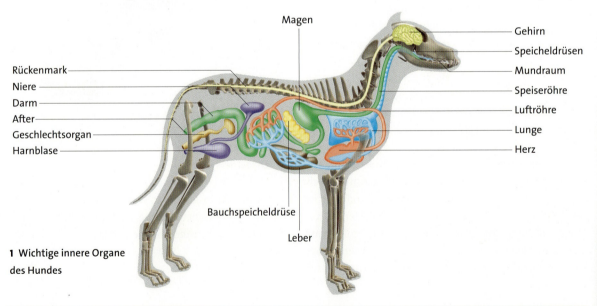

1 Wichtige innere Organe des Hundes

Aufgaben

1. Zeichne ein Pfeildiagramm für den Weg der Nahrung durch den Körper eines Hundes und beschreibe die Vorgänge in den einzelnen Abschnitten.
2. Der Darm eines Fleischfressers, zum Beispiel eines Hundes, ist deutlich kürzer als der Darm eines Pflanzenfressers. Begründe diesen Sachverhalt.
3. Erläutere, weshalb Milch eine besonders große Menge an Bau- und Betriebsstoffen enthält.

5.3 Abstammung des Hundes

Der Wolf – Stammvater der Hunde. Früher waren Wölfe weit verbreitet. Sie galten als gefährliche Raubtiere und wurden deshalb verfolgt und in vielen Gebieten ausgerottet. Aus den Wölfen sind nachweislich schon vor mehreren Jahrtausenden die Hunde als erste Haustiere der Menschen hervorgegangen. Anfangs dürften Wölfe den umherziehenden, jagenden Menschengruppen wahrscheinlich in größeren Abständen gefolgt sein. Sie hofften vermutlich auf Nahrungsreste. Vielleicht gelangten einzelne Wolfswelpen in die Obhut von Menschen und wurden zahm. Die Menschen merkten sehr schnell, dass sie aus der Wachsamkeit und der Anhänglichkeit dieser Tiere Nutzen ziehen konnten. Sie setzten sie zur Jagd, zur Bewachung von Tierherden und zum Schutz der Siedlungen ein. Dann begannen die Menschen, unter den Nachkommen dieser Tiere nach bestimmten gewünschten Eigenschaften zu suchen. Tiere mit solchen Eigenschaften wurden ausgewählt und bevorzugt weiter vermehrt. Diesen Vorgang nennt man natürliche **Züchtung.** Die Unterschiede zu den ursprünglichen Wölfen wurden immer zahlreicher und es entwickelten sich die Hunde.

Rassen. Durch Züchtung entstanden im Laufe der Zeit über 300 unterschiedliche Formen von Hunden, die man als **Rassen** bezeichnet. Den Vorgang der Haustierentstehung nennt man **Domestikation.** Bei manchen Rassen ist die Verwandtschaft zum Wolf noch gut erkennbar, wie zum Beispiel beim Schäferhund oder beim Husky. Andere Rassen wie der Dackel ähneln dem Wolf dagegen kaum. Aber bestimmte Merkmale wie das Gebiss stimmen weitgehend überein.

Rangordnung und Jagdrevier. Das Verhalten von Hunden zeigt viele Gemeinsamkeiten mit dem Verhalten von Wölfen. Wölfe leben in **Rudeln.** So bezeichnet man kleinere Gruppen von etwa fünf bis acht Tieren. Hier herrscht jeweils eine strenge Rangordnung. Jedes Tier in einem Rudel nimmt in dieser Ordnung einen bestimmten Platz ein. An der Spitze steht der **Leitwolf,** der das Rudel anführt. Er hält die Ordnung im Rudel aufrecht, übernimmt die Führung beim Jagen und legt das Jagdrevier fest. Ein Wolfsrudel grenzt ein gemeinsames Jagdrevier mit Urin und Kot sowie Lautäußerungen ab. Dieses Verhalten ist ein Teil des **Revierverhaltens.** Wenn zwei Rudel aufeinandertreffen, kann es zu heftigen Kämpfen kommen.

1 Der Wolf – Stammvater der Hunde

Aufgaben

1. Erkläre die Domestikation des Wolfes mit eigenen Worten.
2. Manche Hunderassen weisen lange, schmale Schnauzen auf, andere dagegen kurze mit kräftigem Gebiss. Erläutere, welches Züchtungsziel vermutlich jeweils verfolgt wurde.
3. Hunde leben meist nicht in Rudeln wie Wölfe, sondern in Menschenfamilien. Begründe, weshalb Hunde auf ein neugeborenes Kind in der Familie manchmal aggressiv reagieren.

5.4 Verhalten bei Hunden

Reviermarkierung. Männliche Hunde heben an Bäumen, Gartenzäunen und anderen Geländemarken ein Hinterbein und setzen einen Spritzer Urin ab. So kennzeichnen sie genauso wie Wölfe ihr Revier. Andere Hunde erkennen diese Duftmarken und reagieren darauf.

Lautäußerungen. Die Stimmung eines Hundes erkennt man oft an bestimmten Lautäußerungen. Das Bellen soll bedeuten, dass ein bestimmtes Revier besetzt ist und bei weiterem Eindringen verteidigt wird. Knurren kann einen bevorstehenden Angriff anzeigen. Winseln dagegen bedeutet Unterwürfigkeit.

Körpersprache. Bei Begegnung mit anderen Hunden machen Hunde durch verschiedene Signale und Körperstellungen ihre jeweilige Stimmung deutlich. Besonderes Augenmerk kommt dabei dem Schwanz und den Ohren zu. Ein selbstbewusstes Tier, das sich dem Gegner überlegen fühlt, stellt seinen Schwanz aufrecht. Dieses Verhalten wird als **Imponieren** bezeichnet. Je ängstlicher ein Hund ist, desto tiefer wird der Schwanz gesenkt. Im Extremfall wird der Schwanz zwischen den Hinterbeinen hindurch nach vorne unter den Bauch geklemmt. Dieses Verhalten nennt man **Demutsverhalten**. Ähnlich verhält es sich mit den Ohren. Selbstbewusste Tiere stellen sie aufrecht, ängstliche Hunde klappen die Ohren flach nach hinten.

Rangordnungsverhalten. Für Hunde stellen die Menschen, mit denen sie zusammenleben, ihr „Rudel" dar. Herrchen oder Frauchen sehen sie meist als Leittier an. Durch konsequente Erziehung bringt man Hunde dazu, auch die übrigen Familienmitglieder als höherrangig anzusehen. Hunde zeigen dabei dieselben Verhaltensweisen wie Wölfe eines Rudels. Wirft sich zum Beispiel ein Wolf vor einem ranghöheren Tier auf den Rücken, ist dies ein Demutsverhalten. Zudem legt er den Kopf nach hinten und bietet dem ranghöheren Tier so die ungeschützte Kehle. Genau dies hemmt jedoch den Gegner, nun kräftig zuzubeißen. Wenn Hunde spielen wollen, zeigen sie oft gegenüber bestimmten Menschen das gleiche Verhalten. Sie sehen diese als ranghöhere Rudelmitglieder an. Anderen Menschen gegenüber können sie jedoch aggressiv reagieren.

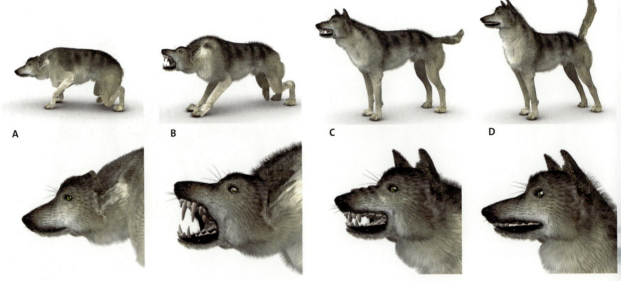

1 Körpersprache des Hundes. A Demutshaltung; **B** ängstliches Drohen; **C** aggressives Drohen; **D** Imponieren

---

Aufgaben

1. Beschreibe und interpretiere den Gesichtsausdruck der Hunde in der Abbildung.
2. Finde und erläutere wesentliche Unterschiede zwischen Imponier- und Demutsverhalten.
3. Eingerollte Schwänze oder herabhängende Ohren wie bei vielen Hunderassen kommen bei Wölfen nicht vor. Begründe dies.

5.5 Hunde säugen ihre Jungen

Hündin und Rüde. Im Frühjahr und Herbst neigen männliche Hunde, die Rüden, zum Streunen. Auch eine Hündin verändert in dieser Zeit ihr Verhalten. Sie ist unruhig und will ständig ins Freie. Diese Zeit der Läufigkeit dauert etwa drei Wochen. Für Züchter sind diese Tage wichtig. Denn nur während dieser Zeit lässt sich eine Hündin mit einem Rüden paaren. Während der **Paarung** gibt der Rüde seine Spermien in die Scheide der Hündin ab. Es können mehrere Eizellen durch Spermienzellen befruchtet werden. Aus jeder befruchteten Eizelle entsteht jeweils ein Embryo. Die Embryonen entwickeln sich im Körper der Mutter. Die Hündin ist jetzt trächtig. So bezeichnet man eine Schwangerschaft bei Tieren.

Geburt von Welpen. Nach etwa neun Wochen Trächtigkeit bringt eine Hündin meist sechs bis zehn Junge zur Welt. Die jungen Hunde bezeichnet man als Welpen. Bei der Geburt sind die Jungen noch von einer **Fruchtblase** umgeben. Die Hündin zerreißt diese und beißt die **Nabelschnur** durch, mit der die Welpen mit dem Körper der Mutter verbunden sind. Das tut nicht weh, denn die Nabelschnur ist schmerzunempfindlich. Anschließend leckt die Mutter ihre Jungen ab und säubert sie so. Zwischen den Geburten der einzelnen Welpen können Minuten oder Stunden liegen.

Nach der Geburt. Neugeborene Welpen sind zunächst vollkommen hilflos. Die Augen und Ohren sind anfangs noch durch Hautfalten verschlossen. Sie werden erst nach etwa zwei Wochen geöffnet. Die Welpen können in dieser Zeit auch nur unbeholfen kriechen. Deshalb werden sie als **Nesthocker** bezeichnet.

Säugen. Auf der Bauchseite einer Hündin liegen die Milchdrüsen mit den Zitzen in zwei Reihen. Mit pendelnden Bewegungen des Kopfes suchen die Jungen die Zitzen. Dann saugen sie kräftig daran. Mit den Vorderpfoten treten die Welpen gegen das Gesäuge. Dieses Verhalten nennt man Milchtritt. Es fördert die Bildung und Absonderung der **Milch**. Die Milch enthält alle Nährstoffe, die die Welpen für ihre Entwicklung brauchen. Die Jungen werden zwei Monate gesäugt. Erst allmählich gewöhnen sie sich an feste Kost. Während dieser Zeit werden die Welpen von der Mutter verteidigt, gewärmt und gesäubert. Ohne diese **Brutpflege** könnten die Jungen nicht überleben.

1 Hündin säugt ihre Jungen

Aufgaben

1. Beschreibe die Funktionen von Milchdrüse und Zitze.
2. Fertige eine Tabelle an, in der du die Verhaltensweisen von Hündin und Welpen in der Zeit von der Geburt bis etwa zwei Monate nach der Geburt gegenüberstellst.
3. Eine Hündin weist acht bis zehn Zitzen auf, eine Katze acht, ein Weibchen bei Menschenaffen dagegen nur zwei. Stelle eine begründete Vermutung auf, welchen biologischen Hintergrund diese Unterschiede haben könnten.

5.6 Hundehaltung

Voraussetzungen. Die Entscheidung für einen Hund in der Familie setzt Tierliebe und Verantwortungsbewusstsein voraus. Vor der Anschaffung eines Hundes sollte man bedenken, dass das Tier wahrscheinlich zehn bis zwölf Jahre leben wird. In Ausnahmefällen können Hunde sogar zwanzig Jahre alt werden. Für die Familie bringt die Haltung eines Hundes große Veränderungen mit sich. Vieles muss berücksichtigt werden, will man den Hund tiergerecht halten.

Bedürfnisse des Hundes. Ein Hund als Heimtier braucht regelmäßig angemessenes Futter, frisches Wasser und einen festen, ungestörten Schlafplatz. Er braucht aber auch sonst viel Platz. Deshalb scheitert oft der Wunsch nach einem Hund an den begrenzten Wohnungsverhältnissen der Familie. Hunde den ganzen Tag in einer Wohnung zu halten gestaltet sich in der Regel als unmöglich. Sie brauchen viel Bewegung und müssen täglich dreimal bis viermal ausgeführt werden. Hunde sind Rudeltiere und wollen daher nicht allzu lange alleine bleiben.

Kosten. Bereits die Anschaffung eines Hundes kostet Geld. Während Hunde aus dem Tierheim relativ preiswert abgegeben werden, sind Rassehunde oft teuer. Regelmäßige Ausgaben müssen für das Futter gerechnet werden. Eine Haftpflichtversicherung und die Hundesteuer sind jährlich fällig. Auch Halsband, Hundeleine und Hundekorb mit Kissen müssen eingeplant werden. Wichtig sind Besuche beim Tierarzt zum Prüfen, ob es dem Tier gut geht. Zudem sind Hundekrankheiten wie Tollwut und Hundebandwurm auch für Menschen gefährlich. Außerdem müssen regelmäßig Impfungen und Wurmkuren durchgeführt werden.

Weitergehende Verpflichtungen. Will man am Wochenende wegfahren oder länger verreisen, muss man einen Hund mitnehmen oder in gute Hände geben. Bei der Neuanschaffung eines Hundes muss man auch viel Zeit für die Erziehung aufwenden. Der Welpe wird in den ersten Nächten oft jaulen, weil er die Nähe seiner Mutter gewohnt ist und nicht alleine sein will. Außerdem muss er stubenrein werden. Der Hund muss lernen, alle Familienmitglieder als ranghöher anzuerkennen. Dies gilt besonders gegenüber Kleinkindern. Schließlich müssen die Kothäufchen des Hundes aufgesammelt werde, die er auf öffentlichen Gehwegen oder fremden Grundstücken hinterlässt.

1 Tiergerechte Haltung

2 Drum prüfe wer sich ewig bindet...

Aufgaben

1. In einer Familie wird die Anschaffung eines Hundes geplant. Nenne wichtige Punkte, die jetzt überlegt werden sollten.
2. Auch ein gesunder Hund muss regelmäßig zum Tierarzt. Erläutere dies.
3. Im Umgang mit Hunden sind stets bestimmte Sauberkeitsvorschriften zu beachten. So sollte man immer nach dem Streicheln des Tieres die Hände sorgfältig waschen. Begründe diese Maßnahme.

Vielfalt von Lebewesen

METHODE: Einen Steckbrief erstellen

Steckbrief. In einem Steckbrief werden Tier- oder Pflanzenarten beschrieben. Man erhält in Kurzform alle wichtigen Informationen, um anhand der Beschreibung das Lebewesen zu erkennen.

Wolf. Soll zum Beispiel ein Steckbrief für den Wolf erstellt werden, wird zuerst der Name genannt. Er kann mit der fachwissenschaftlichen Bezeichnung ergänzt werden. Dazu sollte die verwandtschaftliche Einordnung genannt werden. Tiere, die derselben Familie (hier: Hundeartige) angehören, haben gemeinsame Merkmale, wie zum Beispiel die Anordnung der Zähne oder den Körperbau. Weitere wichtige Informationen sind das Vorkommen, wobei manchmal zwischen ursprünglichem und heutigem Vorkommen unterschieden werden muss. Die Körpermaße und das Aussehen können beschrieben werden sowie der Lebensraum, die Lebensweise, die Ernährungsweise und die Fortpflanzung. Zum Schluss werden mögliche Besonderheiten aufgeführt. Ein Steckbrief sollte zur Veranschaulichung mit einer Zeichnung oder einem Foto versehen werden. Die Informationen und Bilder können aus Filmen, Büchern oder Zeitschriften und dem Internet gesammelt werden.

Name: Wolf (*Canis lupus*)
Familie: Hundeartige
Vorkommen: Ursprünglich in ganz Europa, Asien, Nordafrika, Arabien sowie in Nordamerika; heute in vielen Gebieten durch menschliche Verfolgung ausgerottet.
Körpermaße: je nach Vorkommen sehr unterschiedlich; im Norden bis zu 160 cm Körperlänge, 50 cm Schwanzlänge, Gewicht bis 80 kg
Aussehen: wie ein großer Hund, aber dünne Beine; Fellfarbe sehr unterschiedlich, oft grau bis gelb, manchmal schwarz; Ohren kurz und aufrecht, Augen schräg gestellt, Iris gelb; Schwanz meist waagerecht oder gesenkt
Lebensraum: Steppen, Wälder
Lebensweise: dämmerungs- und nachtaktiv; sehr guter Läufer; meist im Rudel (Familienverband: Elternpaar mit Jungtieren aus dem Vorjahr und den Jungen aus dem laufenden Jahr); Rangordnung; ernährt sich meist von Säugetieren (Mäuse, Hasen, Rehe, Hirsche), auch Aas
Fortpflanzung: Weibchen bringt einmal im Jahr meist vier bis sechs Welpen zur Welt; Geburt in einer meist selbst gegrabenen Erdhöhle; Jungtiere sind Nesthocker (anfangs blind und taub)

Aufgaben

1. Erstelle je einen Steckbrief zu drei Hunderassen deiner Wahl.
2. Erstelle den Steckbrief eines Rotfuchses.
3. Vergleiche Form und Inhalt des Lehrbuchtextes zum Wolf auf Seite 95 mit dem Steckbrief auf dieser Seite. Ziehe Schlussfolgerungen.

5.7 Die Katze – ein Schleichjäger

Jagdverhalten. Eine Katze schleicht lautlos über eine Wiese. Aufmerksam stellt sie die Ohren auf und sieht in eine bestimmte Richtung. Sie hat eine Maus entdeckt. Tief geduckt und regungslos verharrt sie und hält ihre Beute dabei fest im Blick. Das Zittern ihrer Schwanzspitze zeigt, wie aufmerksam die Katze ist. Mit einem Mal drückt sie sich mit den kräftigen, muskulösen Hinterbeinen vom Boden ab. Sie schnellt hoch und nach vorn. Während dieses Sprungs streckt die Katze ihre Vorderbeine und die Pfoten. Dabei fährt sie ihre Krallen aus und kann so die Maus festhalten und fangen. Mit einem Biss in den Nacken tötet sie die Maus. Bei der Jagd auf ein Beutetier machen Katzen so gut wie keine Geräusche. Sie treten nur mit den weichen, samtartigen Zehenballen auf. Deshalb bezeichnet man Katzen auch als **Schleichjäger**. Ihr Skelett ist an diese Jagdweise gut angepasst. Zum Beispiel ist ihre Wirbelsäule sehr beweglich und die Anordnung der Gelenke ermöglicht der Katze eine weiche Abfederung.

Ähnliche Verhaltensweisen wie beim Jagen ausgewachsener Katzen lassen sich auch beim Spiel junger Katzen beobachten. Jungtiere lernen spielerisch das Anschleichen, Lauern, Anspringen und Greifen der Beute. Sind Katzen nicht sehr hungrig, spielen sie oft mit ihrer Beute, bevor sie diese töten und fressen. Nach dem Fressen lecken Katzen ihr Fell mit der rauen Zunge ab.

Augen und Ohren. Selbst in der Dämmerung sind Katzen erfolgreiche Jäger. Das Auge ist das empfindlichste Sinnesorgan der Katzen. Durch die Pupille gelangt Licht in das Auge. Am Tage ist die Pupille zu einem schmalen Schlitz verengt. In der Dämmerung öffnet sich die Pupille. So wird die einfallende Lichtmenge durch die Größe der Pupille reguliert. Katzenaugen enthalten eine besondere Schicht. Diese wirft das einfallende Licht von der Hinterwand des Auges zurück, ähnlich wie bei einem Spiegel. Dadurch leuchten Katzenaugen, wenn sie in der Dunkelheit von Licht angestrahlt werden. Durch diese Schicht können Katzen auch geringe Lichtmengen optimal nutzen. Sie sehen deshalb in der Dämmerung und bei Nacht wesentlich besser als ein Mensch. Jagen Katzen im hohen Gras, können sie ihre Beute nicht sehen. Mit ihren beweglichen, trichterförmigen Ohrmuscheln peilen sie die Stelle an, von der die Geräusche kommen, und können so die Beute orten.

Aufgaben

1. Beschreibe mithilfe der Abbildungen A bis F das Jagdverhalten der Katze.
2. Beschreibe anhand der Abbildung 2 die Krallenbewegung. Erläutere, welche Bedeutung das Einziehen der Krallen hat.
3. Erstelle die Zahnformel für das Katzengebiss. Nimm Abbildung 3 und weitere Quellen wie das Internet zur Hilfe.

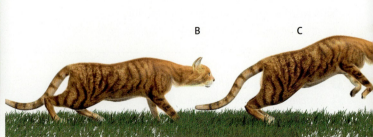

1 Jagdverhalten der Katze. A Anschleichen; B Vorbereitung zum Absprung; C Absprung; D, E Sprungphase; F Landung

Schnurr- und Tasthaare. Betrachtet man eine Katzenschnauze, fallen die langen **Schnurrhaare** an der Oberlippe und die **Tasthaare** über den Augen auf. Diese Sinneshaare sind fester und länger als die Körperhaare und helfen Katzen, sich räumlich zu orientieren. Mit ihrer Hilfe können sie Gegenstände ertasten. Berühren die Sinneshaare einen Gegenstand, schließen die Katzen sofort ihre Augen und schützen sie so vor Verletzungen. Katzen können einen Gegenstand aber auch ohne direkte Berührung wahrnehmen. Die Sinneshaare reagieren nämlich auch auf Strömungs- und Luftdruckunterschiede, die von Gegenständen ausgehen. So sind Katzen in der Lage, selbst in völliger Dunkelheit Hindernisse zu erkennen oder die Position eines Beutetieres festzustellen.

Krallen. Die Krallen der Vorderpfoten von Katzen sind in eine Falte zwischen den Fußballen eingezogen. Erst beim Ausstrecken der Vorderpfoten werden kleine Muskeln aktiviert, die über Sehnen mit den Krallen verbunden sind. Durch den Zug der Sehnen werden die scharfen Krallen ausgefahren. So können sie beim Beutefang zum Ergreifen der Beute eingesetzt werden.

Gebiss. Katzen haben spitze, dolchartige Eckzähne. Mit diesen **Fangzähnen** halten sie ein Beutetier fest. Die großen Backenzähne zerschneiden das Fleisch des Beutetiers. Besonders groß sind die jeweils dritten Backenzähne des Ober- und Unterkiefers. Mit ihnen reißen Katzen Fleisch aus dem Beutetier heraus. Daher werden diese Zähne Reißzähne genannt. Die spitzen kleinen Schneidezähne sind gut geeignet, Fleisch von Knochen abzunagen. Das Gebiss der Katze ist typisch für ein Raubtier. Katzen fressen neben Mäusen auch Ratten, nestjunge Vögel, junge Kaninchen, Frösche, Eidechsen und Blindschleichen.

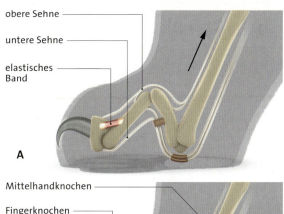
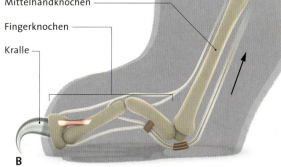

2 Krallenbewegung bei Katzen. A Einziehen; B Herausschieben

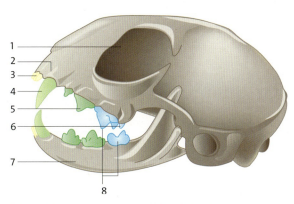

3 Schädel einer Katze. **1** Augenhöhle, **2** Oberkiefer, **3** Schneidezahn, **4** Eckzahn/Fangzahn, **5** vorderer Backenzahn, **6** hinterer Backenzahn, **7** Unterkiefer, **8** Reißzähne

Vielfalt von Lebewesen

AUFGABEN UND VERSUCHE: Vergleich von Hund und Katze

A Auf die Pfote kommt es an

Aufgaben
1. Beschreibe die beiden Pfoten. Zeige Gemeinsamkeiten und Unterschiede auf.
2. Entscheide und begründe, welche der beiden Pfoten einer Katze und welche einem Hund gehört.
3. Erläutere am Beispiel von Katzen- und Hundepfote den Zusammenhang zwischen Struktur und Funktion.

B Ausziehbare Krallen

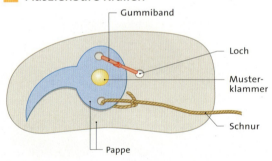

Material: Pappe (DIN-A4); Schere; Schnur; Musterklammer; Gummiband

Durchführung: Zeichne den Umriss von Katzenpfote (grau) und Kralle (blau) auf die Pappe. Versehe die Kralle entsprechend der Abbildung mit drei Löchern und die Pfote mit einem Loch. Schneide Pfote und Kralle aus und verbinde sie durch die Musterklammer miteinander. Befestige die Schnur an der Kralle und verbinde Kralle und Pfote mit dem Gummiband.

Aufgaben
1. Ziehe vorsichtig an der Schnur und lasse sie dann wieder los. Notiere deine Beobachtungen.
2. Vergleiche das Modell mit der echten Katzenpfote. Lege dazu eine Tabelle an.

C Revierverhalten von Katze und Wolf

Katzen beanspruchen wie Hunde ein festes Revier. Die obige Abbildung zeigt drei typische Verhaltensweisen, mit denen Katzen ihr Revier markieren.

Aufgaben
1. Beschreibe Verhaltensweisen von Wölfen und Hunden, mit denen sie ein Revier abgrenzen.
2. Stelle eine begründete Vermutung an, was die Katze jeweils gerade macht und worin die Reviermarkierung besteht.

D Auf der Jagd

Aufgaben
1. Vergleiche das Jagdverhalten von Hauskatzen und Hunden miteinander. Verwende die beiden Abbildungen.
2. Überlege, auf welche Weise wild lebende Verwandte von Hauskatze und Hund jagen und stelle einen Bezug her.

E Körpersprache von Katzen und Hunden

Die »Stimmungslage« einer Katze kann man an ihrer Körpersprache erkennen. Die Abbildung zeigt jeweils eine Katze, die sich ruhig und sicher fühlt (A), Begrüßungsverhalten zeigt (B), in Verteidigungshaltung steht (C) und angriffslustig ist (D).

Aufgaben
1. Beschreibe das Aussehen eines Hundes bei den entsprechenden Stimmungslagen.
2. Diskutiert in der Klasse, warum sich erwachsene Hunde und Katzen nicht „verstehen", wenn sie nicht miteinander aufgewachsen sind.

F Fellpflege

Die Oberfläche einer Katzenzunge ist rau. Dies liegt an hornigen Stacheln, die auf der Zunge sitzen und nach hinten gerichtet sind. Zur Fellpflege leckt sich die Katze ausgiebig.

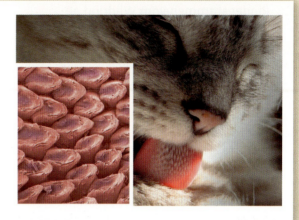

Aufgaben
1. Erläutere die Struktur der Katzenzunge und stelle einen Zusammenhang zur Funktion her.
2. Stelle begründete Vermutungen an, wie die Struktur der Katzenzunge auch die Nahrungsaufnahme erleichtert.

G Katzenaugen verändern sich

Aufgaben
1. Vergleiche die beiden Abbildungen.
2. Erkläre deine Beobachtungen.

5.8 Rinder stammen vom Wildrind ab

Vorfahren des Hausrinds. Seit der Eiszeit vor etwa 15 000 Jahren lebten in Europa und Asien zwei Wildrindarten, der **Auerochse** und der **Wisent**. Der Auerochse wird auch **Ur** genannt, als Abkürzung für „urzeitlicher Ochse". Er muss ähnlich ausgesehen haben wie das heutige Parkrind aus England, nur dass sein Fell dunkel war. Auerochsen und Wisente lebten in Herden. Sie bewohnten gebüschreiche, lichte Wälder. Sie ernährten sich von Blättern, Trieben, Zweigen und Rinde sowie von Gräsern und Kräutern. Im Herbst fraßen die Wildrinder Beeren, Eicheln und andere Früchte sowie Pilze. Mit dieser energiereichen Kost bauten sie Fettreserven auf, von denen sie während der nahrungsarmen Wintermonate zehren konnten.

Wildrind und Mensch. Die Steinzeitmenschen jagten die Wildrinder. Sie wußten deren schmackhaftes Fleisch und wärmende Felle zu schätzen. Höhlenmalereien zeigen die Tiere zur damaligen Zeit. So zum Beispiel in den Felshöhlen von Lascaux in Südfrankreich oder den Höhlen von Altamira in Nordspanien. Mit der Veränderung der Lebensweise des Menschen vom Jäger und Sammler zum Ackerbauern wurden immer mehr Wälder gerodet. Dadurch wurden viele Lebensräume der Wildrinder zerstört. Zudem wurden sie stärker bejagd. Die Auerochsen wurden so bis zum Beginn des siebzehnten Jahrhunderts ausgerottet. Auch die Bestände der Wisente gingen in Europa so weit zurück, dass die Art fast ausstarb. Durch planmäßige Züchtung der wenigen verbliebenen Tiere konnten die Wisente wieder vermehrt und in einem polnischen Nationalpark ausgewildert werden. Daher gibt es heute wieder frei lebende Wisente in Osteuropa.

Züchtung zum Nutztier. Die Auerochsen wurden vor etwa 6000 Jahren von den damaligen Ackerbauern als Nutztier entdeckt. Auerochsen waren gut für die Haustierhaltung geeignet. Die Milch der Kühe stellte eine eiweißreiche Nahrungsquelle dar und die Kraft der Rinder wurde zum Ziehen schwerer Lasten oder zum Pflügen der Felder genutzt. Die Tiere waren so wertvoll, dass sie nur selten und meist erst in hohem Alter geschlachtet wurden. Durch Weiterzüchtung von Rindern mit besonderen Eigenschaften entstanden im Laufe der Jahrhunderte immer neue **Rinderrassen**. So unterschiedlich diese heute auch aussehen – alle europäischen Rinderrassen lassen sich auf den Auerochsen als Stammform zurückführen.

1 Wisent

2 Englisches Parkrind

Aufgaben

1. Vergleiche mithilfe der Abbildungen 1 und 2 das Aussehen von Wisent und Englischem Parkrind.
2. Vor einigen Jahren wurde in Nordrhein-Westfalen eine Wisentherde ausgewildert. Informiere dich über dieses Projekt im Internet und berichte. Diskutiert in der Klasse über die aufgetretenen Probleme.
3. Informiere dich über Körperbau, Lebensweise und Geschichte des nordamerikanischen Bisons. Halte einen kurzen Vortrag zu diesem Thema.

5.9 Das Rind – das wichtigste Nutztier

Nutzungstypen. Früher wurden Rinder häufig als Zugtiere genutzt. Mit dem Einsatz von Traktoren wurde diese Nutzung überflüssig. Solche **Dreinutzungsrinder,** die neben Milch und Fleisch auch Arbeitskraft liefern, gibt es daher heute so nicht mehr. Die Landwirte konzentrieren sich auf zwei neue Zuchttypen: **Milchrinder** und **Fleischrinder.** Es wurden jeweils die Rinder mit dem höchsten Milch- oder Fleischertrag zur Zucht verwendet. So konnte die jährliche Milchleistung eines Milchrindes von etwa 2000 Litern im Jahre 1937 auf über 10 000 Liter heute gesteigert werden. Fleischrinder dagegen haben eine gute Mastfähigkeit. Sie nehmen beim Wachsen sehr schnell zu. Es gibt auch Rinderrassen, die sowohl Milch als auch Fleisch liefern, sogenannte **Zweinutzungsrinder.**

Milch und Fleisch. Kuhmilch ist ein wichtiges Nahrungsmittel. Sie enthält viele Stoffe, die Menschen für ihre Ernährung benötigen. In Molkereien wird die Milch zu Butter, Käse, Quark oder Jogurt verarbeitet. Rindfleisch wird in unterschiedlichen Qualitäten gewonnen. Manche Körperregionen liefern mit Fett durchsetztes Fleisch, andere sind weitgehend fettfrei.

Haltungsformen. Viele Menschen essen heute mehr Fleisch als früher und möchten dieses gerne preisgünstig einkaufen. Solch ein Verbraucherverhalten zwingt die Landwirte, kostengünstiger zu produzieren. So sind viele Landwirte zur **Massentierhaltung** und damit zur **Stallhaltung** übergegangen. Bei der Anbindehaltung stehen die Rinder angekettet eng nebeneinander. Die Kälber werden gleich nach ihrer Geburt von der Mutter getrennt, weil diese dann mehr Milch gibt. Die Kälber werden mit einem Milchersatz ernährt. Die Haltung von Rindern in engen Ställen fördert die Ausbreitung von Krankheiten. Bei dieser Art der Haltung müssen deshalb häufig Arzneimittel eingesetzt werden.

In modernen Boxenlaufställen können sich Milchrinder frei bewegen. Dabei können sie untereinander Kontakt aufnehmen, was den Herdentieren sehr liegt. Viele Landwirte halten ihre Rinder im Sommer auf der Weide. Von Betrieben mit ökologischer Landwirtschaft wird diese **Freilandhaltung** fast ausschließlich praktiziert. Sie lassen die Kälber in der Herde bei den Müttern. So können die Rinder **artgerecht** leben. Durch das Laufen auf der Weide nehmen die Rinder aber nicht so schnell zu, was den Preis des Rindfleischs verteuert.

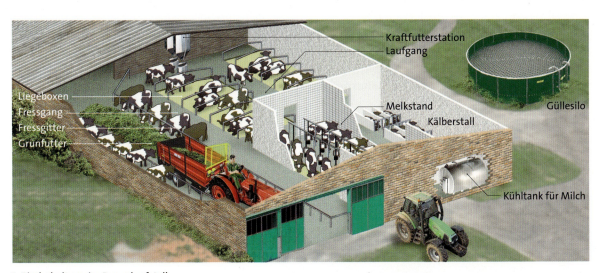

1 Rinderhaltung im Boxenlaufstall

Aufgaben

1. Beschreibe anhand von Abbildung 2 das Leben von Rindern im Boxenlaufstall.
2. Erörtert die Freiland- und die Stallhaltung von Rindern bezüglich einer artgerechten Tierhaltung.
3. Formuliere aus Verbrauchersicht Erwartungen an die Landwirte. Berücksichtige auch die Auswirkungen.

5.10 Das Rind ist ein Wiederkäuer

Nahrungsaufnahme. Rinder sind **Pflanzenfresser**. Sie umfassen beim Fressen mit ihrer rauen Zunge ganze Grasbüschel, reißen sie ab und schlucken sie unzerkaut hinunter. Auf diese Weise können sie in kurzer Zeit viel Nahrung in ihren Magen aufnehmen.

Pansen. Rinder vermengen ihre Nahrung zunächst im Maul gut mit Speichel. Dazu können sie pro Tag bis zu 150 Liter Speichel bilden. Die eingespeichelte Nahrung gelangt über die Speiseröhre in den **Pansen**. Dies ist der erste von vier Teilen des **Rindermagens**. Er kann bis zu 200 Liter fassen. Hier wird die Nahrung eingeweicht und mithilfe von Bakterien und anderen Kleinstlebewesen für die Verdauung vorbereitet.

Netzmagen. Durch ständige Bewegungen der Magenwand wird die Nahrung im Pansen gut durchmischt und gelangt dabei in den **Netzmagen**. Dieser Magenteil hat eine netzartige Wandstruktur, wodurch die Nahrung zu kleinen Nahrungsportionen geformt wird. Diese Portionen werden über die Speiseröhre wieder ins Maul des Rindes befördert. Nun zerkaut das Tier das Pflanzenmaterial erst richtig. Dies geschieht 30 bis 60 Minuten nach der Nahrungsaufnahme. Deshalb bezeichnet man Rinder als **Wiederkäuer**.

Blättermagen. Nach dem Wiederkäuen rutscht der Speisebrei wieder in den Pansen. Durch die Magenbewegung gelangt feines Material in den **Blättermagen**,

1 Rinder auf der Weide

während das grobe im Pansen verbleibt. Die Wand des Blättermagens enthält zahlreiche Falten, wodurch dessen Oberfläche stark vergrößert wird. Über diese große Kontaktfläche wird dem Nahrungsbrei das überschüssige Wasser entzogen. Es gelangt durch die Magenwand in den Blutkreislauf. Damit steht dem Tier das Wasser unter anderem wieder für die Speichelproduktion zur Verfügung.

Labmagen und Darm. Vom Blättermagen wird der eingedickte Nahrungsbrei in den **Labmagen** befördert. Hier findet die eigentliche Verdauung statt. Dabei werden die Nährstoffe in ihre Bausteine zerlegt. Im sich anschließenden Darmtrakt werden diese Nährstoffe durch die Darmwand in das Blut des Rindes aufgenommen. Der unverdauliche Rest wird über den After als Kot ausgeschieden. Gras ist verhältnismäßig nährstoffarm und schwer verdaulich. Deshalb müssen Rinder täglich große Mengen Grünfutter fressen, um ihren Bedarf an Bau- und Betriebsstoffen zu decken. Rinder besitzen einen 50 bis 60 Meter langen Darm. Über diese große Austauschfläche gelingt es, die geringe Nährstoffmenge des Grases zum größten Teil aufzunehmen.

Gebiss. Mithilfe ihres Gebisses können Rinder pflanzliche Nahrung gut aufnehmen und weiterverarbeiten. In jeder Hälfte des Unterkiefers befinden sich drei große Schneidezähne und ein ebenso großer Eckzahn. Diese Zähne fehlen im Oberkiefer. Hier befindet sich stattdessen eine verhornte Kauplatte. Kurze Gräser werden wie mit einer Zange zwischen den Schneidezähnen des Unterkiefers und der Hornplatte eingeklemmt und mit einem Ruck abgezupft. Das Zerkleinern der unzerkaut verschluckten Nahrung er-

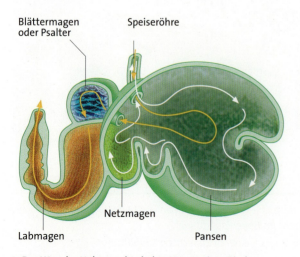

2 Der Weg der Nahrung durch den Magen eines Rindes

Vielfalt von Lebewesen

folgt erst beim Wiederkauen. Dafür werden die sechs Backenzähne in jeder Ober- und Unterkieferhälfte genutzt. Die Backenzähne bestehen aus unterschiedlich harten Stoffen, dem harten Zahnschmelz sowie aus weicherem Zahnbein und Zahnzement. Da diese Substanzen sich beim Kauen unterschiedlich stark abnutzen, bilden sich scharfe Kanten, die Schmelzfalten. Damit zermahlen Rinder die harten Gräser. Solche Mahlzähne sind typisch für ein **Pflanzenfressergebiss**.

Hörner und Augen. Am Schädel der Rinder befinden sich zwei Knochenzapfen, auf denen die beiden Hörner sitzen. Diese bestehen aus dem gleichen Material wie Haare und Hufe, nämlich aus dem Eiweißstoff Horn. Die großen Augen sitzen seitlich im Schädel. Dadurch haben Rinder eine gute Rundumsicht und können Feinde aus allen Richtungen kommend erkennen. Allerdings können Rinder nicht alle Farben sehen und sind gegenüber Rottönen nahezu blind. Stiere können daher beim Stierkampf nur von der Bewegung des Tuches gereizt werden.

Gliedmaßen. Rinder können bis zu 1300 kg wiegen. Dieser schwere Körper wird von vier stämmigen Beinen getragen. Betrachtet man ein Rinderbein, so scheinen die Gelenke an der falschen Stelle zu sitzen. Das liegt daran, dass ein Teil des Beins von dem massigen Körper verdeckt wird und Rinder auf den Spitzen ihrer Zehen laufen: Sie sind **Zehenspitzengänger**. Wie bei den meisten Säugetieren besteht auch das Vorderbeinskelett eines Rindes aus Oberarmknochen, Elle und Speiche, Handwurzelknochen, Mittelhandknochen und Fingerknochen. Jedoch sind beim Rind Elle und Speiche sowie die Mittelhandknochen jeweils zusammengewachsen. Dies erhöht die Stabilität des Beins. An jedem Fuß sind zwei Finger besonders kräftig entwickelt. Sie sind an der Spitze jeweils von einer Klaue aus hartem Horn umgeben. Wegen dieser beiden Klauen nennt man Rinder **Paarhufer**. Zwei weitere Zehen sind verkümmert. Sie heißen Afterklauen. Beim Auftreten auf den Boden spreizen sich die Klauen auseinander. Dies verhindert, dass ein Rind auf weichem Untergrund zu tief einsinkt.

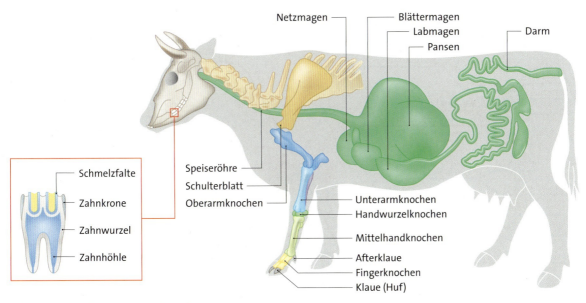

3 Skelett und Verdauungsorgane beim Rind

Aufgaben

1. Beschreibe mithilfe der Abbildungen 1, 2 und 3 den Weg der Nahrung durch die Verdauungsorgane des Rindes.
2. Vergleiche die Verdauungsorgane des Rindes mit denen eines Hundes. Nenne wesentliche Unterschiede und erkläre diese.
3. Vergleiche die Backenzähne eines Rindes mit denen einer Katze. Erläutere den Zusammenhang zwischen Struktur und Funktion.

Vielfalt von Lebewesen

METHODE: Erstellen einer Mindmap

Eine **Mindmap** ist eine gute Methode, um Gedanken und Überlegungen zu einem Thema zu sammeln und zu strukturieren. Alle Gedanken, die einem zur Gliederung dieses Themas einfallen, werden notiert. Dabei muss zunächst keine strenge Reihenfolge eingehalten werden. Mit dieser Sammlung von Gedanken (engl. = mind) oder Überlegungen kann eine Art Karte (engl. = map) zu einem Thema entwickelt werden.

In die Mitte eines Papiers, einer Pappe, Folie oder Tafel wird der zentrale Begriff oder das zu bearbeitende Thema geschrieben, zum Beispiel „Verwertung eines Rindes". Von diesem Thema ausgehend werden Verzweigungen gezeichnet, die Hauptäste. Diese gliedern das Thema in einzelne Bereiche und fächern es gleichzeitig auf. Jeder Ast wird mit einem Stichwort beschriftet, das für einen Gedanken oder Gliederungspunkt steht. Dabei sollten nur Substantive verwendet werden, zum Beispiel „Haut" oder „Haare". Die Hauptäste können wiederum in Nebenäste aufgefächert werden, die ebenfalls mit Stichworten oder Symbolen zu beschriften sind, beispielsweise mit „Lederwaren". Auch dieser Nebenast kann noch einmal untergliedert werden, womit dann die verschiedenen Produkte der Lederwarenindustrie aufgezeigt werden können. Besonders anschaulich wird eine Mindmap, wenn für die Äste unterschiedliche Farben verwendet werden oder wenn sie mit Bildern versehen wird. Ganz einfach geht dies mit einem entsprechenden Computerprogramm.

Eine Mindmap kann besonders gut in Partner- oder Gruppenarbeit erstellt werden. Sie eignet sich sehr zur Erarbeitung eines Referates. Auf diese Weise kann man sich zunächst eine Übersicht über die verschiedenen Teilbereiche eines Themas verschaffen. Das erleichtert die Gliederung des Referates.

Diese Methode bietet aber nicht nur die Möglichkeit der Gedankenstrukturierung in der Findungsphase. Sie eignet sich auch gut zur anschaulichen Darstellung von Arbeitsergebnissen. Eine Mindmap stellt also auch eine gute Präsentationsmöglichkeit dar.

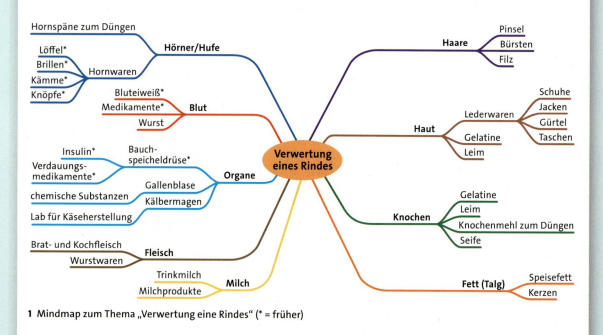

1 Mindmap zum Thema „Verwertung eine Rindes" (* = früher)

Aufgaben

1. Erkläre den Nutzen einer Mindmap.
2. Erläutere die Gliederung der Mindmap in Abbildung 1.
3. Erstellt in einer Gruppe eine Mindmap zum Thema „Milch und Milchprodukte".

5.11 Abstammung und Verwandtschaft des Pferdes

Urpferde. In einem Steinbruch bei Darmstadt wurden vor etwa 50 Jahren merkwürdige Versteinerungen entdeckt. Dabei handelte es sich um Skelette von etwa fuchsgroßen Tieren, die viele Übereinstimmungen mit den heutigen Pferden aufwiesen. Es waren Urpferde, also Vorfahren der heutigen Pferde. Sie lebten vor ungefähr 50 Millionen Jahren in lichten Wäldern. Urpferde waren Laubfresser und wogen nur fünf bis sechs Kilogramm.

Wildpferde. Mit dem Rückgang von Wäldern und der Ausbreitung von Steppen traten im Laufe von Jahrmillionen **Wildpferde** auf. Sie waren größer als Urpferde. Während der Eiszeiten war Nordeuropa von riesigen Gletschern bedeckt. So verlagerte sich der Lebensraum der Wildpferde in die Steppengebiete Zentralasiens. Auf einer Reise in die Mongolei beobachtete der russische Naturforscher PRZEWALSKI 1878 frei lebende Wildpferde. Einige Tiere wurden später nach Europa gebracht und seitdem in Zoos gehalten.

Die nach ihrem Entdecker benannten PRZEWALSKI-Pferde sind relativ klein. Sie haben einen gedrungenen Körperbau mit recht kurzen Beinen. Die Tiere besitzen eine Stehmähne und einen langen schwarzhaarigen Schweif. Die Fellfärbung ist im Sommer rotbraun und im Winter gelbbraun. Nachdem die letzten in der Wildnis lebenden PRZEWALSKI-Pferde wahrscheinlich ausgestorben waren, wurde die planmäßige Züchtung der wenigen Zootiere überlebenswichtig.

Verwandte. Esel und Zebra sind nah mit den Pferden verwandt. **Esel** sind genügsame Lasttiere. Werden sie mit Pferden verpaart, ergeben sich Maulesel oder Maultiere, je nachdem, ob das Muttertier eine Eselstute oder eine Pferdestute ist. Diese Mischlinge vereinigen alle für den Menschen positiven Eigenschaften in sich: Sie sind genügsam, belastbar und größer als Esel. Außerdem sind sie sehr trittsicher und leicht zu führen. Sie müssen aber stets neu aus Esel und Pferd gezüchtet werden, weil sie unfruchtbar sind.

Zebras leben in den offenen Gras- und Buschlandschaften Afrikas. Jedes Tier hat ein anderes Streifenmuster.

1 PRZEWALSKI-Pferde

2 Maultier

Aufgaben

1. Vergleiche PRZEWALSKI-Pferde und gezüchtete Pferderassen miteinander.
2. Nenne Unterscheidungsmerkmale von Pferden, Zebras und Eseln.
3. Erkläre, wie durch Züchtung die heute vorkommenden Pferderassen entstanden sind.

5.12 Das Pferd – ein Nutztier im Wandel

Nutzungsformen. Die Nutzung von Pferden als Haustiere begann vor ungefähr 6000 Jahren in Zentralasien. Dort wurden sie als Reit- und Lasttiere verwendet. In Europa wurden Nutzungsmöglichkeiten des Pferdes erst später entdeckt. Sie wandelten sich im Laufe der Jahrtausende. Zunächst wurden Pferde als Reittiere und für Kurierdienste genutzt. Auf dem Rücken der Pferde wurden auch Kämpfe ausgetragen. Die Ritter des Mittelalters ließen für ihre Reitpferde sogar Rüstungen schmieden. Später wurden Pferde vermehrt als Zug- und Lasttiere eingesetzt. Sie wurden vor Postkutschen eingespannt und im Krieg zogen sie Kriegsgeräte. Als Packpferde brachten sie Proviant zum Heer. Vor allem wurden Pferde aber in der Land- und Forstwirtschaft eingesetzt. Doch auch bei der industriellen Entwicklung im 18. und 19. Jahrhundert spielten Pferde eine große Rolle. So wurden zum Beispiel „Grubenpferde" im Kohlenbergbau verwendet.

Heutige Nutzung. Arbeitspferde sind in Deutschland heute selten geworden. Sie werden fast nur noch als „Rückepferde" im Wald eingesetzt, um gefällte Bäume abzutransportieren. So ist die Forstwirtschaft vor allem in unwegsamen Gebirgslandschaften auf Arbeitspferde angewiesen. Durch die fortschreitende Technisierung wurde auf den Arbeitseinsatz von Pferden immer weiter verzichtet. Ackerpferde wichen Traktoren und die Postkutsche wurde durch Eisenbahn und Auto ersetzt. Heute hat der Reitsport die größte Bedeutung – neben Kutschfahrten und Zirkusdressur.

1 Pferdegespann

Pferderassen. Durch Züchtung sind im Laufe der Jahrhunderte Pferderassen mit ganz unterschiedlichem Aussehen und Temperament entstanden. Grundsätzlich unterscheidet man Kaltblüter und Warmblüter. Diese Bezeichnungen beziehen sich auf Körperbau, Temperament und Schnelligkeit der Tiere. **Kaltblüter** sind schwere, grobknochige Pferde mit flachen Hufen und relativ großem Kopf. Sie sind von eher ruhigem Temperament und eignen sich gut als Arbeitstiere. **Warmblüter** sind eher leicht gebaut, feingliedrig und schnell beweglich. Die Tiere haben relativ kleine Köpfe und schmale, hohe Hufe. Diese meist temperamentvollen Pferde werden bevorzugt im Reitsport eingesetzt. Zu den Warmblütern zählen auch die Vollblutpferde. Sie sind besonders schnell und temperamentvoll, also typische Rennpferde. Alle Pferderassen haben die gleichen Gangarten: den langsamen **Schritt**, den schnelleren **Trab** und den schnellen **Galopp**.

  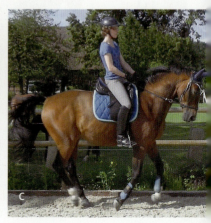

2 Gangarten des Pferds. **A** Schritt; **B** Trab; **C** Galopp

Gliedmaßen. Pferde sind Lauftiere. Sie können mehrere Stunden traben, ohne zu ermüden. Ihre Laufbeine haben lange und kräftige Ober- und Unterschenkelknochen. Der lang gestreckte Mittelfußknochen steht fast senkrecht. Er verlängert nicht nur den Fuß, sondern das Bein insgesamt. Dadurch haben Pferde eine vergrößerte Schrittlänge und Laufgeschwindigkeit. Von den Zehen ist nur die mittlere Zehe kräftig ausgebildet, mit deren Spitze die Pferde auftreten. Diese spezielle Fortbewegungsart kennzeichnet Pferde als **Zehenspitzengänger.** Der letzte Zehenknochen ist von einem Huf aus Horn ummantelt. Da sie nur auf einem Zeh laufen, sind Pferde im Gegensatz zu den Rindern **Unpaarhufer.** Diese Art der Fortbewegung ermöglicht ihnen im Gefahrenfall ein schnelles Davongaloppieren.

Gebiss. Mit ihren schräg nach vorn stehenden Schneidezähnen fassen Pferde das Gras wie mit einer Zange und beißen oder reißen es ab. Es wird zwischen den breiten Backenzähnen des Ober- und Unterkiefers zerkleinert und zerrieben. Die raue Zahnoberfläche dieser Mahlzähne entsteht durch die unterschiedlich starke Abnutzung des harten Zahnschmelzes und des weicheren Zahnbeins sowie Zahnzements. So bilden sich die für ein Pflanzenfressergebiss typischen Schmelzfalten. Die Kronen der Backenzähne nutzen sich pro Jahr zwei bis drei Millimeter ab. Am Abnutzungsgrad der Zähne kann man das Alter eines Tieres erkennen.

Verdauung. Aufgenommene und mit den Zähnen zerriebene Nahrung gelangt über die Speiseröhre in den Magen der Pferde. Sie haben keinen Pansen und sind keine Wiederkäuer. Das Vorverdauen der harten Gräser durch Bakterien geschieht bei ihnen im **Blinddarm.** Dieser ist eine Ausstülpung des etwa 30 Meter langen Darms. Der Blinddarm fasst mit rund 30 Liter Nahrungsbrei deutlich weniger als ein Pansen. Daher müssen Pferde häufiger und länger grasen als Rinder.

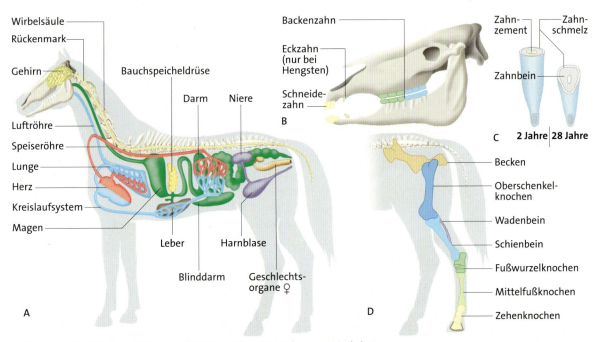

3 Körperbau des Pferdes. **A** Organe; **B** Schädel; **C** Schneidezähne; **D** Beinskelett

---

Aufgaben

1. Stelle die verschiedenen Nutzungen von Pferden früher und heute übersichtlich in einer Tabelle zusammen.
2. Beschreibe den Aufbau eines Pferdebeins und vergleiche mit einem Bein vom Rind.
3. Erkläre den Sinn der Aussage: „Einem geschenkten Gaul sieht man nicht ins Maul."

5.13 Das Schwein – ein Allesfresser

Wildschweine. Stark zerwühlte Bodenflächen in einem Wald sind manchmal Hinweise auf Wildschweine. Die Stammform der Hausschweine lebt auch heute noch in unterholzreichen Laub- und Mischwäldern. Hier finden die Wildschweine ausreichend Nahrung und Deckung. Ausgewachsene Wildschweine zeigen eine grau-braun-gelbliche Fellfärbung mit langen, schwarzen Borsten, weshalb sie auch als Schwarzwild bezeichnet werden. Sie bevorzugen feuchtes, morastiges Gelände mit schlammigen Tümpeln, in denen sie sich wälzen können. Durch dieses Suhlen wird die Haut der Schweine mit einer Schlammkruste überzogen. Sie befreit und schützt die Tiere vor lästigem Ungeziefer. Schweine laufen auf ihren Zehenspitzen. Wie Rinder gehören auch die Schweine zu den Paarhufern.

Fortpflanzung. Die Wahrscheinlichkeit, einem Wildschwein im Wald zu begegnen, ist recht gering. Diese Tiere sind nachtaktiv und halten sich tagsüber meist versteckt. Sie leben in Familienverbänden, den Rotten, zusammen. Eine Rotte besteht aus mehreren Weibchen und ihren Jungen. Wildschweinweibchen werden **Bachen** und ihre Jungen **Frischlinge** genannt.

1 Bache mit Frischlingen

Keiler sind geschlechtsreife Wildschweinmännchen. Sie sind Einzelgänger und gesellen sich nur während der Paarungszeit im Spätherbst zu einer Rotte. Eine Bache bringt im Frühjahr vier bis zwölf Frischlinge zur Welt. Sie haben auf ihrem braunen Fell helle Längsstreifen, die sich mit zunehmendem Alter verdunkeln. Die Ferkel können unmittelbar nach der Geburt laufen. Nach vierwöchiger Säugezeit suchen sie selbst Nahrung.

Ernährung. Wildschweine besitzen, wie alle Schweine, eine rüsselartig verlängerte Schnauze. Diese ermöglicht ihnen eine vielfältige Nahrungssuche. Sie durchwühlen den Boden nach Wurzeln, Würmern, Insekten, Mäusen oder Maulwürfen. Wildschweine fressen aber auch Gras und Waldfrüchte wie Kastanien, Eicheln, Bucheckern und Pilze.

Gebiss. Im Gebiss der Wildschweine sind die Schneidezähne schräg nach vorn gestellt. So können Wild-

2 Wildschwein. **A** Frischling mit Spur; **B** kämpfende Keiler

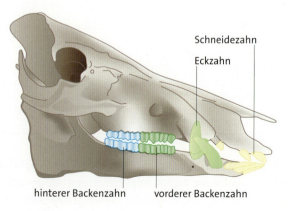

3 Schädel und Gebiss des Keilers

schweine leicht Gras abzupfen. Auch die hinteren Backenzähne dienen der Zerkleinerung pflanzlicher Nahrung. Sie haben eine stumpfe Oberfläche. Die vorderen Backenzähne dagegen weisen spitze Kanten auf und ähneln denen eines Raubtiergebisses. Mit diesem Gebiss kann sowohl pflanzliche Nahrung als auch Fleisch zerbissen und gekaut werden. Wildschweine sind **Allesfresser**. Ihr Gebiss wird als Allesfressergebiss bezeichnet. Eine Besonderheit in diesem Gebiss sind die seitlich aus dem Maul herausragenden, nach oben gerichteten Eckzähne. Sie sind bei Keilern besonders stark ausgeprägt und können bis zu 30 Zentimeter lang werden. Diese **Hauer** arbeiten wie Wetzsteine gegeneinander und wachsen ständig nach. Sie dienen Wildschweinen zum Aufbrechen des Bodens bei der Nahrungssuche oder zum Zerreißen von Fleischteilen. Keiler benutzen sie auch im Kampf um ein Weibchen.

Entwicklung zum Hausschwein. Von Menschen aufgezogene Wildschweinfrischlinge sind in der Regel sehr zutraulich und an die Pflegeperson gebunden. So fiel es leicht, Schweine in der Nähe des Wohnplatzes zu halten. Früher wurden die Schweine eines Dorfes oft in den Wald getrieben, um sie Waldfrüchte fressen zu lassen. Die Stallhaltung begann erst später. Im schützenden Stall kann eine Sau zwei Mal im Jahr Junge werfen.

5 Sau mit Ferkeln

Schweinehaltung. Schweine werden schon seit Jahrhunderten zum Haupt-Fleischlieferanten gezüchtet. In der Zeit haben sich seine Verhaltensweisen aber nur wenig verändert. Im Freien durchwühlen Hausschweine den Boden und suhlen sich im Schlamm. Die Nahrung der Stalltiere besteht heute meist aus Kraftfuttermischungen. Dies führt zu einer schnelleren Gewichtszunahme. Unterstützt wird dies durch den Bewegungsmangel der Mastschweine, die oft in engen Boxenställen gehalten werden.

Züchtung. Körper-, Schädel- und Gebissform des Hausschweins unterscheiden sich von der des Wildschweins. Zur Gewinnung weiterer Koteletts wurden Mastschweine mit bis zu fünf zusätzlichen Rippen gezüchtet. Der Körper der Tiere wurde dadurch verlängert. Im Gegensatz zur Körperlänge wurden die Beine im Verlauf der Züchtungen immer kürzer und dicker.

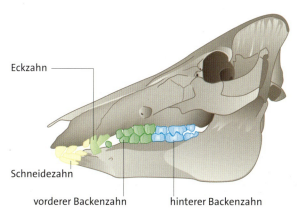

4 Schädel und Gebiss des Hausschweins

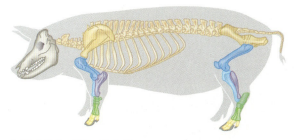

6 Skelett des Hausschweins

Aufgaben

1. Stelle die unterschiedlichen Körpermerkmale von Wild- und Hausschwein in einer Tabelle gegenüber.
2. Stelle Zusammenhänge zwischen Struktur und Funktion der Zähne des Wildschweins her.
3. Fertigt in der Gruppe eine Mindmap zum Thema „Verwertung des Hausschweins" an.

5.14 Hühnerhaltung

Entwicklung zum Haushuhn. Vor über 5000 Jahren begann die Geschichte des Haushuhns. Seine Urform ist das Bankivahuhn. Es ist in Südostasien verbreitet. In der Nähe menschlicher Siedlungen gab es lichte Wälder. Hier fanden die Bankivahühner ideale Lebensbedingungen. Die Menschen boten ihnen einerseits reichlich Nahrung und Schutz vor Feinden, entnahmen andererseits aber auch Eier aus den Nestern. Dabei wurde festgestellt, dass die Hühner verloren gegangene Eier durch Nachlegen ersetzen können. Wurden Küken sofort nach dem Schlüpfen vom Menschen aufgezogen, gewöhnten sie sich an ihn. Die Hühner lebten nun ständig im Dorf und wurden in Gehegen und Ställen untergebracht. So konnte man sich einfach mit Fleisch und Federn versorgen. Diese **Hühnerhaltung** ermöglichte es auch, die Fortpflanzung zu kontrollieren und neue Hühnerrassen zu züchten.

Freilandhaltung. Man unterscheidet drei Möglichkeiten der Hühnerhaltung. Bei der **Freilandhaltung** werden die Hühner unter Bedingungen gehalten, die ihrer ursprünglichen Lebensweise ziemlich nahekommen. Im großen Auslauf kann die Hühnerschar im Boden nach Nahrung scharren oder im Sand baden. Einzelne Sträucher und Bäume bieten Schutz und Versteckmöglichkeiten. In den auf dem Auslauf verteilten Nestern können die Hennen ihre Eier ablegen. Bei schlechtem Wetter und über Nacht suchen die Tiere den Stall auf. Auch hier gibt es Nester und Scharrmöglichkeiten. Tränken sowie Futterplätze sind ebenfalls vorhanden. Die Hühner schlafen auf erhöht angebrachten Sitzstangen. Hierunter befindet sich die Kotgrube. Eine Heizung sorgt bei Kälte für die richtige Temperatur im Stall. Durch den großen Platzbedarf und hohen Arbeitsaufwand ist diese Haltungsmethode mit hohen Kosten verbunden. Außerdem kann die Aufnahme von Krankheitserregern aus der Umwelt nicht verhindert werden.

Bodenhaltung. Aufgrund der stark wachsenden Nachfrage nach Eiern und Hühnerfleisch begannen die Bauern im letzten Jahrhundert, mehr Hühner auf gleichem Raum zu halten. Bei dieser **Bodenhaltung** sind die Tiere das ganze Jahr über im Stall, in dem sie sich frei bewegen können. Der Boden ist zumindest teilweise mit Stroh und Sägespänen bedeckt. Diese Schicht dient den Hühnern zum Scharren, Picken und Staubbaden. Etwa die Hälfte der Stallfläche nimmt der mit einem Drahtgitter bespannte Kotkasten ein. Über ihm sind Sitzstangen angebracht, auf denen die Hühner schlafen und ruhen. Zur Eiablage suchen die Hennen Nester in Holzkästen auf. Der Arbeitsaufwand für das Einsammeln der Eier und das Reinigen des Stalles ist hoch.

Käfighaltung. Um möglichst preiswert Eier und Hühnerfleisch zu produzieren, wurde die **Käfighaltung** entwickelt. Vier Tiere werden in einem 45 Zentimeter

1 Freilandhaltung. A Foto; **B** Schema

hohen Drahtkäfig gehalten. Dessen Grundfläche ist etwa doppelt so groß wie dieses aufgeschlagene Lehrbuch. Die Käfige stehen in geschlossenen, fensterlosen Ställen in mehreren Etagen übereinander. Licht, Lufttemperatur und Luftfeuchtigkeit werden reguliert. Nahrung bekommen die Hühner von einem Förderband. Wasser erhalten sie, indem sie gegen ein Röhrchen picken, aus dem dann kurz ein kleiner Strahl rinnt. Der Kot fällt durch den Gitterboden auf ein Förderband. Ein drittes Band transportiert die auf dem schrägen Käfigboden nach vorn rollenden Eier ab. Die mit der Nahrung aufgenommenen Stoffe und deren Energie werden kaum für Bewegungen genutzt. Dadurch legen die Hühner etwas mehr Eier und wachsen schneller als unter anderen Haltungsbedingungen. Dennoch ergeben sich bei der Käfighaltung zahlreiche Probleme: In den engen Käfigen nutzen sich die Federn an den Gittern ab. Außerdem kommt es zu Verletzungen, wenn sich die Hennen gegenseitig bepicken. Durch das Stehen auf dem Drahtgitter können Erkrankungen an Krallen und Zehen entstehen. Bei der Boden- und Käfighaltung ist das Risiko einer Infektion mit Krankheitserregern deutlich höher als bei der Freilandhaltung.

Kleinvolierenhaltung. Kritik an der nicht artgerechten Käfighaltung führte in den letzten Jahren zur Einführung der **Kleinvolierenhaltung.** Unter einer Voliere versteht man einen Käfig zur Haltung von Vögeln. Bei dieser Haltungsform teilen sich etwa 30 Hühner einen Käfig. Dieser bietet jedem Huhn ungefähr zwei Handflächen mehr Platz als die Käfighaltung. Der Gitterboden ist teilweise mit einer Matte bedeckt, die dem Kunstrasen auf Fußballplätzen ähnelt. Darauf sind Holzspäne verstreut, in denen die Hühner scharren und ein „Sandbad" nehmen können. Die Käfighöhe von 60 Zentimetern macht es möglich, erhöhte Sitzstangen anzubringen. Die anderen Bedingungen, wie zum Beispiel fehlende Flugmöglichkeiten, sind ähnlich wie bei der Käfighaltung.

2 Formen der Hühnerhaltung. A Bodenhaltung; **B** Käfighaltung; **C** Kleinvolierenhaltung

---

Aufgaben

1. Nenne natürliche Verhaltensweisen von Hühnern.
2. Vergleiche die Lebensbedingungen der Hühner bei der Käfighaltung und der Freilandhaltung.
3. Informiert euch in Supermärkten oder in anderen Lebensmittelgeschäften, aus welchen Haltungsbedingungen dort Eier angeboten werden. Bewertet die Ergebnisse in der Gruppe.

5.15 Das Haushuhn – Fortpflanzung und Entwicklung bei Vögeln

Hahn und Henne. Der Hahn lockt eine Henne zu sich, indem er kräht, mehrmals mit den Füßen scharrt, zurücktritt und auf den Boden pickt. Dieses Verhalten macht die Henne aufmerksam. Sie kommt heran und sucht nach dem vom Hahn angezeigten Futter. Diese Situation nutzt der Hahn für die **Paarung** aus, die mit der Begattung abgeschlossen wird. Dabei pressen beide ihre Kloaken aufeinander, sodass die Spermien vom Männchen in das Weibchen übertragen werden können.

1 Hahn lockt Henne an

Entwicklung des Eies. Im Eierstock der Henne reifen Eizellen heran. Sie enthalten eine große Menge an Nährstoffen, den gelben Dotter. Dieses Eigelb entspricht einer einzigen großen Zelle, der **Eizelle.** Sobald diese in den Eileiter gelangt, kann sie befruchtet werden. Im Lauf der weiteren Entwicklung entsteht durch Zellteilung aus einem Teil des Dotters eine Keimscheibe. Aus dieser Keimscheibe entwickelt sich der **Embryo,** der zum jungen Vogel heranwächst. Auch wenn ein Ei nicht befruchtet wurde, gelangt es für etwa zwölf Stunden in einen besonders drüsenreichen Abschnitt des Eileiters. Hier wird ihm ein zweites Nährstoffdepot mitgegeben, das Eiklar. In dieses Eiklar sind feste Eiweißfäden eingelagert, die man als Hagelschnüre bezeichnet. Sie halten die Dotterkugel in der Mitte des Eies. Am Ende des Eileiters wird das Ei von zwei Schalenhäuten umgeben. Am stumpfen Ende schließen sie eine Luftkammer zwischen sich ein. Abschließend erhält das Ei in der Schalendrüse eine stabile Kalkschale. Diese weist über 10 000 winzige Poren auf, durch die der Embryo Sauerstoff und Kohlenstoffdioxid mit seiner Umwelt austauscht.

Färbung von Vogeleiern. In die Schale eines Vogeleies können Farbstoffe eingelagert werden. Bei wildlebenden Vogelarten treten dabei Angepasstheiten auf. Spechte und Eisvögel brüten geschützt in Höhlen. Sie legen reinweiße Eier. Möwen und Watvögel nisten am Boden. Sie haben zur Tarnung Eier, die auf bräunlichem Grund dunkel gefleckt sind.

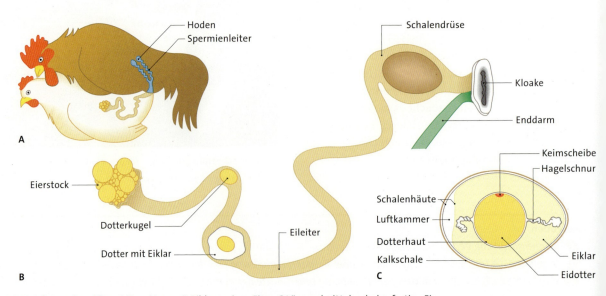

2 Entstehung eines Eies. **A** Begattung; **B** Bildung eines Eies; **C** Längsschnitt durch das fertige Ei

Eiablage und Brüten. Haushühner legen das Ei etwa 20 Stunden nach der Befruchtung im Nest ab. Dort liegt es geschützt. Wird das Ei nicht entfernt, so legt die Henne jeden Tag ein weiteres. Das Gelege ist mit etwa 14 Eiern vollständig.

Für die weitere Entwicklung des Embryos muss das Ei ständig warm gehalten werden. Die **Glucke,** so wird die Mutterhenne genannt, sitzt dabei fast ununterbrochen auf dem Gelege und wärmt es mit ihrem Körper. Dieses Verhalten wird als Brüten bezeichnet. Damit die Eier nicht von unten her auskühlen, werden sie von der Glucke regelmäßig gewendet. Dabei dreht sich die an den Hagelschnüren hängende Dotterkugel immer so, dass die Keimscheibe nach oben zum warmen Bauch der Glucke zeigt.

Entwicklung des Kükens. Sechs Tage nach der Eiablage hat ein Netz von Blutgefäßen den Dotter umwachsen. Das Blut wird vom Schlag des winzigen Herzens in Bewegung gesetzt. Dabei bringt es die Nährstoffe des Dotters durch die Gefäße zum Embryo. Schon ab dem dritten Tag der Bebrütung wird das Eiklar als weiterer Nährstoffspender genutzt. Vom siebten Tag der Bebrütung an fallen am Kopf die verhältnismäßig großen Augen auf. Am 14. Tag wiegt das Küken schon zehn Gramm. Flügel und Beine sind gut sichtbar, auch die Federn sind herangewachsen. Ab dem 20. Tag ist das Küken bereit zum Schlüpfen. Es nimmt die letzten Reste des Dotters in seinen Körper auf. Diese dienen als Nährstoffvorrat für die ersten Tage nach dem Schlupf. Mit einem harten Höckerchen auf dem Oberschnabel, dem Eizahn, zerreißt das Küken die beiden Schalenhäute und ritzt von innen die Kalkschale an. Durch Picken vergrößert es das entstandene Loch und drückt gegen die Schale, bis diese aufbricht.

Küken und Glucke. Das Küken ist mit einem dichten Flaum aus gelben Daunenfedern bedeckt. Es folgt sofort den Rufen der Glucke und pickt nach der von ihr freigescharrten Nahrung. Hühner sind, genau wie Enten und Gänse, **Nestflüchter.** Schnell lernt das Küken von der Mutter, Fressbares von Ungenießbarem zu unterscheiden. Auch merkt es sich die Lage der Orte, an denen viel Nahrung zu finden ist. Die Glucke beschützt das Küken vor Feinden und nimmt es bei Kälte und Nässe unter ihr Gefieder.

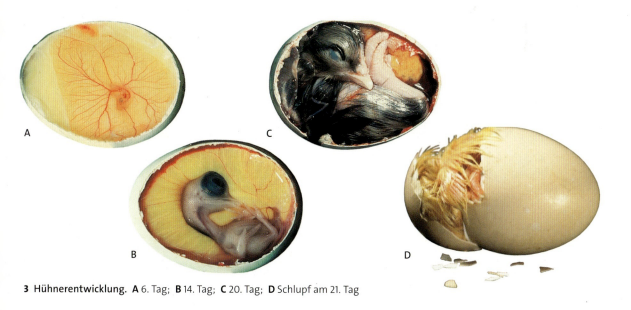

3 Hühnerentwicklung. **A** 6. Tag; **B** 14. Tag; **C** 20. Tag; **D** Schlupf am 21. Tag

---

Aufgaben

1. Beschreibe anhand von Abbildung 2 die Fortpflanzungsorgane des Huhns und den Aufbau des Eies.
2. Begründe, warum das Küken die Eierschale am stumpfen und nicht am spitzen Pol durchbricht.
3. Heutzutage werden die meisten Hühner in Brutapparaten ausgebrütet. Nenne drei Bedingungen, auf die dabei geachtet werden muss. Begründe jeweils die Bedeutung der Bedingungen.

Vielfalt von Lebewesen

AUFGABEN UND VERSUCHE: Haus- und Nutztiere

A Schädel- und Gebissformen

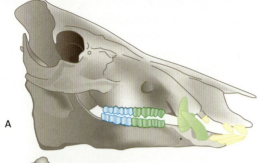
A

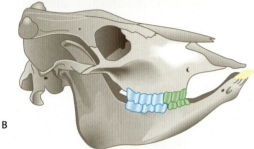
B

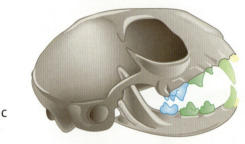
C

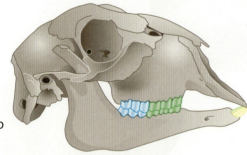
D

B Trittsiegel

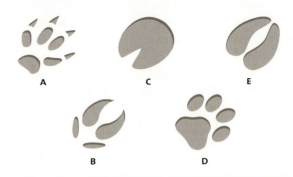
A   C   E
B   D

Aufgaben

1. Die Abbildung zeigt die Fußabdrücke, auch Trittsiegel genannt, der Säugetierarten Hund, Katze, Rind, Pferd und Schwein. Ordne sie den entsprechenden Tierarten zu und begründe die Zuordnung.

C Fortbewegungsweise von Säugetieren

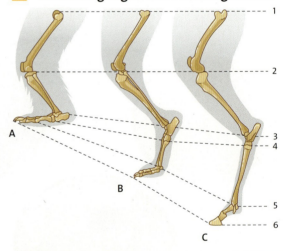
A   B   C

Aufgaben

1. Ordne die Beinskelette A bis C den Säugetierarten Hund, Bär und Pferd zu.
2. Benenne die Knochen, die sich jeweils zwischen den Linien 1 bis 6 befinden, und vergleiche ihre Lage zueinander.
3. Sohlengänger wie der Mensch berühren beim Gehen den Boden mit dem ganzen Fuß. Erkläre die Fortbewegungsweise der abgebildeten Säugetierarten.

Aufgaben

1. Ordne die Abbildungen A bis D den vier Säugetierarten Schwein, Katze, Ziege und Rind zu. Nenne die jeweiligen Gebisstypen. Begründe deine Zuordnung
2. Vergleiche in einer Tabelle Struktur und Funktion der Zahnformen und der Gebisse.

Vielfalt von Lebewesen

D Verdauung bei Säugetieren

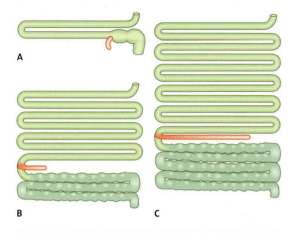

F Präparation eines Hühnereies

Aufgaben
1. Die Abbildungen A bis C zeigen den Darm der Säugetierarten Katze, Rind und Schwein. Ordne die Abbildungen den entsprechenden Tierarten zu und begründe deine Entscheidung.
2. Vergleiche Ernährung und Verdauung bei Rind und Pferd. Erläutere Übereinstimmungen und Unterschiede.

Material: Hühnerei; Petrischale; Lupe; Schere; Pinzette; Präpariernadel; Faserschreiber

Durchführung: Lege ein Hühnerei in die Petrischale. Kennzeichne mit dem Faserschreiber auf der Längsseite des Eies eine ovale Fläche von drei Zentimetern Länge und zwei Zentimetern Breite. Halte das Ei mit einer Hand fest. Kratze und stoße vorsichtig mit der Präpariernadel in der Mitte des Ovals ein kleines Loch in die Schale. Die darunterliegende Haut sollte nicht beschädigt werden. Erweitere die Öffnung mit der Schere und hebe mit der Pinzette die Schalenstückchen ab, bis die Größe der markierten Fläche erreicht ist. Jetzt wird die Haut zerrissen und entfernt.

E Eier legende Wollmilchsau

Aufgaben
1. Skizziere das präparierte Ei. Beschrifte die Skizze.
2. Entleere das Ei in die Petrischale und untersuche jetzt die leere Eischale. Suche die Luftkammer. Ermittle die Anzahl der Schalenhäute.
3. Zeichne mit dem Faserschreiber ein Quadrat von fünf Millimeter Kantenlänge auf ein Stück der Eischale. Betrachte das Schalenstück anschließend unter der Lupe und zähle die im Quadrat erkennbaren Poren. Berechne die Anzahl der Poren des gesamten Hühnereies. Gehe dabei von einer Oberfläche von 50 Quadratzentimetern aus.
4. Erkläre die Bedeutung der Poren in der Eischale.

Aufgaben
1. Die Abbildung zeigt ein Fabeltier, das die positiven Eigenschaften einiger Nutztiere des Menschen in sich vereint. Nenne die Eigenschaften dieses Fabeltieres, die der Mensch nutzen könnte.
2. Stelle Überlegungen an, ob die Züchtung eines solchen Tieres möglich wäre und erläutere.

6 Naturschutz

6.1 Gefährdung heimischer Arten

Gefährdung einheimischer Amphibien. Einmal im Jahr suchen geschlechtsreife Erdkröten die Gewässer auf, in denen sie selbst aufgewachsen sind, und laichen dort ab. Häufig befinden sich diese Laichgewässer aber nicht in der direkten Nachbarschaft zu ihren Winterquartieren und den Lebensräumen im Sommer. Daher unternehmen Kröten oft ausgedehnte Wanderungen. Müssen sie dabei Straßen überqueren, sind sie besonders gefährdet. Wegen ihrer langsamen Fortbewegung und ihrem Verhalten, sich bei Gefahr auf den Boden zu ducken, werden sie leicht Opfer des Straßenverkehrs. Die größte Gefahr für einheimische Amphibien besteht in der Veränderung der Landschaft durch die Menschen. So wurden in der Vergangenheit Kleingewässer und Feuchtgebiete trockengelegt, um diese Flächen landwirtschaftlich nutzen zu können. Dadurch wurden den Tieren auch mögliche Laichgewässer genommen. Als Folge einer intensiven Landwirtschaft in der Nähe der wenigen verbliebenen Gewässer gelangen Stoffe in das Wasser, welche die Entwicklung der Larven stören. Daher sind alle einheimischen Amphibien stark gefährdet und müssen deshalb besonders geschützt werden.

Gefährdung von Libellen. Die Männchen der Großen Moosjungfer, einer Libellenart, tragen auf dem sonst dunklen Hinterleib einen charakteristischen, zitronengelben Fleck. Bei den Weibchen ist der Hinterleib mit mehreren großen, dottergelben Flecken gezeichnet. An diesen Flecken erkennen sich Männchen und Weibchen während der Paarungszeit. Das Weibchen legt seine befruchteten Eier im Flug auf die freie Wasseroberfläche ab. Aus den Eiern schlüpfen räuberische Larven, die sich in den nächsten zwei Jahren im dichten Uferbewuchs des flachen Wassers aufhalten. Am Ende ihrer Entwicklung verlassen die Larven das Wasser und klettern an Pflanzenhalmen hoch. Dort schlüpfen aus den Larven die flugfähigen Libellen. Werden die Lebensräume, die die Große Moosjungfer für ihre Entwicklung benötigt, durch Entwässerung oder durch Schadstoffeinträge nachhaltig verändert, so verschwindet diese Art.

Gefährdung von Orchideen. Der Frauenschuh, eine heimische Orchidee, ist selten geworden. Er besitzt außergewöhnlich große Blüten, die in strahlendem Gelb und Rot leuchten. Lichte Buchenwälder mit kalkhaltigen Böden sind der Lebensraum des Frauen-

1 Gefährdete Tiere. A Laichgewässer; **B** Laichendes Erdkrötenpaar; **C** Moosjungfer

schuhs. Nur hier gedeihen im Boden auch bestimmte Pilze, die der Frauenschuh zum Wachstum benötigt. In der Vergangenheit wurden die natürlichen Bestände des Frauenschuhs wegen der schönen Blüten häufig von Hobbygärtnern geplündert. Im Garten jedoch sind die Überlebenschancen dieser Orchidee gering, da die entsprechenden Bodenpilze fehlen. Auch Orchideen mit unscheinbaren Blüten, wie die Vogel-Nestwurz, sind selten geworden. Sie werden kaum von Hobbygärtnern gesammelt. So ist eher der zunehmende Verlust der natürlichen Lebensräume für den Rückgang vieler Orchideen verantwortlich. Frauenschuh und Vogel-Nestwurz sind wegen ihres hohen Lichtbedarfs auf helle Wälder angewiesen. Heute sind diese Arten weitgehend verschwunden. Vor allem das Aufforsten mit dicht gepflanzten Fichten und Kiefern ändert den Charakter des Waldes.

Schutzmaßnahmen. Will man stark gefährdete Pflanzen und Tiere bei uns erhalten, können sie durch Aufnahme in die so genannte **Rote Liste** gesetzlich unter besonderen Schutz gestellt werden. Dies bedeutet, dass das Pflücken und Ausgraben geschützter Pflanzen verboten ist. Geschütze Tiere dürfen nicht gestört oder aus ihren Lebensräumen entfernt werden. Neben der Aufnahme in die Rote Liste ist es aber ebenso wichtig, geeignete Lebensräume für geschützte Arten langfristig zu erhalten oder neu zu schaffen. Dazu gehören das Anlegen von geeigneten Kleingewässern sowie der Verzicht auf intensive Landwirtschaft in Gewässernähe. Auch müssen die betroffenen Lebensräume unter Schutz gestellt werden.

Jahr	Kleingewässer (Anzahl)	Hecken (km)	Straßen (km)
1897	948	1930	22
1957	926	1122	44
1997	320	271	88

2 Beispiel für die Veränderung der Lebensräume von Lurchen in einem ländlichen Raum

3 Gefährdete Pflanzen.
A Orchideenwald; **B** Frauenschuh; **C** Vogel-Nestwurz

Aufgaben

1. Nenne die Ursachen, weshalb der Frauenschuh gefährdet ist.
2. Erläutere die Gründe, weshalb gerade viele Amphibien und Libellen stark gefährdet sind.
3. Werte die Tabelle 2 aus und deute die Daten.

6.2 Schutz heimischer Arten

Schutz von Laichgewässern. Die natürlichen Lebensräume von Lurchen werden im Siedlungsgebiet des Menschen immer seltener. Wird im Herbst ein Schulteich angelegt, so kann man mit etwas Glück im folgenden Jahr die Paarung von Lurchen wie zum Beispiel Erdkröten beobachten. Die erwachsenen Tiere besiedeln im Frühjahr auf der Suche nach geeigneten Laichgewässern auch ohne Hilfe des Menschen neue Gewässer. Deshalb sind künstliche Kleingewässer eine wichtige Maßnahme zum Schutz dieser Tiere. Oft finden Erdkröten und Molche schon in sehr kleinen Teichen gute Bedingungen für die Fortpflanzung

1 Anlage eines Schulteichs

und die Entwicklung ihrer Larven. Aber auch der Erhalt vorhandener Laichgewässer kann das Überleben der gefährdeten Arten in einem Gebiet sichern. Die Vermeidung von Wasserverschmutzungen und ein gleich bleibender Wasserstand sind Grundvoraussetzungen dafür, dass Erdkröten ein Gewässer zur Fortpflanzung nutzen können. Kleine Teiche müssen regelmäßig gepflegt werden. So ist es zum Beispiel wichtig, aufkommenden Pflanzenwuchs von Zeit zu Zeit vorsichtig zu entfernen, damit der Teich nicht zuwächst. Pflegemaßnahmen an einem Laichgewässer müssen meist in mühevoller Handarbeit geleistet werden, da der Einsatz von Maschinen die dort lebenden Tiere beeinträchtigen würde.

Schutz von Amphibien. Durch den Einbau von Krötentunneln kann man Amphibien die sichere Querung von Straßen ermöglichen. An Straßen, welche die Wanderrouten durchschneiden, werden Krötenzäune aufgestellt. Sie verhindern, dass die Tiere unkontrolliert auf die Fahrbahn geraten. Die Lurche können entlang der Schutzzäune mit Eimerfallen gefangen, regelmäßig eingesammelt, gezählt, bestimmt und über die Straße getragen werden.

Fledermäuse. Bei Anbruch der Dunkelheit verlassen Fledermäuse an warmen Sommerabenden ihre Verstecke und begeben sich auf Beutefang. Ihre Nahrung, hauptsächlich Nachtfalter, erbeuten sie stets im Flug. Fledermäuse sehen schlecht. Sie orten ihre Beute mit Ultraschallrufen. Dazu stoßen sie für den Menschen unhörbare Schreie aus, die von Hindernissen als Echo

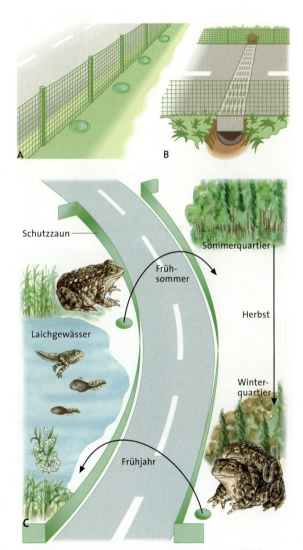

2 Maßnahmen zum Schutz von Amphibien. **A** Krötenzaun; **B** Krötentunnel; **C** Schutz der Krötenwanderung

Vielfalt von Lebewesen

zurückgeworfen werden. Nach Ende des Beuteflugs kehren sie wieder in ihre Verstecke zurück. Hier verbringen sie die helle Tageszeit. In diesen Tagesverstecken bringen die Weibchen auch jeweils ein Junges zur Welt. Die kalte Jahreszeit überbrücken Fledermäuse durch einen Winterschlaf. Dazu suchen sie im Herbst frostsichere Höhlen auf.

Gefährdung von Fledermäusen. Fledermäuse brauchen für ihre Jagd freies Gelände mit zahlreichen, in der Nacht fliegenden Insekten. Durch den Einsatz von Giften in der Landwirtschaft nimmt die Zahl der Beuteinsekten für Fledermäuse jedoch immer mehr ab. Außerdem benötigen Fledermäuse geeignete Versteckmöglichkeiten. Hier verbringen sie den Tag, ziehen ihre Jungen auf oder halten Winterschlaf. Durch die Modernisierung von Gebäuden und das Verschließen von geeigneten Höhlen sowie alten Kellergewölben gibt es immer weniger Versteckmöglichkeiten. Fledermäuse sind in Deutschland daher selten geworden und gelten als stark gefährdet.

Schutz von Fledermäusen. Heute sind gute Versteckmöglichkeiten für Fledermäuse selten. Der Mangel an Sommerquartieren lässt sich aber leicht beheben. So kann man beispielsweise durch Aufhängen von speziellen Fledermauskästen einen Ersatz für fehlende Baumhöhlen schaffen. Fledermäuse reagieren auf Ruhestörungen im Winter besonders empfindlich. Sie wachen auf und verbrauchen dabei einen Teil ihrer für den Winterschlaf notwendigen Fettreserven. Höhlen, die Fledermäusen als Winterquartier dienen, kann man durch Vergitterung der Eingänge wirksam vor dem Zutritt von Menschen schützen.

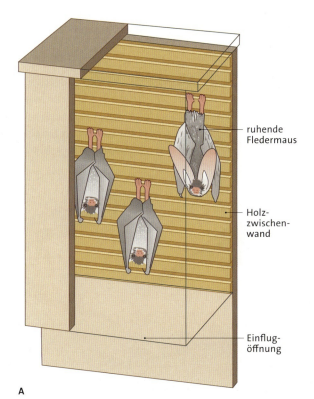

3 Versteckmöglichkeiten für Fledermäuse. **A** Fledermauskasten (Außenverkleidung teils entfernt); **B** Sommerquartier; **C** Winterquartier

---

Aufgaben

1. Nenne mögliche Maßnahmen zum Schutz von Fledermäusen.
2. Begründe die unterschiedliche Wahl der Fledermäuse für Winter- und Sommerquartiere.
3. Erörtert in der Klasse, weshalb Fledermäuse in ihrem Winterschlaf nicht gestört werden sollten.

7 Vergleich von Wirbeltieren

Kennzeichen von Wirbeltieren. Schäferhund, Wasserfrosch, Amsel, Karpfen und Zauneidechse sind äußerlich sehr unterschiedlich gestaltete Tiere. Dennoch weisen sie viele Gemeinsamkeiten auf. Biologen fassen Tiere aufgrund bestimmter gemeinsamer Merkmale zu Gruppen zusammen. Alle genannten Tiere gliedern sich in Kopf, Rumpf und Schwanz. Sie verfügen außerdem über ein knöchernes Innenskelett. Allen gemeinsam ist auch die vom Kopf zum Schwanz verlaufende Körperachse, die Wirbelsäule. Diese ist aus einzelnen Knochenabschnitten, den Wirbeln, aufgebaut. Sie ermöglicht Stabilität und gleichzeitig Beweglichkeit. Aufgrund ihres gemeinsamen Bauplans gehören diese Tiere zum **Stamm** der Wirbeltiere. Neben den Gemeinsamkeiten gibt es aber auch Unterschiede. Deshalb wird der Stamm der Wirbeltiere in fünf **Klassen** eingeteilt: Fische, Lurche, Kriechtiere, Vögel und Säugetiere. Die Unterschiede entstanden im Laufe der Entwicklung als Angepasstheiten an verschiedene Lebensräume.

Fortpflanzung bei Fischen und Lurchen. Fische und Lurche geben meist große Mengen an Eiern und Spermien ins Wasser ab. Die Befruchtung der Eizellen durch die Spermien erfolgt also erst nach der Eiablage außerhalb des Körpers. Sie wird daher als äußere Befruchtung bezeichnet. Die Eier von Fischen und Lurchen sind nur von einer Gallerthülle umgeben. Sie würden an Land schon nach kurzer Zeit vertrocknen. Aus den Eiern entwickeln sich Larven, die im Wasser leben.

Fortpflanzung bei Kriechtieren und Vögeln. Kriechtiere und Vögel sind Landtiere. Bei ihnen findet die Befruchtung im Inneren des Weibchens statt. Diese innere Befruchtung setzt eine Paarung von Männchen und Weibchen voraus. Die Entwicklung der Embryonen läuft allerdings außerhalb des weiblichen Körpers in nährstoffreichen Eiern ab. Die Eier sind von schützenden, pergamentartigen oder kalkhaltigen Schalen umgeben. So trocknen die Embryonen nicht aus. Die Embryonen von Kriechtieren und Vögeln schwimmen zusätzlich in einer Flüssigkeitsblase im Inneren der Eihüllen. Nach dem Schlüpfen sind die Jungtiere durch ihre Haut vor Austrocknung geschützt.

Fortpflanzung bei Säugetieren. Bei den Säugetieren erfolgt die Befruchtung im Inneren des Weibchens. Auch die gesamte Entwicklung der Embryonen von Säugetieren verläuft geschützt im Mutterleib. Sie sind von einer Fruchtblase mit Fruchtwasser umgeben.

1 Vertreter der fünf Klassen der Wirbeltiere

Aufgaben

1. Erstelle anhand der Abbildungen 1 und 2 eine Liste von Unterscheidungsmerkmalen der Wirbeltierklassen.
2. Erläutere am Beispiel der Haut und der Atmungsorgane den Zusammenhang von Struktur und Funktion.
3. Bei einigen Fischen, Lurchen und Kriechtieren erfolgt die Entwicklung der Embryonen im Inneren des Weibchens. Trotzdem ist die Zuordnung der Tiere zur jeweiligen Klasse problemlos möglich. Begründe.

Vielfalt von Lebewesen

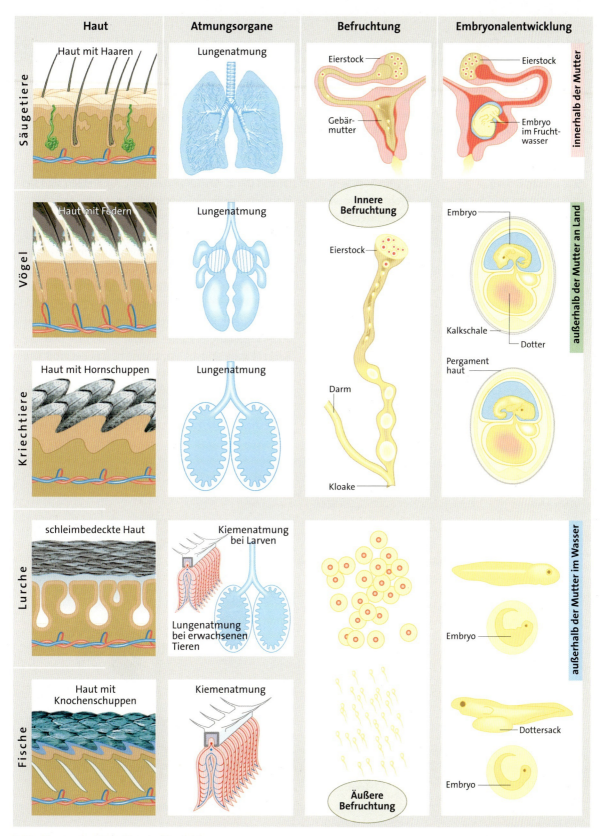

2 Die Klassen der Wirbeltiere im Vergleich

ZUSAMMENFASSUNG: Vielfalt von Lebewesen

Basiskonzept Struktur und Funktion

Blütenpflanzen liegt ein gemeinsamer Grundbauplan zugrunde. Der unterirdische Teil wird in der Regel von einer verzweigten Wurzel gebildet. Diese verankert die Pflanze im Boden und ermöglicht die Aufnahme von Wasser und Mineralstoffen. Die Wurzel geht in die Sprossachse über. Hier verlaufen Leitungsbahnen zum Wasser- und Stofftransport. Am Spross sitzen die Blätter und Blüten.

Die Nutztiere Hund, Katze, Rind, Pferd und Schwein gehören zu den Wirbeltieren. Das kennzeichnende Merkmal dieser Tiergruppe ist die knöcherne Wirbelsäule des Innenskeletts. Auf dem letzten Halswirbel sitzt der Schädel. Über Schulterblätter und Beckenknochen sind die Vorder- und Hintergliedmaßen mit der Wirbelsäule verbunden. Dadurch erhält der Körper einerseits Festigkeit, andererseits aber auch genügend Beweglichkeit. Der Grundbauplan ist allen Wirbeltieren gemeinsam.

Im Gegensatz dazu haben Insekten ein Außenskelett. Dieses besteht aus dem festen Chitinpanzer, der dem Insektenkörper die Form gibt und gleichzeitig der Ansatzpunkt für die Muskeln ist.

Basiskonzept Angepasstheit

Die Wirbeltiere sind an ihre Ernährungsweise angepasst. So besitzen Spechte eine lange, mit Widerhaken besetzte Schleuderzunge. Auch Frösche haben eine Zunge, die sie aus dem Maul herausschleudern. Die meisten Amphibien stellen im Laufe ihrer Entwicklung ihre Ernährung komplett um. Als Kaulquappen sind sie meist Pflanzenfresser mit einem relativ langen Darm. Als ausgewachsene Amphibien sind sie jedoch in der Regel Fleischfresser mit einem kürzeren Darm.

Hunde und Katzen haben ein Raubtiergebiss mit scharfen, spitzen Zähnen. Mit den Eckzähnen werden Beutetiere festgehalten und mit den Backenzähnen wird Fleisch aus der Beute herausgeschnitten. Pferde und Rinder fressen ausschließlich Pflanzen. Das Gebiss dieser Pflanzenfresser enthält entsprechend anders gestaltete Zähne. Eckzähne fehlen und die Backenzähne sind als Mahlzähne besonders groß. Die Nahrung der Raubtiere ist leicht verdaulich und deren Darm kurz. Der Abbau pflanzlicher Zellwände ist ein langwieriger Vorgang. Der Darm der Pflanzenfresser ist deshalb im Verhältnis zur Körpergröße relativ lang.

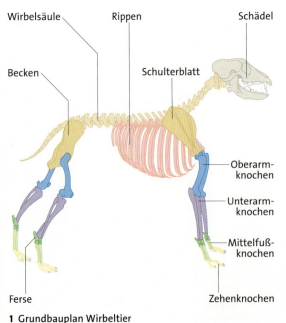

1 Grundbauplan Wirbeltier

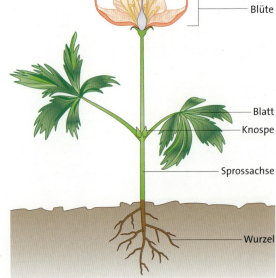

2 Grundbauplan Blütenpflanze

Vielfalt von Lebewesen

Basiskonzept System

Viele Tier- und Pflanzenarten haben ganz unterschiedliche Umweltansprüche. Für Pflanzen ist das Vorhandensein von Licht ein entscheidender Faktor. Manche Pflanzen brauchen relativ wenig Licht. Diese findet man am Waldboden oder in größerer Wassertiefe im Teich. Andere Arten haben einen besonders hohen Lichtbedarf. Diese wachsen nur am Waldrand, auf Waldlichtungen, an der Wasseroberfläche oder im Uferbereich eines Teiches. Der Umweltfaktor Licht bedingt das Vorkommen von unterschiedlichen Pflanzenarten an unterschiedlichen Standorten.

Von den Pflanzenarten ist das Vorkommen bestimmter Tierarten abhängig, denn Pflanzen sind die Grundlage der Nahrungsbeziehungen in Wald und Teich. Die Pflanzen fressenden Tiere sind ihrerseits wiederum Nahrung für andere Tiere. Somit entstehen Nahrungsketten, in denen die Lebewesen direkt voneinander abhängig sind. Durch die Verknüpfung verschiedener Nahrungsketten entstehen Nahrungsnetze. Die Abhängigkeiten der Lebewesen von ihrer Umwelt und ihre Verknüpfungen untereinander kennzeichnen ein System, wie zum Beispiel den Wald oder den Teich.

Basiskonzept Reproduktion und Vererbung

Auch Pflanzen vermehren sich durch geschlechtliche Fortpflanzung. Aus einer befruchteten Eizelle entsteht im weiteren Verlauf der Samenbildung ein Embryo. In der Regel zeigen die Nachkommen dieselben oder zumindest sehr ähnliche Eigenschaften wie die Eltern. Dies ist das Resultat der Vererbung. Manche Pflanzen können sich auch ungeschlechtlich fortpflanzen. Dann werden keine Geschlechtszellen gebildet, sondern aus Körperzellen der Pflanze entstehen Nachkommen. Ungeschlechtlich entstandene Nachkommen sind untereinander völlig gleich.

Basiskonzept Entwicklung

Ein Pflanzensamen ist eine kleine Pflanze im Ruhezustand. Samen sind oft in der Lage ungünstige Lebensbedingungen wie längere Trockenheiten zu überstehen. Die Keimung des Samens ist der Beginn der Pflanzenentwicklung. Bei den Tieren geht die Entwicklung oft mit Veränderungen im Aussehen einher. Dies ist zum Beispiel besonders deutlich bei Lurchen und Insekten mit ihren Larvenstadien zu erkennen.

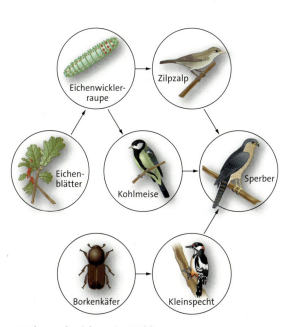

3 Nahrungsbeziehung im Wald

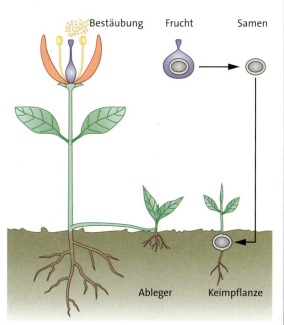

4 Geschlechtliche und ungeschlechtliche Fortpflanzung der Pflanzen

WISSEN VERNETZT: Vielfalt von Lebewesen

A Innerer Bau der Feder

Das Bild zeigt den Querschnitt durch den Schaft einer Schwungfeder.

Aufgaben
1. Beschreibe den inneren Bau des Federschaftes.
2. Erläutere den Zusammenhang zwischen Struktur und Funktion.

B Schnäbel und Füße bei Vögeln

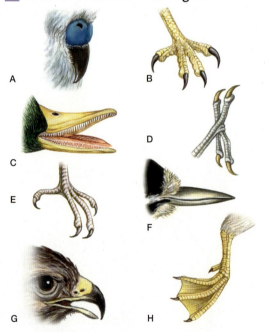

Die abgebildeten Schnäbel und Füße gehören zu drei Vogelarten.

Aufgaben
1. Benenne die Arten und ordne die entsprechenden Füße und Schnäbel zu.
2. Wende das Basiskonzept Angepasstheit auf die vorliegenden Beispiele an.

C Fliegende Fische und unter Wasser fliegende Vögel

Es gibt sie tatsächlich! Fliegende Fische können über 100 Meter weit durch die Luft gleiten und Pinguine sind Vögel, die sich unter Wasser wie im Flug mit ausgebreiteten Flügeln bewegen.

Aufgaben
1. Beschreibe mithilfe der Abbildungen die Besonderheiten im Körperbau, die es Fliegenden Fischen erlauben, kurzzeitig das Wasser zu verlassen und zu fliegen.
2. Vergleiche den Körperbau eines Pinguins mit dem eines Fischs und mit einem flugfähigen Vogel. Liste Besonderheiten der Pinguine auf, die ihre Angepasstheit an das Wasser zeigen.
3. Informiere dich in Büchern oder im Internet über die Lebensweise der Fliegenden Fische.
4. Bereite einen Kurzvortrag über den Körperbau und die Lebensweise von Pinguinen vor. Berücksichtige dabei besonders intensiv die Fortbewegung dieser Vögel.

D Das Geheimnis der Vanille

Die Vanille ist eine Orchidee, deren Früchte als Gewürz sehr begehrt sind. Ursprünglich wuchs die Vanille nur in Mittelamerika. Als die Spanier Amerika entdeckt hatten, erkannten sie schnell den großen wirtschaftlichen Wert der Vanille und verboten den Export von Pflanzen. Trotzdem gelang es holländischen Kaufleuten, einige Pflanzen nach Indonesien zu schmuggeln, wo die Vanille auch prächtig gedieh und blühte. Trotzdem entwickelten sich keine Früchte. Erst später entdeckte man, dass die Vanilleblüten in ihrer ursprünglichen Heimat regelmäßig von Kolibris und einer bestimmten Bienenart besucht wurden, die es nur in Mittelamerika gibt. Diese beiden Arten konnte man in Indonesien nicht heimisch machen, sodass der Anbau der Vanille vorerst scheiterte.

Aufgaben
1. *Beschreibe den Vorgang, der bei Blütenpflanzen stattfinden muss, damit diese Früchte bilden.*
2. *Erläutere die Bedeutung von Kolibris und Bienen für Vanillepflanzen.*
3. *Beurteilt den gescheiterten Versuch, Vanillepflanzen in Indonesien anzubauen. Wendet das Basiskonzept System an.*

E Entwicklung von Molchen und Libellen

Die Abbildung zeigt die Entwicklung eines Molches und die Entwicklung einer Libelle vom Ei bis zum ausgewachsenen Tier.

Aufgaben
1. *Beschreibe die Entwicklung eines Molches und einer Libelle.*
2. *Stelle die Unterschiede und Gemeinsamkeiten in der Entwicklung der beiden Lebewesen in einer Tabelle zusammen.*
3. *Vergleiche die Entwicklung von Molch und Libelle abschließend mit der Entwicklung von Säugetieren.*

F Der Fruchtstand der Linde
Die Abbildung zeigt den Fruchtstand einer Linde.

Aufgaben
1. *Nenne die Aufgaben von Früchten.*
2. *Beschreibe den Aufbau des Fruchtstandes der Linde.*
3. *Ziehe aus dem Aufbau des Fruchtstandes begründete Schlüsse auf die Art der Samenverbreitung.*

Angepasstheit von Pflanzen und Tieren

Wachstum von Kressepflanzen

Bringt man Kressesamen in feuchte Erde, entwickeln sich kleine Pflanzen. In einem Versuch stellt man ein Gefäß mit Kressesamen auf einen Tisch nahe beim Fenster. In einem zweiten Versuch wird ein entsprechendes Gefäß in einen dunklen Raum gestellt.

1. Beschreibe anhand der beiden Fotos das Versuchsergebnis.
2. Ziehe Schlussfolgerungen.

Angepasstheiten an den Lebensraum beim Kaiser-Pinguin

Der Körper des Kaiser-Pinguins ist mit drei Schichten Federn bedeckt, die dachziegelartig übereinander liegen und wasserundurchlässig sowie winddicht sind. In der Haut befindet sich eine sehr dicke Fettschicht. An Land bewegen sich Pinguine nur watschelnd. Im Wasser dagegen schwimmen und tauchen sie hervorragend.

1. Begründe die besonderen Angepasstheiten des Kaiser-Pinguins an seinen Lebensraum.

Angepasstheit von Pflanzen und Tieren

Frieren Pferde im Winter?

Auch im Winter sieht man oft Pferde auf der Koppel.

1. Zieht Erkundigungen bei Landwirten, Pferdebesitzern oder Tierärzten ein, ob die Tiere unter der Kälte leiden. Befragt auch Mitschülerinnen und Mitschüler, die reiten oder Pferde pflegen.
2. Stellt die Antworten zu einem kurzen Vortrag zusammen.
3. Diskutiert über weiter führende Fragen.

Wieso hat der Wüstenfuchs ein Fell?

In den Wüsten Nordafrikas und Arabiens lebt der Wüstenfuchs, der Fennek. Auffällig ist sein dichtes Fell – trotz des Wüstenklimas.

1. Stelle begründete Vermutungen an, welche Bedeutung das Fell für den Fennek in seinem Lebensraum haben könnte.

Laubfärbung im Herbst

Die Laubfärbung im Herbst wird durch die abnehmende Tageslänge ausgelöst. Der grüne Farbstoff Chlorophyll wird abgebaut. Die ebenfalls in den Blättern vorhandenen roten und gelben Farbstoffe werden jetzt sichtbar.

1. Erkläre die biologischen Hintergründe dieser Veränderungen in den Blättern.

1 Ohne Sonne kein Leben

Die Sonne als Energiespender. In den Polargebieten der Arktis und der Antarktis herrschen extrem lebensfeindliche Bedingungen. Die Temperaturen sinken oft weit unter den Gefrierpunkt. Die Ursache liegt hier in der sehr geringen Sonneneinstrahlung. In einem tropischen Regenwald dagegen gedeiht ein äußerst üppiges pflanzliches und tierisches Leben. Hier ist es warm und bei genügendem Wasserangebot sind die Lebensbedingungen optimal, da die Sonneneinstrahlung sehr hoch ist. Lebewesen benötigen die Sonnenenergie. Die Sonne versorgt die Erde mit Wärme und mit Licht.

Energietransport. In der Sonne werden ununterbrochen riesige Energiemengen freigesetzt. So beträgt die Temperatur der Sonne in ihrem Inneren mehrere Millionen Grad Celsius. Ein Großteil der Sonnenenergie wird in Form von Licht und anderer Strahlung in das Weltall abgegeben. Diese energiereiche Strahlung erreicht auch die Erde. Aufgrund der großen Entfernung von 150 Millionen Kilometern gelangt jedoch nur ein winziger Bruchteil der Sonnenenergie bis zu uns. Diese Energie reicht allerdings aus, um das Leben auf der Erde zu ermöglichen. Das Licht ist dabei der Teil der Strahlungsenergie der Sonne, der relativ ungehindert durch die Atmosphäre bis zur Erdoberfläche gelangt. Andere Anteile der Strahlung, zum Beispiel ein Großteil der Ultraviolett-Strahlung (UV) wird dagegen schon in der Erdatmosphäre aufgehalten.

Lebewesen brauchen Stoffe und Energie. Alle Lebewesen müssen für ihr Wachstum und andere Lebensvorgänge Stoffe aus der Umwelt aufnehmen. So sind zum Beispiel Menschen nicht nur auf Nahrung und Wasser angewiesen. Sie müssen auch ständig genügend Sauerstoff zum Atmen zur Verfügung haben. Neben diesem Stoffumsatz ist auch die Versorgung mit ausreichend Energie wichtig. Tiere und Menschen nehmen die Energie mit der Nahrung auf. Hier sind energiereiche Stoffe wie zum Beispiel Traubenzucker enthalten. Beim Abbau dieser Stoffe während der Verdauung wird die Energie freigesetzt und kann nun für andere, lebenswichtige Vorgänge verwendet werden.

Bau der Laubblätter. Laubblätter sind meist aus vier Schichten aufgebaut. Die oberste und die unterste Schicht bestehen jeweils aus farblosen Zellen mit verstärkter Zellwand. Diese beiden Zellschichten werden als obere und untere Epidermis bezeichnet. Sie sind bei vielen Pflanzen von einer wachsartigen Schutzschicht überzogen. Der dazwischenliegende Blattbereich besteht aus zwei Schichten. Oben liegen lang gestreckte Zellen dicht nebeneinander. Diese Anordnung erinnert an die Pfähle eines Palisadenzauns. Deshalb nennt man diese Zellschicht das Palisadengewebe. Die Zellen sind prall gefüllt mit grünen Körnchen, den Chloroplasten. Die Zellen der darunter liegenden Schicht enthalten etwas weniger Chloroplasten und sind lockerer angeordnet. Durch die vielen Hohlräume zwischen den Zellen ähnelt diese Schicht im Aufbau einem Schwamm und wird als Schwammgewebe bezeichnet. Hier kann man auch

1 Arktis

2 Tropischer Regenwald

die Leitungsbahnen erkennen, die als Blattadern das Blatt durchziehen. Sie dienen dem Stofftransport in der Pflanze, vor allem für Wasser und Traubenzucker. Die kleinen Öffnungen in der unteren Epidermis werden als Spaltöffnungen bezeichnet. Hier kann die Pflanze Wasserdampf an die Luft abgeben. Die Pflanze nimmt über die Spaltöffnungen aber auch Kohlenstoffdioxid auf.

Fotosynthese. Man findet Traubenzucker in allen Blättern und anderen grünen Pflanzenteilen. Traubenzucker ist ein sehr energiereicher Stoff. Er wird in den Pflanzenzellen aus Kohlenstoffdioxid und Wasser aufgebaut. Für diesen Vorgang ist die Energie von Sonnenlicht notwendig. In den Chloroplasten der Blattzellen ist der grüne Blattfarbstoff Chlorophyll enthalten. Das Chlorophyll nimmt die Sonnenenergie auf und verwendet diese für den Aufbau von Traubenzucker. Diesen Vorgang bezeichnet man als **Fotosynthese.** Als „Abfallprodukt" entsteht Sauerstoff, der an die Luft abgegeben wird. Der gebildete Traubenzucker enthält einen Teil der mit dem Sonnenlicht aufgenommenen Strahlungsenergie. Traubenzucker kann im Anschluss an die Fotosynthese in andere Stoffe wie zum Beispiel Stärke umgewandelt werden.

Bedeutung der Fotosynthese. Der gesamte Sauerstoff der Erdatmosphäre wurde und wird durch die Fotosynthese der Pflanzen erzeugt. Einen Teil des Sauerstoffs setzen die Pflanzen selbst wieder für ihre Zellatmung um. Auch die Tiere nutzen diesen Sauerstoff zum Atmen. Darüber hinaus benötigen Tiere zum Leben energiereiche Nährstoffe, die letztlich auf die Fotosynthese grüner Pflanzen zurückzuführen sind. Weil alle Lebewesen auf die in der Fotosynthese gebildeten Stoffe angewiesen sind, ist die Fotosynthese die Grundlage des Lebens auf der Erde.

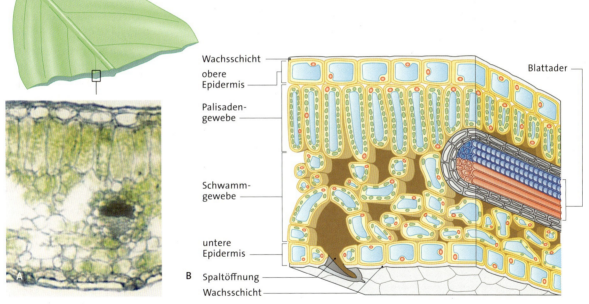

3 Blattquerschnitt, **A** mikroskopisches Bild; **B** Schema

Aufgaben

1. *Nenne alle Voraussetzungen, die für die Durchführung der Fotosynthese gegeben sein müssen.*
2. *Erstelle eine Tabelle für den Aufbau eines Laubblatts. Ordne den einzelnen Bestandteilen jeweils die Aufgabe zu.*
3. *Früher war man der Meinung, dass sich Pflanzen von der Erde ernähren, in der sie wachsen. Später glaubte man, dass sie sich vom Wasser ernähren, welches sie mit den Wurzeln aufnehmen. Nimm zu diesen Meinungen begründet Stellung.*
4. *Die Sommerwurz ist eine Blütenpflanze, die weder in der Sprossachse noch in den Blättern Blattgrün aufweist. Sie erscheint farblos bis gelb. Stelle begründete Vermutungen zur Ernährung dieser Pflanze an.*

2 Verwertung der Fotosyntheseprodukte

Stoffumwandlung. Jeder Grashalm, den ein Rind auf der Weide frisst, enthält Nährstoffe. Dies sind vor allem Kohlenhydrate wie Zellulose und Stärke, aber auch Fette und Eiweißstoffe. Bei der Verdauung in Magen und Darm des Rindes werden die Nährstoffe zuerst in ihre Bestandteile zerlegt. Dann werden diese „Bausteine" weiter verwertet. Beispielsweise werden mit diesen Stoffen neue Zellen gebildet. Dadurch wächst das Tier. Oder es werden neue Stoffe gebildet wie zum Beispiel Bestandteile der Milch, die zur Ernährung der Jungtiere gebraucht wird. Im Stoffwechsel von Lebewesen finden also **Stoffumwandlungen** statt.

Energieumwandlung. Der Aufbau von Nährstoffen erfolgt durch die Fotosynthese der grünen Pflanzen. Pflanzen erzeugen, oder produzieren, Nährstoffe. Deshalb werden sie als **Produzenten** bezeichnet. Während der Fotosynthese wird aus den Stoffen Kohlenstoffdioxid und Wasser der deutlich energiereichere Stoff Traubenzucker gebildet. Die hierfür erforderliche Energie stammt aus der Strahlungsenergie der Sonne. So wird die Energie der Sonne in eine andere Energieform, nämlich in chemisch gebundene Energie, umgewandelt. Alle Lebensvorgänge beruhen auf solchen **Energieumwandlungen.** Ein Teilbetrag der genutzten Energie wird in Wärmeenergie umgewandelt und an die Umgebung abgegeben. Dieser Teil ist dann nicht mehr vollständig weiterverwertbar. Deshalb spricht man hier von **Energieentwertung.**

Verwendung von Nährstoffen. Pflanzen benötigen Nährstoffe, zum Teil für ihre eigene Zellatmung, zum Teil aber auch zum Aufbau anderer energiereicher Stoffe wie zum Beispiel Pflanzenöle. Dadurch sind Wachstum und Entwicklung möglich. Ein Teil der in den Nährstoffen enthaltenen Energie wird für Lebensvorgänge wie beispielsweise Bewegungen eingesetzt. Oft stellen Pflanzen für bestimmte Tiere die einzige Nahrung dar. Diese Tiere verbrauchen oder konsumieren ihre Nahrung für den eigenen Nährstoffbedarf. Deshalb bezeichnet man Tiere als **Konsumenten.**

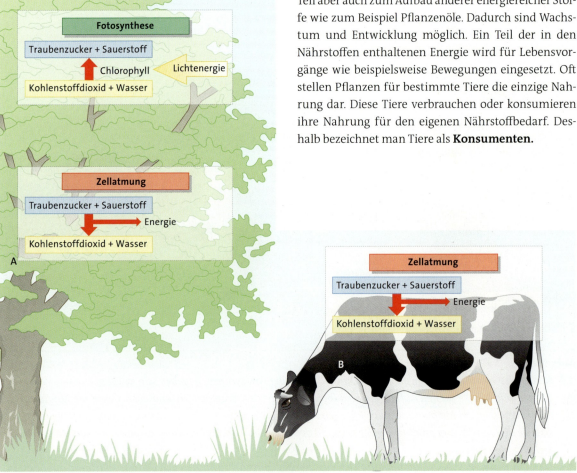

1 Stoffumwandlung und Energieumwandlung bei Lebewesen. **A** Pflanzen; **B** Tiere

Nachwachsende Rohstoffe. Zu den wichtigsten landwirtschaftlichen Nutzpflanzen in Deutschland gehört der Raps. In den Samen dieser Pflanze werden energiereiche Fette in Form von Rapsöl gespeichert. Das Öl kann nach der Reinigung auch als Speiseöl für die menschliche Ernährung verwendet werden. Sogar als Treibstoff für Fahrzeuge mit Dieselmotoren kann Rapsöl eingesetzt werden. Dafür wird es zu Biodiesel verarbeitet, der inzwischen an vielen Tankstellen verkauft wird. Biodiesel stellt einen ökologisch besonders wertvollen Kraftstoff dar, weil er im Gegensatz zum herkömmlichen Dieselkraftstoff nicht aus Erdöl gewonnen wird. Weil Rapsöl aus Pflanzen hergestellt wird, bezeichnet man es als **nachwachsenden Rohstoff.**

2 Rapsfelder liefern den Rohstoff für Biodiesel

Palmöl. Der Anbau von Raps für die Gewinnung von Biodiesel ist nicht unumstritten. Denn diese Anbauflächen stehen für die Produktion von Nahrungsmitteln nicht mehr zur Verfügung. Außerdem ist die Menge an benötigtem Raps nicht ausreichend. Daher wird Biodiesel zum großen Teil aus Palmöl hergestellt. Dieses stammt vor allem aus Indonesien, wo die Ölpalmen in Plantagen angebaut werden. Um solche Plantagen anzulegen, ist die Rodung von großen Regenwaldflächen erforderlich.

3 Nachwachsender Rohstoff Raps. **A** Pressung von Rapssamen; **B** ausgepresste Rapsrückstände; **C** Biodiesel an der Tankstelle

Aufgaben

1. *Erkläre die Begriffe Produzent und Konsument.*
2. *Nenne einige Beispiele aus dem Alltag, wo Energie entwertet wird.*
3. *Vergleiche anhand von Abbildung 1 Fotosynthese und Zellatmung.*
4. *Bewerte die Verwendung von Biodiesel als Treibstoff.*

AUFGABEN UND VERSUCHE: Fotosynthese

A Pflanzen erzeugen Stärke

Material: Becherglas 100 ml; Messer; Spatel; Pipette; Iod-Kaliumiodid-Lösung; Stärke; Kartoffel; Banane

Durchführung: Gib eine Spatelspitze Stärke in das Becherglas und fülle bis zur Hälfte mit kaltem Wasser auf. Rühre mit dem Spatel um und tropfe dann mit der Pipette einige Tropfen der verdünnten, hellbraunen Iod-Kaliumiodid-Lösung dazu.

Schneide dann mit dem Messer ein kleines Stück von der Kartoffel und der Banane ab und tropfe auf die Schnittstellen ebenfalls einige Tropfen der Iod-Kaliumiodid-Lösung.

Aufgabe:
1. Beschreibe und erkläre deine Beobachtungen.

B Fotosynthese bei der Wasserpest

Material: Becherglas 500 ml; Glastrichter; Reagenzglas; Tischlampe; Holzspan; Feuerzeug oder Zündhölzer; einige Sprosse der Wasserpestpflanze

Durchführung: Fülle das Becherglas etwa zur Hälfte mit Wasser. Bringe einige frisch abgeschnittene Sprosse der Wasserpest mit der Schnittfläche nach oben in das Becherglas und stülpe den Glastrichter darüber. Achte darauf, dass der Trichter vollständig mit Wasser bedeckt ist. Schalte nun die Tischlampe ein, sodass die Versuchsanordnung beleuchtet wird.

Aufgaben:
1. Beobachte die Sprosse an den Schnittstellen und notiere deine Ergebnisse.
2. Schalte die Tischlampe etwa eine Minute aus, dann wieder an. Beschreibe und erkläre deine Beobachtungen.

C Glimmspanprobe bei der Wasserpest

Hinweis: Ein glimmender Holzspan erlischt langsam an der Luft. Hält man ihn in ein mit Sauerstoffgas gefülltes Gefäß, flammt er hell auf. Mit dieser Glimmspanprobe kann Sauerstoff nachgewiesen werden.

Material: Wie in B

Durchführung: Versuchsaufbau wie in B. Fülle dann ein Reagenzglas randvoll mit Wasser, verschließe es mit dem Daumen und stülpe es so über das Rohr des Glastrichters, dass sich keine Luftblase im Reagenzglas befindet. Belichte nun die Versuchsanordnung bis sich das Reagenzglas etwa zur Hälfte mit Gas gefüllt hat. Führe nun eine Glimmspanprobe durch: Zünde den Holzspan an und puste die Flamme vorsichtig aus, sodass der Span noch glimmt. Ziehe dann das Reagenzglas vom Trichterhals und verschließe es unter Wasser mit dem Daumen. Drehe dann das Reagenzglas vorsichtig um und stecke den Glimmspan in den oberen Bereich des Reagenzglases.

Aufgabe:
1. Beschreibe und erkläre deine Beobachtungen.

Angepasstheit von Pflanzen und Tieren

D Flaschengarten

Ein Flaschengarten besteht aus einem fest verschlossenen Glasballon, der etwas feuchte Erde, Luft, grüne Pflanzen und die im Boden enthaltenen kleinen Tiere wie Milben, Asseln und Hundertfüßer enthält. Als Pflanzen sind Moose und Farne gut geeignet. An einem hellen Ort gedeihen die Pflanzen und Tiere viele Monate.

Aufgabe:
1. Begründe den Sachverhalt, dass Pflanzen und Tiere in dem Flaschengarten überleben können.

E Ein Blatt wird abgedunkelt

In einem Experiment wird ein weiß-grün geschecktes Efeublatt, welches sich noch an der Sprossachse der Efeupflanze befindet, mit Alufolie vollständig umhüllt. Die Pflanze wird weiterhin dem Licht ausgesetzt. Nach einem Tag schneidet man das umhüllte Blatt ab, entfernt die Alufolie und führt den Versuch wie in F beschrieben durch.

Aufgaben:
1. Stellt begründete Vermutungen über das zu erwartende Ergebnis auf.
2. Überprüft eure Vermutungen indem ihr ein Experiment plant und durchführt.

F Weiß-grün gescheckte Efeublätter

Material: 2 Bechergläser 100 ml; 1 Becherglas 500 ml; flache Glasschale; elektrische Heizplatte; lange Pinzette; verdünnte Iod-Kaliumiodid-Lösung; Brennspiritus; Zeichenmaterial; weiß-grün gescheckte Efeublätter; Schutzbrille

Durchführung: Skizziere mit einem Bleistift auf einem Blatt Papier die Verteilung der weißen und grünen Flecken auf einem gescheckten Efeublatt.
Fülle ein großes Becherglas etwa zur Hälfte mit Wasser. Fülle dann ein kleines Becherglas etwa zu 1/3 mit Spiritus (VORSICHT!) und stelle dann das kleine in das große Becherglas. Nun wird das Wasser zum Sieden erhitzt. Das Efeublatt wird mit der Pinzette festgehalten und zuerst einige Sekunden in das kochende Wasser, dann etwa 1 Minute in den heißen Spiritus gelegt. Anschließend wird das Blatt wieder aus dem Spiritus gezogen, unter Wasser abgespült und in die Glasschale mit etwas Iod-Kaliumiodid-Lösung gelegt. .

Aufgaben:
1. Erkläre die einzelnen Arbeitsschritte und beschreibe deine Beobachtungen.
2. Vergleiche das Blatt vor und nach dem Versuch. Ziehe Schlussfolgerungen.

3 Pflanzen und Tiere – Leben mit den Jahreszeiten

3.1 Frühblüher

Frühblüher. Kaum sind im zeitigen Frühjahr die letzten Schneereste verschwunden, kann man beobachten, wie sich am Boden eines Buchenwaldes ein weißer Blütenteppich von Buschwindröschen ausbreitet. Dieser Eindruck entsteht, weil die zahlreichen Buschwindröschen fast gleichzeitig ihre weißen, sternförmigen Blüten ausbilden. Pflanzen, die wie das Buschwindröschen im Frühjahr als erste blühen, bezeichnet man als **Frühblüher.** Zu ihnen gehören unter anderem auch das Scharbockskraut, das Schneeglöckchen und der Krokus. Ausgelöst wird das Wachstum der Frühblüher durch den jahreszeitlich bedingten Anstieg der Temperatur im Boden. Innerhalb weniger Tage treiben die Blätter aus und wenig später auch die Blüten.

Speicherorgane. Frühblüher benötigen beträchtliche Vorräte an Nährstoffen, um in sehr kurzer Zeit Blätter auszutreiben und Blüten zu bilden. Diese Nährstoffe wurden in der Wachstumszeit des Vorjahrs gebildet und in unterirdischen Speicherorganen eingelagert. Die Speicherorgane überdauern die kalte Jahreszeit. So werden die Nährstoffe für das Austreiben im nächsten Frühjahr bereitgestellt.

Erdsprosse. Buschwindröschen besitzen stark verdickte und waagerecht verlaufende Ausläufer mit kleinen Würzelchen. Sie dienen der Pflanze als Speicherorgane. Es sind umgewandelte unterirdische Sprosse. Daher bezeichnet man diese Speicherorgane als **Erdsprosse.** Das vordere Ende eines solchen Erdsprosses wächst und verzweigt sich fortlaufend. Hier bilden sich neue Knospen aus, die im nächsten Frühjahr austreiben. Das hintere Ende des Erdsprosses stirbt nach und nach ab. Im Verlauf von mehreren Jahren dehnt sich ein Erdspross immer mehr aus. Durch die wachsende Anzahl von Knospen vermehrt sich das Buschwindröschen ungeschlechtlich. Auf diese Weise entsteht im Buchenwald ein geschlossener Pflanzenteppich von Buschwindröschen.

Wurzelknollen. Das gelb blühende Scharbockskraut besitzt mehrere knollig verdickte Wurzelabschnitte. Hier werden große Mengen an Nährstoffen gespeichert. Diese Speicherorgane bezeichnet man als **Wurzelknollen.** Aus jeder Wurzelknolle kann im Frühjahr eine neue Pflanze hervorgehen. Die Speicherorgane des Scharbockskrautes dienen so zusätzlich der ungeschlechtlichen Vermehrung. Auch das Scharbockskraut kann dadurch einen geschlossenen Blütenteppich ausbilden.

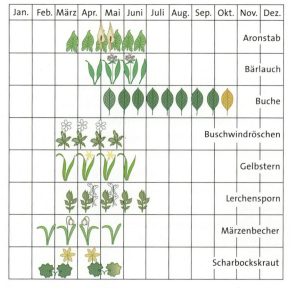

1 Wachstums- und Blühzeiten von Frühblühern

2 Buschwindröschen und sein Speicherorgan

3 Frühblüher und ihre Speicherorgane. **A** Scharbockskraut; **B** Schneeglöckchen

Zwiebeln. Schneeglöckchen besitzen **Zwiebeln** als unterirdische Speicherorgane. Bei einer Zwiebel sitzen fleischig verdickte Blätter an einer stark verkürzten Sprossachse. Dadurch liegen die Blätter in Schichten dicht aneinander. Sie umschließen die Wachstumszone des Sprosses sowie die jungen, kleinen Blätter im Innern der Zwiebel. Die äußersten Blätter sind eingetrocknet und umgeben die Zwiebel als schützende Hüllen. Unten am Zwiebelboden sitzt ein Wurzelteller, von dem zahlreiche kleine Würzelchen ausgehen. In den verdickten Blättern der Zwiebel können große Mengen an Nährstoffen gespeichert werden. Wenn die Zwiebel austreibt, streckt sich die verkürzte Sprossachse. Die dazu nötigen Nährstoffe werden den Speicherblättern entnommen, die dann welken. Nach dem Austrieb beginnen die grünen Laubblätter sofort mit der Produktion von Nährstoffen. Sie werden einerseits von der Pflanze selbst genutzt, andererseits in einer Ersatzzwiebel gespeichert. Diese bildet sich an der Sprossachse im Innern der alten Zwiebel aus einer seitlichen Knospe. Die neue Zwiebel ersetzt im kommenden Jahr die verbrauchte Zwiebel. Zusätzlich bilden sich aus anderen Knospen der alten Zwiebel mehrere Brutzwiebeln. Sie dienen der ungeschlechtlichen Fortpflanzung.

Sprossknollen. Krokusse besitzen **Sprossknollen** als unterirdische Speicherorgane. Hierbei sind die Abschnitte der Sprossachse, welche unter der Erdoberfläche liegen, knollig verdickt.

Jahreszyklus. Wenn im weiteren Verlauf des Frühjahrs nun auch die Laubbäume Blätter austreiben, wird es am Waldboden zunehmend dunkel. Zu diesem Zeitpunkt haben die meisten Frühblüher bereits ihr Wachstum beendet und ihre Vermehrung abgeschlossen. Ihre oberirdischen Teile sterben nun nach und nach ab. Die Speicherorgane der Frühblüher überdauern dann im Boden bis zum nächsten Frühjahr.

Aufgaben

1. Nenne vier Speicherorgane von Frühblühern und ordne ihnen jeweils eine Pflanzenart zu.
2. Beschreibe den Aufbau einer Zwiebel und begründe, weshalb sie eine Angepasstheit an den Jahresverlauf darstellt.
3. Erläutere an einem geeigneten Beispiel den Begriff „ungeschlechtliche Fortpflanzung".
4. Stelle eine begründete Vermutung an, weshalb Speicherorgane wie beispielsweise Zwiebeln oft Inhaltsstoffe besitzen, die Schleimhäute stark reizen.

3.2 Die Wiese im Jahreslauf

Wiese. Auf einer Wiese wachsen vorherrschend Gräser wie beispielsweise der Wiesenschwingel und der Glatthafer. Durch die Blätter und Blütenstände der Gräser erscheint die Wiese grün. Vom Frühjahr bis in den Herbst zeigen sich zwischen den Gräsern zusätzlich Kräuter mit auffällig gefärbten Blüten. Wird eine Wiese sich selbst überlassen, setzen sich nach einiger Zeit Sträucher und Bäume durch. Die Wiese wird dann allmählich zum Wald. Zu ihrem Erhalt müssen die meisten Wiesen daher durch den Menschen ständig bewirtschaftet werden. Nur das Mähen oder die Beweidung einer Wiese verhindern das Aufwachsen von Sträuchern und Bäumen. Natürliche Wiesen gibt es in der Regel nur dort, wo die Bedingungen für das Wachstum von Sträuchern und Bäumen ungeeignet sind. Bei einer Sumpfwiese beispielsweise ist der Boden durch Staunässe sehr feucht. Die meisten Sträucher und Bäume können dort nicht wachsen. Sauergräser und Kräuter wie Lichtnelke und Sumpf-Dotterblume gedeihen dagegen auch unter solchen Bedingungen.

Winter. Den Winter über prägen das fahle Grün der Gräser und das Braun abgestorbener Halme das Aussehen der Wiese. Die oberirdischen Teile vieler Wiesenkräuter sind abgestorben. Diese Pflanzen haben sich in den Boden zurückgezogen. Sie überdauern den Winter mithilfe ihrer unterirdischen Speicherorgane. Manche Wiesenpflanzen, wie etwa das Gänseblümchen, überwintern als flache, am Boden liegende Blattrosetten.

1 Aspekte einer Wiese. **A** Frühsommer; **B** Spätsommer

Frühling. Wird der Boden durch die Frühlingssonne erwärmt, beginnen die Gänseblümchen und wenig später das Wiesenschaumkraut auszutreiben und weiß zu blühen. Auch die Gräser treiben nun aus, die Wiese erscheint in einem kräftigen Grün. Anschließend beginnen die anderen Wiesenkräuter zu blühen. Auf gelb blühende Kräuter wie Löwenzahn und Wiesenbocksbart folgen rot, blau und violett blühende Kräuter wie Wiesenklee und Glockenblume. Wenn die Gräser aufgewachsen sind, überragen sie mit ihren Blütenständen die Kräuter. Dies wird als **erster Hochstand** bezeichnet.

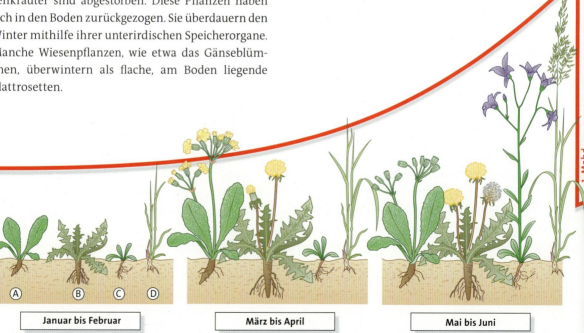

2 Entwicklung einer Wiese im Laufe eines Jahres (die rote Linie zeigt die durchschnittliche Höhe der Wiesenpflanzen).

Angepasstheit von Pflanzen und Tieren

Sommer. Etwa Mitte Juni wird eine bewirtschaftete Wiese zum ersten Mal gemäht. Man spricht von Mahd einer Wiese. Viele Frühblüher, wie die Schlüsselblume, haben zu diesem Zeitpunkt bereits ihre Samenbildung abgeschlossen. Gräser können nach der Mahd erneut austreiben. Die neuen Sprosse gehen aus unterirdischen oder dicht auf dem Boden liegenden Sprossabschnitten hervor. Nun beginnen auch andere Kräuter, wie die Wilde Möhre, ihr Wachstum. Ende August kommt es so zu einem **zweiten Hochstand**.

Herbst. Anfang September erfolgt eine zweite Mahd. In Gebieten mit mildem Klima treiben manche Wiesenpflanzen, vor allem die Gräser, noch ein weiteres Mal aus. Es werden aber meist keine Blütenstände mehr ausgebildet. Zusätzlich findet man typische Herbstpflanzen, wie die violett blühende Herbstzeitlose. Diese giftigen Pflanzen treiben nun ihre Blüten aus. Die Samen werden aber erst im nächsten Frühling gebildet.

Aspekte einer Wiese. Als erste Wiesenkräuter blühen im Frühjahr Gänseblümchen und Wiesenschaumkraut mit vorwiegend weißen Blüten. Später kommen gelb blühende Kräuter wie Scharfer Hahnenfuß und Löwenzahn zum Blühen. Diese Pflanzen blühen fast alle gleichzeitig. Sie werden anschließend von überwiegend weiß blühenden Pflanzen abgelöst. Jetzt blühen Wiesenkerbel, Wilde Möhre und Margerite. Im Hochsommer kommen Kräuter mit auffällig gefärbten Blüten wie Rotklee hinzu. Durch die unterschiedlichen Wiesenkräuter verändern Wiesen ihr farbliches Erscheinungsbild. Diese unterschiedlichen Erscheinungsbilder wiederholen sich jedes Jahr in ähnlicher Weise. Man bezeichnet sie als **Aspekte** der Wiese.

Angepasstheiten an die Mahd. Beim Weißklee wächst ein großer Teil des Sprosses mit zahlreichen Seitenknospen kriechend am Boden. Nur die Sprossspitze erhebt sich vom Boden. Folglich bleibt der größte Teil der Pflanze beim Mähen unversehrt. Häufig ist der Spross von Wiesenkräutern wie beispielsweise beim Spitzwegerich stark verkürzt. Es entsteht so eine dicht dem Boden aufliegende Blattrosette, die beim Mähen nur selten beschädigt wird. Aus solchen Rosetten können dann erneut Blütenstände austreiben. Viele Wiesenpflanzen wie die Schlüsselblume hingegen können nur einmal austreiben. Sie haben aber bis zur ersten Mahd im Sommer ihre Fortpflanzung schon abgeschlossen. Pflanzen ohne solche Angepasstheiten können auf einer bewirtschafteten Wiese nicht dauerhaft leben und verschwinden mit der Zeit.

Aufgaben

1. Beschreibe die Aspektfolge bei einer Wiese.
2. Erläutere die Angepasstheiten von Wiesenpflanzen an die Mahd.
3. Vergleiche die Auswirkungen der Mahd mit denen der Beweidung auf die Wiesenpflanzen.

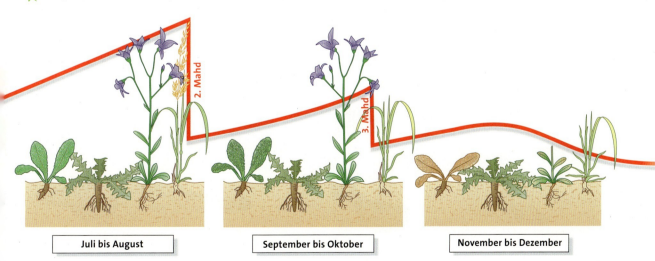

A Wiesen-Schlüsselblume; **B** Löwenzahn; **C** Wiesen-Glockenblume; **D** Glatthafer

3.3 Der Maulwurf

Maulwurfsbau. Am Morgen vor einem Meisterschaftsspiel erlebt der Platzwart des Fußballvereins eine böse Überraschung: Der Rasenplatz ist um den Mittelkreis mit Erdhügeln übersät. Solche Erdhügel stammen von Maulwürfen, die versteckt im Boden leben. Obwohl man oberirdisch oft viele Hügel sieht, verbirgt sich darunter meist nur ein Maulwurfsbau. Dieser besteht aus einer Vielzahl von Kammern und Gängen, die oft eine Gesamtlänge von über 150 Metern erreichen. Den Mittelpunkt des Baues bildet ein Wohnkessel. Von ihm zweigen Jagd- und Laufgänge ab. Diese werden in der Regel im Bereich der Wurzelschicht in etwa 40 Zentimetern Tiefe gegraben. Die Gänge ermöglichen dem Maulwurf einerseits die Erbeutung von Nahrung und versorgen den Bau andererseits mit Sauerstoff. Dies ist besonders wichtig, weil im Boden der Gehalt an Sauerstoff viel geringer sein kann als außerhalb des Baues. Von Wohnkessel und Laufgängen führen Aushubgänge senkrecht zu den Maulwurfshügeln. Durch diese wird lockere Erde zur Oberfläche geschoben. Gleichzeitig verbessern sie die Durchlüftung des Baues.

Körperbau. Der Maulwurf ist hervorragend an das Leben im Boden angepasst. Er wird 11 bis 16 Zentimeter groß und 120 Gramm schwer. Sein Körper ist walzenförmig und die Gliedmaßen sind kurz. Die Innenseiten der Hände sind nach außen gedreht. Zusätzlich zu den fünf bekrallten Fingern verbreitert das krallenlose Sichelbein die Handfläche. So wird die Hand zum Grabwerkzeug. Am langgestreckten Kopf fällt die sehr bewegliche, rüsselartige Nase auf. Das samtschwarze Fell ist ohne Strich: Es lässt sich problemlos in alle Richtungen bürsten. So kann der Maulwurf sich gleich gut vorwärts wie rückwärts in seinen Gängen bewegen.

Grabtätigkeit. Der Maulwurf gräbt seinen Bau mit dem keilförmigen Kopf voran in lockeren, nicht zu nassen Böden. Die Nase wird dabei durch den Rüsselknorpel stabilisiert. Mund- und Nasenöffnung sind nach unten gerichtet. Durch eine Drehung des Arms schaufeln die Grabhände die Erde seitlich nach hinten. Mit den Hinterbeinen stemmt sich der Maulwurf dabei in den Gangwänden fest.

Gebiss. Der Maulwurf besitzt 44 spitze Zähne, mit denen er seine Beute gut festhalten und zerbeißen kann. Vor allem wegen des typischen Gebisses wird der Maulwurf der Ordnung der **Insektenfresser** zugerechnet. Ein ähnlich aufgebautes Gebiss wie Maulwürfe haben Igel und Spitzmäuse.

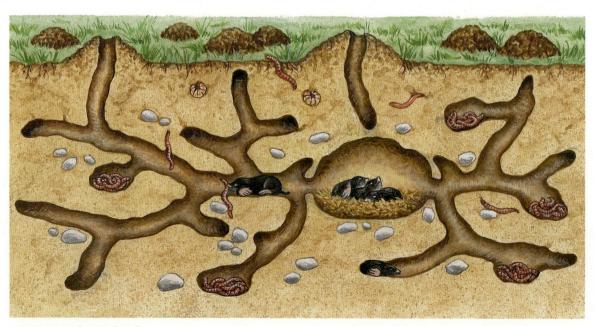

1 Gangsystem des Maulwurfs

Angepasstheit von Pflanzen und Tieren

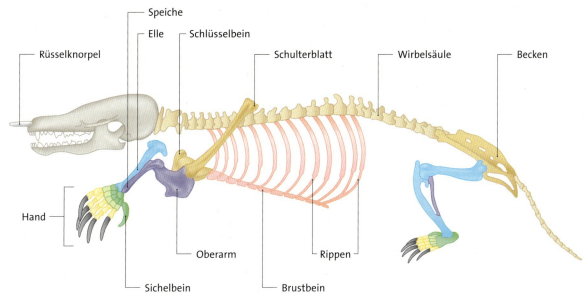

2 Skelett des Maulwurfs

Nahrung. Maulwürfe fressen alle möglichen Tiere, von einer Waldameise bis hin zu einer jungen Maus. Die Nahrung fällt entweder in die Gänge und wird beim ausgedehnten Suchen erbeutet oder sie wird ausgegraben. Aufgespürt wird die Beute mit dem Geruchs- und dem Tastsinn. Dazu pendelt der Kopf mit der rüsselartigen Nase und den Tasthaaren unentwegt zwischen den Wänden des Ganges hin und her. Eine häufige Nahrung sind Regenwürmer, aber auch Schnecken, Asseln, Spinnen, Tausendfüßer und Käferlarven werden gern gefressen. Bisweilen legen Maulwürfe sich Vorräte an, indem sie Regenwürmern das Vorderende abbeißen. Die Beute bleibt dadurch zwar am Leben, kann sich aber nicht mehr fortbewegen. Viele der Beutetiere des Maulwurfs werden als Pflanzenschädlinge betrachtet. Auch deshalb stehen Maulwürfe unter Naturschutz.

Sinnesorgane. Für das Leben im Boden sind die Sinnesorgane des Maulwurfs gut geschützt. Die kleinen Augen liegen im Fell verborgen und sind nur wenig leistungsfähig. Obwohl der Maulwurf keine Ohrmuscheln hat, kann er gut hören. Die Gehörgänge werden mit einer Haut verschlossen. Neben dem guten Geruchs- und Gehörsinn verfügt der Maulwurf auch über einen sehr feinen Tastsinn durch Haare an Schnauze und Schwanzspitze. Daneben nimmt er auch Bodenerschütterungen wahr. So werden mögliche Fressfeinde wie Wildschwein und Dachs, die den Maulwurf ausgraben können, meist rechtzeitig bemerkt.

Fortpflanzung und Überwinterung. Maulwurfweibchen sind etwas größer als die Männchen. Sie werfen in der Regel von April bis Juni drei oder vier Junge. Diese verlassen im Spätsommer das mütterliche Revier. Den Winter über bleiben Maulwürfe im Gegensatz zu vielen anderen Säugetieren aktiv, denn auch viele ihrer Beutetiere stehen weiterhin zur Verfügung.

Aufgaben

1. *Beschreibe anhand von Abbildung 1 den Lebensraum und die Lebensweise des Maulwurfs.*
2. *Erläutere die Angepasstheiten des Maulwurfs an seine unterirdische Lebensweise und zeige die jeweiligen Vorteile auf. Nutze dazu auch Abbildung 2.*
3. *Vergleiche die Überwinterung bei Maulwurf und Fledermaus. Erläutere die wesentlichen Unterschiede.*
4. *Wer einen Maulwurf im Garten hat, ärgert sich über die Erdhügel, andererseits stehen Maulwürfe unter Naturschutz. Diskutiert anhand dieses Beispiels, ob es sinnvoll ist „nützliche" und „schädliche" Tiere zu unterscheiden.*

3.4 Sträucher und Bäume in Herbst und Winter

Blattverfärbung. Wenn sich die Blätter von Sträuchern und Bäumen verfärben, hat der Herbst begonnen. Die Blattverfärbung erfolgt schrittweise über gelbe oder rote Farbtöne und endet meist mit einem braunen Farbton. Die auffällige Farbveränderung der Blätter beruht auf dem Abbau des grünen Blattfarbstoffs Chlorophyll. Dieser Farbstoff enthält nämlich für die Pflanzen wertvolle Stoffe, die im Stamm oder in der Wurzel gespeichert werden. Durch den Abbau werden gelbe Farbstoffe sichtbar, die zuvor schon vorhanden waren, aber durch das intensiv gefärbte Chlorophyll überdeckt waren. Zusätzlich entstehen bei den Abbauvorgängen braune Farbstoffe.

Laubfall. Im Herbst entziehen die Pflanzen ihren Blättern die nützlichen Inhaltsstoffe. Danach bildet sich am unteren Ansatz des Blattstiels eine wasserundurchlässige Korkschicht. Dadurch werden die Wasserleitungsbahnen unterbrochen und die Blätter werden nicht mehr mit Wasser versorgt. Sie sterben ab und fallen zu Boden. Man bezeichnet dies als **Laubfall**. Die entstehenden Blattnarben schließen sich schnell und verhindern so das Eindringen von Krankheitserregern.

Vorteile des Laubfalls. In der warmen Jahreszeit wird über die Blätter viel Wasser verdunstet. Diese sind daher auf eine gute Wasserversorgung angewiesen. Bei längeren Kälteperioden gefriert das Wasser im Boden und die Wurzeln können kein Wasser mehr aufnehmen. Wasser steht dann nicht mehr ausreichend zur Verfügung, um auch die Blätter zu versorgen. Durch den Abwurf der Blätter können Sträucher und Bäume ihren Wasserbedarf also beträchtlich verringern. Außerdem wären die Blätter vieler Sträucher und Laubbäume sehr empfindlich gegen Frost. Wenn das Wasser in den zarten Blättern gefriert, könnten sich Eiskristalle bilden. Dadurch würden die dünnwandigen Zellen aufplatzen und absterben. Das Wasser in den Leitungsbahnen würde ebenfalls gefrieren, sodass nicht nur die Blätter sondern auch die Zweige zerstört würden.

Nadelbäume. Die meisten Nadelbäume werfen ihre Blätter im Herbst nicht ab, eine Ausnahme ist die Lärche. Nadelbäume besitzen meist sehr kleine, schmale Blätter, die man wegen ihrer Form und Festigkeit als **Nadeln** bezeichnet. Sie geben nur wenig Wasser ab, weil ihre Oberfläche klein und überdies mit einer dicken Wachsschicht überzogen ist. Zusätzlich sind diese Blätter durch dickwandige Zellen und Schutzstoffe vor Frostschäden geschützt.

1 Spitzahorn. A herbstliches Blatt, Frucht und Baum im Herbst; **B** Baum im Winter

Angepasstheit von Pflanzen und Tieren

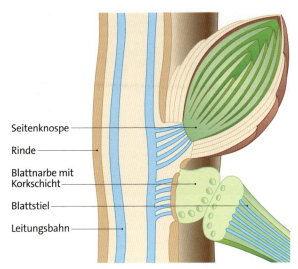

2 Schema zum Laubfall

1 Knospen. **A** Winterknospe; **B** Knospe im Längsschnitt; **C** Austrieb der Knospe

Überwinterung. Der herbstliche Laubfall wird durch fallende Außentemperaturen ausgelöst. Auch die Bildung von Früchten und Samen wird nun abgeschlossen. Nach dem Laubfall wird zusätzlich das Wasser aus den dünnen Zweigen der Sträucher und Bäume zurückgezogen. Dadurch werden diese widerstandsfähiger gegen Frost.

Knospen. Noch im Spätsommer werden bei den meisten Laubbäumen in den Blattachseln Knospen gebildet, die nach dem Laubfall gut sichtbar sind. Die äußere Hülle der Knospen wird von braunen, ledrigen Schuppen gebildet. Diese sind durch Harz miteinander verklebt und schützen die inneren Teile der Knospen vor dem Austrocknen. Außerdem verhindern sie das Eindringen von Krankheitserregern. Die inneren Schuppen sind weich und grün. Oft sind sie mit weißen, wolligen Haaren bedeckt. Im Inneren der Knospe liegen die zusammengefalteten Laubblättchen. Bereits in diesem Stadium zeigen sie die typische Form der späteren Blätter. Bei den Knospen am Ende der Zweige umschließen die grünen Blättchen außerdem winzige Blütenanlagen.

Winterruhe. Im Winter findet in den oberirdischen Teilen der Sträucher und Bäume kein Wachstum mehr statt. Nur in den Bereichen der Wurzel, die tiefer im Boden liegen, können sich die Zellen noch vermehren. Da die meisten Lebensvorgänge im Winter gedrosselt werden, spricht man bei Sträuchern und Bäumen von **Winterruhe.** In diesem Ruhezustand können diese Pflanzen auch sehr niedrige Temperaturen überleben.

Austrieb. Wenn im Frühjahr die Außentemperaturen wieder ansteigen, beendet zuerst die Wurzel ihre Winterruhe. Sie nimmt Wasser auf und befördert es nach und nach über den Spross bis in die kleinsten Zweige. Dann können auch die winzigen Blättchen in den Knospen Wasser aufnehmen. Sie vergrößern sich dadurch erheblich und sprengen die Knospenhülle auf. Bei günstigen Bedingungen entfalten sie sich in kurzer Zeit. Diesen Vorgang nennt man **Austrieb.**

Aufgaben

1. Beschreibe den Bau einer Knospe.
2. Vergleiche die unterschiedlichen Angepasstheiten von Laubbäumen und Nadelbäumen an den Winter.
3. Erläutere, weshalb Frost ein Problem für Sträucher und Bäume darstellt.
4. Erkläre, warum in höheren Berglagen nur noch Nadelbäume vorkommen.

3.5 Igel halten einen Winterschlaf

Verhalten von Igeln. Beim Autofahren taucht nachts plötzlich ein Igel im Licht der Scheinwerfer auf. Doch statt schnell von der Straße zu laufen, rollt er sich zusammen. Er bleibt auf der Stelle liegen. Vielfach werden Igel deshalb überfahren und getötet. Zur Abwehr der Fressfeinde Fuchs, Dachs und Uhu ist das Einrollen hingegen von Vorteil. Der Igel bietet so kaum einen Angriffspunkt. Denn der Rücken wird vom Kopf bis zum Ansatz des kurzen Schwanzes von zwei bis drei Zentimeter langen Stacheln bedeckt. Bei den Stacheln handelt es sich um umgebildete Haare.

Ernährung. Das Gebiss des Igels besteht aus 36 kleinen, spitzen Zähnen. Die Hauptnahrung der Igel sind Regenwürmer. Igel fressen aber auch Schnecken, Insekten oder Vogeleier und Jungvögel aus Bodennestern. Selbst einheimische Schlangen wie Ringelnatter und Kreuzotter stehen auf ihrem Speiseplan. Dabei muss sich der Igel vor der giftigen Kreuzotter durchaus in Acht nehmen. Allerdings ist er durch seine Stacheln weitgehend vor einem Biss geschützt. Neben tierischer Nahrung fressen Igel auch pflanzliche Kost wie Obst.

1 Igel

Fortpflanzung und Entwicklung. Igel können zweimal im Jahr bis zu sieben Junge auf die Welt bringen. Bei der Geburt sind die Stacheln weiß gefärbt und ganz weich. So verletzen sie die Mutter nicht. Ansonsten sind die Igelbabys nackt und blind. Es sind typische Nesthocker. Ihre Augen öffnen sich erst nach zwei bis drei Wochen. Erst dann werden die Stacheln dunkler und hart. Im Alter von sechs bis sieben Wochen suchen die jungen Igel ein eigenes Revier.

Überwinterung. Im Sommer und im Herbst nehmen Igel mehr Futter auf als sonst. Unter ihrer Haut bildet sich ein dickes Fettpolster. Von diesem können die Igel während des Winters zehren. Im Frühjahr wiegen sie zwischen 400 und 500 Gramm, im Herbst erreichen sie dagegen bis zu zwei Kilogramm Körpergewicht. Das ist notwendig, denn die Igel überstehen den Winter auf besondere Weise: Wenn im Herbst die Tage kälter werden, kommen die Igel seltener aus ihrem Tagesversteck. Ab einer Temperatur von zehn Grad Celsius suchen sie große Laub- oder Asthaufen auf. Hier verbringen die Igel den ganzen Winter schlafend. Bei diesem **Winterschlaf** wird die Atmung verlangsamt. Auch die Herzschlagfrequenz und die Körpertemperatur werden deutlich abgesenkt. Aus diesem Stadium wachen Igel erst wieder auf, wenn die Temperaturen 15 Grad Celsius übersteigen.

2 Neugeborener Igel

Aufgaben

1. Beschreibe die Lebensweise des Igels im Verlauf des Jahres mit eigenen Worten.
2. Erläutere den Begriff Winterschlaf. Begründe anschließend, aus welchem Grund dabei verschiedene Körperfunktionen heruntergefahren werden.
3. Erkläre den Zusammenhang zwischen der Nahrung des Igels und dem Winterschlaf.

Angepasstheit von Pflanzen und Tieren

METHODE: Arbeiten mit Diagrammen

Igel sind gleichwarme Lebewesen mit einer Körpertemperatur von etwa 35 Grad Celsius. In der kalten Jahreszeit halten sie jedoch einen Winterschlaf. In einem Experiment wird die Körpertemperatur eines Igels gemessen und mit der Umgebungstemperatur verglichen. Die Messwerte stellt man in einer **Tabelle** spaltenweise übersichtlich gegenüber: In einer Zeile stehen jeweils die beiden Temperaturen, die in einem bestimmten Monat gemessen wurden.

Die Tabellenwerte können auch grafisch dargestellt werden. Ein solches **Diagramm** zeigt die Zusammenhänge der Messwerte schon auf den ersten Blick sehr anschaulich. Bei der Anfertigung eines Diagramms müssen die Tabellenwerte in Wertepaare umgewandelt werden. Im vorliegenden Beispiel besteht ein Wertepaar jeweils aus einem Zeit- und einem zugehörigen Temperaturwert. Auf der waagerechten x-Achse eines Koordinatensystems wird die Zeit abgetragen, da sie vorgegeben ist. Auf der senkrechten y-Achse werden die Temperaturen abgetragen, weil sie in Abhängigkeit von der Zeit gemessen werden.

Die Messwerte können in Form eines **Säulendiagramms** dargestellt werden: Die Höhe der jeweiligen Säule entspricht dabei der zugehörigen Temperatur. Pro Monat gibt es zwei Säulen, die als Umgebungs- und Körpertemperatur unterschiedlich eingefärbt sind. Durch die vielen nebeneinanderstehenden Säulen kann jedoch die Übersichtlichkeit des Diagramms verloren gehen. Deshalb gibt es noch eine andere Darstellungsweise: das **Liniendiagramm.** Von jeder Säule wird dabei nur der Spitzenwert übernommen und als Punkt an die entsprechende Stelle im Koordinatensystem platziert. Anschließend werden die Punkte miteinander zu einer Linie verbunden. In manchen Fällen verbindet man die einzelnen Messwerte auch zu einer Kurve, beispielsweise beim Temperaturverlauf in einem Klimadiagramm. Man spricht dann von einem Kurvendiagramm.

Monat	Temperatur	
	Umgebung °C	Körper °C
Januar	-2	6
Februar	5	6
März	10	10
April	17	35
Mai	19	35
Juni	21	35
Juli	23	35
August	25	35
September	20	35
Oktober	14	35
November	8	8
Dezember	7	7

1 Vergleich der Umgebungs- und Körpertemperatur eines Igels im Jahresverlauf

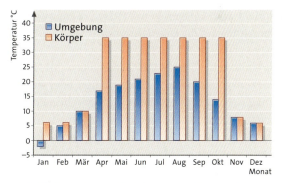

2 Säulendiagramm zur Umgebungs- und Körpertemperatur eines Igels im Jahresverlauf

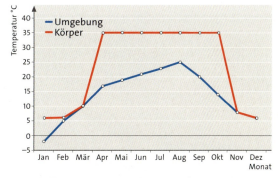

3 Liniendiagramm zur Umgebungs- und Körpertemperatur eines Igels im Jahresverlauf

---

Aufgaben

 Erläutere die Begriffe Tabelle, Säulen- und Liniendiagramm.
 Nenne Vor- und Nachteile der verschiedenen Darstellungsformen.
 Erläutere den in Tabelle 1 dargestellten Zusammenhang.

147

3.6 Eichhörnchen legen Vorräte an

Anlegen von Vorräten. Die tagaktiven Eichhörnchen gehören zu den häufigsten wildlebenden Säugetieren der heimischen Wälder und Parks. Trotzdem sind sie die meiste Zeit des Jahres nur relativ selten zu sehen. Das ändert sich im Herbst. Dann kann man beobachten, wie sie geschäftig auf dem Boden umherhuschen und Baumstämme hinauf- und hinabklettern. Die Eichhörnchen bewegen sich dann oft entlang bestimmter Routen. In einer Richtung tragen sie dabei meistens etwas in der Schnauze, zum Beispiel Eicheln, Bucheckern oder eine Walnuss. Manchmal kann man die Tiere auch dabei beobachten, wie sie etwas im Boden verscharren oder unter einer Rinde verstecken. Eichhörnchen legen im Herbst **Vorratslager** an. Auf diese sind sie während des Winters angewiesen. Das Sammeln und Anlegen von Vorräten dient also der Vorbereitung auf die kalte Jahreszeit.

Überwinterung. Den Winter verbringen die Eichhörnchen größtenteils in Baumhöhlen oder kugelförmigen Nestern, den **Kobeln.** Ein Kobel besteht aus Zweigen und Laub und werden in Astgabeln innerhalb des Kronenbereichs großer Bäume errichtet. Nur wenn es sehr heftig schneit oder regnet, oder die Äste stark vereist sind, bleiben Eichhörnchen längere Zeit im Kobel. Sonst trifft man sie auch bei strengem Frost außerhalb des Nestes an. Denn von Zeit zu Zeit suchen sie ihre im Herbst angelegten Nahrungsverstecke auf. Dort fressen sie von ihren Vorräten. Eichhörnchen können sich die Versteckplätze nicht merken. Vielmehr finden sie diese mithilfe ihres Geruchssinnes wieder. So kommt es, dass manche Samen nicht wieder gefunden werden. Aus diesen wachsen häufig neue Bäume.

Gliedmaßen. An den Vorderpfoten der Eichhörnchen erkennt man vier Finger. Der Daumen ist stark zurück gebildet. Mit den Vorderpfoten können Eichhörnchen besonders gut Futter festhalten und klettern. Die Hinterpfoten haben fünf Zehen. Diese sind lang und kräftig. Alle Finger und Zehen der Eichhörnchen tragen lange Krallen. Mit diesen können sie sich beim Klettern und Springen gut an rissigen Baumrinden festhalten.

Fortbewegung. Eichhörnchen sind hervorragende Kletterer und können einen Baumstamm genauso schnell hinauf wie hinunter klettern. Dabei bewegen sie die Vorder- und Hinterbeine immer gleichzeitig. Auf waagerechten Ästen laufen die Tiere mit lang gestrecktem Schwanz. An der Spitze eines Astes wippen sie auf und ab. Dann drücken sich die Tiere mit ihren kräftigen Hinterbeinen ab und springen in einen Nachbarbaum. Dabei strecken die Eichhörnchen alle Beine und den Schwanz weit von sich. So bereiten sie ihre Landung vor. Der buschige Schwanz hilft dabei

1 Eichhörnchen im natürlichen Lebensraum. **A** im Sprung; **B** Trittsiegel im Schnee; **C** Kobel

Angepasstheit von Pflanzen und Tieren

das Gleichgewicht zu halten. Der Schwanz wird beim Springen in der Luft auch zum Steuern eingesetzt. Somit erleichtert er den Eichhörnchen die Bewegung in den Bäumen. Auf dem Boden bewegt sich ein Eichhörnchen in weiten Sprüngen fort. Im Schnee kann man häufig die so entstandenen Abdrücke entdecken, die **Trittsiegel**.

Fortpflanzung und Entwicklung. Eichhörnchen leben als Einzelgänger. Nur zu den Paarungszeiten im Frühjahr und Frühsommer sind sie gesellig. Sie besetzen ein **Revier**. Nach etwa vier Wochen Tragzeit bringt ein Weibchen in der Regel vier bis fünf nackte und blinde Junge zur Welt. Sie sind Nesthocker und werden von der Mutter die nächsten sechs Wochen gesäugt. Nach etwa neun Wochen sind sie selbstständig und verlassen den Kobel. Dann suchen sie ein eigenes Revier.

Nahrung. Je nach Jahreszeit fressen Eichhörnchen zum Beispiel Pilze, Beeren und Obst. Aber auch hartschalige Eicheln, Bucheckern und Nüsse sowie Samen von Kiefern, Tannen und Fichten werden verzehrt. Selbst Eier und junge Vögel werden vor den Eichhörnchen angenommen. Eichhörnchen haben aber auch Fressfeinde. Sie werden vor allem von Mardern und Habichten erbeutet.

Gebiss. Das Gebiss der Eichhörnchen hat insgesamt 22 Zähne. In beiden Kieferhälften gibt es jeweils zwei Schneidezähne, aber keine Eckzähne. Beim Arbeiten mit diesen Zähnen wird die weichere Hinterseite immer stärker abgenutzt als die härtere Vorderseite. Die Zahnkanten bleiben so immer scharf. Die Zähne sind tief in den Kieferknochen verankert. Mit ihnen können Eichhörnchen problemlos harte Schalen aufnagen. Man nennt diese Zähne deshalb auch **Nagezähne**. Eichhörnchen werden zu den **Nagetieren** gezählt. Nagezähne wachsen im Gegensatz zu anderen Zähnen ein Leben lang nach.

Junge Eichhörnchen wissen von Geburt an, dass eine Nuss aufgenagt werden muss, um an den leckeren Inhalt zu gelangen. Sie müssen jedoch lernen, dass sie zum einfachen Öffnen der Nuss eine Furche in Längsrichtung entlang der Faserrichtung der Nuss nagen müssen.

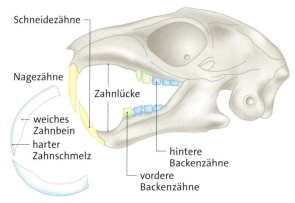

2 Schädel und Gebiss des Eichhörnchens

3 Angenagte Haselnüsse. **A** ungeübtes Eichhörnchen; **B** erfahrenes Eichhörnchen

4 Eichhörnchen beim Fressen

Aufgaben

1. Nenne Verhaltensweisen, die dem Eichhörnchen das Überwintern in Mitteleuropa ermöglichen.
2. Erläutere den Zusammenhang zwischen dem Aufbau des Gebisses und der Ernährungsweise beim Eichhörnchen.
3. Entwickle ein Experiment, das beweist, dass sich Eichhörnchen ihre Versteckplätze nicht merken, sondern mithilfe ihres Geruchssinnes wiederfinden.

3.7 Säugetiere überwintern unterschiedlich

Fellwechsel. Der Winter ist für Tiere eine schwierige Zeit: Es wird nicht nur kälter, sondern auch die Nahrung wird knapper. Diese ungünstige Periode können Säugetiere auf unterschiedliche Weise überdauern. Säugetiere sind **gleichwarm.** Gleichwarme Tiere müssen Energie aufbringen, um ihre Körpertemperatur auf einem gleichmäßig hohen Wert zu halten. In der kalten Jahreszeit ist der Temperaturunterschied zwischen einem Säugetier und seiner Umgebung größer als in den wärmeren Jahreszeiten. Das Tier verliert daher mehr Wärme an seine Umwelt. Deshalb sind körperliche Veränderungen, die zu einer besseren Wärmeisolierung beitragen, für Säugetiere im Winter von Vorteil. Dazu gehört zum Beispiel ein **Fellwechsel** zwischen Sommer und Winter. So nimmt zur Winterzeit die Zahl der wärmenden Wollhaare deutlich zu. Diese isolieren das Tier besser gegen die Kälte und der Wärmeverlust wird vermindert.

Farbwechsel. Im Winter gibt es wegen des geringeren Pflanzenbewuchses für viele Tiere weniger Versteckmöglichkeiten. Deshalb ist mit dem Fellwechsel manchmal auch ein Farbwechsel verbunden. Säugetiere wie Hermelin, Schneehase oder Eisfuchs haben im Winter ein weißes Fell. Im Sommer dagegen tragen sie ein erdfarbenes Fell. So wird ihre Tarnung verbessert und sie werden von ihren Fressfeinden und Beutetieren nicht so leicht entdeckt.

Wintervorräte. Im Winter sind viele Pflanzen oder zumindest deren oberirdische Teile abgestorben. Die meisten Bäume und Sträucher haben ihre Blätter abgeworfen. Auch Beutetiere wie Insekten sind nicht leicht zu finden. Es gibt verschiedene Möglichkeiten, dieser Nahrungsknappheit zu begegnen. Manche Tiere fressen sich in Sommer und Herbst den sprichwörtlichen **Winterspeck** als Vorrat an. Eine dicke Fettschicht unter der Haut bietet daneben den Vorteil einer weiteren Wärmeisolierung. Andere Tiere tragen ihren Wintervorrat nicht dauernd mit sich herum, was auch Energie kostet. Sie legen im Herbst Vorratslager an, die sie im Winter aufsuchen. Dies ist aber nur möglich, wenn die gesammelte Nahrung lange haltbar ist. Neben dem Eichhörnchen ist der Feldhamster ein Tier, das Vorräte sammelt. Im Herbst trägt er unermüdlich Grassamen und Getreidekörner in den Backentaschen zu seinem Bau. Man hat unter Getreidefeldern schon **Vorratslager** eines einzigen Hamsters mit bis zu eineinhalb Kilogramm Körnern gefunden. Tiere, die Vorratslager anlegen, bleiben im Winter mehr oder weniger aktiv.

Winterschlaf. Igel und Fledermaus überstehen den Winter mit einer deutlichen Absenkung der Körpertemperatur. Sie halten **Winterschlaf.** So wird der Nahrungsbedarf verringert. Der Stoffwechsel sinkt auf ein Fünfzigstel des Sommerumsatzes. Gleichzeitig werden Atem- und Herzschlagfrequenz deutlich erniedrigt. Während des Winterschlafs wird auch der Stoffwechsel grundlegend umgestellt. Es dürfen zum Beispiel keine giftigen Abbaustoffe entstehen, die das Tier während des Winterschlafes nicht abgeben kann. Siebenschläfer halten einen besonders langen Winterschlaf. Sie sind dämmerungs- und nachtaktive Nagetiere, die Baumhöhlen in Laubbäumen bewohnen. Sie ernähren sich von Obst, Eicheln und Bucheckern. Von Oktober bis Mai ziehen sie sich zum Winterschlaf zurück.

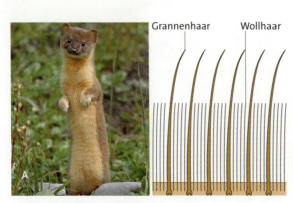 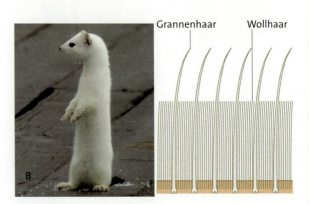

1 Hermelin. A Sommerfell; **B** Winterfell

Angepasstheit von Pflanzen und Tieren

Winterruhe. Eichhörnchen und Dachse halten keinen Winterschlaf, sondern **Winterruhe.** Dabei verbringen sie den Winter zwar auch weitgehend schlafend, senken ihre Körpertemperatur aber nur um ein bis zwei Grad ab. Dadurch verringert sich zwar der Stoffumsatz in den Tieren, aber bei Weitem nicht so sehr wie bei den Winterschläfern. Deshalb müssen Winterruher in dieser Zeit hin und wieder Nahrung aus ihren Vorratslagern aufnehmen.

Überwinterung bei Großtieren. Manche Tiere führen auch Wanderungen durch, um den Bedingungen des Winters teilweise zu entgehen. So zogen Hirsche im Winter früher aus den höheren Berglagen hinunter in die Täler. Dieser Weg ist ihnen heute oft versperrt, da am Ende der Täler Städte und Dörfer liegen. Die Hirsche verbleiben in den ungünstigen Gebieten. Dort fehlen ihnen aber Gräser und Kräuter wie im Sommer oder Eicheln und Bucheckern wie im Herbst. Hirsche schälen im Winter deshalb die Rinde von den Bäumen oder verbeißen Triebe und Knospen. Dadurch werden die Pflanzen stark geschädigt und ihr Holz wird für die Verarbeitung entwertet. Um starke Verbissschäden zu vermeiden, werden Hirsche im Winter daher gefüttert. Dies gilt beispielsweise auch

3 Siebenschläfer. **A** wach; **B** im Winterschlaf

für Wildschweine, insbesondere, wenn sie in einem Gebiet sehr häufig vorkommen. Durch Aktivitäten des Menschen wird den Tieren die Überwinterung zusätzlich erschwert. Viele große Tiere wie Hirsche, Rehe und Wildschweine bringen den Winter durchgehend wach zu. Sie bewegen sich aber nicht so viel wie im Sommer und ziehen sich ins Dickicht zurück. Jede Flucht daraus kostet Energie, die bei Nahrungsmangel schwer zu ersetzen ist. Es schwächt die Tiere deshalb zusätzlich, wenn Menschen sich beim Wandern nicht an ausgeschilderte Wege halten und die Tiere stören.

2 Hamster mit Vorrat an Getreidekörnern

4 Winterfütterung durch den Förster

Aufgaben

1. Beschreibe die verschiedenen Überwinterungsformen bei Säugetieren und nenne jeweils ein Beispiel.
2. Erläutere die Unterschiede zwischen Winterruhe und Winterschlaf.
3. Beurteile die Überwinterungsmethoden „Winterschlaf" und „Wachbleiben" nach ihren Vor- und Nachteilen.

3.8 Zugvögel sind nur Sommergäste

Zugvögel. Vor fast 200 Jahren erregte ein Storch auf einem mecklenburgischen Gutshof großes Aufsehen: In seinem Hals steckte der Pfeil eines Jägers aus dem zentralen Afrika. Damit war erstmals nachgewiesen, dass mitteleuropäische Störche den Winter in Afrika südlich der Sahara verbringen. Auch andere einheimische Vogelarten zeigen Zugverhalten. Sie werden deshalb als **Zugvögel** bezeichnet. Wesentliche Ursache für den Zug der Vögel ist der Nahrungsmangel. In ihren Winterquartieren finden sie reichlich Nahrung. Die mitteleuropäischen Kraniche fliegen nur die relativ kurze Strecke von etwa 2500 Kilometer bis nach Nordafrika. Rauchschwalben hingegen bewältigen das Dreifache dieses Weges, um nach Südafrika zu gelangen. Die meisten heimischen Zugvögel kommen im Frühling aus ihren Winterquartieren zurück, um in Europa zu brüten und ihre Jungen aufzuziehen. Hier liegt ihr **Brutgebiet**.

1 Störche in ihrem Winterquartier

Teilzieher. Von mehreren Vogelarten ist bekannt, dass nur ein Teil der Tiere wegzieht. Andere bleiben möglichst lange im Brutgebiet und weichen erst bei ungünstigen Bedingungen aus. So müssen die Eisvögel flüchten, wenn ihre Nahrungsgewässer in strengen Wintern zufrieren. Solche Vögel bezeichnet man als **Teilzieher**. Bei anderen Arten ziehen regelmäßig alle Tiere.

Erforschung des Vogelzugs. Vor über 100 Jahren begann die planmäßige Erforschung des Vogelzuges. Leichte Aluminiumringe mit wichtigen Informationen wurden mit einer Zange an den Füßen von Staren befestigt. Die Auswertung der Rückmeldungen erbrachte Informationen über die Wanderungen der beringten Stare. Heute werden im Zuge der wissenschaftlichen Vogelberingung jährlich Millionen von Vögeln markiert. Junge, noch nicht flugfähige Greifvögel, Eulen und Spechte werden direkt am Brutplatz

2 Zugrouten und Überwinterungsgebiete.
A Kranich (grau); **B** Rauchschwalbe (rot)

3 Markierungsmethoden.
A Anlegen eines Aluminiumrings; **B** Storchenringe

beringt. Sing- und Watvögel werden in Reusen und in Netzen gefangen und danach beringt. Zum Ablesen der Aluminiumringe muss man die Vögel erneut fangen. Bei größeren Vögeln, wie zum Beispiel Gänsen, werden auch farbige Halsbänder oder Fußringe aus Kunststoff angebracht. Darin eingravierte Codenummern ermöglichen es, die Tiere auch aus größerer Entfernung mit einem Fernrohr zu identifizieren. Kleine Sender können sogar ständig den genauen Aufenthaltsort der Tiere angeben. Die umfangreichsten Informationen über das Zugverhalten gewinnt man bei der Begleitung der Vögel auf ihrem Weg. Das ist heutzutage mit Ultraleichtflugzeugen möglich.

Orientierung. Die Frage, wie sich die Vögel während des Zuges orientieren, ist noch nicht vollständig geklärt. Sicher ist, dass sich Vögel oft von markanten Erscheinungen im Gelände leiten lassen. Das können Flussläufe oder eine Küstenlinie sein. Zur Überquerung von Meeren werden Meerengen genutzt. Gebirgszüge werden an ihren niedrigsten Stellen überflogen. Eine wichtige Rolle bei der Orientierung spielen auch die Sonne, die Sterne und das Magnetfeld der Erde. Die Information über die Zugrichtung ist den Vögeln angeboren. Während des gemeinsamen Zuges lernen die Jungen von den Älteren die Lage und das Aussehen wichtiger Orientierungspunkte sowie geeigneter Rastplätze.

Zugverhalten. Zugvögel fliegen einzeln oder gemeinsam. Ziehende Vogelschwärme sind ein beeindruckendes Schauspiel. Dabei hat die Schwarmbildung während des Zuges sowohl Vor- als auch Nachteile. Die Vögel sind sicherer, weil Feinde schneller entdeckt werden. Problematisch sind jedoch die Nahrungsbeschaffung und die Suche nach sicheren Schlafplätzen für so viele Vögel. Deshalb konzentrieren sich die Zugschwärme an geeigneten Rastplätzen. Kraniche suchen zum Beispiel gern auf abgeernteten Maisfeldern nach Nahrung und übernachten stehend im flachen Wasser.

4 Flugordnungen. A lockerer Taubenschwarm; **B** dichter Starenschwarm; **C** Keil bei Kranichen

---

Aufgaben

1. Nenne Gründe für den Vogelzug.
2. Erläutere die Methoden zur Erforschung der Zugrouten und der Lage der Winterquartiere.
3. Die Wasseramsel sucht am Grund klarer Bäche nach Insektenlarven, während der Grauschnäpper fliegende Insekten jagt. Stelle begründete Vermutungen über das Zugverhalten beider Arten an.

3.9 Standvögel im Winter

Standvögel. Nicht alle einheimischen Vogelarten sind Zugvögel. Meisen, Amseln, Finken und viele andere Arten verbringen auch den Winter in unseren Breiten. Sie sind **Standvögel**. Als gleichwarme Tiere halten Vögel ihre Körpertemperatur von 41 Grad Celsius stets konstant. Im Winter geben sie daher viel Wärme an die kalte Umgebung ab. Diese Energieabgabe müssen sie mit der aufgenommenen Nahrung ausgleichen. Allerdings ist gerade in dieser Zeit die für die Vögel verfügbare Nahrungsmenge sehr gering. Insekten können nur in ihren Winterverstecken erbeutet werden. Pflanzliche Nahrung in Form von Früchten und Samen wird im Laufe des Winters immer knapper. Hinzu kommt, dass die Nahrung aufgrund des gefrorenen Bodens sowie von Schnee und Eis schlecht oder gar nicht erreichbar ist. Alle diese Faktoren zusammen bewirken, dass nur ein Drittel der in Mitteleuropa brütenden Singvogelarten hier überwintert. Die anderen Arten ziehen weg.

Winterfütterung. Viele Menschen stellen im Winter Futterhäuschen im Garten oder auf dem Balkon auf. Den Standvögeln kann die Überwinterung so erleichtert werden. An diesen Futterplätzen kann man dann häufig auch Arten beobachten, die sonst eher versteckt in Parks oder Wäldern leben. Die meisten von ihnen gehören zur Gruppe der Singvögel.

Körnerfresser. Singvögel sind auf ganz unterschiedliche Nahrungsquellen spezialisiert. Körnerfresser ernähren sich meist von hartschaligen Samen. Diese werden mit den dicken, kegelförmigen Schnäbeln der Vögel aufgebrochen. Zu dieser Gruppe gehören beispielsweise Finkenvögel wie Buchfink, Grünfink und Dompfaff. Der größte einheimische Finkenvogel ist der Kernbeißer, der mit seinem Schnabel sogar Kirschkerne knacken kann.

Eine besondere Angepasstheit an den Nahrungserwerb zeigt der Fichtenkreuzschnabel. Bei diesem Vogel sind die Schnabelhälften an der Spitze gebogen und überkreuzen sich dabei. Mit diesem Spezialwerkzeug spreizt der Vogel die Schuppen von Fichtenzapfen auseinander. Auf diese Weise gelangt er mit der Zunge an die darunter liegenden Samen. Selbst bei andauerndem Frost und Schnee findet der Fichtenkreuzschnabel im Winter genügend Nahrung und kann als einziger heimischer Vogel in dieser Jahreszeit auch brüten und Junge aufziehen.

1 Winterfütterung

Angepasstheit von Pflanzen und Tieren

Insektenfresser und Weichfresser. Rotkehlchen und Zaunkönige haben spitze Schnäbel. Mit diesen nehmen sie vorwiegend Insekten, Spinnen und andere Kleintiere auf. Amseln ernähren sich im Sommer meist von Regenwürmern und anderen wirbellosen Tieren. Vogelarten, die sich von solcher weicher Nahrung ernähren, nennt man Weichfresser.

Umstellung der Nahrung. Im Winter sind manche Nahrungsquellen nicht mehr verfügbar. So ziehen sich beispielsweise Regenwürmer in tiefere Bodenschichten zurück. Amseln, die im Sommer gerne Regenwürmer fangen, stellen ihre Nahrung deshalb im Winter um. Sie fressen dann vorwiegend Früchte wie Hagebutten und Vogelbeeren. Insektenfresser wie Rotkehlchen, Meisen und Kleiber ernähren sich in der kalten Jahreszeit meist von kleinen Samen. Meisen suchen besonders gern ölhaltige Samen und Früchte, die sie mit ihren Schnäbeln aufmeißeln und verspeisen.

Regeln für die Winterfütterung. Vielen Vögeln kann durch Winterfütterung geholfen werden genügend Nahrung zu finden. Körnerfressern werden Samen und Körner ins Futterhaus gestreut. Bündel getrockneter Beeren werden den Früchtefressern zur Verfügung gestellt. Insektenfresser bevorzugen fetthaltige Nahrung, die man als Knödel, Ring oder in der Meisenglocke anbietet. Wichtig ist, dass die Vögel den Futterplatz vor Beginn der nahrungsarmen Zeit schon kennen lernen. So erinnern sie sich in kritischen Situationen an diese Nahrungsquelle. Zum Beispiel nach plötzlichen, starken Schneefällen. An Futterhäusern besteht immer die Gefahr der Übertragung von Krankheitserregern durch Vogelkot. Deshalb müssen die Futterstellen regelmäßig gereinigt und das Futter erneuert werden.

2 Buchfink

3 Fichtenkreuzschnabel

4 Elster

Aufgaben

1. Nenne Vogelarten, die Zug- oder Standvögel sind.
2. Benenne die Vogelarten in Abbildung 1. Ordne den Gruppen der Körnerfresser, Früchtefresser beziehungsweise Insektenfresser je eine dieser Arten zu.
3. Beobachte Vögel am Futterhaus und erstelle eine Artenliste. Nutze dazu ein Bestimmungsbuch. Ordne die Arten nach der Häufigkeit, mit der sie die Futterstelle besuchen.
4. Stellt Argumente gegenüber, die für oder gegen eine Winterfütterung von Vögeln sprechen.
5. Abbildung 4 zeigt eine Elster. Informiere dich über ihre Lebensweise, insbesondere die Ernährung. Beurteile die Überlebensaussichten der Elster im Winter.

3.10 Tiere regeln ihre Körpertemperatur unterschiedlich

Wechselwarme Tiere. In der warmen Jahreszeit huschen Zauneidechsen flink an Trockenmauern, Wegböschungen oder Bahndämmen umher. Tiere wie die Zauneidechse nennt man **Kriechtiere** oder **Reptilien**. Ein typisches Merkmal ist die trockene Schuppenhaut. Diese schützt die Eidechsen zwar vor Verletzungen, nicht aber vor Wärmeverlust. Dies ist ein wichtiger Grund, weshalb die Körpertemperatur der Reptilien immer der Umgebungstemperatur entspricht. Ihre Körpertemperatur wechselt immer entsprechend der Außentemperatur. Kriechtiere werden deshalb auch als **wechselwarme Tiere** bezeichnet.

Steuerung der Körpertemperatur. Wechselwarme Tiere, wie die Zauneidechse, können die Erhöhung oder Erniedrigung ihrer eigenen Körpertemperatur steuern. Dazu suchen sie verschieden warme Plätze auf. Diese Beeinflussung von Vorgängen im Körper zum Beispiel durch den aktiven Ortswechsel wird als **Steuerung** bezeichnet.

Winterstarre. Sobald es im November kälter wird, sucht die Zauneidechse einen frostsicheren Unterschlupf auf, zum Beispiel ein Mauerloch oder eine Felsspalte. Ihre Bluttemperatur kann fast auf null Grad Celsius absinken. Das Herz schlägt dann sehr langsam und die Atemfrequenz ist stark herabgesetzt. Diesen Zustand bezeichnet man als **Winterstarre.**

Gleichwarme Tiere. Säugetiere und Vögel gehören zu den **gleichwarmen Tieren.** Sie können ihre Körpertemperatur unabhängig von der Umgebungstemperatur konstant halten. Dies ist recht energieaufwändig, bringt aber viele Vorteile mit sich. Ein Kaninchen beispielsweise ist zu jeder Zeit voll beweglich. Seine Körpertemperatur ist nämlich auch nachts oder im Winter trotz der Kälte unverändert hoch.

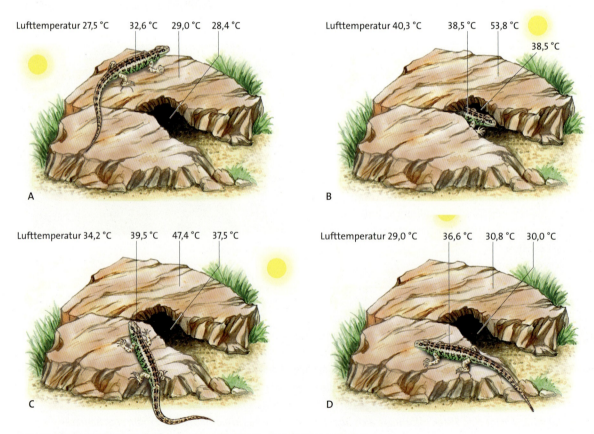

1 Zauneidechse im Tagesverlauf. A morgens; **B** mittags; **C** nachmittags; **D** abends

Angepasstheit von Pflanzen und Tieren

Demgegenüber ist eine Zauneidechse am frühen Morgen beim Verlassen ihres Verstecks sehr schwerfällig, da ihre Körpertemperatur über Nacht abgesunken ist.

Regelung in der Technik. Das Aufrechterhalten einer bestimmten Körpertemperatur ist ein typisches Beispiel für eine **Regelung.** Solche Vorgänge spielen auch in der Technik eine Rolle. Ein Beispiel ist die Temperaturregelung im Backofen. Um einen Kuchen zu backen, stellt man eine bestimmte Temperatur ein. Ein Thermostat misst ständig die Temperatur. Dabei wirkt er gleichzeitig als Regler, der dafür sorgt, dass der Backofen aufheizt. Während des Aufheizens leuchtet ein rotes Lämpchen am Herd. Ist die vorgegebene Temperatur erreicht, erlischt dieses Lämpchen, denn nun bewirkt der Regler, dass sich die Heizung abschaltet. Wenn die Herdklappe kurzzeitig geöffnet wird, kühlt der Backofen etwas ab und die Heizung schaltet sich wieder ein. Das Besondere an einer Regelung ist also die ständige Rückmeldung an den Regler, welche Temperatur vorliegt. So können Störungen schnell ausgeglichen werden.

Regelung bei Lebewesen. Das Prinzip der Regelung kann auch auf die Regelung der Körpertemperatur gleichwarmer Tiere übertragen werden. Ein Kaninchen zum Beispiel besitzt auf der Haut und im Körper Sinneszellen für die Messung der Temperatur. Wenn es in eine kältere Umgebung kommt, geben diese Sinneszellen entsprechende Informationen an einen bestimmten Teil im Gehirn weiter. Diese Gehirnregion übernimmt die Aufgabe eines Reglers. Sie ist das Kontrollzentrum und verarbeitet die übermittelte Information. Es veranlasst die Muskeln zu einer starken Zitterbewegung. Dadurch wird Wärme freigesetzt. Außerdem wird die Blutzirkulation in den äußeren Hautschichten verringert, sodass weniger Wärme nach außen verloren geht. Der Körper heizt sich dadurch wieder auf, bis die normale Temperatur wieder erreicht ist.

Steuerung und Regelung als Basiskonzept. Wie in der Technik sind Steuerung und Regelung auch wichtige Prozesse in der belebten Natur. Sie sind an der Aufrechterhaltung vieler Körperfunktionen beteiligt und deshalb ein wichtiges Basiskonzept der Biologie.

 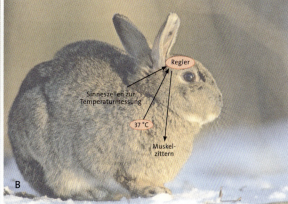

2 Kaninchen im Winter. A Foto; **B** Schema

Aufgaben

1. Beschreibe die in Abbildung 1 dargestellten Zusammenhänge.
2. Erkläre die Unterschiede zwischen gleichwarmen und wechselwarmen Tieren.
3. Erstelle ein Pfeilschema zur Temperaturregelung im Backofen. Beginn: Temperaturwahlschalter → Thermostat.
4. Stelle die Regelung der Temperatur im Backofen und die der Körpertemperatur des Kaninchens tabellarisch gegenüber.
5. Vergleiche die Prozesse der Steuerung und Regelung miteinander und stelle Gemeinsamkeiten und Unterschiede heraus.

Angepasstheit von Pflanzen und Tieren

3.11 Überwinterung von Wirbellosen

Überwinterung bei Schmetterlingen. Schmetterlinge sind wie alle Insekten wechselwarm. Sie legen Eier, die sich über ein Larven- und ein Puppenstadium bis zum ausgewachsenen Insekt weiter entwickeln. Die meisten Schmetterlinge überstehen den Winter in unseren Breiten jedoch nicht als ausgewachsene Falter. Nur die Eier, Larven oder Puppen überleben. Denn diese können tiefere Temperaturen meist besser überstehen als ausgewachsene Insekten.

Überwinterung ausgewachsener Schmetterlinge. Der Kleine Fuchs gehört zu den wenigen Arten in Deutschland, die den Winter als ausgewachsener Falter überdauern können. Sie verbringen diese Zeit an geschützten Orten. Während des Winters fallen sie ähnlich wie Reptilien in eine Kältestarre. Ihr Stoffwechsel wird dabei fast eingestellt. Einige wenige Schmetterlingsarten, wie zum Beispiel der Admiral, wandern im Herbst wie Zugvögel über die Alpen nach Süden. Das erneute Vorkommen dieser Arten im nächsten Jahr hängt davon ab, ob es dann günstige Witterungsbedingungen zur Alpenüberquerung gibt.

1 Schmetterling Kleiner Fuchs

Überwinterung bei anderen Gliederfüßern. Bei Tausendfüßern, Spinnentieren und Krebsen gibt es unterschiedliche Überwinterungsmethoden. Bei Wasserflöhen sterben die erwachsenen Tiere, nachdem sie im Herbst besondere Eier ins Wasser abgegeben haben. Es sind nährstoffreiche **Dauereier.** Aus ihnen schlüpfen erst nach der Überwinterung erneut Wasserflöhe. Die großen Flusskrebse ziehen sich im Winter in den Bodenschlamm ihres Gewässers zurück. Dort überwintern sie in einer Art Kältestarre. Die meisten heimischen Spinnen ziehen sich bei Kälte in die Streuschicht des Bodens zurück. Dort

2 Lebensabschnitte beim Kleinen Fuchs. **A** Eier; **B** Raupen; **C** Puppe; **D** ausgewachsener Falter

sind sie vor starken Temperaturschwankungen und Austrocknung geschützt. Sie überdauern den Winter in einer Starre. Dabei ziehen die Spinnen ihre Beine eng an den Körper. Bei anderen Arten überwintern nur Jungtiere, die im Herbst aus den Eiern geschlüpft sind. Oder es sind die Eier im Kokon selbst, die überdauern. Einige wenige Arten bleiben den Winter über auch aktiv.

Tausendfüßer ziehen sich im Winter in tiefere Bodenschichten zurück und rollen sich zusammen. So entgehen sie der Gefahr zu erfrieren. Dieses Verhalten zeigen sie auch bei hohen Temperaturen im Sommer. Tausendfüßer haben nämlich nur eine relativ dünne Haut. Sie sind so nicht besonders gut gegen Wasserverluste geschützt.

Regenwürmer im Winter. Regenwürmer sind gegliedert aufgebaut. Sie werden mit den Gliederfüßern zu den Gliedertieren zusammengefasst. Ähnlich wie Tausendfüßer legen Regenwürmer bei ungünstigen Außenbedingungen wie Trockenheit oder Kälte eine Ruhephase ein. Dazu ziehen sich die Würmer in tiefere Bodenregionen zurück. Dort rollen sie sich zu einem Knäuel zusammen. Im Frühjahr kriechen die Würmer wieder bis dicht unter die Erdoberfläche. Dort ernähren sie sich von frischen Pflanzenteilen.

4 Regenwurm im Jahresverlauf. A Regenwürmer bei der Paarung; **B** Eier; **C** schlüpfender Regenwurm; **D** Regenwurm

3 Gliedertiere. A Tausendfüßer; **B** Regenwurm; **C** Admiral; **D** Kreuzspinne; **E** Flusskrebs

Aufgaben

1. Stelle die Überwinterungsmethoden der Gliedertiere tabellarisch gegenüber.
2. Zeige den Zusammenhang zwischen dem Nahrungsangebot und den Überwinterungsmethoden auf.
3. Erläutere Unterschiede und Gemeinsamkeiten der Überwinterungsmethoden der Gliedertiere zu den Wirbeltieren.
4. Erkläre das Zusammenrollen von Spinnen, Tausendfüßern und Regenwürmern beim Überwintern.

4 Extreme Lebensräume

4.1 Leben in der Wüste

Das Klima in der Wüste. Hohe Temperaturen, geringe Niederschläge und zugleich eine hohe Verdunstung von Wasser bewirken die extreme Trockenheit der **Wüsten.** Heiße, trockene Winde verursachen zeitweise Sandstürme, die das Leben zusätzlich erschweren. Überall dort, wo solche Bedingungen auf Dauer vorherrschen, entstehen Wüsten. Wenn es in den Wüsten regnet, dann häufig als kurzer Platzregen. Diese großen Wassermengen kann der ausgedörrte Boden nur zum Teil aufnehmen. Der größte Teil des Regenwassers fließt an der Oberfläche ab. Er verdunstet und versickert auf seinem Weg durch die Flusstäler. Danach kann der Regen wieder für mehrere Monate ausbleiben. Unter dem wolkenlosen Himmel erwärmt sich die Luft in einigen Wüsten tagsüber auf über 40 Grad Celsius. Steine und Sand am Boden können jedoch Temperaturen von 80 Grad erreichen. Nachts aber kann die Temperatur in manchen Gebieten auch unter den Gefrierpunkt sinken.

Angepasstheiten von Wüstenpflanzen. Nur wenige Lebewesen sind an die extremen Bedingungen in Wüsten angepasst. So findet man in den Wüsten Afrikas häufig Wolfsmilchgewächse. Diese Pflanzen produzieren einen giftigen, milchigen Saft, der sie vor Tierfraß schützt. Fälschlicherweise werden sie oft als Kakteen bezeichnet, da sie diesen sehr ähnlich sind. Bei Wolfsmilchgewächsen sind die Blätter zu Dornen umgebildet. Hierdurch hat die Pflanze eine kleinere Oberfläche und verliert daher weniger Wasser durch Verdunstung. Die Sprossachse ist zu einem Stamm verdickt und dient als Wasserspeicher. Hier erfolgt auch der Großteil der Fotosynthese. Wüstenpflanzen haben häufig ein flaches, weit verzweigtes Wurzelwerk. Hiermit können sie bei Regen das Wasser rasch aufnehmen, bevor es wieder verdunstet.

Angepasstheiten des Dromedars. Typische Wüstentiere sind die einhöckrigen Dromedare der arabischen und nordafrikanischen Trockenräume. Sie kommen selbst bei großer Hitze bis zu zwei Wochen ohne Wasser aus. Dromedare geben nur geringe Mengen Urin ab. Ihre Kotballen sind trocken und fest. Dadurch geht mit den Ausscheidungen nur wenig Wasser verloren. Haben Kamele lange Zeit nicht getrunken, so geben sie keinen Schweiß mehr zur Kühlung ab. Erst wenn sich die Körpertemperatur auf über 41 Grad Celsius erhöht hat, beginnen sie zu schwitzen. Dromedare können einen Wasserverlust von bis zu zwei Fünftel ihres Körpergewichtes ertragen, ohne Schaden zu

1 Pflanzen und Tiere in der afrikanischen Wüste. **A** Wolfsmilchgewächs; **B** Sand-Skink; **C** Dromedar

nehmen. Andererseits sind sie in der Lage innerhalb von zehn Minuten 135 Liter Wasser aufzunehmen. Das Körperfett der Dromedare befindet sich fast ausschließlich im Höcker. In den kühleren Nachtstunden kann überschüssige Körperwärme daher über die anderen Hautregionen abgegeben werden. Zugleich bildet der Fetthöcker am Tag zusammen mit dem Fell einen Hitzeschild gegen die Sonne, denn beide leiten die Wärme schlecht. Außerdem wird durch den hohen und schmalen Höcker sowie die steilen Flanken der Dromedare nur ein kleiner Teil des Körpers von den Sonnenstrahlen getroffen. Durch die langen Beine sind Dromedare zusätzlich vor der Hitze am Boden geschützt. Kopf und innere Organe befinden sich dadurch nämlich in den oberen, etwas kühleren Luftschichten. Dicke, hornige Schwielen an den Sohlen schützen die Füße vor der Gluthitze des Sandes.

Sandskinke sind Wüstenreptilien. In der Wüste entdeckt man außer spärlichem Pflanzenbewuchs zunächst keine weiteren Lebewesen. Viele Spuren und kleine Fährten deuten aber doch auf Tiere hin. In den kühlen Morgenstunden kann man in manchen Gebieten die Sandskinke bei der Jagd auf Insekten beobachten. Es sind etwa 20 Zentimeter große Echsen. Bei großer Hitze oder auch bei Gefahr verschwinden sie im Sand. Schon zehn Zentimeter unter der Oberfläche wird es selten wärmer als 25 Grad Celsius. Ihre Nasenlöcher und die Ohren sind verschließbar. Die Tiere besitzen kleine, ungewöhnlich glatte Schuppen und eine spitze Schnauze. So können sie sich mit ihren flossenartigen Zehen wie schwimmend durch den Sand bewegen, ähnlich einem Fisch im Wasser. Daher werden diese Reptilien auch „Sandfische" genannt. Durch ihre Färbung sind sie hervorragend getarnt.

Aufgaben

1. Nenne die besonderen Umweltbedingungen in der Wüste. Nutze dazu auch Abbildung 1.
2. Erläutere am Beispiel des Sandskinks die besondere Angepasstheit an die Bedingungen in der Wüste.
3. Vergleiche die unterschiedlichen Strategien, mit denen Dromedar und Säulen-Wolfsmilch das Problem des Wassermangels überwinden.
4. Recherchiere Formen der Anpassung des Menschen an die Bedingungen der Wüste.

Angepasstheit von Pflanzen und Tieren

4.2 Leben in Eis und Schnee

Arktis. Sehr niedrige Temperaturen, eisige Winde und wenig Niederschlag machen die Arktis zu einem extremen Lebensraum. In dieser Region rund um den Nordpol herrschen meist Temperaturen unter dem Gefrierpunkt. Im Winter bleibt es für längere Zeit den ganzen Tag dunkel, da die Sonne gar nicht aufgeht.

Gletscher-Hahnenfuß. Nur wenige Spezialisten unter den Pflanzen können hier wachsen. Trotz dieser Kälte und der kurzen Wachstumsperiode wachsen in der Arktis einige Pflanzenarten. Am häufigsten sind relativ anspruchslose und gegenüber der Kälte unempfindliche Kräuter, Moose und Flechten. Ein Beispiel für eine arktische Blütenpflanze ist der Gletscher-Hahnenfuß. Er wird maximal zwanzig Zentimeter hoch. Dieser **Zwergwuchs** ist typisch für die Pflanzen der Arktis. Die Blätter wachsen ganz dicht am Boden und sind damit etwas vor der Kälte und dem eisigen Wind geschützt. In Bodennähe herrschen höhere Temperaturen als in der freien Umgebung. Die großen, becherförmigen Blüten des Gletscher-Hahnenfußes sammeln die Wärmestrahlung der Sonne. Im Laufe des Tages folgen die Blüten dem Lauf der Sonne und nehmen so möglichst viel Strahlung auf. Im kurzen Sommer bildet der Gletscher-Hahnenfuß Früchte. Dann stirbt die Pflanze ab und nur die Samen überdauern die nächste Frostperiode.

Polsterbildung hilft gegen Kälte. Manche Pflanzen in der Arktis vermehren sich ungeschlechtlich über Ausläufer, da es hier nur wenige Insekten für die Bestäubung gibt. Viele Pflanzen wachsen in Gruppen. Sie bilden dichte **Polster,** in denen die Einzelpflanzen besser vor eisigen Winden geschützt sind. Ein Beispiel dafür ist das Stängellose Leimkraut.

Eisbären sind gut an das arktische Klima angepasst. Ein typisches Tier der Arktis ist der Eisbär. Durch sein dichtes Fell ist er hervorragend gegen die Kälte geschützt. Die einzelnen Fellhaare sind hohl, in ihnen ist Luft eingeschlossen. Luft leitet Wärme nur schlecht weiter, deswegen vermindert dieser besondere Aufbau der Fellhaare die Wärmeabgabe an die Umgebung. Durch die weiße Farbe des Fells ist der Eisbär bei seiner Jagd an Land und an Wasserlöchern im Eis hervorragend getarnt. Eisbären sind gute Schwimmer und

1 Arktische Landschaft. **A** Stängelloses Leimkraut; **B** Gletscher-Hahnenfuß; **C** Lemming;

Angepasstheit von Pflanzen und Tieren

können auch im Wasser nach Beutetieren jagen. Sie ernähren sich zum Beispiel von Robben. Eine dicke, isolierende Fettschicht schützt die Tiere im Wasser vor der Auskühlung. Trächtige Eisbärenweibchen verbringen den Winter in einer Schneehöhle. Dort bringen sie meist zwei Jungen auf die Welt und säugen sie. Die Jungtiere werden zwischen Vorderpfoten und Brust der Mutter und zusätzlich von ihrem Atem gewärmt.

Seebären haben ein besonderes Fell. Seebären gehören zu den Robbenartigen und besitzen ein fast wasserdichtes Fell. Es besteht aus zwei Haartypen: den langen, kräftigen Grannenhaaren und den kürzeren, weichen Wollhaaren. Jedes Grannenhaar ist von vielen Wollhaaren umgeben. Hautdrüsen produzieren ein Öl, sodass kein Wasser zwischen die Haare gelangen kann. So schützt das Fell gegen die Kälte im Wasser und an Land.

Walrosse besitzen eine Fettschicht. Walrosse leben im arktischen Meer. Sie haben eine dicke und faltige Haut. Diese ist von einem ganz kurzen, stoppeligen Fell bedeckt. Unter der Haut liegt eine fünf bis acht Zentimeter dicke Fettschicht. Sie isoliert den Körper nach außen und hält so die Wärme im Körperinneren.

Lemminge leben in Schneehöhlen. In der Arktis leben die kleinen, gleichwarmen Lemminge. Sie können aufgrund ihrer geringeren Körpergröße keine dicke Fettschicht anlegen. Lemminge schützen sich vor der Kälte, indem sie hauptsächlich in Gängen unter der Schneedecke leben.

Aufgaben

1. Erläutere Lebensbedingungen in der Arktis, mit denen die dort lebenden Tiere und Pflanzen zurechtkommen müssen.
2. Erläutere den Bau und die Angepasstheiten einer arktischen Pflanze.
3. Erstelle eine Tabelle zu den Angepasstheiten arktischer Tiere an die Kälte. Notiere dazu die im Text genannten Arten und recherchiere ein eigenes Beispiel.

D Seebär; **E** Eisbär; **F** Walross

4.3 Leben in der Tiefsee

Tiefseegräben. Tiefseegräben kommen in einem Ring um den Pazifischen Ozean vor. Einige findet man auch im Atlantischen oder Indischen Ozean. Sie existieren dort, wo Erdplatten zusammenstoßen. So entstehen im Erdinneren Bruchstellen und Lava strömt nach oben. Es bilden sich auf dem Festland Vulkane und Bergketten und im Meer durch die übereinander liegenden Platten tiefe Gräben. Tiefseegräben wie der Puerto Rico-Graben erreichen eine Tiefe von über 9000 Metern. Der tiefste Graben ist der Marianen-Graben. Er ist über 11000 Meter tief. Die Erforschung dieses Lebensraumes hat aufgrund der extremen Umweltbedingungen dort besonders lange gedauert. Sie funktioniert nur mit Druckausgleich-Taucherkabinen und Tauchrobotern. Das setzt einen enormen technischen und finanziellen Aufwand voraus.

Lebensbedingungen. Die Umweltbedingungen in Tiefseegräben unterscheiden sich stark von allen anderen Lebensräumen. Bereits in einer Tiefe von 200 bis maximal 300 Metern ist die Lichtintensität so gering, dass keine Fotosynthese mehr möglich ist. Deshalb findet man ab dieser Tiefe keine Pflanzen mehr.
Ab 900 Metern herrscht absolute Dunkelheit. Zusätzlich ist der Druck in dieser Tiefe sehr hoher. In 11000 Metern ist der Druck 1100 mal höher als in Höhe des Meeresspiegels. Fische in diesem Lebensraum besitzen deshalb zum Beispiel keine Schwimmblase.
Der dritte wichtige Umweltfaktor ist die Temperatur des Wassers. Sie liegt aufgrund des hohen Drucks und der großen Tiefe fast am Gefrierpunkt.

Tiere in der Tiefsee. In der Tiefsee herrschen Dunkelheit, hoher Druck und Kälte. Trotzdem findet man einige Tierarten, die an den Lebensraum Tiefsee angepasst sind. Viele Tiefseetiere wie Seegurken, Würmer oder Krebstiere sind blind. Sie orientieren sich über Geruch und Berührung. Als Körperfarben überwiegen schwarz, weiß oder fast durchsichtig. Manche Tiefseebewohner leuchten mithilfe besonderer Organe. Diese enthalten Licht produzierende Bakterien. So zeigt der Vipernfisch eine leuchtende Mundhöhle, die Beutetiere anlockt. Auch der Anglerfisch lockt seine Beute an. Dazu hat er einen angelartigen Fortsatz am Kopf, der hin und her bewegt wird. Die Tiere der Tiefsee wachsen sehr langsam. Auch wenn viele Arten ge-

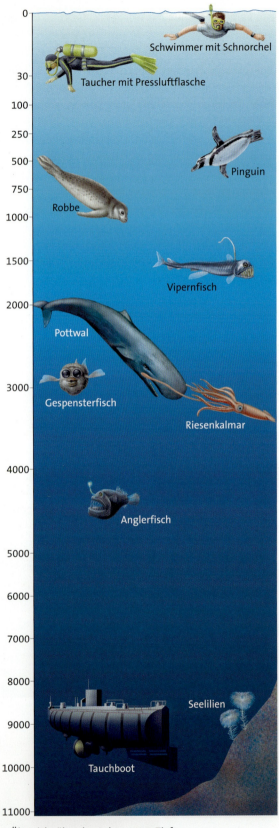

1 Übersicht über den Lebensraum Tiefsee

fährlich aussehen, erreichen sie meist maximal eine Größe von 30 Zentimetern.

Nahrung in der Tiefsee. Algen sind die wichtigsten Produzenten im Meer. In der Tiefsee gibt es keine Algen, weswegen die Produzenten in diesem Lebensraum völlig fehlen. Die einzig verfügbare Nahrung sind Reste abgestorbener Lebewesen aus höheren, bewohnten Wasserschichten oder andere Tiefseebewohner. Der bis 22 Meter große Riesenkalmar, ein Tintenfisch, jagt in einer Tiefe bis 1000 Metern mithilfe seiner beiden keulenförmigen Fangarme. Manche Fische schwimmen mit weit geöffnetem Maul herum und verschlucken alles, was sie erbeuten können. Solche Arten haben einen stark dehnbaren Magen und Kiefer, die sich weit öffnen lassen.

Sinkt ein totes Lebewesen zu Boden, bilden sich weiche, schlammige Schichten, die viele Bakterien enthalten. Diese Bakterien dienen wiederum vielen Tiefseetieren wie Seeigeln, Würmern und Krebstieren als Nahrung.

A

B

2 Tauchboot

C

3 Lebewesen der Tiefsee. **A** Vipernfisch; **B** Riesenkalmar; **C** Anglerfisch

Aufgaben

1. *Beschreibe die Lebensbedingungen in der Tiefsee mit denen die dort lebenden Tiere zurechtkommen müssen.*
2. *Erkläre Angepasstheiten, mit denen Tiere in der Tiefsee leben können.*
3. *Recherchiere Informationen über folgende Tiefseebewohner: Vipernfisch, Riesenkalmar, Gespensterfisch, Vampir-Tintenfisch und Laternenfisch. Stelle Bau und Angepasstheiten eines Tieres in Form eines Steckbriefes vor. Präsentiere diesen in der Klasse.*

AUFGABEN UND VERSUCHE: Extreme Lebensräume

A Wasserverdunstung bei Pflanzen

Material: Sand; Wasser; zwei Kakteen; zwei Basilikumpflanzen; zwei durchsichtige Plastiktüten; Schnur; vier Blumentöpfe

Durchführung: Pflanze den Kaktus und das Basilikum in die Töpfe mit trockenem Sand. Beide Pflanzen sollen nicht bewässert werden. Stelle sie dann für zwei Tage an einen sonnigen Ort. In einem zweiten Versuch werden beide Pflanzen vorher bewässert. Dann stülpst du je eine Plastiktüte über die Pflanzen und bindest sie wie abgebildet zu. Stelle die Pflanzen wieder an einen sonnigen Ort.

Aufgaben
1. Notiere deine Beobachtungen.
2. Erkläre die unterschiedlichen Ergebnisse der beiden Versuche.

B Obeliskenstellung bei Libellen

Im Hochsommer steht die Sonne mittags hoch am Himmel. In dieser Zeit verharren manche Libellenarten in einer merkwürdigen Haltung, der Obeliskenstellung.

Aufgaben
1. Beschreibe die Körperhaltung der Libelle mithilfe der Abbildung.
2. Erkläre den Vorteil dieses Verhaltens in Bezug auf die Körpertemperatur.
3. Recherchiere den Grund für die Bezeichnung „Obeliskenstellung" bei Libellen.

C Strategien der Wasserversorgung

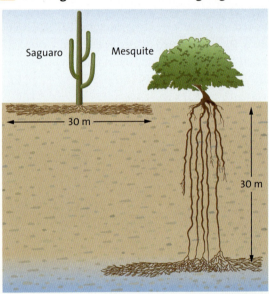

Der Saguaro-Kaktus aus Nordamerika gilt mit einer Höhe von 15 Metern und einer Masse von über 6500 Kilogramm als Riese unter den Kakteen. Im Gegensatz dazu ist der Mesquitebaum aus Südamerika kleiner. Er besitzt verzweigte Äste mit Blättern, die in der Trockenzeit abgeworfen werden. Beide Pflanzen findet man in extrem trockenen Gebieten.

Aufgaben
1. Stelle mithilfe der Abbildung die Unterschiede zwischen den beiden Pflanzen heraus.
2. Erläutere Vor- und Nachteile der Strategien zur Wasserversorgung bei beiden Pflanzen.

Angepasstheit von Pflanzen und Tieren

D Eselhase und Schneehase

Der Eselhase bewohnt den Westen der USA und Teile von Mexiko. Er ist an das Leben in heißen Wüsten und Steppen angepasst. Der Schneehase hingegen kommt im Norden von Europa und Asien vor. Hier gibt es lange schneereiche Winter mit tiefen Temperaturen.

Aufgaben
1. Beschreibe die Unterschiede im Lebensraum und im Aussehen der beiden Hasenarten.
2. Erläutere die besondere Angepasstheit der beiden Hasen an ihren Lebensraum.

E Abkühlung von Kartoffeln

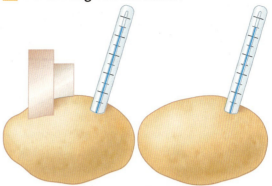

Material: zwei mittelgroße Kartoffeln; zwei Thermometer; zwei Kupferblechstreifen (ca. 1,5 cm X 6 cm) oder zwei Schaschlikspieße aus Metall; Topf; Wasser
Durchführung: Koche die Kartoffeln weich. Stecke nun in die beiden noch heißen Kartoffeln je ein Thermometer und in eine davon die beiden Kupferblechstreifen. Die Temperatur wird für 15 Minuten jede Minute regelmäßig abgelesen.

Aufgaben
1. Notiere deine Beobachtungen und stelle die Abkühlung beider Kartoffeln als Kurven dar (auf der x-Achse die Zeit in Minuten, auf der y-Achse die Temperatur in Grad Celsius).
2. Erkläre die unterschiedlichen Ergebnisse des Versuchs.

F Wärmeleitung im Sand

Material: großes hohes Glasgefäß, zwei Thermometer, trockener Sand, Lampe mit hoher Leuchtintensität, Lineal
Durchführung: Fülle das Gefäß mit Sand und stelle es über Nacht an einen kühlen Ort. Platziere die Lampe dicht über das Gefäß und miss zu Beginn, nach fünf und nach zehn Minuten die Temperatur in zwei cm und acht cm Tiefe.

Aufgaben
1. Notiere deine Beobachtungen und stelle sie in Form einer Tabelle dar.
2. Leite aus den Ergebnissen Schlussfolgerungen für die Lebensbedingungen von Tieren in der Wüste ab.

ZUSAMMENFASSUNG: Angepasstheit von Pflanzen und Tieren

Basiskonzept System
Im Mittelpunkt des Sonnensystems steht die Sonne. Obwohl nur ein geringer Teil ihrer Strahlung die Erde trifft, liefert ihre Energie die Voraussetzung für die Erhaltung des Lebens auf der Erdoberfläche. Die Systemebene Sonnensystem umfasst verschiedene Himmelskörper wie zum Beispiel die Sonne und die Erde. Die Systemebene Erde wiederum besteht aus verschiedenen Schichten wie dem glutflüssigen Innenbereich, der erstarrten Erdoberfläche und der gasförmigen Atmosphäre. Innerhalb der Systemebene Erdoberfläche lassen sich verschiedene Lebensräume unterscheiden.

Basiskonzept Stoff- und Energieumwandlung
Die grünen Pflanzen nehmen die Energie des Sonnenlichts auf und speichern diese in Form von chemischer Energie des Traubenzuckers. Diesen Prozess nennt man Fotosynthese. Zum Aufbau des Traubenzuckers werden Kohlenstoffdioxid und Wasser benötigt. Als Abfallprodukt entsteht Sauerstoff. Der energiereiche Traubenzucker kann in weitere Stoffe umgewandelt werden. Tiere sind auf die von Pflanzen gebildeten Nährstoffe angewiesen.

Basiskonzept Steuerung und Regelung
Vögel und Säugetiere sind gleichwarm. Ihre Körpertemperatur wird durch ein Regulationszentrum im Gehirn konstant gehalten. Sowohl Überhitzung als auch Unterkühlung werden durch entsprechende Körperreaktionen wie Schwitzen, Hecheln oder Muskelzittern vermieden. Vögel haben ein Federkleid und Säugetiere ein Fell. Sowohl zwischen den Federn als auch zwischen den Haaren ist Luft eingelagert, die den Körper gut isoliert. Im Wasser lebende Vögel und Säugetiere sind durch eine Fettschicht unter der Haut zusätzlich isoliert.

Wechselwarme Tiere suchen zum Überwintern frostfreie Schlupfwinkel auf. Die Tiere werden im Winter starr, da ihre Körpertemperatur nur geringfügig über der Umgebungstemperatur liegt. Man spricht von Winterstarre. Gefriert das Wasser in den Zellen, sterben die Tiere ohne aufzuwachen.

1 Schema der Fotosynthese in einem Laubblatt

2 Amsel. A nicht aufgeplustert; **B** aufgeplustert mit isolierender Luft zwischen den Federn

Basiskonzept Angepasstheit

Im Winter finden viele Vögel, die sich von Insekten ernähren, keine Nahrung und kehren in wärmere Gebiete zurück. Samen und Beeren fressende Vögel bleiben dagegen an ihrem Standort oder fliegen nur kurze Strecken, da auch im Winter meist ausreichend Nahrung vorhanden ist.

Manche Säugetiere finden auch im Winter genügend Nahrung. Diese Tiere schränken ihre Aktivität nicht ein. Andere Säugetierarten finden dagegen keine Nahrung. Sie fressen sich eine Fettschicht als Vorrat für den Winterschlaf an. In dieser Zeit werden die Zahl der Herzschläge und Atemzüge sowie die Körpertemperatur deutlich gesenkt. Es gibt auch Säugetiere, die während dieser Zeit öfters aufwachen. Diese benötigen für das Überleben Vorräte, die im Herbst angelegt werden. Phasen mit verminderter und voller Aktivität wechseln sich ab. Dies bezeichnet man als Winterruhe.

Zum Überleben in extremen Lebensräumen haben sowohl Pflanzen als auch Tiere besondere Angepasstheiten im Körperbau und in ihrer Lebensweise. Säugetiere schützen sich in den kalten Gebieten beispielsweise durch dicke Speckschichten und ein dichtes Fell vor Wärmeverlusten. Pflanzen der Polargebiete wachsen dicht am Boden und sind unter einer Schneedecke vor Wind, Austrocknung und Kälte geschützt. In den Trockenräumen haben alle Lebewesen besondere Körpermerkmale, um Überhitzung und übermäßige Wasserverluste zu vermeiden.

In der lichtlosen Tiefsee ist pflanzliches Leben nicht möglich. Hier leben jedoch viele Tierarten mit speziellen Angepasstheiten wie Leuchtorganen.

Basiskonzept Entwicklung

Die Entwicklung von Tieren, insbesondere aber auch von Pflanzen, wird in unseren Breiten in hohem Maße von den Jahreszeiten beeinflusst. Frühblüher in Laubwäldern besitzen Zwiebeln, Wurzelknollen oder Erdsprosse als Überwinterungsorgane. Bereits im zeitigen Frühjahr bilden sie Laubblätter und Blüten aus. Im Mai oder Juni, wenn die Bäume mit ihrem Blätterdach den Boden beschatten, sterben die oberirdischen Teile der Frühblüher bereits wieder ab. Vorher haben sie Nährstoffe für das nächste Jahr in ihren Speicherorganen gesammelt. Laubbäume und viele andere Holzgewächse werfen ihre Blätter im Herbst ab. Während der Winterruhe erfolgt kein Wachstum mehr und die meisten Lebensvorgänge sind stark eingeschränkt.

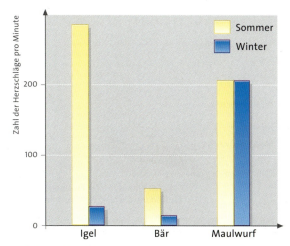

3 Zahl der Herzschläge pro Minute im Sommer und im Winter.

4 Tiefseefisch mit Leuchtorganen und Zwergmännchen

Angepasstheit von Pflanzen und Tieren

WISSEN VERNETZT: Angepasstheit von Pflanzen und Tieren

A Eichhörnchen und Baummarder

A

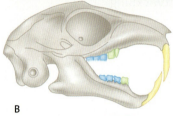
B

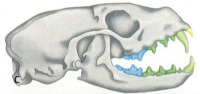
C

D

Eichhörnchen und Baummarder sind hervorragende Kletterer. Mit den Krallen an Fingern und Zehen können sie sich beim Klettern und Springen gut an der Baumrinde festhalten. Eichhörnchen öffnen gerne Nüsse und Zapfen und fressen die Pflanzensamen. Marder dagegen ernähren sich von tierischer Beute wie zum Beispiel Mäusen, Hasen und Vögeln.

Aufgaben
1. *Vergleiche Schädel und Zähne von Eichhörnchen und Baummarder und ziehe Schlussfolgerungen.*
2. *Beschreibe die Überwinterung des Eichhörnchens und stelle begründete Vermutungen zur Überwinterung des Baummarders an.*
3. *Stelle Überlegungen an, inwieweit diese beiden Tierarten verwandt sein können.*

B Überleben im Winter

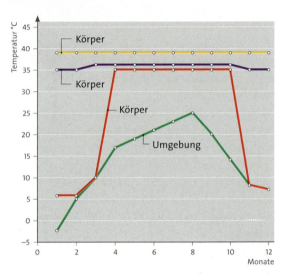

Der Winter ist für viele Lebewesen eine schwierige Jahreszeit. Säugetiere überdauern diese Zeit auf unterschiedliche Art und Weise. Manche bleiben wach, andere schränken in der Winterruhe ihre Aktivitäten deutlich ein oder sinken in tiefen Winterschlaf.

Aufgabe
1. *Beschreibe das abgebildete Diagramm und erläutere die Kurvenverläufe.*
2. *Ordne den in der Abbildung aufgeführten Kurven jeweils eine passende Tierart zu.*

C Der Fuß eines Kamels

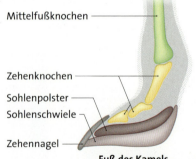

Mittelfußknochen

Zehenknochen
Sohlenpolster
Sohlenschwiele
Zehennagel

Fuß des Kamels (Seitenansicht) **Fuß des Kamels (Skelett von vorne)**

Bei Kamelen ist der Teil des Fußes, mit dem der Untergrund berührt wird, stark verbreitert. Hier sind dicke Polster ausgebildet, welche vorwiegend aus Fettgewebe bestehen.

Angepasstheit von Pflanzen und Tieren

Aufgaben

1. Vergleiche den Fuß eines Kamels mit dem Fuß eines Rindes. Stelle Gemeinsamkeiten und Unterschiede fest.
2. Begründe die Funktion der Fußpolster. Nimm Stellung zu der Vermutung, dass hier eine Angepasstheit an den Lebensraum vorliegt.

D Das große Sackmaul Saccopharynx

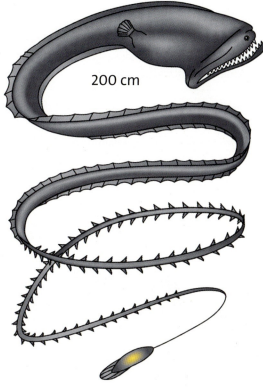

Das Sackmaul ist ein zwei Meter langer Fisch mit einem sehr großen Maul, das weit aufgeklappt werden kann. Der Magen ist enorm dehnungsfähig. Am Ende des verlängerten Schwanzes findet man ein leuchtendes Gewebe.

Aufgaben

1. Beschreibe aufgrund der Hinweise aus Text und Abbildung den Lebensraum, den das Sackmaul bewohnt.
2. Begründe den deutschen Namen »Sackmaul« des Fisches. Berücksichtige Zusammenhänge zwischen Struktur und Funktion sowie die Angepasstheit.

E Blattquerschnitt bei der Seerose

A

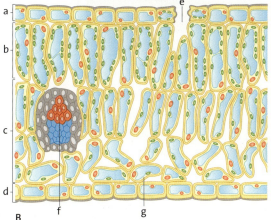

B

Die Seerose ist eine Wasserpflanze, deren Blätter auf der Wasseroberfläche schwimmen (Bild A). Ein Blattquerschnitt zeigt einige Besonderheiten (Bild B).

Aufgaben:

1. Ordne den Buchstaben a bis g in Bild B die entsprechenden Begriffe zu.
2. Nenne die Besonderheiten im Blattaufbau. Stelle begründete Vermutungen an, inwieweit es sich hier um Angepasstheiten der Seerose handelt.

F Maiglöckchen

Maiglöckchen findet man in Laubwäldern an feuchten Stellen. Im Frühjahr erscheinen Blätter und Blüten. Gegen Ende des Frühjahrs verwelken die oberirdischen Teile. Im nächsten Jahr werden aus Knospen des unterirdischen Erdsprosses neue Blätter und Blüten gebildet.

Aufgaben

1. Erläutere den Lebenszyklus des Maiglöckchens.
2. Begründe das zeitliche Auftreten des Maiglöckchens.

Bau und Leistungen des menschlichen Körpers

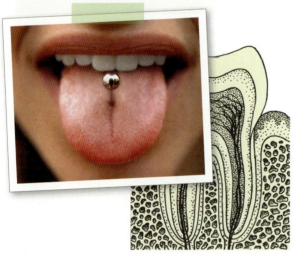

Zungenpiercing fördert Karies

Zahnärzte sind der Meinung, dass Piercings an der Zunge Karies fördern. Beim Essen und Sprechen schlagen nämlich die Metallteile ständig gegen den Zahnschmelz der Zähne und beschädigen ihn.

1. Beschreibe die Entstehung von Karies. Nutze dazu auch dein Biologiebuch.
2. Begründe die ablehnende Haltung der Zahnärzte gegen Zungenpiercing.

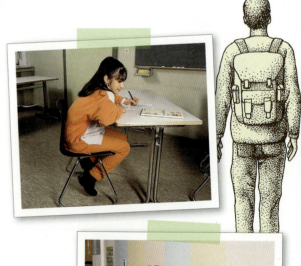

Falsche Körperhaltung

Die abgebildeten Körperhaltungen begünstigen das Entstehen von Haltungsschäden.

1. Begründe diese Aussage.
2. Erläutere Verhaltensregeln zur Vermeidung von Haltungsschäden.

Bau und Leistungen des menschlichen Körpers

Rückenschwimmen ist besonders gesund

Sportmediziner bezeichnen das Rückenschwimmen als eine für die Gesunderhaltung des Körpers besonders geeignete Sportart.

1. Informiert euch in Fachbüchern und begründet diese Aussage.
2. Interviewt Sportlehrkräfte und tragt eure Ergebnisse in der Gruppe vor.

Eine Kerze brennt

Führt das Experiment wie abgebildet durch.

1. Beschreibt die Ergebnisse.
2. Stellt selbst Fragen und sucht Erklärungen.
3. Stellt einen Zusammenhang zwischen diesem Experiment und der Atmung her.

Skelettvergleich von Wirbeltieren

Auch der Mensch gehört zu den Wirbeltieren.

1. Bildet drei Gruppen. Jeweils eine Gruppe vergleicht den Aufbau des menschlichen Skeletts mit dem
    a) Skelett des Maulwurfs
    b) Skelett der Zauneidechse
    c) Vogelskelett
   Nutzt zur Bearbeitung die Informationen aus eurem Biologiebuch. Fasst die Ergebnisse der einzelnen Gruppen danach in sinnvoller Weise zusammen.
2. Begründet jeweils die Struktur und Funktion der verschiedenen Skelette als Angepasstheit der Lebewesen an ihren Lebensraum.

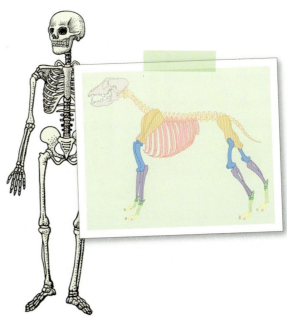

1 Der Körper des Menschen

Körpergliederung. Alle Menschen sind sich in der äußeren Gestalt und im inneren Bauplan ähnlich. Der Körper gliedert sich in Kopf, Rumpf und Gliedmaßen. Der Rumpf setzt sich aus Hals-, Brust- und Bauchabschnitt zusammen. Im Brust- und Bauchabschnitt sind die meisten inneren Organe angeordnet. Der Halsabschnitt des Rumpfes trägt den Kopf, wobei Hals und Kopf beweglich miteinander verbunden sind. Am Rumpf befinden sich die Vorder- und Hintergliedmaßen, die beim Menschen als Arme und Beine bezeichnet werden. Die Gliedmaßen zeigen Besonderheiten im Bau und können deshalb verschiedene Aufgaben erfüllen.

Innerer Bau. Der menschliche Körper ist aus etwa 60.000 Milliarden Zellen aufgebaut. Jede Zelle erfüllt ganz bestimmte Funktionen. Zusammen mit ihren Nachbarzellen, die in Struktur und Funktionen übereinstimmen, bildet sie ein **Gewebe**. So bestehen große Teile des Gehirns aus Geweben von Nervenzellen. Mit ihrer Hilfe können zum Beispiel Informationen aus der Umwelt verarbeitet und mit passenden Befehlen beantwortet werden. Andere Gewebe des Gehirns sichern die Versorgung mit Nährstoffen oder schützen die empfindlichen Nervenzellen.

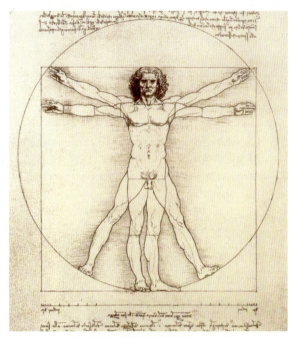

1 Der äußere Körperbau des Menschen nach Leonardo DA VINCI (15. Jahrhundert)

 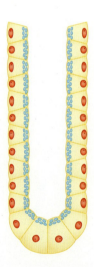 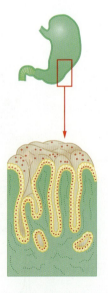 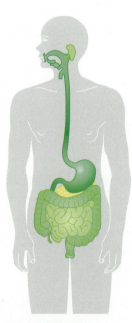 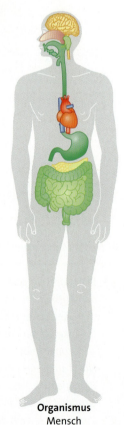

Zelle – Zelle der Magenschleimhaut
Gewebe – Zellgewebe aus der Magenschleimhaut
Organ – Magen
Organsystem – Verdauungssystem
Organismus – Mensch

2 Organisationsstufen des menschlichen Organismus

Die verschiedenen Gewebe, hier des Gehirns, bilden zusammen ein **Organ.** Nur zusammen können die Gewebe die Funktionen des Organs erfüllen.

Organsysteme des Menschen. Der Kehlkopf, die Luftröhre und die beiden Lungenflügel dienen der Atmung des Menschen. Sie versorgen den Körper mit Sauerstoff und transportieren das Stoffwechselprodukt Kohlenstoffdioxid aus dem Körper heraus. Somit gewährleisten sie gemeinsam eine wichtige Lebensfunktion und bilden ein Organsystem. Auch die Verdauung läuft über ein **Organsystem.** Es besteht aus Speiseröhre, Magen und verschiedenen Darmabschnitten. Die Ausscheidung verläuft über die Nieren, die im Stoffwechsel entstandene, oft giftig wirkende Abfallprodukte aus dem Blut filtern. Diese werden zunächst in der Harnblase gesammelt und später über den Harnleiter mit dem Urin ausgeschieden. Das Herz und die Blutgefäße transportieren und verteilen Stoffe in alle Teile des Körpers. Sie bilden das Herz-Kreislaufsystem.

Organismus. Organsysteme können immer nur einen Teil der im menschlichen Körper ablaufenden Funktionen erfüllen. Deshalb ergänzen sich mehrere Organsysteme in ihren Funktionen. Der Ausfall jedes einzelnen Systems ist lebensbedrohlich. Alle Organsysteme zusammen bilden den **Organismus.**

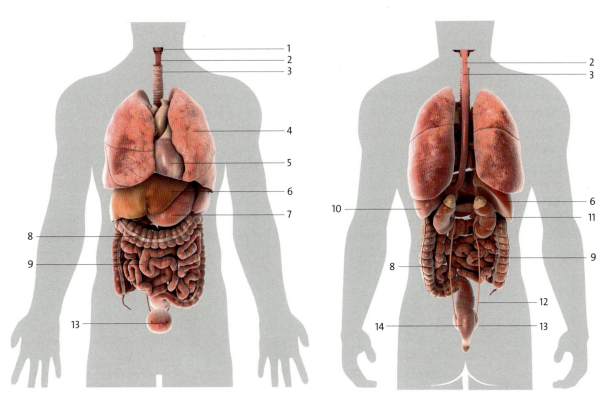

3 Innere Organe des Menschen. **A** Vorderansicht; **B** Rückenansicht; **1** Kehlkopf; **2** Speiseröhre; **3** Luftröhre; **4** Lunge; **5** Herz; **6** Leber; **7** Magen; **8** Dickdarm; **9** Dünndarm; **10** Milz; **11** Niere; **12** Harnleiter; **13** Harnblase; **14** Enddarm mit After

---

Aufgaben

1. *Vergleiche die in Abbildung 3 dargestellte Vorderansicht und Rückenansicht des Menschen. Nenne Organe, die nur in der Vorderansicht beziehungsweise nur in der Rückenansicht zu sehen sind.*
2. *Bei der Ausscheidung der im Stoffwechsel entstandenen Abfallprodukte aus dem Blut wirken mehrere Organe zusammen. Beschreibe dieses Zusammenwirken. Erläutere, weshalb man hier von einem Organsystem spricht.*
3. *Begründe, dass ein Herzversagen zum Tod eines Menschen führen kann.*

2 Ernährung und Verdauung

2.1 Unsere Nahrungsmittel bestehen aus verschiedenen Stoffen

Vielfalt an Nahrungsmitteln. Supermärkte bieten ein breites Angebot an unterschiedlichen Waren. Besonders wichtig sind dabei die Lebensmittel, die den Menschen als Nahrung dienen. Sie füllen viele Regale und kommen aus verschiedenen Teilen der Welt. Da einige Lebensmittel leicht verderben können, ist auf ihrer Verpackung stets ein Mindesthaltbarkeitsdatum aufgedruckt. Außerdem sind auf den Etiketten die Inhaltsstoffe des Lebensmittels angegeben. Auch die Menge der jeweils verwendeten Stoffe und Zutaten ist dort aufgeführt.

Inhaltsstoffe. Lebensmittel sind meist aus verschiedenen Bestandteilen zusammengesetzt. Der Hauptanteil der Inhaltsstoffe wird bei fast allen Lebensmitteln von drei Gruppen gebildet: den **Kohlenhydraten**, den **Eiweißstoffen** und den **Fetten**. Weil diese Stoffe den wichtigsten Beitrag für die Ernährung leisten, werden sie **Nährstoffe** genannt.

Kohlenhydrate. Kohlenhydrate sind besonders in pflanzlichen Nahrungsmitteln wie Getreideprodukten, Kartoffeln, Gemüse und Obst zu finden. Aber auch in Süßigkeiten, Kuchen, Eis und Limonaden sind sie enthalten. Kohlenhydrate kommen in unter-

1 Vielfältiges Angebot an Lebensmitteln

schiedlicher Form vor. Als Zucker süßen sie zum Beispiel Speisen und Getränke. Kartoffeln, Reis, Hülsenfrüchte und Getreideprodukte wie Haferflocken, Brot und Nudeln enthalten ein anderes Kohlenhydrat. Sie bestehen hauptsächlich aus Stärke.

Eiweißstoffe. Seinen Bedarf an Eiweißstoffen deckt der Mensch vorwiegend über tierische Lebensmittel. Dazu gehören Fisch, Eier, Fleisch und Wurstwaren sowie Milch und Milchprodukte. Aber auch Pflanzensamen wie Bohnen, Erbsen, Linsen und Sojabohnen beinhalten erhebliche Mengen an Eiweißstoffen. Mais und Getreidekörner sowie die daraus hergestellten Vollkornwaren liefern ebenfalls Eiweißstoffe.

Nährwerte	pro 100 ml	pro Teller (250 ml)
Brennwert (Energiegehalt)	162 kJ	405 kJ
Eiweißstoffe	1,4 g	3,5 g
Kohlenhydrate	7,1 g	17,8 g
Fette	0,5 g	1,3 g

2 Buchstabensuppe. **A** Teller mit Suppe; **B** Angaben auf einer Packung Buchstabensuppe

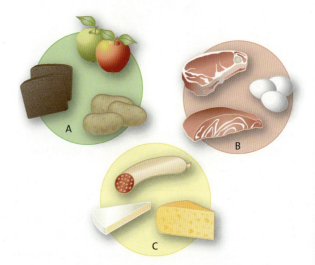

3 Nahrungsmittel. **A** Hoher Gehalt an Kohlenhydraten; **B** hoher Gehalt an Eiweißstoffen; **C** hoher Gehalt an Fetten

Nahrungsmittel (jeweils 100 g)	Eiweißstoffe	Fette	Kohlenhydrate	Wasser
Rindfleisch	22	4		74
Speisefisch	18	4		78
Eier (roh)	13	12	1	74
Vollmilch	3	3,5	4,5	89
Butter	1	83	1	15
Käse (Brie)	26	30	1	43
Vollkornbrot	7	2	42	49
Kartoffeln	2		18	80
Spinat	3		4	93
Äpfel			14	86
Pommes frites	4	8	34	54
Pizza	9	9	25	57
Bratwurst	13	33		54

4 Bestandteile von Lebensmitteln

Fette. Fette finden sich sowohl in tierischen als auch in pflanzlichen Produkten. Speck, Schmalz, Butter, Sahne, Käse und Wurst bestehen überwiegend aus Fett oder sind zumindest sehr fetthaltig. Doch auch Nüsse, Oliven und Sonnenblumenkerne besitzen hohe Anteile an Fetten. Speiseöle und Margarine werden aus solchen fetthaltigen Pflanzensamen oder Samenschalen gewonnen. Einige Nahrungsmittel weisen hohe Fettgehalte auf, obwohl sie dort nicht vermutet werden. So finden sich zum Beispiel in Pommes frites und Chips erhebliche Mengen an Fett, weil sie in heißem Öl frittiert werden. Solche Anteile werden als „versteckte" Fette bezeichnet.

Ballaststoffe, Vitamine, Mineralstoffe. Außer den Nährstoffen und Wasser sind in Nahrungsmitteln noch andere Inhaltsstoffe zu finden. So enthalten Salate, Gemüse, Obst und Vollkornprodukte Substanzen, die vom menschlichen Körper nicht oder kaum verwertet werden können. Dabei handelt es sich um Faserbestandteile der Pflanzen, die als **Ballaststoffe** bezeichnet werden. Dazu gehört zum Beispiel die Zellulose. Diese Stoffe sind jedoch keineswegs überflüssig, sondern erfüllen wichtige Aufgaben bei der Ernährung und bei der Verdauung. Sie quellen auf ihrem Weg durch Magen und Darm auf und regen so die Muskeln und Drüsen der Verdauungsorgane zu verstärkter Tätigkeit an. Damit tragen sie wesentlich zu einem Sättigungsgefühl bei und verkürzen den Aufenthalt des Speisebreis im Darm. So wird Verstopfungen vorgebeugt. Darüber hinaus verkleinern sie das Risiko für eine Reihe von Erkrankungen und binden Schadstoffe.

Außerdem finden sich in fast allen Lebensmitteln noch **Vitamine** und **Mineralstoffe.** Sie werden für viele Vorgänge im Körper benötigt und sind deshalb für die Gesundheit unverzichtbar. Insbesondere Obst, Gemüse und Vollkornprodukte sowie Milch und Milcherzeugnisse tragen zu einer ausreichenden Versorgung mit diesen Wirkstoffen bei.

Aufgaben

1. *Schneide aus mindestens fünf Lebensmittelverpackungen die Angaben zu den Inhaltsstoffen und den Nährwerten aus und klebe sie in deine Mappe. Schreibe dazu, von welchen Lebensmitteln sie stammen. Vergleiche die Angaben miteinander.*
2. *In Abbildung 4 sind weder die Ballaststoffe noch die Vitamine oder die Mineralstoffe enthalten. Erkläre dies.*
3. *In der Abbildung 4 sind einige Produkte aufgeführt, die aus anderen, ebenfalls dort aufgeführten Produkten hergestellt werden. Nenne diese Produkte, vergleiche die Zusammensetzungen und ziehe Schlussfolgerungen.*

2.2 Aufbau von Nährstoffen

Aufbau aus Bausteinen. Ein Apfel kann süß oder sauer, rot, gelb oder grün, saftig oder trocken sein. Diese und weitere Eigenschaften werden von den chemischen Stoffen bedingt, die in dem Apfel enthalten sind. Unter anderem besteht er aus dem Kohlenhydrat Stärke, einem für die Ernährung des Menschen besonders wichtigen Nährstoff. Die Stärke wird im Apfelgewebe gespeichert. Sie besteht aus kettenartig aufgebauten Teilchen, die aus vielen kleineren Teilchen zusammengesetzt sind. Auch in Eiweißstoffen und Fetten sind jeweils viele kleine Bausteine zu großen Teilchen verknüpft.

1 Apfelstand auf dem Wochenmarkt

Kohlenhydrate. Viele Kohlenhydrate schmecken sehr süß. Dazu gehört Traubenzucker, die **Glucose.** Die Glucose besteht aus einzelnen, nicht miteinander verbundenen kleinen Teilchen. Deshalb bezeichnet man sie als Einfachzucker. Manche Kohlenhydrate setzen sich aus zwei Zuckerteilchen zusammen. Dann spricht man von einem Zweifachzucker. Hierzu gehört zum Beispiel der Haushaltszucker, die **Saccharose.** Sie entsteht durch Verknüpfung von je einem Teilchen Glucose und Fruchtzucker, der **Fructose.** Auch können sehr viele Glucoseteilchen perlschnurartig miteinander verbunden sein. Es entsteht ein Vielfachzucker, die **Stärke.** Stärke ist geschmacks- und geruchslos und sehr nahrhaft.

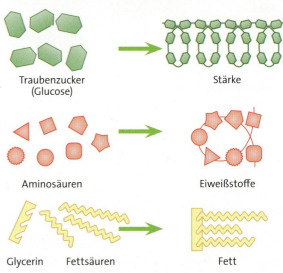

2 Aufbau der Nährstoffe aus einfachen Bausteinen (Schema)

Eiweißstoffe. Eiweißstoffe werden auch als **Proteine** bezeichnet. Sie sind aus einer Vielzahl von Bausteinen, den **Aminosäuren,** zusammengesetzt. In den Proteinen von Lebewesen kommen 20 unterschiedliche Aminosäuren vor. Diese sind zu kürzeren oder längeren Proteinketten verknüpft. Entsprechend groß ist die Vielfalt der daraus entstehenden Verbindungen. Der Körper enthält viele verschiedene Eiweißstoffe. Sie unterscheiden sich in der Kettenlänge, der Zahl der beteiligten Aminosäuren und ihrer jeweiligen Abfolge. Nur in Ausnahmefällen liegen die Proteine wie eine gestreckte Perlenkette vor. Meist sind Eiweißstoffe zusätzlich auch noch gefaltet, gewunden und ineinander verschlungen. Ganz so, als würde man eine lange Kette in der Hand zusammenknüllen. Dadurch bekommen die Eiweißstoffe charakteristische Eigenschaften.

Fette. Fette sind aus zwei unterschiedlichen Bausteinen zusammengesetzt: An einem Teilchen **Glycerin** hängen meist drei **Fettsäuren,** die gleich oder verschieden sein können. So wird durch die Kombination von unterschiedlichen Fettsäuren eine relativ große Vielfalt unterschiedlicher Fette erreicht.

---

❶ Vergleiche die Stoffgruppen Kohlenhydrate, Eiweißstoffe und Fett miteinander.

❷ Stelle in einer Schemazeichnung entsprechend der Abbildung 2 den Aufbau von Saccharose dar. Beziehe dich auf den Text und erkläre deine Zeichnung.

❸ Formuliere eine begründete Vermutung, weshalb manche Äpfel während ihrer Reifung immer süßer werden.

AUFGABEN UND VERSUCHE: Nachweis von Nährstoffen

A Nachweis von Stärke
Material: Iod-Kaliumiodid-Lösung; Pipette; mehrere Glasschälchen; Spatel; Stärke; Weißbrot; Traubenzucker; Eiklar; Butter; weitere Lebensmittel

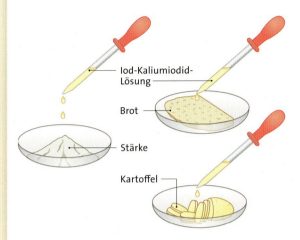

Durchführung: Gib eine Spatelspitze Stärke in ein Glasschälchen und betropfe sie mit Iod-Kaliumiodid-Lösung. Wiederhole den Versuch mit Weißbrot, Traubenzucker, Eiklar und Butter.

Aufgaben:
1. Notiere deine Beobachtungen und ziehe Schlussfolgerungen.
2. Untersuche ebenso weitere Lebensmittel wie Kartoffelscheiben, Haferflocken, Nudeln, Reis, Bananen und Fleisch. Werte deine Ergebnisse aus.

B Nachweis von Glucose (Traubenzucker)
Material: Glucose-Teststreifen; Bechergläser (50 ml oder 100 ml); Leitungswasser; Spatel; Glasstab; Traubenzucker; verschiedene Lebensmittel

Durchführung: Fülle zwei Bechergläser etwa halbvoll mit Wasser. Gib in eines davon eine Spatelspitze Traubenzucker und rühre mit dem Glasstab gut um. Tauche in beide Gläser jeweils kurz einen Teststreifen ein. Untersuche in gleicher Weise verschiedene Obst- und Gemüsesäfte sowie Limonaden auf Traubenzucker.

Aufgaben:
1. Notiere deine Beobachtungen und ziehe Schlussfolgerungen.

C Nachweis von Eiweißstoffen
Material: Reagenzgläser; Stopfen; Eiweiß-Teststreifen; Milch; Zitrone oder Speiseessig; Eiklar; Wasser

Durchführung: Fülle drei Reagenzgläser zu gut einem Drittel mit Milch. Versetze die Milch im ersten Reagenzglas mit Zitronensaft oder Speiseessig. Verschließe das zweite Reagenzglas mit einem Stopfen und schüttele es kräftig. Halte in die Milch im dritten Reagenzglas einen Eiweiß-Teststreifen. Wiederhole alle drei Versuche jeweils mit Leitungswasser beziehungsweise mit verdünntem Eiklar.

Aufgaben:
1. Notiere deine Beobachtungen und ziehe Schlussfolgerungen. Werte deine Ergebnisse aus.

D Nachweis von Fetten
Material: Filterpapier; Öl; Wasser; Glasstab; Bleistift; Zeitungspapier; verschiedene Lebensmittel wie Nüsse und Kuchen

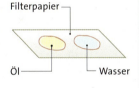

Durchführung: Gib mit dem Glasstab etwas Öl auf das Filterpapier und umrande den entstandenen Fleck mit dem Stift. Gib einen Tropfen Wasser daneben und markiere auch diese Stelle. Lass das Papier trocknen.

Aufgaben:
1. Halte das Filterpapier vor und nach dem Trocknen gegen das Licht und lege es auf eine bedruckte Zeitungsseite. Notiere deine Beobachtungen und ziehe Schlussfolgerungen.
2. Zerdrücke kleine Mengen Nüsse, Kuchen und andere Lebensmittel auf dem Filterpapier und werte deine Beobachtungen wie unter 1 aus.

2.3 Nahrung liefert Energie

Baustoffe. Dem Körper werden mit der Nahrung Stoffe zugeführt, die er in körpereigene Substanzen umwandelt. So werden zum Beispiel die Eiweißstoffe aus den Nahrungsmitteln dazu verwendet, neue Muskeln zu bilden. Zu reichlich aufgenommene Fette und Kohlenhydrate werden nach ihrer Umwandlung in den Fettzellen des Körpers gespeichert. Für diese und alle anderen Wachstums- und Aufbauvorgänge benötigt der Körper regelmäßig neue **Baustoffe.** Außerdem finden ständig Umbau und Reparaturvorgänge statt. Die äußeren Hautschichten werden einmal pro Monat vollständig erneuert. Manche Darmzellen werden nur ein bis zwei Tage alt, während Leberzellen nach zehn bis zwanzig Tagen absterben. Diese Zellen werden in entsprechender Zahl ersetzt. Auch Haare und Fingernägel wachsen fortwährend nach: Haare etwa einen Zentimeter, Nägel etwa zwei Millimeter pro Monat.

Betriebsstoffe. Der größere Teil der mit der Nahrung aufgenommenen Stoffe wird dazu verwendet, Energie zur Verfügung zu stellen. Der Körper braucht diese Energie für vielfältige Lebensfunktionen. Da die energiereichen Stoffe den Betrieb des Körpers aufrecht erhalten, werden sie auch als **Betriebsstoffe** bezeichnet. Selbst im Schlaf braucht der Körper ständig Energie, um alle Grundvorgänge ausführen zu können, die ihn am Leben erhalten. Dazu gehören die Atmung, der Herzschlag, die Verdauung und die Funktion des Gehirns. Bei intensiver Bewegung wird für die Tätigkeit der Muskeln viel zusätzliche Energie benötigt. Diese kann kurzfristig aus körpereigenen Reserven

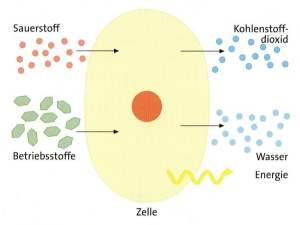

1 Vereinfachtes Schema zur Zellatmung

aufgebracht werden. Auf lange Sicht jedoch muss die Energie mit der Nahrung zugeführt werden.

Zellatmung. Nährstoffe werden bei der Verdauung zerkleinert. Die Bausteine werden dann mit dem Blut in alle Zellen des Körpers transportiert. Alle Nährstoffe bestehen aus chemischen Verbindungen, die Kohlenstoff enthalten. In diesen Verbindungen ist viel Energie gespeichert. Sie werden in den Zellen mithilfe von eingeatmetem Sauerstoff zu Kohlenstoffdioxid und Wasser abgebaut. In diesem Vorgang wird die chemisch gebundene Energie freigesetzt. Man bezeichnet ihn als **Zellatmung.** Ein Teil der Energie steht nun für alle Lebensvorgänge zur Verfügung. Der Rest der Energie wird als Wärme abgegeben. Sie hält den Körper des Menschen auf einer konstanten Temperatur von etwa 37 Grad Celsius.

Das entstandene energiearme Kohlenstoffdioxid wird mit dem Blut zur Lunge befördert und dort aus-

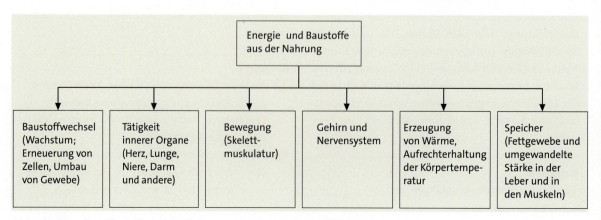

2 Verwendung der Nährstoffe und der in ihnen gespeicherten Energie im Körper

Bau und Leistungen des menschlichen Körpers

3 Energiegehalte veschiedener Lebensmittel in Kilojoule bei mittleren Größen beziehungsweise Portionen

geatmet. Dieses Gas ist zwar sehr leicht, enthält aber dennoch den Kohlenstoff, der vorher in den Nährstoffen einen wesentlichen Teil des Gewichts ausgemacht hat. Weil rund um die Uhr ohne Unterbrechung geatmet wird, werden so mit der Zeit beträchtliche Mengen Kohlenstoff an die Umgebungsluft abgegeben.

Energiegehalt. Der Energiegehalt von Nahrungsmitteln ist sehr unterschiedlich. Er hängt davon ab, aus welchen Nährstoffen die Lebensmittel zusammengesetzt sind. Außerdem spielt der Wasseranteil der Nahrungsmittel eine wichtige Rolle, da das Wasser keine Energie bereitstellt. Auf Lebensmittelverpackungen sind neben den enthaltenen Nährstoffen meist auch die Energiegehalte aufgeführt. Sie werden in Kilojoule (kJ) angegeben und manchmal auch als Brennwert bezeichnet. Die energiereichsten Nährstoffe sind die Fette. Sie enthalten pro Gramm 39 Kilojoule. Kohlenhydrate und Eiweißstoffe liefern dagegen nur 17 Kilojoule an Energie pro Gramm.

Energiebedarf. Der Bedarf an Nahrung und Energie unterscheidet sich von Mensch zu Mensch. Er ist abhängig von der körperlichen Tätigkeit, vom Alter, vom Geschlecht und von Größe und Gewicht. Der **Grundumsatz** dient der Aufrechterhaltung der Körperfunktionen und wird im Liegen bei Raumtemperatur ge-

messen. Er liegt zwischen 5000 und 8000 Kilojoule pro Tag. Schon im Sitzen ist der Energieumsatz etwas höher. Durch jede Tätigkeit erhöht sich der Energiebedarf weiter. Die über den Grundumsatz hinaus benötigte Energie wird als **Leistungsumsatz** bezeichnet. Bei sehr schwerer körperlicher Arbeit oder bei extrem anstrengender sportlicher Aktivität kann der Leistungsumsatz auf Werte von über 4000 Kilojoule pro Stunde ansteigen. Eine so intensive Beanspruchung des Körpers kann nicht über längere Zeit aufrecht erhalten werden. Der **Gesamtumsatz** ist die Summe aus Grund- und Leistungsumsatz.

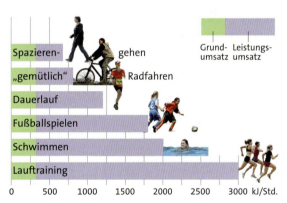

4 Durchschnittlicher Energieaufwand eines Schülers (45 Kilogramm) für verschiedene Tätigkeiten

---

Aufgaben

1. Beschreibe den Nutzen von Nährstoffen für den menschlichen Körper.
2. Gib den Unterschied zwischen Bau- und Betriebsstoffen an. Erläutere, ob ein Käsebrötchen eher für den Baustoffwechsel oder eher für den Betriebsstoffwechsel genutzt wird.
3. Nenne und erläutere Beispiele aus Natur und Technik, bei denen Stoffumsetzungen mit einer Freisetzung von Energie gekoppelt sind.

2.4 Zähne zerkleinern die Nahrung

Milchgebiss. Bei Schulkindern sind Zahnlücken ein vertrauter Anblick. In diesem Alter ist der Verlust von Zähnen nicht schlimm. Er ist Bestandteil des natürlichen Zahnwechsels beim Menschen.

Im Vorderkiefer eines Kleinkindes bricht etwa ein halbes Jahr nach der Geburt der erste kleine **Milchzahn** durch. In den nächsten 18 Monaten kommen 19 weitere Zähne hinzu. Diese 20 Zähne bilden dann für einige Jahre das Milchgebiss.

Dauergebiss. Ab dem sechsten Lebensjahr erscheinen die ersten bleibenden Zähne. Sie sind größer, härter und fester im Kiefer verankert als die Milchzähne. In den folgenden acht Jahren fallen alle Milchzähne aus und werden durch bleibende Zähne ersetzt. Zusätzlich wachsen weitere Backenzähne. Das vollständige **Dauergebiss** besteht aus 32 Zähnen. Oft brechen die hintersten Backenzähne sehr spät oder überhaupt nicht durch. Diese „Weisheitszähne" liegen manchmal quer im Kiefer. Wenn sie Schmerzen verursachen oder zu Fehlstellungen der übrigen Zähne führen, müssen sie gezogen werden.

Aufbau der Zähne. Die Zähne sind beim Kauen starken Belastungen ausgesetzt. Damit sie durch feste Nahrung nicht beschädigt werden, ist der sichtbare Teil mit hartem Zahnschmelz überzogen. Darunter

1 Lücken im Milchgebiss

befindet sich das Zahnbein. Es enthält in seinem Inneren das Zahnmark mit Blutgefäßen und Nervenfasern. Im Gegensatz zum Zahnschmelz ist es schmerzempfindlich. Die Zahnwurzeln stecken in Höhlungen des Kiefers und sind dort mit Zahnzement bedeckt. Über die Wurzelhaut und Haltefasern sind sie im umgebenden Kieferknochen befestigt.

Karies. Der Zahnschmelz ist das härteste Material im Körper des Menschen. Trotzdem kann es unter bestimmten Umständen zu Schäden an den Zähnen kommen. Die häufigste Zahnerkrankung ist **Karies** oder Zahnfäule. Zucker in Speisen und Getränken begünstigt das Wachstum von Bakterien auf den Zähnen. Bei mangelhafter Zahnpflege bildet sich mit der

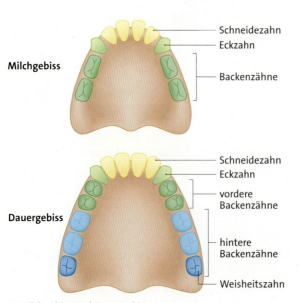

2 Milchgebiss und Dauergebiss

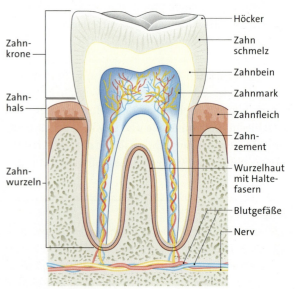

3 Aufbau eines Backenzahns

Zeit ein fester Belag, der Plaque genannt wird. Dieser ist fast unsichtbar und besteht aus Nahrungsresten und Speichelbestandteilen sowie aus Milliarden von Bakterien. Diese verwerten den Zucker und bilden dabei Säuren, die den Zahnschmelz angreifen. Im Laufe der Zeit wird der Zahnschmelz zerstört und es entstehen Löcher im Zahn. Ohne zahnärztliche Behandlung vergrößern sie sich rasch und können durch das Zahnbein bis in die Markhöhle vordringen. Dabei treten oft große Schmerzen auf. Ist das Loch noch nicht zu groß, kann es vom Zahnarzt ausgebohrt und mit einer Füllung verschlossen werden. Stark geschädigte Zähne müssen gezogen werden.

Parodontitis. Eine häufige Erkrankung des Gebisses ist die Zahnbettentzündung, die **Parodontitis.** Sie wird durch Plaque verursacht. Die in der Plaque enthaltenen Bakterien scheiden nicht nur Säuren, sondern auch noch andere schädliche Stoffe aus. Diese können zwischen Zahnfleisch und Zahn vordringen und Entzündungen hervorrufen. Das Zahnfleisch wird langsam abgebaut. Auch die Wurzelhaut und der Kieferknochen bilden sich zurück. Damit verlieren die betroffenen Zähne ihren Halt und fallen aus.

Zahnkrankheiten vorbeugen. Zur wirkungsvollen Vorbeugung gegen Zahnerkrankungen gehört regelmäßige und richtige Zahnpflege. Am besten nach jeder Mahlzeit, mindestens aber morgens und abends sollten die Zähne unter Beachtung einiger Regeln gründlich gereinigt werden. Eine fluorhaltige Zahncreme härtet dabei den Zahnschmelz.

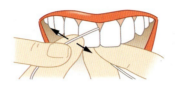

Die über die Daumen oder die Zeigefinger gespannte Zahnseide wird zwischen die Zähne geschoben und jeweils einige Male auf und ab bewegt.

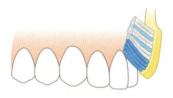

Mund gründlich ausspülen. Zahnbürste mit kurzem Kopf und abgerundeten Kunststoffborsten verwenden. Bürste leicht schräg am Zahnfleisch ansetzen.

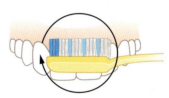

Die Außenflächen der Zähne mit kreisenden Bewegungen reinigen. Vom Zahnfleisch Richtung Zahn (von „rot" nach „weiß") mit größerem Druck putzen.

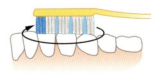

Bei den Kauflächen wird die Zahnbürste senkrecht zu der Zahnoberfläche gestellt. Auch hier mit kreisenden Bewegungen und leichtem Druck arbeiten.

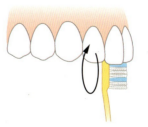

Zur Säuberung der Innenseiten der Zähne Bürste senkrecht ansetzen. Kleine kreisende Bewegungen mit größerem Druck von „rot" nach „weiß". Insgesamt: Keine Zähne auslassen und Mund nach dem Putzen ausspülen.

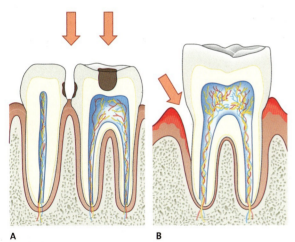

4 Zahnerkrankungen. **A** Karies; **B** Parodontitis

5 Regeln für die Zahnreinigung

Aufgaben

1. Das häufige Trinken von Cola und anderen süßen Getränken fördert Karies. Beschreibe die Entstehung von Karies.
2. Erläutere den Zusammenhang zwischen Karies und dem Trinken süßer Getränke.
3. Harte Zahnbürsten reinigen zwar gründlicher als weiche, können aber bei unsachgemäßem Gebrauch das Zahnfleisch und die Zahnhälse beschädigen. Erkläre diese Feststellungen.
4. Begründe, warum Piercings in Zunge und Lippen zu Karies führen können.

2.5 Verdauung der Nahrung

Verdauung. Mit der Nahrung erhält der Körper lebensnotwendige Stoffe. Darunter befinden sich die Kohlenhydrate, die besonders schnell Energie zur Verfügung stellen. Die Zellen des Körpers können aber nicht direkt mit den aufgenommenen Nahrungsmitteln versorgt werden. Die Nahrung muss dafür in ihren Bausteinen vorliegen. Nur diese werden vom Körper aufgenommen und in den Zellen weiterverarbeitet. Der Vorgang, der diese Zerlegung der Nahrung bewirkt, wird als **Verdauung** bezeichnet.

Nahrungsaufbereitung im Mund. Beim Anblick leckerer Speisen läuft einem „das Wasser im Mund zusammen". So beschreibt man manchmal die Abgabe von Speichel aus den Speicheldrüsen in die Mundhöhle. Der Speichel enthält **Enzyme.** Diese Wirkstoffe spalten Stärke, zum Beispiel im Mehl eines Brötchens, in Bruchstücke. Außerdem durchmischt der Speichel beim Kauen die Speisebrocken und macht sie gleitfähig. So rutscht der Speisebrei leichter durch die Speiseröhre in den Magen.

Magen. Im Magen wird der Speisebrei gespeichert und weiter vermischt. Die Innenwand des Magens ist mit einer faltigen Schleimhaut ausgekleidet.

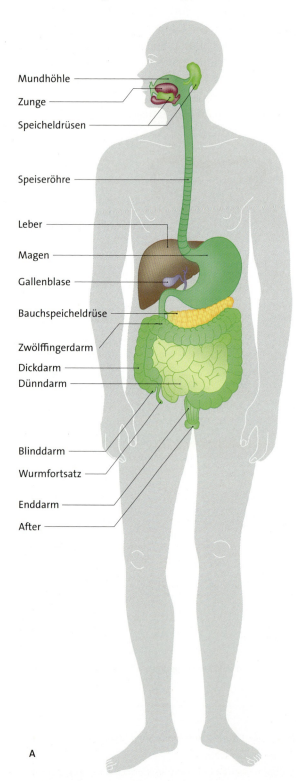
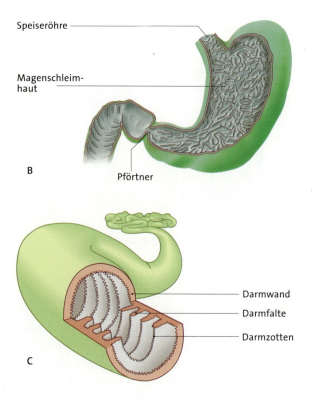

1 Verdauungsorgane des Menschen. **A** Der Weg der Nahrung; **B** Magen; **C** Dünndarm mit Falten und Zotten

In die Magenschleimhaut sind verschiedene Zellen eingebettet. Einige bilden den Magensaft. Er besteht unter anderem aus Salzsäure. Diese tötet mit der Nahrung aufgenommene Krankheitserreger ab. So wird der Körper vor Infektionen geschützt. Außerdem enthält der Magensaft ein Enzym, das Eiweißstoffe spaltet. Die Magenschleimhaut ist von einem zähen Schleim überzogen. Dieser wird von Zellen in der Schleimhaut abgegeben und schützt den Magen vor der Selbstverdauung.

Der Speisebrei bleibt ein bis fünf Stunden im Magen. Dann wird er durch einen Ringmuskel, den Magenpförtner, portionsweise in den Zwölffingerdarm abgegeben.

Dünndarm. Der Zwölffingerdarm ist der erste Abschnitt des drei bis fünf Meter langen Dünndarms. Hier wird die in Mund und Magen begonnene Verdauung fortgeführt. Dazu werden dem Speisebrei verschiedene Verdauungssäfte mit unterschiedlichen Enzymen zugesetzt. Sie stammen aus der Bauchspeicheldrüse und der Dünndarmschleimhaut. Stärke und Eiweißstoffe werden nun restlos in ihre Bestandteile zerlegt.

Fette sind bis hierhin noch nahezu unverändert. Sie werden nun durch den von der Leber gebildeten Gallensaft in sehr kleine Tröpfchen zerlegt. Damit wird ihr endgültiger Abbau durch Enzyme erleichtert. Diese Vorgänge dauern etwa drei bis neun Stunden. Eine große Zahl von Darmbakterien hilft bei der Verwertung der Nährstoffe. Die in der Nahrung enthaltenen Ballaststoffe werden nicht verdaut. Sie fördern aber die Darmtätigkeit und somit die Verdauung.

Oberflächenvergrößerung im Dünndarm. Die innere Oberfläche des Dünndarms wird durch zahllose Falten beträchtlich vergrößert. Bei näherer Betrachtung dieser Darmfalten erkennt man auf ihnen fingerförmige Ausstülpungen, die **Zotten.** Falten und Zotten sorgen für eine große Kontaktfläche zwischen dem Speisebrei und den Darmzellen. So können in kurzer Zeit viele Nährstoff-Bausteine durch die Wandzellen der Zotten hindurch in die Blutgefäße gelangen. Auf dem gleichen Weg werden auch Vitamine und Mineralstoffe aufgenommen und mit dem Blutstrom im Körper verteilt.

Dickdarm. Unverdauliche Reste der Nahrung gelangen aus dem Dünndarm in den Dickdarm. Hier wird dem Nahrungsbrei zehn bis dreißig Stunden lang Wasser entzogen. So wird aus dem Brei Kot. Dieser tritt in den Enddarm ein, wo er nach ein bis vier Tagen Stuhldrang hervorruft. Über den After verlassen die nicht verwerteten Reste der Nahrung den Körper.

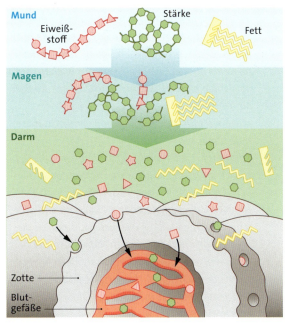

2 Verdauung der Nährstoffe

Aufgaben

1. Beschreibe die Veränderungen der Nahrung im Mundraum.
2. Nenne die Bestandteile des Magensaftes und erläutere ihre Wirkung. Erkläre auch, wovor und wie der Magen geschützt wird.
3. Erläutere die in Abbildung 2 dargestellten Vorgänge. Nutze deine Kenntnisse zum Aufbau der Nährstoffe.
4. Entwerft eine Wandzeitung, auf der ihr darstellt, welche Nährstoffe an welchem Ort in welcher Zeit verdaut werden.

AUFGABEN UND VERSUCHE: Ernährung und Verdauung

A Energiebedarf und „Energieverbrauch"

Material: Nährwerttabellen; Internetzugang; Pappkarton DIN A0; Papier; farbige Stifte; Kleber; Schere; Befestigungsmaterial; Taschenrechner

Durchführung: Berechne für zwei Tage deinen täglichen „Energieverbrauch". Fertige dazu eine Tabelle an. Trage dort jeweils für die gesamten 24 Stunden der zwei Tage deine ausgeführten Tätigkeiten ein. Notiere auch, wie lange du sie jeweils ausgeübt hast. Fertige ebenfalls für zwei Tage ein vollständiges Ernährungsprotokoll an. Führe in einer Tabelle jeweils alles auf, was du zu welcher Mahlzeit gegessen und getrunken hast. Notiere auch ungefähr die Mengen. Bildet nun Gruppen mit vier bis fünf Schülerinnen und Schülern.

Aufgaben

1. Ermittelt gemeinsam euren jeweiligen „Energieverbrauch" pro Tag. Multipliziert dazu für die verschiedenen Tätigkeiten den ungefähren durchschnittlichen Energiebedarf pro Stunde mit der jeweiligen tatsächlichen Dauer. Benutzt dazu Angaben aus dem Biologiebuch, aus Büchern aus der Schulbibliothek und aus dem Internet. Addiert die Werte. Berechnet für jeden von euch den Mittelwert für die zwei Tage und vergleicht diese miteinander.
2. Ermittelt für jeden von euch die mit der Nahrung täglich insgesamt zugeführte Energiemenge. Benutzt dazu Abbildung 3 auf Seite 181 und Nährwerttabellen aus anderen Büchern und Broschüren sowie aus dem Internet. Multipliziert die Mengen an aufgenommenen Nahrungsmitteln mit ihrem jeweiligen Energiegehalt. Berechnet für jeden von euch den Mittelwert für die zwei Tage und vergleicht diese miteinander. Diskutiert und bewertet die Unterschiede.
3. Vergleicht eure Energieaufnahme mit eurem „Energieverbrauch" und nehmt dazu Stellung.
4. Fertigt ein Informationsplakat an, auf dem ihr die Ergebnisse der Gruppenarbeit zusammenfasst und der übrigen Klasse präsentiert.
5. Erläutert, warum der Begriff Energieverbrauch in Anführungszeichen gesetzt ist

B Faktoren der Kariesentstehung

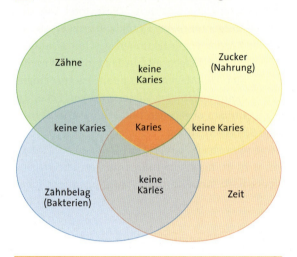

Aufgaben

1. Beschreibe die Abbildung.
2. Analysiere, was Z + Z + Z + Z = K bedeuten könnte.
3. Diskutiere, ob die Abbildung auch auf Parodontitis zutrifft.

C Die Wirkung des Speichels

Material: Becherglas (1 l); Thermometer; warmes Wasser (35–40 °C); zwei Reagenzgläser; Spatel; Stärke-Lösung; Iod-Kaliumiodid-Lösung; Glucose-Teststreifen; Speichel

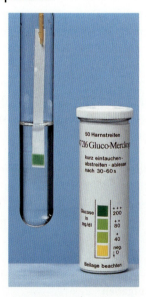

Durchführung: Die Stärke-Lösung wird hergestellt, indem man eine Spatelspitze Speisestärke in ca. 100 ml Wasser kurz aufkocht und abkühlen lässt. Gib in beide Reagenzgläser zehn Milliliter Speisestärke-Lösung und einige Tropfen Iod-Kaliumiodid-Lösung. Füge in eines der Reagenzgläser zwei Milliliter Wasser und in das andere zwei Milliliter Speichel hinzu und mische gut durch. Stelle beide Reagenzgläser in das Becherglas, das zu etwa einem Drittel mit 35 bis

40 Grad Celsius warmem Wasser gefüllt ist. Schüttle und beobachte die beiden Reagenzgläser jeweils nach einer, nach zwei und nach drei Minuten. Teste nach einer halben Stunde die Lösungen in beiden Reagenzgläsern mit den Glucose-Teststreifen auf Traubenzucker (vergleiche Seite 179).

Aufgaben
1. Beschreibe die Ergebnisse.
2. Werte die Ergebnisse hinsichtlich der Inhaltsstoffe aus.
3. Formuliere begründete Vermutungen zur Wirkung des Speichels.
4. Erläutere, warum in einem Reagenzglas statt Speichel Wasser zu der Lösung hinzugefügt wurde.

D Die Wirkung des Gallensaftes

Material: 2 Reagenzgläser; Gummistopfen; Wasser; Speiseöl; Pipette; Gallensaft (vom Metzger)
Durchführung: Fülle die beiden Reagenzgläser zu je etwa einem Drittel mit Wasser. Gib mit einer Pipette jeweils etwa acht Tropfen Speiseöl dazu. Füge in eines der beiden Reagenzgläser drei Tropfen Gallensaft hinzu. Verschließe die beiden Reagenzgläser und schüttle sie kräftig durch.

Aufgaben
1. Beschreibe, wie der Inhalt der Reagenzgläser sofort nach dem Schütteln und fünf Minuten später aussieht.
2. Erkläre die Wirkung des Gallensaftes und erläutere seine Bedeutung bei der Verdauung.

E Die Wirkung des Bauchspeichelextrakts

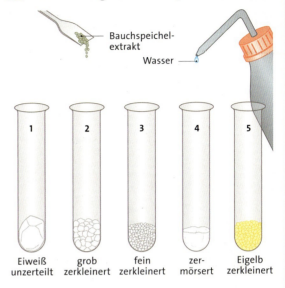

Material: Ein hart gekochtes Ei; 11 Reagenzgläser; wasserfester Stift; Mörser; Gabel; Spatel; Becherglas (1 l); Bauchspeichelextrakt (Pankreatin)
Durchführung: Zerteile ein gekochtes Ei. Trenne Eigelb und Eiweiß. Gib jeweils in ein Reagenzglas etwa einen Zentimeter hoch ein Stück Eiweiß, etwas grob zerkleinertes, fein zerkleinertes und zermörsertes Eiweiß. Fülle in das fünfte Reagenzglas zerkleinertes Eigelb. Beschrifte die Gläser. Fülle nun alle fünf Reagenzgläser etwa bis zur Hälfte mit Wasser auf. Füge jeweils eine Spatelspitze Bauchspeichelextrakt hinzu. Schüttle alle Gläser durch. Fülle eine zweite Serie von fünf Reagenzgläsern wie beschrieben mit Ei und Wasser, aber ohne Bauchspeichelextrakt. Beschrifte auch diese Gläser.
Ein elftes Glas wird gleich hoch nur mit Wasser und Bauchspeichelextrakt gefüllt. Stelle alle elf Reagenzgläser an einen Ort mit mindestens Raumtemperatur. Beobachte die Gläser nach einer Stunde, nach einem Tag und nach zwei oder mehr Tagen. Schüttle den Inhalt der Gläser zwischenzeitig einige Male.

Aufgaben
1. Protokolliere die auftretenden Veränderungen.
2. Entwickle eine Hypothese zur Wirkung des Bauchspeichels.
3. Erläutere in diesem Zusammenhang den Satz: „Gut gekaut ist halb verdaut".

3 Bewegung ist Teamarbeit des ganzen Körpers

3.1 Das Skelett

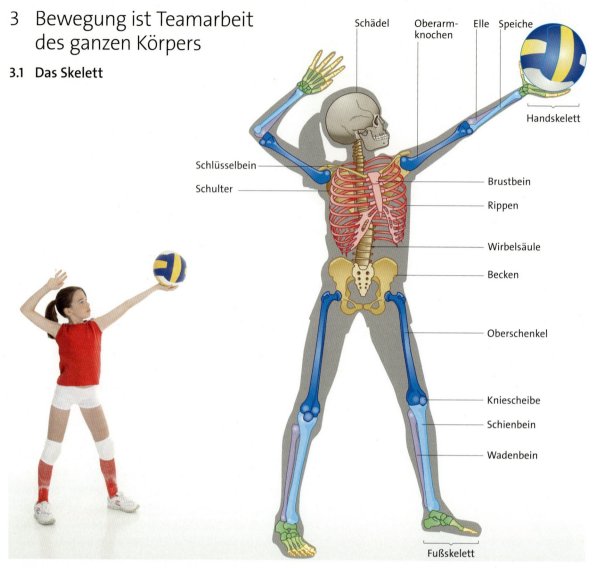

1 Das Skelett des Menschen

Beweglich und doch stabil. Die Volleyballerin bewegt sich elegant und anmutig. Nach einem Sprung schlägt sie den Ball über das Netz. Anschließend landet sie federnd auf den Zehenspitzen. Sofort läuft sie rückwärts und erwartet mit ausgestreckten Armen den wieder zurückgespielten Ball. Für diesen Spielzug muss die Sportlerin nicht nur große Kraft aufbringen, ihr Körper muss auch enorme Stöße und Erschütterungen abfangen. Der menschliche Körper ist sehr beweglich, weist aber trotzdem hohe Festigkeit und Stabilität auf. Dies wird durch das **Skelett,** ein Grundgerüst aus **Knochen,** gewährleistet. Das menschliche Skelett setzt sich aus über 200 Knochen von unterschiedlicher Form und Größe zusammen

Das Kopfskelett. Das Kopfskelett nennt man Schädel. Man unterscheidet zwei Teile. Der Gehirnschädel ist eine hohle Knochenkapsel, die von eng miteinander verzahnten Knochenplatten gebildet wird. In diesem Hohlraum ist das empfindliche Gehirn vor Stößen und Verletzungen gut geschützt. Mit dem Gehirnschädel verwachsen ist der Gesichtsschädel. Hier befinden sich unter anderem die beiden Augenhöhlen, das Nasenbein und die Kieferknochen. Diese sind mit Zähnen besetzt. Der Oberkiefer ist unbeweglich. Der Unterkiefer wird in den Kiefergelenken nicht nur auf und ab, sondern auch seitlich hin und her bewegt. So kann die Nahrung zwischen den Zähnen zerkaut werden.

Bau und Leistungen des menschlichen Körpers

Das Rumpfskelett. Die Wirbelsäule ist die Stützachse des Rumpfskelettes. Im Brustbereich sind an ihr zwölf Paar bogenförmige Rippen befestigt, die mit dem Brustbein verbunden sind. Rippen und Brustbein bilden den beweglichen Brustkorb. Er schützt die Lungen und das Herz. Im unteren Teil des Rumpfes ist die Wirbelsäule fest mit dem Becken verwachsen. Dieses ist wie eine Schüssel geformt und trägt die Organe des Bauches.

Das Armskelett. Das Armskelett besteht aus dem Oberarmknochen sowie der Elle und der Speiche im Unterarm. Die Handwurzelknochen und die Mittelhandknochen bilden die Handfläche, die Fingerknochen die einzelnen Finger der sehr beweglichen Greifhand. Das Armskelett ist über Schulterblatt und Schlüsselbein an der Wirbelsäule befestigt.

Beinskelett. Das Beinskelett hat einen ähnlichen Grundaufbau wie das Armskelett. Der kräftige Oberschenkelknochen sowie das Schienbein und das Wadenbein sorgen für Stabilität und Beweglichkeit.

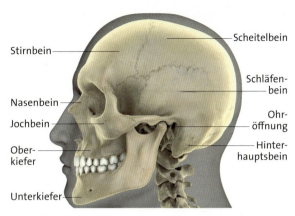

2 Kopfskelett

Das Gelenk zwischen Oberschenkel und Unterschenkel ist das Knie. Hier befindet sich ein zusätzlicher plattenartiger Knochen, die Kniescheibe. Der Fuß ist wie die Hand ebenfalls aus vielen einzelnen Knochen aufgebaut. Sie sind so miteinander verbunden, dass sie unter dem Fuß ein kleines Gewölbe bilden. Es dient zur Abfederung von Stößen. Das Beinskelett ist über das Becken mit dem Rumpfskelett verbunden.

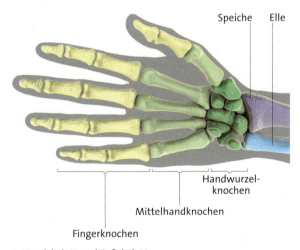
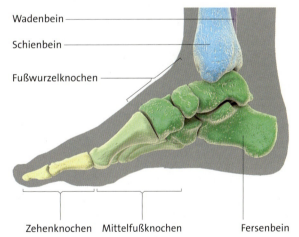

3 Handskelett und Fußskelett

Aufgaben

1. Ertaste mit den Fingern deine Kiefergelenke. Führe nun Kaubewegungen durch und beschreibe deine Beobachtungen.
2. Strecke einen Arm waagerecht nach vorne und halte die Handfläche nach unten. Drehe dann die Handfläche nach oben und beobachte dabei Unterarm und Oberarm. Erkläre, wie die Drehbewegung zustande kommt. Begründe mithilfe des in der Biologiesammlung vorhandenen Armskeletts.
3. Bei manchen Menschen ist ein Bein zum Beispiel um einen Zentimeter kürzer als das andere. Formuliere eine begründete Vermutung, welche Folgen dieser Unterschied für den betreffenden Menschen haben könnte.

3.2 Die Wirbelsäule

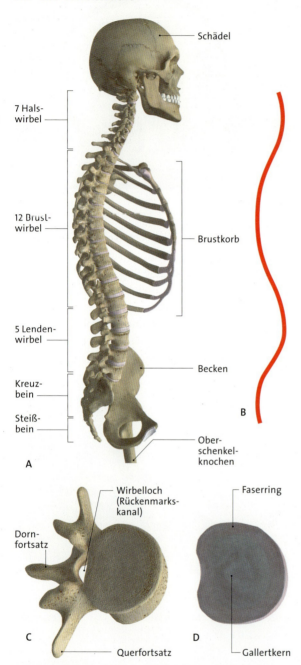

1 Aufbau der Wirbelsäule. A Seitenansicht; B Schema zur doppelt-S-förmigen Krümmung; C Wirbelkörper; D Bandscheibe

Bau der Wirbelsäule. Die Wirbelsäule trägt die Last von Kopf, Hals, Rumpf und Armen und erfüllt damit eine wichtige Haltefunktion. Außerdem ermöglicht sie Bewegungen des Körpers in alle Richtungen. Die Wirbelsäule weist einen gegliederten Bau auf. Dieser ermöglicht große Stabilität und Beweglichkeit.
Die Wirbelsäule besteht aus sehr widerstandsfähigen Knochen, den **Wirbeln.** Die Wirbel der Hals-, Brust- und Lendenwirbelsäule sind durch spezielle Gelenke und Bänder beweglich miteinander verbunden. Besonders die Hals- und die Lendenwirbelsäule weisen eine große Beweglichkeit auf. Die Wirbelknochen des Kreuzbeins und des Steißbeins sind hingegen starr miteinander verwachsen. Das Kreuzbein verbindet die Wirbelsäule mit dem Becken. Das Steißbein ist der verkümmerte Rest einer Schwanzwirbelsäule.

Doppelt-S-förmig. Bei einem aufrecht stehenden Menschen zeigt die Wirbelsäule eine doppelt-S-förmige Krümmung. Ein „S" beginnt am Ansatz des Kopfes an der Halswirbelsäule und endet in der Mitte der Brustwirbelsäule. Am Ende des ersten „S" beginnt das zweite „S". Diese besondere Form der Wirbelsäule wirkt wie eine Feder, die auch starke Stöße und Belastungen abfangen kann.

Rückenmark und Bandscheiben. Die Wirbel tragen knöcherne Fortsätze. Diese dienen der Befestigung von Bändern und der Rückenmuskulatur. In den Wirbellöchern verläuft ein Strang von Nervenfasern, das **Rückenmark.** Durch die Wirbelfortsätze werden die empfindlichen Nerven zusätzlich geschützt. Eine Besonderheit im Aufbau der Wirbelsäule sind die Zwischenwirbelscheiben oder **Bandscheiben.** Sie sind sehr elastisch und bestehen aus einem inneren Gallertkern und einem äußeren Faserring. Die Bandscheiben verformen sich bei Belastung. Nach der Belastung nehmen sie wieder ihre ursprüngliche Form an. Diese besondere Eigenschaft verleiht ihnen beim Laufen oder Springen die Funktion eines Stoßdämpfers. Die Bandscheiben verhindern außerdem das Aneinanderreiben der Wirbelknochen.

Aufgaben

1. Beschreibe mithilfe der Abbildung 1 den Aufbau der Wirbelsäule.
2. Erkläre, wie die Wirbelsäule Stöße abfangen kann.
3. Erläutere das Fehlen oder Vorhandensein einer doppelt-S-förmigen Wirbelsäule bei einem Hund oder einer Katze.

3.3 Haltungsfehler können vermieden werden

Bandscheibenvorfall. Die Bandscheiben wirken wie ein Wasserkissen. Bei Belastung werden sie flacher, weil Flüssigkeit aus dem Gallertkern gepresst wird. Bei Entlastung wird die Flüssigkeit wieder in den Gallertkern aufgenommen. In besonders starken Belastungssituationen können die Bandscheiben zwischen den Wirbeln hervorgepresst werden. Durch diesen **Bandscheibenvorfall** werden Nervenfasern eingeklemmt. Heftige Schmerzen oder Lähmungen der Beine können die Folge sein. In diesem Fall kann dem Patienten mit einer Operation geholfen werden. Dabei wird das heraustretende Knorpelteil entfernt oder die gesamte Bandscheibe durch ein Bauelement aus Kunststoff ersetzt.

Haltungsschäden. Die natürliche Haltung der Wirbelsäule entsteht durch das Zusammenwirken von Knochen, Bändern und Muskeln. Sind die Muskeln geschwächt, verändert sich die Verteilung der Kräfte auf die Wirbelsäule. Damit verändert sich auch die natürliche Haltung der Wirbelsäule. Auf diese Weise

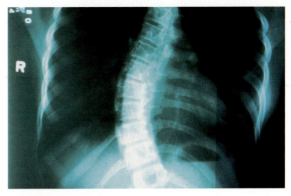

1 Verkrümmung der Wirbelsäule

kann mit der Zeit ein Haltungsschaden der Wirbelsäule entstehen, zum Beispiel eine Wirbelsäulenverkrümmung. Durch gezielte Übungen mit einem Physiotherapeuten sollen die verkümmerten Rücken-, Bauch- und Beckenmuskeln des Patienten gekräftigt werden. Ein Haltungsschaden kann auch durch häufige einseitige Belastung der Wirbelsäule entstehen. Beim Sitzen in der Schule oder am Computer, beim Anheben von Lasten und beim falschen Tragen von Schultaschen ist die Wirbelsäule schnell einseitigen Belastungen ausgesetzt.

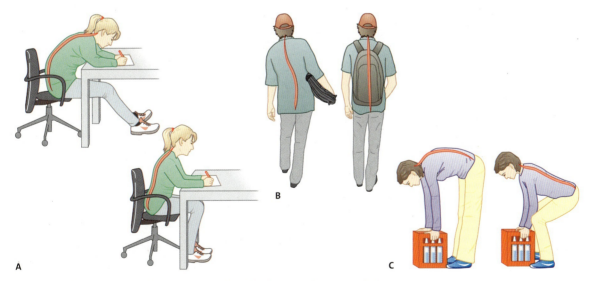

2 Richtige und falsche Körperhaltung. **A** Sitzen; **B** Rucksack tragen **C** Lasten anheben

Aufgaben

1. Beschreibe die Funktionsweise einer Bandscheibe.
2. Nenne Situationen im Alltag, die zu einer Fehlbelastung der Wirbelsäule führen können.
3. Stelle eine Hypothese auf, warum Menschen abends zwei Zentimeter kleiner sind als morgens.

3.4 Knochen und Gelenke

Oberschenkelknochen. Ein menschlicher Oberschenkelknochen kann Belastungen von mehr als 1000 Kilogramm standhalten, ohne dass er bricht. Knochen weisen genau wie Zähne eine hohe Festigkeit auf. Im Gegensatz zu den Zähnen sind sie aber gleichzeitig auch biegsam. Die Kombination dieser beiden Eigenschaften macht die Knochen zu den stabilsten Bestandteilen des menschlichen Körpers.

Platten- und Röhrenknochen. Das menschliche Skelett besteht aus **Plattenknochen** und **Röhrenknochen.** Die Schädel- und die Beckenknochen zählen zu den Plattenknochen. Sie bilden große und sehr harte Knochenflächen von unterschiedlicher Gestalt. Arme und Beine werden von kräftigen Röhrenknochen getragen. Diese Knochen gliedern sich in Knochenschaft und die Gelenkköpfe. Röhrenknochen haben durch ihre Bauweise ein geringeres Gewicht als man aufgrund ihrer besonderen Festigkeit annehmen würde. Das natürliche Prinzip, eine große Belastbarkeit bei geringem Gewicht zu erreichen, nutzen Techniker und Ingenieure schon lange für die Konstruktion von Bauwerken und technischen Geräten.

Aufbau der Knochen. Die Oberfläche des Knochens ist von der Knochenhaut bedeckt. Sie enthält Blutgefäße und Nerven. Im Inneren eines Röhrenknochens befindet sich ein großer Hohlraum, die Markhöhle, welche das Knochenmark enthält. Im Bereich der Gelenkköpfe ist die Markhöhle von regelmäßig angeordneten winzigen **Knochenbälkchen** durchzogen. Wie die Streben einer Stahlbrücke verleihen sie dem Röhrenknochen in diesem Bereich besondere Festigkeit und federn Stoß- und Zugkräfte ab. Zwischen den Knochenbälkchen befindet sich das rote Knochenmark, in dem die Blutzellen gebildet werden.

Knochen sind lebendes Gewebe. Über die Blutgefäße wird der Knochen mit Nährstoffen und Sauerstoff versorgt. Knochen bestehen aus lebenden Zellen. Die Knochenzellen sondern Stoffe ab, die dem Knochengewebe seine besondere Festigkeit verleihen. Die

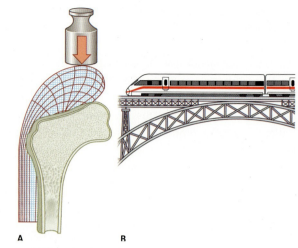

1 Stabilität durch die Bauweise.
A Oberschenkelknochen; **B** Stahlbrücke

2 Gliederung und Bau eines Röhrenknochens

Lebenstätigkeit dieser Zellen ermöglicht das Knochenwachstum und damit auch die Heilung eines gebrochenen Knochens.

Gelenke. Die Knochen sind über **Gelenke** beweglich miteinander verbunden. Diese werden meist aus zwei Knochen gebildet, deren Enden als Gelenkflächen genau aufeinander passen. Die Gelenkflächen werden als Gelenkkopf und Gelenkpfanne bezeichnet. Sie sind mit einer Knorpelschicht überzogen. Die beiden Knochen eines Gelenkes werden von einer festen Hülle aus Bändern zusammengehalten. Sie ist mit den beiden Knochen verwachsen. Diese Hülle bildet eine fest verschlossene, aber dennoch bewegliche Gelenkkapsel. Sie gewährleistet, dass der Gelenkkopf und die Gelenkpfanne immer in engem Kontakt zueinander bleiben. Gelenkkopf und Gelenkpfanne sind nur durch einen schmalen Spalt, den Gelenkspalt, voneinander getrennt. Im Gelenkspalt befindet sich eine farblose Flüssigkeit, die wie Schmierfett zwischen beweglichen Maschinenteilen wirkt. Sie wird deshalb auch Gelenkschmiere genannt. Die glatten Knorpeloberflächen und die Gelenkschmiere vermindern die Reibung zwischen der Gelenkpfanne und dem Gelenkkopf. Auf diese Weise wird die Abnutzung der sich aneinander bewegenden Knochen verringert.

Gelenktypen. Je nach Anordnung und Bewegungsrichtung der Knochen unterscheidet man verschiedene **Gelenktypen.** Die Gelenke der Schulter und der

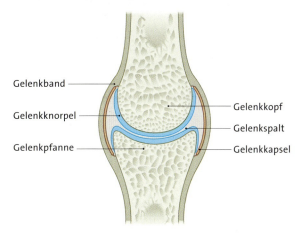

3 Bau eines Gelenks

Hüfte sind in viele Richtungen beweglich. Sie bilden **Kugelgelenke,** die zum Beispiel kreisende Bewegungen von Armen und Beinen ermöglichen. **Scharniergelenke** lassen sich, wie bei der Tür eines Schrankes, immer nur in eine Richtung bewegen. Scharniergelenke findet man unter anderem an Gelenken des Fußes und zwischen den einzelnen Fingerknochen. Bei den **Sattelgelenken** sitzt der Gelenkkopf auf der Gelenkpfanne wie ein Reiter auf einem Pferdesattel. Sattelgelenke, wie zum Beispiel das Gelenk zwischen den Mittelhandknochen und den Fingerknochen des Daumens, sind in zwei Richtungen beweglich. Der Schädel wird durch ein **Drehgelenk** mit der Wirbelsäule verbunden. Dieses Gelenk ermöglicht die Drehung des Kopf um etwa 160°.

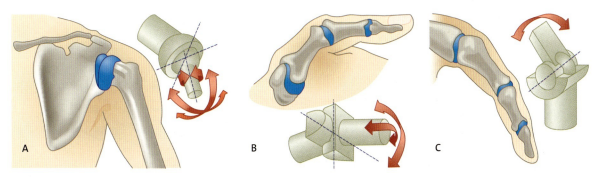

4 Stabilität durch die Bauweise. **A** Kugelgelenk; **B** Sattelgelenk; **C** Scharniergelenk

---

Aufgaben

1. *Nenne Strukturen, die Röhrenknochen besonders belastbar und leicht machen.*
2. *Erläutere, warum Knochen aus lebendem Gewebe bestehen müssen.*
3. *Führe die an den Gelenken der Abbildung 4 dargestellten Bewegungen selber aus und beschreibe sie.*

3.5 Muskeln

Aufbau der Muskeln. Die Gliedmaßen werden durch **Muskeln** bewegt. Diese Muskeln haben einen ähnlichen Grundaufbau. Sie sind von der festen und sehr dehnbaren **Muskelhaut** umgeben. An den Enden der Muskeln geht die Muskelhaut in eine zugfeste **Sehne** über. Das Innere des Muskels besteht aus Muskelfaserbündeln. An rohem Fleisch kann man diese schon mit bloßem Auge sehen. Die Faserbündel durchziehen den gesamten Muskel in Längsrichtung. Sie sind über Nervenzellen mit dem Nervensystem verbunden. Bei der mikroskopischen Betrachtung kann man erkennen, dass jedes Muskelfaserbündel noch einmal aus vielen lang gestreckten kleinen Muskelfasern aufgebaut ist. Sie erinnern an ein dickes Telefonkabel, das aus vielen Drähten besteht. Zwischen den Muskelfasern versorgen weit verzweigte Blutgefäße alle Zellen des Muskels mit Sauerstoff und Nährstoffen.

Arbeitsweise des Skelettmuskels. Wie jedes Gewebe besteht auch ein Muskel aus Zellen. Die Zellen des Muskelgewebes sind die lang gestreckten Muskelfasern. Ihre Besonderheit ist, dass sie sich auf einen

1 Muskeleinsatz beim Sport

Befehl hin zusammenziehen können. Dieser Vorgang wird als **Kontraktion** bezeichnet. Kontrahiert eine Muskelzelle, dann verringert sich ihre Gesamtlänge. Da die Muskelfasern bei einer Bewegung meist gleichzeitig kontrahieren, verkürzt sich auf diese Weise der gesamte Muskel. Bei der Kontraktion werden die Muskelzellen aber auch dicker. Dadurch spannt sich die elastische Muskelhaut und der angespannte Muskel wird hart. Je mehr Muskelfasern gleichzeitig kontrahieren, umso größer ist die Kraft, die der kontrahierte Muskel entwickelt. Der Muskel ist über die Sehnen mit den Knochen verbunden. Die Sehnen sind nicht dehnbar. Sie können die Muskelkraft direkt auf den Knochen übertragen. Auf diese Weise lassen sich Körperteile wie Arme und Beine bewegen.

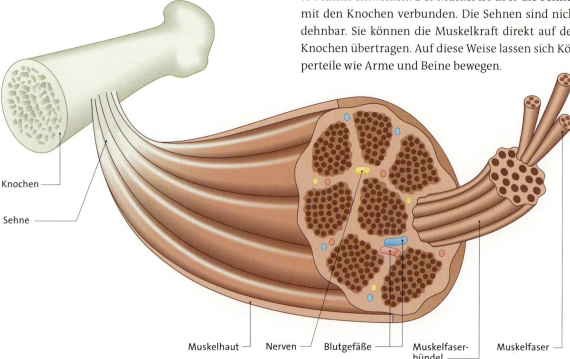

2 Bau eines Skelettmuskels

Bau und Leistungen des menschlichen Körpers

Muskeltypen. Muskeln, die an Knochen ansetzen und Körperbewegungen ermöglichen, heißen **Skelettmuskeln.** Skelettmuskeln können sehr schnell und kraftvoll arbeiten, ermüden aber rasch. Die Blutgefäße, ebenso der Magen, der Darm und andere innere Organe sind mit Muskelschichten umhüllt. Diese Muskeln werden als **Eingeweidemuskeln** bezeichnet. Eingeweidemuskeln vollführen langsame, aber sehr ausdauernde Bewegungen. Ein besonderer Muskel ist der **Herzmuskel.** Er arbeitet schnell und gleichzeitig ausdauernd.

Gegenspielerprinzip. Trotz ihrer besonderen Fähigkeit zur Bewegung können sich kontrahierte Muskelzellen nicht selbstständig auf ihre ursprüngliche Länge dehnen. Ein verkürzter Muskel kann sich deshalb nach einer Kontraktion nicht von allein wieder in seine entspannte Ausgangslage bewegen. Entweder die Schwerkraft zieht den Muskel auseinander oder ein entsprechender **Gegenspieler** übernimmt diese Aufgabe. Wenn zum Beispiel eine Basketballspielerin vor dem Wurf ihren Arm beugt, dann ist ein Armmuskel, der Bizeps, auf der Vorderseite des Oberarms kontrahiert. Dieser Muskel wird auch **Beuger** genannt, da er für die Beugung des Armes verantwortlich ist. Damit sich der Arm beugen kann, muss dabei der auf der Rückseite des Armes befindliche Gegenspieler entspannt sein. Dies ist der Trizeps oder **Strecker.** Mit einer kräftigen Streckung des Unterarmes wirft die Spielerin den Ball schließlich in das Netz. Dabei kontrahiert der Strecker und der Beuger ist entspannt. Das Beispiel zeigt das Zusammenwirken eines Muskelpaares bei gegensätzlichen Bewegungen eines Körperteils.

Nicht nur die Muskeln der sich in gegensätzliche Richtungen bewegenden Arme und Beine arbeiten nach dem **Gegenspielerprinzip,** sondern alle Skelettmuskeln.

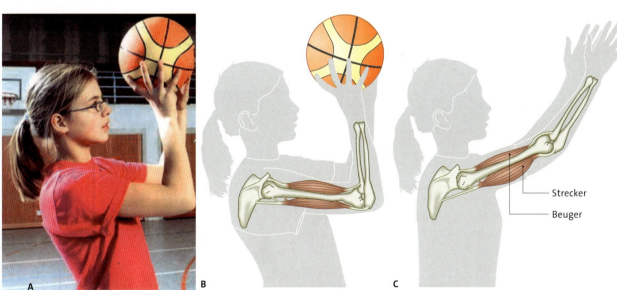

3 Zusammenspiel der Muskeln beim Basketball. **A** Spielerin vor dem Wurf; **B** gebeugter Arm; **C** gestreckter Arm

---

Aufgaben

1. *Beschreibe das Gegenspielerprinzip mit eigenen Worten.*
2. *Untersuche, wie Gegenspielermuskeln bei der Beugung und Streckung des Unterschenkels wirken. Skizziere die Funktionsweise.*
3. *Beuge und strecke mehrmals die Finger deiner rechten Hand. Beobachte dabei deinen Unterarm. Erläutere deine Beobachtungen.*
4. *Erläutere die besonderen Anforderungen an die Herzmuskulatur.*

AUFGABEN UND VERSUCHE: Bewegungsapparat

A Beinskelett

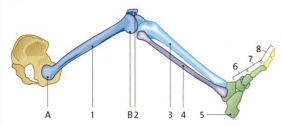

Aufgaben:
1. Benenne die Knochen 1 bis 8 und die Gelenke A und B.
2. Begrunde, um welchen Gelenktyp es sich bei A handelt.

B Belastbarkeit der Wirbelsäule

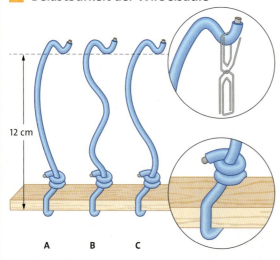

Material: biegsamer Klingeldraht von 1,05 m Länge; Holzbrett (etwa 20 cm lang, 4 cm breit und 2 cm dick); 20 Büroklammern; Zange; Lineal

Durchführung: Teile den Draht mit der Zange in 35 cm lange Stücke. Befestige sie wie in der Abbildung am Holzbrett. Schneide die langen Enden auf genau 17 cm Länge und biege sie in die entsprechenden Formen. Die Enden werden zu einem Haken gebogen und auf eine einheitliche Höhe von 12 cm gebracht. Hänge in die Haken des ersten Modells zehn Büroklammern. Miss anschließend erneut die Drahthöhe. Wiederhole diesen Versuch auch bei den anderen beiden Modellen. Teste alle Modelle auch mit einer Belastung von 20 Büroklammern.

Aufgaben:
1. Stelle die Ergebnisse grafisch dar und vergleiche sie miteinander.
2. Ordne eine der Drahtkonstruktionen der tatsächlichen Form der Wirbelsäule zu. Erläutere die Vorteile dieser Form.

C Teste die Belastung deines Stützsystems

Material: Personenwaage, Taschenrechner
Durchführung: Ermittle mit der Personenwaage erst das Gewicht der gefüllten Schultasche und anschließend dein eigenes Körpergewicht.

Aufgaben:
1. Das Gewicht der gefüllten Schultasche eines 45 Kilogramm schweren Kindes sollte höchstens 4,5 Kilogramm betragen, um Überlastungen vorzubeugen. Berechne anhand deines eigenen Gewichtes, wie schwer deine Tasche sein darf.
2. Stelle dem berechneten Wert das tatsächliche Gewicht deiner Tasche gegenüber und ziehe Schlussfolgerungen.

D Technische Gelenke

Zur optimalen Ausrichtung des Computer-Monitors sind die Teile der Halterung mit technischen Gelenken verbunden.

Aufgaben:
1. Benenne die Gelenke 1 bis 3 und beschreibe ihre Bewegungsmöglichkeiten.
2. Suche am Skelettmodell deiner Schule nach Gelenken, die ähnliche Funktionen erfüllen.

E Modell eines Scharniergelenks

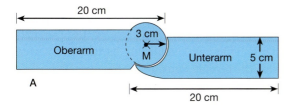

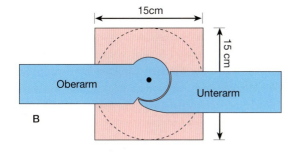

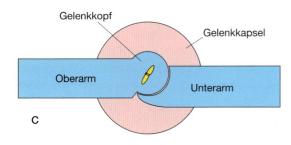

Material: Moosgummiplatte (Papier- oder Bastelladen) in zwei Farben; Versandtaschenklammer; Kleber; Schere; Nagelschere; Bleistift; Lineal; Zirkel

Durchführung: Zeichne das Modell von Oberarm und Unterarm auf Moosgummi (Abbildung A). Beginne die Zeichnung mit dem Kreis. Zeichne auch den Kreismittelpunkt ein. Schneide „Oberarm" und „Unterarm" aus. Zeichne die „Gelenkkapsel" wie in Abbildung B auf das Moosgummi der anderen Farbe und schneide sie aus. Klebe nun den „Unterarm" wie in Abbildung B auf die „Gelenkkapsel". Loche den „Gelenkkopf" in der Mitte. Passe ihn in die „Gelenkpfanne" ein. Markiere das Loch im „Gelenkkopf" auf der Gelenkkapsel. Schneide an der markierten Stelle mit der Nagelschere ein Loch in die Gelenkkapsel. Verbinde nun Gelenkkopf und Gelenkkapsel mit der Versandtaschenklammer (Abbildung C).

Aufgaben

1. Bewege beide Teile des Modells gegeneinander. Beobachte, in welcher Richtung sie beweglich sind.
2. Vergleiche das Modell mit dem Ellenbogengelenk. Notiere Gemeinsamkeiten und Unterschiede.

F Wie Muskeln arbeiten

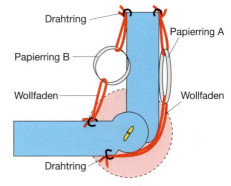

Material: Gelenkmodell aus E, 1 Blatt Papier (nicht zu dünn); Wolle; Basteldraht (15 cm lang); Kombizange; Klebstoff

Durchführung: Kneife vier 3 cm lange Drahtstücke ab und steche sie wie in der Abbildung durch das Modell aus E. Biege den Draht zu kleinen Ringen zusammen. Schneide zwei Papierstreifen (1 cm breit, 18 cm lang) zu und klebe sie jeweils zu einem Ring zusammen. Schneide vier Wollfäden ab (je 25 cm lang) und befestige damit die Papierstreifen an den Drahtringen wie in der Abbildung. Verknote die Wollfäden zunächst aber nur locker.

Beuge den Modellarm und ziehe die Wolle bei Ring A so fest an, dass dieser Ring zu einem Oval verformt wird. Gleichzeitig sollen die Wollfäden am Ring B zwar gespannt sein, aber der Ring B soll in dieser Armstellung seine kreisrunde Form behalten. Verknote die Wollfäden in dieser Stellung nun endgültig.

Aufgaben

1. Strecke und beuge das Modell. Es muss dabei flach auf der Tischplatte liegen. Beschreibe, wie sich dabei die beiden Papierringe verformen.
2. Beschreibe die Arbeitsweise der Armmuskeln und vergleiche sie mit dem Modell. Begründe, in welchen Punkten das Modell nicht der Wirklichkeit entspricht.

3.6 Muskeln arbeiten auf Befehl

Voraussetzungen für Bewegungen. Etwa 20 Skelettmuskeln müssen ganz gezielt bewegt werden, um mit der Hand einen reifen Apfel vom Baum pflücken zu können. Das Heben des Oberarms, das Öffnen der Hand, das Zugreifen und das Abreißen des Apfels vom Ast können nur gelingen, wenn die Muskeln planvoll zusammenarbeiten. Die Planung von Bewegungen erfolgt im **Gehirn.** Bevor ein Plan entworfen werden kann, benötigt das Gehirn verschiedene Informationen aus der Umwelt. Für die exakte Ausführung der Bewegungen ist die Abschätzung der Entfernung zwischen Hand und Apfel ebenso wichtig wie Informationen über die Größe und das Gewicht des Apfels. Solche Informationen über die Beschaffenheit der Umwelt werden auch als **Reize** bezeichnet. Sie wirken auf die **Sinnesorgane** ein. Dazu gehören beim Menschen zum Beispiel die Augen, die Ohren und die Nase.

Informationsverarbeitung. In den Sinnesorganen liegen Sinneszellen, die durch bestimmte Reize angeregt werden können. Beispielsweise enthält die Netzhaut des Auges lichtempfindliche Sehsinneszellen. Wird die Zellmembran einer solchen Zelle von Licht getroffen, entstehen hier schwache elektrische Ströme. Diese werden durch Nervenzellen an das Gehirn übertragen. Im Gehirn können die Informationen in Bruchteilen einer Sekunde ausgewertet und zu einem Handlungsplan verarbeitet werden. Der Plan enthält die Befehle zur Ausführung bestimmter Bewegungen. Die Befehle werden über **Nervenzellen** vom Gehirn bis zu den verschiedenen Muskeln übertragen. Viele dieser Nervenzellen verlaufen innerhalb der Wirbelsäule und bilden das **Rückenmark.**

Reizbarkeit. Ein Muskel kontrahiert nur, wenn er einen entsprechenden Befehl vom Nervensystem erhält. So kann der Mensch auf ganz bestimmte Reize der Umwelt mit speziellen Reaktionen antworten. Diese Eigenschaft wird als Reizbarkeit bezeichnet. Sie ist eine Grundeigenschaft aller Lebewesen.

Querschnittslähmung. Bei einem Unfall können Nervenzellen im Rückenmark verletzt werden. Dabei kann die Verbindung zwischen dem Gehirn und bestimmten Muskeln unterbrochen werden. Die Folge ist eine **Querschnittslähmung.** Da die Befehle nicht mehr das Ziel erreichen, bleiben die Muskeln auch dann bewegungsunfähig, wenn der betroffene Mensch sich bewegen möchte.

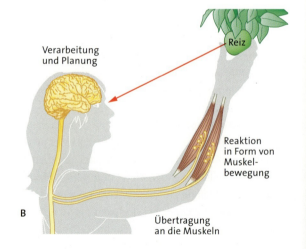

1 Vom Reiz zur Reaktion. A Foto; B Schema

Aufgaben
1. Erkläre den Begriff „Querschnittslähmung".
2. Beschreibe an einem selbst gewählten Beispiel den Ablauf von der Einwirkung eines Reizes bis zur Reaktion.
3. Begründe, ob auch Pflanzen Reizbarkeit zeigen.

AUFGABEN UND VERSUCHE: Muskeln und Sehnen

A Muskelkater

Ein Muskelkater wird durch haarfeine Risse in den Muskelfasern verursacht. Diese Risse können durch Überdehnung der Zellen bei ungewohnten Belastungen auftreten.

Aufgaben

1. Erläutere, wie man im Sportunterricht Muskelkater verhindern kann.
2. Recherchiere Informationen über die Behandlung eines Muskelkaters und werte diese aus.

B Untersuchung von Muskelfleisch

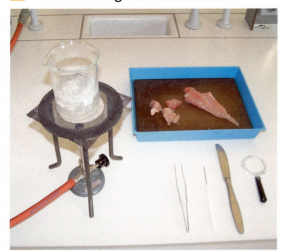

Material: ein Stück Puten- oder Hühnerbrust; Küchenmesser; Dreifuß; Gasbrenner; Becherglas (250 ml); Wasser (100 ml); Präparierschale; Präpariernadel; Pinzette; Lupe

Durchführung: Betrachte das unbehandelte Fleischstück und schneide mit dem Messer daraus anschließend kleine Würfel von etwa drei Zentimetern Kantenlänge. Die Würfel werden zehn Minuten in einem Becherglas mit Wasser auf kleiner Flamme gekocht. Das abgekühlte Fleisch wird mit der Pinzette und der Präpariernadel in der Präparierschale zergliedert und mit der Lupe betrachtet.

Aufgaben

1. Nenne alle Muskelbestandteile, die am unbehandelten Fleisch erkennbar sind.
2. Beschreibe die Veränderungen durch das Kochen.

C Untersuchung der Fingerbewegung

Durchführung: Beuge und strecke den Zeigefinger bei geöffneter Hand. Suche dabei auf dem Handrücken sowie an den Unterseiten des Handgelenks und des Unterarms nach den zugehörigen Sehnen. Verfolge den Verlauf dieser Sehnen bis zum Muskel.

Aufgaben

1. Fertige eine Skizze von Hand und Unterarm an.
2. Zeichne den Verlauf der Sehnen und die Lage der Muskeln ein, die an der Bewegung beteiligt sind.

D Muskeln ermüden

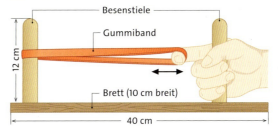

Material: stabiles Holzbrett; zwei Enden eines Besenstieles; kräftiges Gummiband (Einkochring); Werkzeug; Holzleim; Stoppuhr; Schreibmaterial

Durchführung: Baue eine Versuchsanordnung entsprechend der Abbildung auf. Umfasse mit der Hand einen der beiden Stiele. Der Gummiring wird um den zweiten Stiel gelegt und mit dem anderen Ende über den Zeigefinger gespannt. Jetzt wird der Finger unter der Belastung des sich straffenden Gummibandes gebeugt.

Aufgaben

1. Versuche möglichst schnell, so viele Fingerbeugungen wie möglich durchzuführen. Notiere die Anzahl der erreichten Wiederholungen.
2. Beschreibe, was du im Verlauf der Übung beobachten konntest und was du selbst gespürt hast.
3. Wiederhole den Versuch mit dem kleinen Finger derselben Hand und vergleiche die Ergebnisse in einem Säulendiagramm.
4. Erkläre die Ergebnisse aus den Aufgabenstellungen 1 und 2.

3.7 Erste Hilfe

Erste Hilfe. Die ersten Minuten bis zum Eintreffen des Rettungsdienstes können in einem Notfall entscheidend sein. Deshalb ist jeder gesetzlich zur sofortigen Hilfeleistung verpflichtet. Natürlich kann der Ersthelfer den Patienten nicht medizinisch versorgen. Aber er muss sich klar sein, dass er in der sogenannten **Rettungskette** bis zum Eintreffen eines Notarztes oder eines Rettungswagens eine äußerst wichtige Aufgabe hat. Bleibt er nämlich untätig, geht äußerst wertvolle Zeit verloren.

Erste Maßnahmen. Ein Ersthelfer muss sich, soweit möglich, einen Überblick über den Notfall verschaffen. Hierfür wird der Zustand des Betroffenen sowie die Art und das Ausmaß möglicher Verletzunge überprüft. In erster Linie ist es notwendig, die **Vitalfunktionen,** nämlich Bewusstsein und Atmung, zu kontrollieren. Die Person wird hierzu laut angesprochen und leicht an der Schulter bewegt. Ist der Patient ansprechbar, kann er sich selbst äußern und die Entscheidung über das weitere Vorgehen erleichtern.

Bewusstlosigkeit. Wird eine Person bewusstlos angetroffen, muss eine Atemkontrolle erfolgen. Die Atmung ist lebensnotwendig. Der Körper und vor allem das Gehirn werden durch die Atmung mit Sauerstoff versorgt. Möglichst gleichzeitig muss der Bewusstlose vor dem Ersticken gesichert werden. Zuerst wird geprüft, ob die Mundhöhle frei von Verunreinigungen ist. Dann fasst man ihm vorsichtig an Stirn und Kinn und legt seinen Kopf nach hinten. Man beobachtet

Wo ist der Notfall? (Genaue Ortsangabe)
Was ist geschehen?
(Kurze Beschreibung der Notfallsituation)
Wie viele Verletzte sind zu versorgen?
Welche Verletzungen haben die Betroffenen?
Warten auf eventuelle Rückfragen der Rettungsleitstelle!
(Erst dann den Hörer auflegen, wenn das Gespräch von der Rettungsleitstelle beendet wurde).

1 Notfallmeldung

den Brustkorb, ob sich dieser von selbst hebt und senkt. Falls nicht, achtet man auf Atemgeräusche. Mit der eigenen Wange kann man den Atemzug fühlen. Hierzu hält man die Wange dicht über Mund und Nase des Verletzten.

Wiederbelebungsmaßnahmen. Setzt bei einer verletzten Person Herzschlag oder Atmung aus, müssen sofort **Wiederbelebungsmaßnahmen** eingeleitet werden. Hierzu zählen die Herzdruckmassage und die Atemspende. Die Wiederbelebung muss von dem Ersthelfer solange durchgeführt werden, bis die Eigenatmung einsetzt oder fachliche Hilfe zur Stelle ist. Zusätzliche Hilfe sollte möglichst schnell gerufen werden. Die Wiederbelebungsmaßnahmen sind sehr anstrengend und können von einem Helfer allein kaum längere Zeit durchgehalten werden.

Rettungsdienst. Für die Versorgung einer verletzten Person muss der **Rettungsdienst** alarmiert werden.

 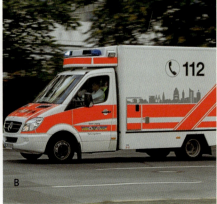 

2 Rettungskette. **A** Ersthelfer; **B** Notarzt und Rettungswagen; **C** Versorgung im Krankenhaus

Die Rettungsleitstellen werden über die einheitliche **Notrufnummer 112** erreicht. Eingehende Notrufe werden sofort an die maßgeblichen Rettungsdienste weitergegeben. Wichtig ist, dass der Notruf die wesentlichen Informationen enthält, die eine schnellstmögliche Hilfe gewährleisten. Die Notfallmeldung sollte von den Helfern daher ruhig und besonnen abgegeben werden.

Verstauchung und Verrenkung. Überdehnungen der Bänder, die ein Gelenk stützen, können zu Verletzungen führen. Es tritt eine Verstauchung oder Verrenkung des Gelenks auf. Das Gelenk kann schmerzhaft anschwellen, bleibt aber funktionsfähig. Kühlung und Ruhigstellung unterstützen den Heilungsvorgang.

Verletzung des Meniskus und Kreuzbandriss. In jedem Kniegelenk liegen zwei halbkreisförmige Knorpel, die Menisken. Sie sorgen für seitliche Stabilität des Knies und die Abfederung von Stößen. Die beiden Menisken sind durch ein Kreuzband verbunden. Bei besonderen Belastungen, wie zum Beispiel eine Überstreckung des Kniegelenkes, können die Menisken oder das Kreuzband ein- oder zerreißen. Häufiger passiert dies bei Sportlern, die dauernd hohen Belastungen im Kniegelenk ausgesetzt sind. Die gerissenen Bänder müssen operativ vernäht werden.

Bänderdehnung und Bänderriss. Beim Umknicken des Fußes können die Bänder gedehnt werden oder sogar reißen. Dann kommt es beim Auftreten zu starken Schmerzen. Oft ist der Knöchel dann geschwollen. Es kann sich auch ein Bluterguss, ein „blauer Fleck" bilden. Der Fuß muss bandagiert werden. Manchmal muss das Band zusammengenäht werden.

Knochenbrüche. Anzeichen für einen Knochenbruch ist meist eine abnorme Lage von Arm oder Bein. Der Verletzte soll möglichst wenig bewegt werden. Meist entsteht an der Bruchstelle eine Schwellung, die mit

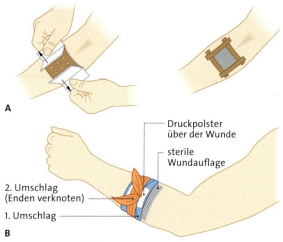

3 Erste-Hilfe-Maßnahmen bei Blutungen.
A Heftpflaster; **B** Druckverband

kalten Umschlägen bedeckt werden kann. Dies lindert die Schmerzen bis zum Eintreffen des Notarztes.

Schürfwunden. Bei einem Sturz vom Fahrrad oder beim Fußballspielen wird oft an den Knien oder Ellenbogen die Haut abgerieben. Die Wunde blutet nur ganz wenig. Stattdessen ist eine farblose, wässerige Flüssigkeit in der Wunde zu sehen. Bei solchen Schürfwunden ist die Gefahr einer Infektion durch Verschmutzung gering. Es genügt deshalb meist, die Wunde zu reinigen und an der Luft trocknen und dann abheilen zu lassen.

Blutende Wunden. Manche Verletzungen gehen so tief, dass Blutgefäße in der Haut aufgerissen werden. Dann blutet die Wunde. Hier legt man ein keimfreies Mullkissen auf und befestigt es mit Pflastern auf der Haut. Das Pflaster darf nur auf der unverletzten Haut festkleben. Eine starke Blutung muss unbedingt gestillt werden. Oft genügt das Anlegen eines Druckverbandes. Die verletzte Stelle sollte hoch gehalten oder hoch gelagert werden. Dann muss so schnell wie möglich mit dem Notruf 112 Hilfe herbeigerufen werden.

Aufgaben

1. *Erstelle ein Pfeildiagramm für die Ereignisse vom Auffinden eines Verletzten bis zum Eintreffen im Krankenhaus.*
2. *Führe mit deinem Banknachbarn eine Notfallmeldung durch.*
3. *Bis ärztliche Behandlung erfolgt, sollte ein verletzter Sportler nach dem »PECH-Schema« behandelt werden: P = Pause, E = Eis, C = Compression (englische Schreibweise, Druckverband an der Verletzung), H = Hochlagerung der Verletzung. Begründe diese Maßnahmen.*

4 Atmung und Blutkreislauf

4.1 Luft zum Leben

Luft ist lebensnotwendig. Die meisten Menschen können beim Tauchen die Luft nur für kurze Zeit anhalten. Schon nach einer halben Minute bekommen sie Atemnot und müssen wieder auftauchen. Der Mensch kann ohne Luft nicht leben. Für längere Aufenthalte unter Wasser nehmen Taucher deshalb in Flaschen gepresste Luft mit in die Tiefe, die sie über einen Atemregler nutzen können. Mit diesem Vorrat können Taucher die Unterwasserwelt erkunden.

Zusammensetzung von Luft. Luft ist ein farbloses und geruchloses Gasgemisch. Genaue Messungen ergeben, dass 100 Liter Luft aus 21 Litern Sauerstoff und 78 Litern Stickstoff bestehen. Weitere Gase wie Kohlenstoffdioxid und Edelgase sind nur in geringen Mengen enthalten. Von diesen Gasen ist **Sauerstoff** für die Atmung von Lebewesen unbedingt notwendig.

Verbrennung erfordert Sauerstoff. Stülpt man über eine brennende Kerze ein Becherglas, so erlischt die Flamme nach kurzer Zeit. Am Becherglas schlägt sich Wasserdampf nieder. Man kann nachweisen, dass in dem Becherglas der Sauerstoffgehalt der Luft stark gesunken ist. Die Verbrennung von Kerzenwachs verbraucht also Sauerstoff. Wenn der Sauerstoffgehalt zu gering wird, kann die Kerze nicht mehr weiter brennen. Dagegen steigt der Gehalt an Kohlenstoffdioxid in der Luft. Bei der Verbrennung der Kerze wandelt sich energiereiches Kerzenwachs unter Verbrauch des Sauerstoffs der Luft in Kohlenstoffdioxid und Wasser um. Die Flamme zeigt, dass dabei Wärme- und Lichtenergie freigesetzt wird.

Zellatmung. Die Zellen des Menschen benötigen zur Aufrechterhaltung ihres Stoffwechsels Energie. Um genügend Energie zur Verfügung zu haben, wird in den Zellen ständig energiereicher Traubenzucker abgebaut. Diesen Abbauvorgang nennt man Zellatmung. Dabei wird Traubenzucker mithilfe von Sauerstoff in Kohlenstoffdioxid und Wasser umgewandelt. Diese beiden Stoffe werden beim Ausatmen aus dem Körper ausgeschieden. Die beim Zuckerabbau freigesetzte Energie wird unter anderem zur Aufrechterhaltung der Körpertemperatur genutzt. Die Verbrennung einer Kerze und die Zellatmung haben viele Gemeinsamkeiten, aber auch wesentliche Unterschiede: Bei der Zellatmung wird die Energie nur schrittweise abgegeben, eine Flamme entsteht dabei nicht.

1 Sporttaucher

2 Wasserdampf in ausgeatmeter Luft

Aufgaben

1. Erkläre das Ersticken einer Kerzenflamme mit einem Becherglas.
2. Vergleiche eine brennende Kerze mit der Zellatmung. Nenne Gemeinsamkeiten und Unterschiede.
3. Erläutere, weshalb ein Klassenzimmer während des Unterrichts ab und zu gelüftet werden sollte.
4. Beim Trinken aus einem länger offen stehenden Trinkgefäß sollte man darauf achten, dass man keine hineingefallene Wespe verschluckt. Stelle eine begründete Vermutung an, weshalb das Verschlucken einer Wespe lebensgefährlich sein kann.

Bau und Leistungen des menschlichen Körpers

METHODE: Arbeiten mit Modellen

Modelle in der Technik. Bevor ein Auto in großen Stückzahlen hergestellt wird, werden seine Eigenschaften an einem originalgetreuen, verkleinerten **Modell** getestet. Mit künstlichem Nebel kann man im Windkanal sehen, wie der Fahrtwind um das Auto fließt. Das Modell wird so lange verändert, bis der Nebel gleichmäßig über seine Oberfläche streicht. Ist eine optimale Form gefunden, können die Ingenieure nach dem Vorbild dieses Modells Autos mit geringem Kraftstoffverbrauch entwickeln.

Modell eines Lungenbläschens. Mit Modellen kann man nicht nur neue Erkenntnisse gewinnen. In der Biologie dienen sie oft der Veranschaulichung von Sachverhalten. Beispielsweise ist die Interpretation des mikroskopischen Aufbaus von Lungengewebe recht schwierig. Mit einem einfachen **Strukturmodell** eines Lungenbläschens kann man jedoch seine Struktur und Funktion näherungsweise darstellen. Ein Glasrundkolben entspricht dabei dem Lungenbläschen. Mit roter und blauer Knetmasse werden einige dünne Stränge geformt. Die Stränge aus Knetmasse werden wie in Abbildung 2 auf den Glaskolben geklebt. Diese sollen das Netz der Blutkapillaren in der Bläschenwand darstellen. Rote Stränge gehen in blaue Stränge über. Mit Hilfe des Modells kann man nun den Gasaustausch im Lungenbläschen nachvollziehen. Zuerst gelangt beim Einatmen Frischluft in das Innere des Bläschens. Dann wandert der Sauerstoff aus dem Luftraum in die Blutkapillaren, während gleichzeitig Kohlenstoffdioxid die Kapillaren verlässt. Mit dem Farbwechsel der Knetmasse soll dieser Gasaustausch demonstriert werden.

Modell der Zwerchfellatmung. Ein häufig im Biologieunterricht verwendetes Modell ist in der Abbildung 3 dargestellt. Das Modell besteht aus einer unten offenen Glasglocke. Im Inneren der Glasglocke befinden sich zwei Luftballons, die auf Glasröhrchen aufgesteckt sind. Die Röhrchen vereinigen sich zu einem Rohr, welches durch einen Gummistopfen nach außen führt. Die Glasglocke ist unten mit einem Gummituch abgedeckt. Das Gummituch kann mit der Hand nach unten gezogen oder nach oben gedrückt werden. Mit diesem **Funktionsmodell** kann die Zwerchfellatmung des Menschen veranschaulicht werden.

Obwohl die Arbeit mit Modellen eine wichtige wissenschaftliche Methode ist, hat sie einen Nachteil: Modelle können nicht alle Details und Eigenschaften des Originals nachbilden.

1 Automodell im Windkanal

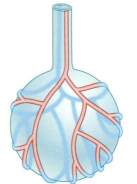

2 Strukturmodell eines Lungenbläschens

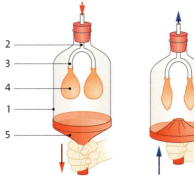

3 Funktionsmodell der Lunge

Aufgaben

1. Beschreibe den Aufbau und die Durchführung des Modellversuchs zur Zwerchfellatmung.
2. Die Bauteile des Modells entsprechen bestimmten Organen im Brustraum eines Menschen. Fertige eine Tabelle, in der du die Bauteile des Modells und die Organe gegenüberstellst.
3. Diskutiert in der Gruppe, welche Sachverhalte und Vorgänge bei der Atmung das Modell gut, weniger gut oder überhaupt nicht veranschaulichen kann.

4.2 Atmungsorgane

Nase und Mund. Durch die Nase oder den Mund wird frische, sauerstoffhaltige Luft eingeatmet. In der Nase streicht sie an den Nasenmuscheln vorbei. Diese sind mit Schleimhaut bedeckte Hautfalten. Hier wird die Luft befeuchtet, angewärmt und von Staub befreit.

Kehlkopf. Durch den Rachenraum gelangt der Luftstrom in den Kehlkopf. Der Kehlkopf ist aus Knorpelteilen aufgebaut. Ein beweglicher Deckel verhindert, dass beim Schlucken Teile der Nahrung in die darunter liegenden Teile des Atmungssystems gelangen. Nur selten kann der Kehldeckel diesen Weg nicht schnell genug verschließen. Dann „verschluckt" man sich und muss automatisch husten. Im Kehlkopf befinden sich auch die Stimmbänder. Durch die vorbeiströmende Luft werden sie in Schwingungen versetzt. Die Stimmbänder können dadurch die Töne der Stimme bilden.

Luftröhre, Bronchien und Lungenbläschen. Der Kehlkopf leitet den Luftstrom weiter in die Luftröhre. Feste Knorpelringe halten die Röhre offen, damit die Luft ungehindert passieren kann. Am unteren Ende teilt sich die Luftröhre in die beiden Bronchien. In den beiden Lungenflügeln verzweigen sich die Bronchien in immer feiner werdende Bronchienäste. Durch sie wird die eingeatmete Luft in alle Bereiche der Lungen verteilt. An den Enden der feinsten Verzweigungen der Bronchienäste sitzen kleine, kugelförmige Hohlräume. Diese Lungenbläschen sind traubenförmig angeordnet.

Brustatmung. Das Atmungssystem selbst weist keine Muskeln auf. Deshalb erfolgt das Ein- und Ausatmen indirekt durch Bewegungen des Brustkorbs. Diese Form der Atmung nennt man **Brustatmung.** Wenn sich die Zwischenrippenmuskeln zusammenziehen, werden die Rippen angehoben und der Innenraum des Brustkorbes weitet sich. Die Lungen sind über eine dehnbare Haut mit der Innenseite des Brustkorbes verbunden. Beim Heben der Rippen werden die Lungen so gedehnt, dass in ihnen ein Unterdruck entsteht und Luft in die Lungen strömt. Erschlaffen die Zwischenrippenmuskeln, so sinkt der Brustkorb ab. Es entsteht ein Überdruck. Die Lunge wird zusammengedrückt und die Luft dabei herausgepresst.

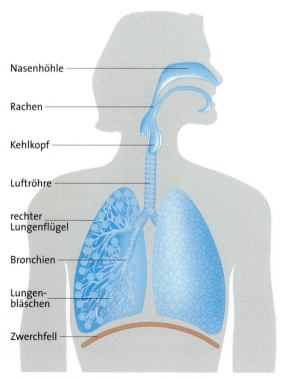

1 Bau der Atmungsorgane

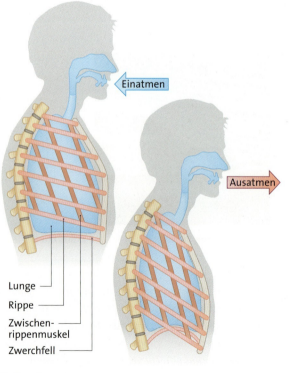

2 Atembewegungen

Bau und Leistungen des menschlichen Körpers

Bauchatmung. Der Brustraum ist vom Bauchraum durch eine muskulöse Scheidewand getrennt, das Zwerchfell. Ist das Zwerchfell entspannt, wölbt es sich wie eine Kuppel nach oben und verkleinert dadurch den Brustraum. Kontrahiert das Zwerchfell, wird es flach und vergrößert den Brustraum. Es entsteht ein Unterdruck und Luft wird eingeatmet. Entspannt sich das Zwerchfell, kehrt es in seine ursprüngliche Lage zurück. Wie bei der Brustatmung entsteht dabei ein Überdruck in der Lunge und Luft wird ausgeatmet. Diese **Bauchatmung** ist äußerlich durch das Heben und Senken der Bauchdecke zu erkennen.

Einatemluft und Ausatemluft. Ein Mensch atmet die aufgenommene Luft bereits nach etwa einer Sekunde wieder aus. Dennoch unterscheiden sich Einatem- und Ausatemluft deutlich. Während eingeatmete Luft 21 Prozent Sauerstoff enthält, sinkt dessen Anteil in der Ausatemluft auf etwa 17 Prozent. Mit dem Kohlenstoffdioxidanteil der Luft verhält es sich umgekehrt: Sein Anteil erhöht sich von 0,04 Prozent auf 4 Prozent. Der Stickstoffanteil in der Einatem- und Ausatemluft bleibt konstant bei 78 Prozent. Ursache für die Veränderungen sind Vorgänge in den **Lungenbläschen**.

Gasaustausch in den Lungenbläschen. Unter dem Mikroskop zeigt sich der genaue Aufbau der Lungenbläschen: Jedes Bläschen ist von einem Netz feiner Blutgefäße umgeben, den Kapillaren. Durch dieses Netz fließt das Blut hindurch. Sowohl die Blutgefäße als auch die Lungenbläschen haben sehr dünne Wände. Der Sauerstoff kann hier aus der eingeatmeten Luft in das Blut gelangen. Gleichzeitig wird auf demselben Weg ein großer Teil des Kohlenstoffdioxids aus dem Blut in den Innenraum der Lungenbläschen abgegeben und anschließend ausgeatmet. Es wird somit Sauerstoff und Kohlenstoffdioxid zwischen Luft und Blut ausgetauscht. Den Vorgang nennt man deshalb auch Gasaustausch. Der **Gasaustausch** funktioniert umso besser, je größer die Oberfläche ist, über die beide Gase ausgetauscht werden können. Durch die etwa 300 Millionen Lungenbläschen wird diese Oberfläche beim Menschen enorm vergrößert. Sie beträgt dadurch ungefähr 90 Quadratmeter. Das entspricht etwa der Fläche von 22 Tischtennisplatten.

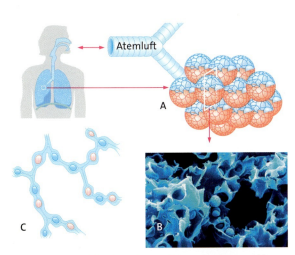

3 Bau der Lungenbläschen. **A** Bronchienende; **B** Lungenbläschen unter dem Mikroskop; **C** Lungenbläschen im Querschnitt

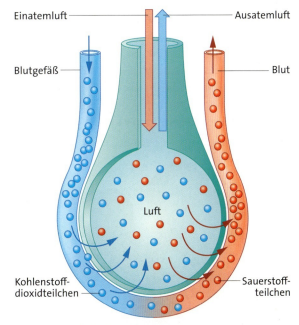

4 Gasaustausch in den Lungenbläschen

Aufgaben

1. Beschreibe mit eigenen Worten die in Abbildung 2 dargestellten Atembewegungen.
2. Stelle in einer Tabelle die einzelnen Bestandteile des menschlichen Atmungssystems und ihre jeweilige Funktion gegenüber.
3. Zigarettenrauch enthält neben vielen anderen schädlichen Bestandteilen auch flüssige Teerstoffe. Stelle begründete Vermutungen an, welche Wirkungen das Einatmen von Zigarettenrauch längerfristig auf die Lungen hat.

4.3 Blut

Blutspenden. Bei Unfällen oder Operationen können Menschen viel Blut verlieren. Oft kann das Leben dieser Patienten nur durch eine schnelle Blutübertragung gerettet werden. Dabei wird die erforderliche Menge Blut aus einer Blutkonserve in die Blutgefäße des Patienten geleitet. Allein in Deutschland werden täglich etwa 15000 Blutkonserven benötigt. Der überwiegende Teil dieser Konserven wird von freiwilligen Spendern gewonnen, die regelmäßig einen Teil ihres Blutes spenden und damit zu Lebensrettern werden. Ein erwachsener Mensch besitzt etwa sechs Liter Blut. Das entnommene Blut, etwa ein halber Liter, wird innerhalb weniger Tage vom Körper des Spenders wieder nachgebildet. Deshalb kann jeder gesunde erwachsene Mensch ohne Bedenken Blut spenden.

Blutgruppen. Oft kann man das Blut zweier Menschen in einem Reagenzglas problemlos mischen. Manchmal gerinnt und verklumpt das Blut beim Mischen aber sofort. Diese Beobachtung führte zu der Erkenntnis, dass es beim Blut verschiedene Blutgruppen gibt. Auch bei Blutübertragung unterschiedlicher Blutgruppen gerinnt das Blut unmittelbar in den Gefäßen des Empfängers. Häufig führt dies zum Tod. Deshalb müssen Ärzte bei einer Bluttransfusion unbedingt darauf achten, dass ein Patient nur Spenderblut der gleichen Blutgruppe erhält.

Blutplasma. Frisches Blut hat eine leuchtend rote Farbe. Lässt man Blut in einem Becherglas einige Zeit ruhig stehen, so setzt sich eine gelbliche, durchsichtige Flüssigkeit über einer dunkelroten Schicht am Boden ab. Die durchsichtige Flüssigkeit nennt man **Blutplasma.** Es besteht zum großen Teil aus Wasser sowie darin gelösten Mineralstoffen, Nährstoffen, Vitaminen und einer Vielzahl von Eiweißstoffen mit unterschiedlichen Aufgaben.

Rote Blutzellen. Blut erhält seine dunkelrote Farbe durch Zellen, die sich in ihm befinden. Im lichtmikroskopischen Bild sind diese Blutzellen gut zu erkennen. Der überwiegende Teil besteht aus **roten Blutzellen.** In einem Milliliter Blut sind fünf bis sechs Millionen dieser Zellen enthalten. Rote Blutzellen sehen scheibchenförmig aus und haben einen wulstigen Rand. Sie enthalten keinen Zellkern und sind nur etwa 100 Tage lebensfähig, bevor sie in der Leber in ihre Bestandteile zerlegt werden. Pro Sekunde werden etwa 2,8 Millionen rote Blutzellen abgebaut. Gleichzeitig bildet das Knochenmark eine entsprechende Zahl von roten Blutzellen neu. Sie enthalten in ihrem Zellplasma den roten Blutfarbstoff Hämoglobin. Dieser kann Sauerstoff an sich binden. Durchströmen die roten Blutzellen die Gefäße der Lunge, werden sie mit dem Sauerstoff beladen. Mit dem fließenden Blut wird der Sauerstoff im Körper verteilt. Das Gas löst sich erst wieder vom Hämoglobin ab, wenn die roten Blutzellen an Geweben vorbeifließen, die Sauerstoff verbrauchen. Auch ein Teil des Kohlenstoffdioxids, das in den Gewebszellen entsteht, wird von den roten Blutzellen transportiert.

Weiße Blutzellen. Mit einer speziellen Färbemethode können **weiße Blutzellen** sichtbar gemacht werden. Mit 6000 Zellen je Milliliter Blut sind diese viel selte-

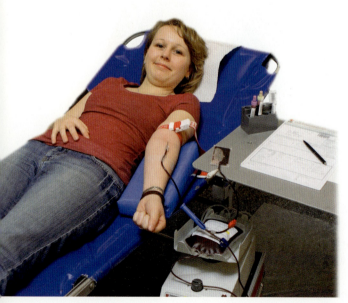

1 Blutspenderin

2 Frisches sauerstoffhaltiges Blut

ner als rote Blutzellen. Es gibt verschiedene Typen, die sich in Form und Funktion unterscheiden. Eine ihrer Aufgaben ist der Abbau abgestorbener Körperzellen. Andere weiße Blutzellen nehmen Krankheitserreger auf und bauen sie ab. Auf diese Weise werden in den Körper eingedrungene Viren und Bakterien unschädlich gemacht.

Blutplättchen. Im Blut sind Zellteile ohne eigenen Zellkern vorhanden, die kleinen, abgeflachten **Blutplättchen.** Sie entstehen aus sehr großen Zellen des Knochenmarks, deren Zellplasma sich in die Blutplättchen aufteilt. Die Blutplättchen schaffen die Voraussetzung für den Verschluss von Wunden. Im Bereich einer frischen Wunde scheiden sie Eiweißstoffe aus. Diese Stoffe verknüpfen sich und bilden ein Eiweißnetz, in dem sich andere Blutzellen verfangen. Das austretende Blut verklumpt und verschließt die Wunde. Dieser Vorgang wird als **Blutgerinnung** bezeichnet und sorgt für einen schnellen Wundverschluss sowie geringen Blutverlust.

Stoff- und Wärmetransport. Das Blut transportiert nicht nur die Atemgase Sauerstoff und Kohlenstoffdioxid. Auch die durch die Darmwand aufgenommenen Bausteine der Nährstoffe werden dorthin transportiert, wo sie gebraucht werden. Andere wichtige

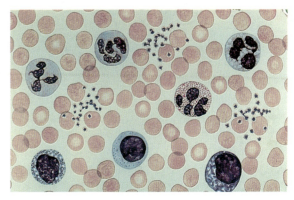

3 Blutzellen unter dem Mikroskop

transportierte Stoffe sind die Hormone. Sie übermitteln bestimmte Nachrichten innerhalb des Körpers und werden deshalb auch als Botenstoffe bezeichnet. So wird jede Zelle mit lebensnotwendigen Stoffen und Informationen versorgt. Im Gegenzug werden Stoffe abtransportiert, die im Stoffwechsel anfallen und nicht mehr gebraucht werden oder sogar giftig sind. Sie werden in der Leber abgebaut oder über die Nieren ausgeschieden. Auch beim Wärmehaushalt spielt das Blut eine Rolle: Es nimmt im Inneren des Körpers Wärme auf und leitet sie in die kälteren äußeren Bereiche der Haut. So wird die Wärme gleichmäßig im Körper verteilt.

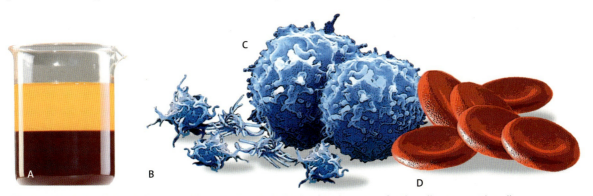

4 Bestandteile des Blutes. A flüssige und feste Bestandteile; B Blutplättchen; C weiße Blutzellen; D rote Blutzellen

---

Aufgaben

1. Erstelle eine Tabelle für die Blutbestandteile und deren Funktionen im Organismus.
2. Bei einem lebensbedrohlichen Blutverlust kann der Rettungsdienst dem Patienten nicht sofort mit irgendeiner Blutkonserve helfen. Stattdessen wird eine Infusion mit einer bestimmten Kochsalzlösung durchgeführt. Erläutere diese Maßnahmen.
3. Benenne anhand von Abbildung 4 die in Abbildung 3 erkennbaren Strukturen.
4. Begründe, dass es sich beim Blut um ein Organ handelt.

4.4 Herz und Blutkreislauf

Aufbau des Herzens. Das Herz eines erwachsenen Menschen schlägt in der Minute etwa 70 Mal – ein ganzes Leben lang. Diese Leistung wird durch den Bau des Herzens ermöglicht. Das Herz ist ein faustgroßer **Hohlmuskel,** der durch ein Geflecht von Herzkranzgefäßen ständig mit Sauerstoff und Nährstoffen versorgt wird. Im Inneren befinden sich zwei große Herzkammern, die durch eine Scheidewand voneinander getrennt sind. Vor jeder Herzkammer liegt eine Vorkammer, die auch als Vorhof bezeichnet wird.

Venen und Arterien. In jede Vorkammer des Herzens mündet ein großes Blutgefäß und aus jeder Herzkammer führt ein großes Blutgefäß heraus. Gefäße, in denen das Blut zum Herzen hinströmt, werden als **Venen** bezeichnet. Die wegführenden Blutgefäße nennt man **Arterien.** Zwischen den Vorkammern und den Herzkammern sowie zwischen den Herzkammern und den Arterien befinden sich Herzklappen. Die Herzklappen arbeiten wie Ventile. Sie verhindern, dass das Blut zurückströmen kann und gewährleisten so, dass es nur in eine Richtung strömt.

Funktion des Herzens. Das Herz arbeitet wie eine Pumpe, die eine Flüssigkeit ansaugt und anschließend wegdrückt. Dies geschieht in beiden Herzhälften zur gleichen Zeit. Im ersten Schritt strömt das Blut aus den Venen in die Vorkammern. Wenn der Druck in den mit Blut gefüllten Vorkammern groß genug ist, öffnen sich die großen Herzklappen und das Blut strömt in die Herzkammern. Im nächsten Schritt kontrahiert der Herzmuskel sehr stark, worauf sich das Volumen der Kammern verkleinert. Dabei verschließt der Druck des Blutes die großen Herzklappen und drückt die kleinen Klappen an den Arterien auf. Durch diese Gefäße verlässt das Blut das Herz.

Blutdruck und Puls. Mit jeder Kontraktion des Herzmuskels wird Blut mit hohem Druck aus den beiden Herzkammern in die Arterien gepresst. Dieser Druck, auch **Blutdruck** genannt, breitet sich als Druckwelle in den dehnbaren Arterien aus und kann zum Beispiel an den Handgelenken oder am Hals als **Puls** ertastet werden. Puls und Blutdruck geben Hinweise auf die Leistungsfähigkeit des Herzens.

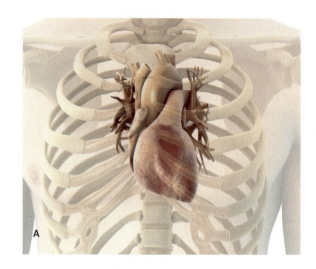

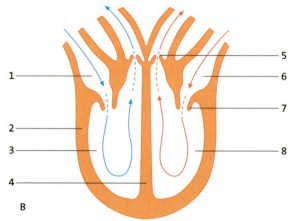

1 Das menschliche Herz. A Äußere Gestalt; **B** Schema mit Strömungsrichtungen: **1** rechte Vorkammer; **2** Herzmuskel; **3** rechte Herzkammer; **4** Herzscheidewand; **5** kleine Herzklappe; **6** linke Vorkammer; **7** große Herzklappe; **8** linke Herzkammer

Funktion der Kapillaren. In den Organen verzweigen sich die Arterien in ein Netz feiner Blutgefäße, die **Kapillaren.** Diese weisen oft nur einen Durchmesser von einem hundertstel Millimeter auf. Zusammengerechnet ergeben alle Kapillaren eine riesige Oberfläche. Über diese können Sauerstoff, Kohlenstoffdioxid, Nährstoffe oder Stoffwechselprodukte besonders gut zwischen Blut und Gewebszellen ausgetauscht werden. Beispielsweise erfolgt in den Kapillaren der Lungenbläschen der Gasaustausch zwischen Luft und Blut.

Blutfluss in den Venen. In den Verzweigungen der Arterien nimmt der Blutdruck stark ab. Deshalb reicht er in den Venen, die das Blut zum Herzen zurückführen, für den Bluttransport nicht mehr aus. Im Brust- und Bauchraum genügt die Sogwirkung der Vorkammern. In den weiter entfernt liegenden Körperteilen wie zum Beispiel den Beinen wird der Blutfluss in den Venen durch die Bewegung benachbarter Arterien und Muskeln gewährleistet. Wenn eine Arterie sich unter dem Einfluss einer Druckwelle ausdehnt, wird die benachbarte Vene zusammengedrückt. Das darin befindliche Blut wird so in Richtung Herz gepresst. Die Venen sind in regelmäßigen Abständen mit Venenklappen versehen. Diese Klappen garantieren, dass das Blut in den Venen nur in Richtung der rechten Herzhälfte und nicht zurück in die Kapillaren fließen kann.

Doppelter Blutkreislauf. Das Blut strömt immer wieder zum Herzen zurück und wird erneut in den Körper gepumpt. Es bewegt sich im Kreis. Dies bezeichnet man als **Blutkreislauf.** Genau betrachtet ist es ein doppelter Kreis, denn das Blut fließt auf seinem Weg einmal durch die rechte, das andere Mal durch die linke Herzkammer. Es wird also zweimal gepumpt, um die ganze Wegstrecke zurückzulegen. Der eine Teil der Wegstrecke führt von der linken Herzkammer durch die große Körperarterie in alle Organe des Körpers mit Ausnahme der Lungen. Über die Körpervene kommt das Blut zum Herzen zurück, diesmal in die rechte Vorkammer. Anschließend wird das Blut aus der rechten Herzkammer über die Lungenarterien in die Lungen gepumpt. Von dort gelangt es wieder zurück in die linke Vorkammer. Nun ist der gesamte Weg zurückgelegt. Man unterscheidet also den Körperkreislauf und den Lungenkreislauf. Insgesamt spricht man hier vom **doppelten Blutkreislauf.**

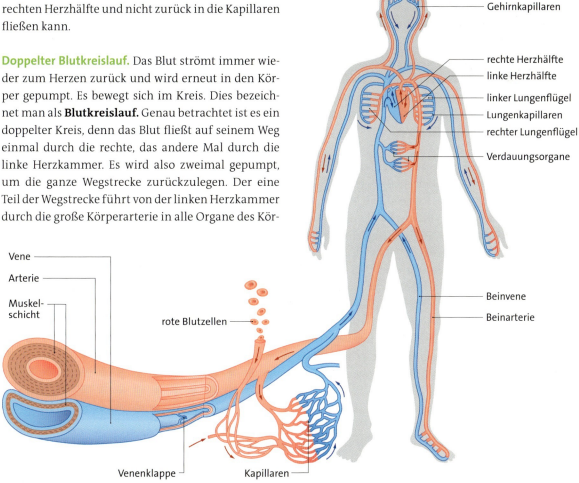

3 Bau des Blutkreislaufsystems. A Typen von Blutgefäßen; **B** Kreislaufsystem mit Strömungsrichtungen

---

Aufgaben

1. *Beschreibe den Weg, den eine rote Blutzelle im Blutkreislauf bei einem vollständigen Durchlauf zurücklegt. Beginne in der rechten Herzkammer.*
2. *Vergleiche die Blutströmung in den Arterien und den Venen. Erläutere die Mechanismen, die für den Blutfluss maßgeblich sind.*
3. *Erläutere die Bedeutung des doppelten Blutkreislaufs im menschlichen Körper.*

AUFGABEN UND VERSUCHE: Atmung, Blut und Blutkreislauf

A Bestimmung der Menge der Atemluft

Material: durchsichtige Kunststoffflasche oder Becherglas 4 bis 5 Liter; Schüssel; Gummischlauch (1 m) mit Mundstück; wasserfester Folienstift; Messzylinder (100 ml); Wasser

Durchführung: Die Flasche oder das Becherglas wird mithilfe des Messzylinders mit Wasser gefüllt. Nach Zugabe von je 100 ml Wasser wird eine Markierung angebracht, sodass eine durchgehende Skala entsteht. Das Gefäß und die Schüssel werden halb mit Wasser gefüllt. Dann wird das Gefäß mit der Öffnung nach unten so in die Schüssel gestellt, dass das Wasser nicht herausläuft. Der Schlauch wird von unten in die Flasche eingeführt. Anschließend wird durch den Schlauch so viel Luft in das Gefäß geblasen, bis der Wasserspiegel genau auf einer Markierung liegt. Nun wird über das Mundstück ganz ruhig ausgeatmet. Die Menge der ausgeatmeten Luft bezeichnet man als Atemvolumen.

Aufgaben

1. Ermittle das Volumen der ausgeatmeten Luft.
2. Atme ruckartig so viel Luft wie möglich aus und erfasse das maximale Volumen der ausgeatmeten Luft. Beschreibe und interpretiere die Messergebnisse.
3. Vergleiche alle Messergebnisse mit denen anderer Versuchspersonen aus deiner Klasse.
4. Erstelle ein Diagramm, das den Zusammenhang zwischen Atemvolumen und Körpergröße von mehreren Versuchspersonen darstellt.

B Luftbedarf bei verschiedenen Tätigkeiten

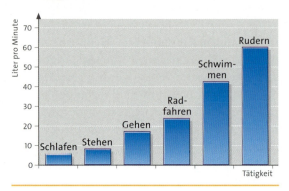

Aufgaben

1. Beschreibe das Diagramm und begründe die dargestellten Unterschiede mit deinen Kenntnissen über die Zellatmung.
2. Formuliere zwei Hypothesen, wie das Atmungssystem seine Leistung steigern kann.
3. Entwickle ein einfaches Experiment, mit dem die Hypothesen überprüft werden können.

C Blutdruck im Blutgefäßsystem

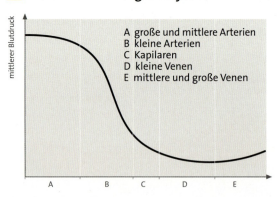

Aufgaben

1. Beschreibe das abgebildete Liniendiagramm. Verwende auch die Methode „Arbeit mit Diagrammen" auf Seite 147.
2. Formuliere eine begründete Vermutung für den Linienverlauf in den Gefäßbereichen „kleine Arterien" und „große Venen".
3. Vergleiche den Linienverlauf für die Blutdruckwerte und für die Strömungsgeschwindigkeit. Erkläre und ziehe Schlussfolgerungen.

Bau und Leistungen des menschlichen Körpers

D Mikroskopieren von frischem Schweineblut

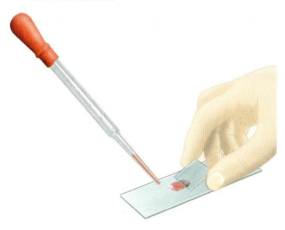

Material: frisches Schweineblut; Mikroskop; Objektträger und ein Deckglas; Pipette
Durchführung: Mit der Pipette wird ein winziger Tropfen des Blutes auf den Objektträger gegeben. Anschließend wird der Tropfen mit dem schräg gehaltenen Deckglas verteilt. Nach dem Auflegen des Deckglases wird der so vorbereitete Blutausstrich bei maximaler Vergrößerung mikroskopiert.

Aufgaben
1. Zeichne und benenne die sichtbaren Bestandteile des Blutausstrichs.
2. Erläutere, warum im mikroskopischen Bild nicht alle Zelltypen des Blutes sichtbar sind.

F Pulsmessung

Material: Uhr mit Sekundenzeiger; Papier und Stift
Durchführung: Suche mit Zeige- und Mittelfinger der linken Hand die Pulsader der rechten Hand (Hinweis: Der Puls kann unterhalb des Daumenballens auf der Innenseite des Handgelenks getastet werden). Die Uhr kann dabei in der rechten Hand gehalten werden. Der Versuch kann beginnen, wenn du den Puls deutlich spürst. Zähle nun die Pulsschläge innerhalb einer Zeit von 30 Sekunden.

Aufgaben
1. Führe dreimal hintereinander eine Pulsmessung durch und notiere die Ergebnisse.
2. Berechne aus den Ergebnissen die durchschnittliche Zahl der Herzschläge pro Minute.
3. Erkläre, warum man den Herzschlag an der Arterie der rechten Hand fühlen kann, die weit vom Herzen entfernt ist.
4. Der Puls ist an der linken Halsschlagader den Bruchteil einer Sekunde eher zu spüren als an der rechten Hand. Erkläre diese Beobachtung.

E Blut kann seine Farbe ändern

Je nachdem, wie viel Sauerstoff das Blut aufgenommen hat, verändert es seine Farbe. Sauerstoffreiches Blut ist leuchtend rot, sauerstoffarmes Blut dagegen dunkelrot.

Aufgaben
1. Zeichne ein stark vereinfachtes Schema des menschlichen Blutkreislaufs und kennzeichne mit Buntstiften die Farbe des in den einzelnen Abschnitten vorliegenden Blutes.
2. Plane ein Experiment, welches die Farbveränderung von frischem Blut sichtbar machen kann.

G Abwehr von Krankheitserregern

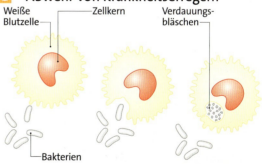

Aufgabe
1. Beschreibe, wie weiße Blutzellen in den Körper eingedrungene Bakterien unschädlich machen.

Bau und Leistungen des menschlichen Körpers

5 Aktiv für ein gesundheitsbewusstes Leben

5.1 Gesunde Ernährung

Pausenfrühstück. Ein Pausenfrühstück kann ganz unterschiedlich sein. Mancher zieht ein Brötchen mit Wurstbelag vor, andere wiederum mögen lieber Vollkornschnitten mit Butter, Käse und einem Salatblatt sowie zusätzlich einen Apfel. Wieder andere essen nur Süßes. Mancher verzichtet und isst in der Pause gar nichts. Welches Frühstück ist wirklich gesund?

1 Frühstück auf dem Pausenhof

Ernährungswissenschaftler. Mit der Frage nach einer für den Menschen richtigen und gesunden Ernährung beschäftigen sich Ernährungswissenschaftler. Sie erarbeiten Empfehlungen über Beschaffenheit, Menge und Energiegehalt der zugeführten Nahrung. Daraus ergeben sich Konsequenzen für das tägliche Leben.

Ernährungspyramide. Den Hauptanteil der zugeführten Stoffe stellen die Getränke. Der Körper benötigt am Tag etwa 1,5 Liter Flüssigkeit. Wasser, ungesüßter Tee oder verdünnte Fruchtsäfte mit geringem Energiegehalt sind für die Flüssigkeitszufuhr optimal. Milch- und Milchprodukte gehören ebenso auf den täglichen Speiseplan wie frisches Obst und Gemüse sowie reichlich Getreideprodukte. Fleisch, Wurst und fettreiche Lebensmittel sollten in kleineren Mengen gegessen werden. Auf zu viel Süßigkeiten sollte ebenfalls verzichtet werden. Sie fördern aber das Wohlbefinden und müssen deshalb nicht gänzlich vom Speiseplan verbannt werden. Die Aufzählung zeigt, dass es weder „gute" noch „schlechte" Lebensmittel gibt. Eine gesunde Ernährung sollte abwechslungsreich und ausgewogen sein. Günstig sind fünf kleinere Mahlzeiten über den Tag verteilt, die man in Ruhe und mit Genuss zu sich nimmt. Die empfohlenen täglichen Anteile der Nahrungsmittel können in einer **Ernährungspyramide** veranschaulicht werden.

A

B

2 Pausenfrühstück. **A** ausgewogenes Frühstück; **B** einseitiges und zu energiereiches Frühstück

212

Die Nahrungsmenge beachten. Da jedes Nahrungsmittel einen bestimmten Energiegehalt hat, muss neben der Zusammensetzung der Nahrung auch auf die Menge geachtet werden. Im täglichen Leben ist es selten möglich, die genaue Masse jedes Lebensmittels auszurechnen, damit die notwendige Energiemenge aufgenommen wird. Deshalb kann man die verschiedenen Lebensmittel nach einfachen Faustregeln portionieren. Die eigene Hand, ein Glas oder ein Löffel dienen als Maßstab für eine Portion. So sollte ein etwa zehnjähriges Kind am Tag etwa vier seiner Hände voll Obst und Gemüse essen, fünf Glas Wasser und ein Glas Fruchtsaft trinken, aber höchstens eine kleine Handvoll Süßigkeiten zu sich nehmen.

Übergewicht. Werden dauerhaft mehr energiereiche Stoffe zugeführt, als der Körper benötigt, wird Fettgewebe gebildet. Dies kann zu **Übergewicht** führen. Als Folge können Erkrankungen des Herz-Kreislauf-Systems auftreten. Eine Umstellung der Ernährung und sportliche Aktivitäten wirken dem Übergewicht entgegen. Manchmal ist es nötig, dass Betroffene mithilfe eines Arztes eine Diät machen.

Magersucht. Intensive Diäten, die in kurzer Zeit viel Körpermasse abbauen, können den Körper schädigen. Das gilt besonders für das Hungern, um einem modernen „Schönheitsideal" zu entsprechen, wie es manche Models verkörpern. Aus der Absicht, ein paar Pfunde abzunehmen, kann schnell eine Erkrankung werden: die **Magersucht** oder Anorexie. Wie der deutsche Name verrät, handelt es sich um eine suchtartige Krankheit, welche die Betroffenen meist nur mit Hilfe von Ärzten und Psychologen überwinden können. Da über längere Zeit lebenswichtige Stoffe wie zum Beispiel Eiweißstoffe in zu geringer Menge zugeführt werden, greift der Körper magersüchtiger Menschen auf körpereigene Eiweißstoffe zurück. Auf diese Weise werden die Muskeln immer weiter abgebaut bis ein lebensbedrohlicher Zustand erreicht wird.

Body-Mass-Index. Eine Maßzahl zur Ermittlung des Verhältnisses von Körpergröße, Gewicht und Alter erwachsener Menschen ist der BMI (engl. Body-Mass-Index). Der BMI zeigt, inwiefern das eigene Körpergewicht von einem festgelegten Durchschnittswert abweicht.

3 Ernährungspyramide

Aufgaben

1. Ernährungswissenschaftler haben Regeln für eine gesunde Ernährung zusammengestellt, die im Lehrbuchtext „versteckt" sind. Stelle die Regeln zusammen und diskutiere sie in der Gruppe.
2. Vergleiche die in Abbildung 2 dargestellten Frühstücksvarianten und bewerte sie.
3. Recherchiere Informationen zum Body-Mass-Index und berichte in geeigneter Form in der Klasse.

5.2 Bewegung fördert die Gesundheit

Tischtennis. Wann immer sie in den Pausen Zeit haben, treffen sich die Mädchen und Jungen der Klasse an der Tischtennisplatte. Kommen genügend Kinder zusammen, spielen sie am liebsten die Variante „Rundlauf". Hier müssen sie bei der Jagd nach dem Ball nicht nur Geschicklichkeit, sondern auch Schnelligkeit und Ausdauer beweisen. Trotz der Anstrengung fühlen sich nach dem Spiel alle frisch und munter und würden am liebsten weiterspielen.

Sportliche Bewegung hat verschiedene Ursachen. Warum Menschen Sport treiben, hat verschiedene Ursachen. Vielen macht es Spaß, sich mit anderen in Wettkämpfen zu messen oder in einer Fußball- oder Handballmannschaft Teamgeist zu entwickeln. Während oder nach dem Sport fühlt man sich gut und befreit. Andere Menschen möchten durch Sport einfach nur ihren Körper gesund halten und einen Ausgleich zur meist sitzenden beruflichen Tätigkeit schaffen.

Bewegung in der Steinzeit. Unsere Vorfahren waren Läufer mit muskulösen Beinen und vielseitig einsetzbaren Armen und Händen. Als Jäger und Sammler waren sie den größten Teil des Tages damit beschäftigt, umherzuziehen und Nahrung zu beschaffen. Bei der Jagd oder der Flucht vor gefährlichen Tieren mussten sie sich oft schnell und ausdauernd bewegen. Der Körperbau des Menschen hat sich seit dieser Zeit kaum verändert, seine Lebensweise umso mehr.

Fortbewegung heute. Autos, Bahn und Flugzeuge ermöglichen heute eine schnelle und bequeme Fortbewegung, ohne dass der Körper Muskelkraft aufbringen muss. Auch die meisten körperlich anstrengenden Arbeiten werden heute von Maschinen übernommen. Im Büro, beim Studium, in der Schule oder daheim bewegen sich viele Menschen nur wenig, da die anfallenden Tätigkeiten häufig im Sitzen erledigt werden können. Diese Bewegungsarmut im Tagesablauf entspricht nicht dem ursprünglichen menschlichen Verhalten. Der Körper reagiert auf eine solche Lebensweise mit sinkender Leistungsfähigkeit oder Erkrankungen.

Positive Effekte des Sports. Der positive Einfluss körperlicher Aktivität ist sehr vielfältig. In erster Linie werden die Muskeln beansprucht. Beim Training wird ein Muskel zur Bildung neuer Zellen angeregt – er wächst. Gleichzeitig bilden sich in seinem Inneren mehr Blutkapillaren. Die bessere Durchblutung steigert wiederum die Leistungsfähigkeit des Muskels. Auch die Bänder und Sehnen werden gefestigt. Bewegungen können dadurch kräftiger und sicherer ausgeführt werden.

1 Sport mit Freunden

2 Positive Effekte von Sport auf Körperfunktionen

- Durchblutung des Gehirns
- Kontrolle der Bewegungen
- allgemeines Wohlbefinden
- Training von Herz und Kreislauf
- Knochenwachstum Knochenfestigkeit
- Stabilität der Gelenke und Bänder

Bau und Leistungen des menschlichen Körpers

3 Veränderungen der Lebensweise des Menschen. **A** Steinzeitmensch; **B** Büroangestellter

Eine gut ausgebildete und trainierte Muskulatur entlastet das Skelett und die Gelenke. So beugt man zum Beispiel späteren Rückenproblemen vor. Das Skelett selbst wird durch sportliche Betätigung ebenfalls belastbarer. Die Knochenstrukturen im Bereich der Gelenke und die Gelenkknorpel werden kompakter.

Ausdauersport und Gesundheit. Ausdauersportarten wie Laufen, Fahrradfahren, Skilanglauf oder Schwimmen fördern darüber hinaus das Herz-Kreislauf-System. Durch den Wechsel von Training und Ruhephasen kräftigt sich die Herzmuskulatur und das vom Herzen transportierte Blutvolumen steigt. Durch diesen Gewöhnungseffekt haben Sportler auch bei körperlichen Belastungen einen niedrigeren Puls als untrainierte Menschen. Deren Herz muss schon bei geringen Anstrengungen auf Hochtouren arbeiten, um den Körper zu versorgen. Ein gutes Ausdauertraining verbessert die Durchblutung aller Organe und trägt so zu deren Gesunderhaltung bei.

Muskeln brauchen Energie. Muskelzellen beziehen die Energie für ihre Kontraktionen aus dem Abbau von Traubenzucker. Bei intensiver Bewegung wird viel Traubenzucker aus dem Blut aufgenommen. Bei Bewegungsmangel hingegen verbleibt ein großer Teil des mit der Nahrung aufgenommenen Traubenzuckers im Blut. Der überschüssige Traubenzucker wird in Fettzellen zu Fett umgewandelt und Übergewicht ist die Folge.

Sport und Nervensystem. Während des Sports bilden bestimmte Gehirnteile Botenstoffe, die in das Blut abgegeben werden. Diese verursachen bei vielen Menschen ein Glücksgefühl und Wohlbefinden. Sport wirkt auch Dauerstress erfolgreich entgegen. Besonders beim Ausdauersport werden Stresshormone schnell wieder abgebaut. Jeder Mensch sollte sich deshalb täglich bewegen. Die Beispiele zeigen, wie wichtig regelmäßige Bewegung für Gesundheit, geistige Leistungsfähigkeit und Wohlbefinden ist.

Aufgaben

1. Zeichne dich beim Sport und schreibe die positiven Effekte dazu. Orientiere dich an Abbildung 2.
2. Erstelle für dich ein Schema wie in 3 B für einen Tag. Erläutere dein Ergebnis.
3. Erläutere die Abbildung 3.

5.3 Gefahren für die Atmungsorgane

Rauch ist gefährlich. Durch den Rauch, der bei der Verbrennung von Stoffen entsteht, sind die Atmungsorgane unmittelbar gefährdet. Der Körper reagiert mit starkem Husten und Übelkeit. Im schlimmsten Fall erleidet der betroffene Mensch eine **Rauchvergiftung,** an der er auch sterben kann.

Atemschutz rettet Leben. Feuerwehrleute tragen deshalb bei der Brandbekämpfung meist eine Atemschutzmaske. Die Maske enthält einen Filter, durch den die eingeatmete Luft von giftigen oder ätzenden Stoffen des Rauches befreit wird. So geschützt können die Feuerwehrleute auch in dichtem Rauch den Brandherd aus der Nähe bekämpfen.

Auch andere Schadstoffe reizen die Atemwege. Nicht immer sind die Gefahren so offensichtlich wie bei einem Brand. Auch im Alltag sind die Atmungsorgane des Menschen einer Reihe von schädlichen Stoffen ausgesetzt. So können gasförmige Stoffe die empfindlichen Lungenbläschen reizen. Derartige Schadstoffe sind in den Abgasen von Kraftfahrzeugen und Industrieanlagen, in Farben und Klebstoffen, aber auch im Tabakrauch enthalten. Eine andere Gruppe von Schadstoffen besteht aus mikroskopisch kleinen Teilchen, die in der Luft schweben und Feinstaub genannt werden. **Feinstaub** entsteht unter anderem in Dieselmotoren oder beim Abriss von Häusern.

Zigarettenrauch enthält zahlreiche Schadstoffe. Der Rauch von verbrannten Tabakblättern ist vergleichbar mit dem Rauch eines schwelenden Lagerfeuers. Er enthält sowohl giftige Stoffe als auch Feinstaub. Besonders gefährlich für die Atmungsorgane ist das Kondensat des Tabakrauches. Bei der Verbrennung einer Zigarette entstehen gasförmige Stoffe, die bei der Abkühlung des Rauches an den Wänden von Bronchien und Lungenbläschen flüssig werden. Das dadurch entstehende zähflüssige Kondensat überzieht das Innere von Bronchien und Lungenbläschen wie Teer. Die Lunge färbt sich durch diese Ablagerung allmählich braunschwarz. Das Kondensat enthält zahlreiche Krebs erregende Stoffe, die in die empfindlichen Zellen des Lungengewebes eindringen und diese krankhaft verändern können. Eine spätere Folge davon kann **Lungenkrebs** sein.

1 Luftschadstoffe. A Brandbekämpfung; **B** Autoabgase

Bau und Leistungen des menschlichen Körpers

Flimmerhärchen von Rauchern haben keine Chance. Das Kondensat zerstört auch bestimmte Zellen in den Bronchien, die bei gesunden Menschen die Reinigung des Atmungssystems gewährleisten. Diese Zellen besitzen kleine bewegliche Härchen, welche eingedrungene Staubteilchen auf einer Schleimschicht wie auf einem Förderband aus den Lungen transportieren. Sind diese Flimmerhärchen zerstört, ist der Abtransport blockiert und der Staub bleibt in der Lunge zurück. Der ständige Reiz bewirkt starkes Husten. Ein Betroffener leidet dann unter **Raucherhusten.**

Nikotin und Kohlenstoffmonooxid. Im Tabakrauch sind auch Giftstoffe enthalten, die nicht in der Lunge verbleiben, sondern in das Blut aufgenommen werden. Zu diesen Stoffen gehört **Nikotin**. Es ist ein Gift, welches über das Blut im gesamten Körper verteilt wird und das besonders auf Nervenzellen wirkt. Auch das im Rauch enthaltene gasförmige **Kohlenstoffmonooxid** gelangt in das Blut. Es erschwert den Transport von Sauerstoff. Die in das Blut aufgenommenen Inhaltsstoffe des Tabakrauchs führen bei Rauchern schneller zu Erkrankungen des Herz-Kreislauf-Systems.

Passivrauchen ist ungesund. In der Umgebung von Rauchern werden teilweise so hohe Konzentrationen von Schadstoffen erreicht wie in manchen Industrieanlagen. Mitmenschen, welche die rauchhaltige Luft einatmen müssen, werden als Passivraucher ebenfalls geschädigt, obwohl sie selber nicht rauchen. In vielen Ländern ist daher das Rauchen in öffentlichen Gebäuden gesetzlich verboten.

Schutzmaßnahmen. In der Europäischen Union regeln Gesetze, in welchen Mengen eine Industrieanlage oder ein Auto Schadstoffe ausstoßen dürfen. So werden Rauchgase aus der Industrie gefiltert und Autos werden mit **Katalysatoren** und **Feinstaubfiltern** ausgestattet. Während der Ausübung von Tätigkeiten, bei denen viel Staub entsteht oder bei denen Chemikalien freigesetzt werden, müssen Schutzmasken getragen werden.

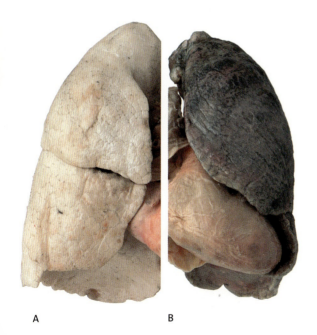

2 Lungen. A Nichtraucher; B Raucher

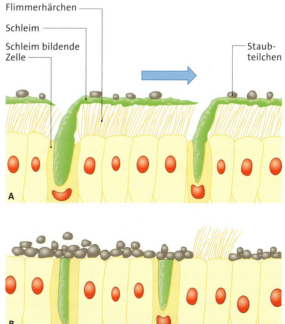

3 Flimmerhärchen. A Nichtraucher; B Raucher

Aufgaben

1. *Erstelle eine Mindmap zum Thema Gefahren durch Luftschadstoffe.*
2. *Sammle verschiedene Warnhinweise von Zigarettenschachteln. Erkläre zwei Beispiele genauer.*
3. *Diskutiert in der Gruppe das Rauchverbot in öffentlichen Gebäuden und Restaurants.*

5.4 Drogen machen süchtig

Alkohol ist eine Droge. Auf Partys wird oft Alkohol getrunken. Schon nach einem Glas Bier oder Mixgetränk verändert sich das Verhalten bei Jugendlichen spürbar: Meist wird ihre Sprache schleppend und lauter, ihre Bewegungen werden unbeholfener. Stoffe, die wie Alkohol, Nikotin oder Medikamente Körperfunktionen beeinflussen, werden als **Drogen** bezeichnet.

Alkohol schädigt Organe. Alkohol wird über das Verdauungssystem schnell in das Blut aufgenommen und im gesamten Körper verteilt. Wenn Alkohol in Nervenzellen eindringt, werden Übertragung und Verarbeitung von Informationen in Sinnesorganen und im Gehirn gestört. So kommt es, dass Menschen unter Alkoholeinfluss langsamer reagieren und ihr Verhalten verändern. Verlangsamte Reaktionen können im Straßenverkehr schlimme Folgen haben. Deshalb besteht in vielen Ländern absolutes Alkoholverbot für Autofahrer. Die Wirkung des Alkohols lässt nach einiger Zeit wieder nach, weil er im Körper langsam abgebaut wird. Dennoch werden bei jedem Alkoholrausch viele tausende Nervenzellen im Gehirn abgetötet. Diese werden nicht wieder ersetzt. Auch die Leber und die Nieren können dauerhaft geschädigt werden.

Alkoholsucht. Wird dem Körper regelmäßig und in größeren Mengen Alkohol zugeführt, so gerät der Mensch in eine Abhängigkeit, er wird zum Alkoholiker. Eine solche **Sucht** entsteht durch Veränderungen im Gehirn und kann meist nicht allein überwunden werden. Deshalb brauchen diese betroffenen Menschen psychologische Hilfe und einen ärztlich begleiteten Entzug.

Rauschgift. Drogen, die einen Rausch verursachen, werden als **Rauschgift** bezeichnet. Mit Ausnahme von Alkohol sind diese Stoffe verbotene, also illegale Drogen. Manche Menschen konsumieren Cannabis-Produkte, die aus der Hanfpflanze gewonnen werden. Das Harz wird als Haschisch, die getrockneten Blätter werden als Marihuana bezeichnet. Beide Drogen werden meist geraucht. Im Gehirn erzeugen die Wirkstoffe starke Sinnestäuschungen. Da der Rausch von vielen Konsumenten als angenehm empfunden wird, kann der Konsum die Neugier auf weitaus gefährlichere Rauschgifte steigern. Deshalb gelten Cannabis-Produkte als „Einstiegsdrogen". Ecstasy, Crystal, Kokain und Heroin haben eine besonders verheerende Wirkung, weil sie den Körper stark schädigen. Außerdem reicht oft schon die einmalige Einnahme dieser Stoffe aus, um eine starke und lebenslange Sucht zu verursachen.

1 Jugendliche auf einer Party

2 Legale Drogen

Aufgaben

1. *Recherchiere weitere Informationen zum Einfluss von Alkohol. Erstelle eine Mindmap.*
2. *Diskutiert, warum Menschen Drogen zu sich nehmen, obwohl sie die Gefahren des Konsums genau kennen.*

Bau und Leistungen des menschlichen Körpers

METHODE: Erstellung eines Informationsplakates

Informationsplakate. Es ist üblich, wichtige Informationen oder Werbung über Plakate zu verbreiten, die an zentralen Stellen ausgehängt werden. In der Schule findet man häufig Informationsplakate in den Fachräumen oder auf den Fluren. Die Plakate sollen die Aufmerksamkeit des Betrachters anziehen und kurz und knapp über ein bestimmtes Thema informieren.

Hinweise. Der Platz auf einem Plakat ist meist begrenzt. Deshalb müssen alle Gestaltungselemente wie Texte, Fotos oder Grafiken nach inhaltlichen Schwerpunkten sorgfältig ausgewählt werden. Dabei können eine Mindmap oder eine Stichwortsammlung helfen. Texte und Bilder können aus Zeitschriften ausgeschnitten oder aus dem Internet oder Büchern kopiert werden.

Fertigstellung:
- Texte können mit einem Textverarbeitungsprogramm erstellt und ansprechend gestaltet werden. Dabei ist darauf zu achten, dass Schrift und Zeilenabstand nicht zu klein werden. Außerdem dürfen nicht zu viele Informationen in langen Texten zusammengetragen werden.
- Eine große, farbig gestaltete Überschrift mit einem gelungenen Titel oder eine auffällige Abbildung sollen den Blick fesseln und das Interesse wecken.
- Die gesammelten Gestaltungselemente werden zunächst lose auf das Plakatpapier gelegt, um eine optisch ansprechende Verteilung zu ermitteln. Steht die endgültige Anordnung fest, werden die Elemente aufgeklebt.

Cannabis – eine Einstiegsdroge

Die illegale Droge Cannabis wird in Deutschland von jüngeren Jugendlichen konsumiert. Das berichtet die Bundeszentrale für gesundheitliche Aufklärung. Das Einstiegsalter ist von durchschnittlich 17 Jahren Mitte der 90er Jahre auf 16 Jahre gesunken. Viele jugendliche Konsumenten haben die falsche Vorstellung, dass Cannabis nicht so schädlich wie Alkohol oder andere Drogen sei.

Cannabis ist vor allem für seine Rauschwirkung bekannt. Doch der Rausch ist nur einer von vielen Einflüssen auf den menschlichen Körper.

Jugendliche Cannabis-Raucher greifen im späteren Leben sechsmal häufiger zu harten Drogen als Jugendliche, die kein Cannabis nehmen.

Psychische Abhängigkeit · Hochgefühl · Herzrasen · Abbauprodukte im Urin nachweisbar · eingeschränktes Urteilsvermögen · schwächeres Erinnerungsvermögen · Übelkeit · Bewegungsauffälligkeiten · Denkstörungen · Konzentrationsschwäche · erweiterte Pupillen · Blutdruckabfall

1 Informationsplakat zum Thema Rauschgift

Aufgaben

1. *Gestaltet in der Gruppe ein Informationsplakat zum Thema »Gesundheitsgefährdung durch Rauchen«.*

5.5 Gefahren für die Haut

Sonnenbrand. Viele Menschen genießen bei einem Sonnenbad die Wärme der Sonnenstrahlung auf der Haut. Dabei ist besondere Vorsicht geboten. Vor allem hellhäutige Menschen können schnell einen Sonnenbrand bekommen. Dieser ist nicht nur sehr schmerzhaft, sondern er schädigt eines der wichtigsten Organe des Menschen: die Haut.

Bau der Haut. Die Haut ist aus drei Schichten aufgebaut. Dabei unterscheidet man Oberhaut, Lederhaut und Unterhaut. Die Hornschicht der **Oberhaut** besteht aus abgestorbenen Zellen. Sie ist sehr dünn und erfüllt trotzdem wichtige Schutzfunktionen. Sie verhindert das Eindringen von Krankheitserregern und schützt die darunter liegenden Schichten vor Verletzungen sowie vor Austrocknung. Die Hornschicht wird durch das fetthaltige Sekret der Talgdrüsen geschmeidig gehalten. Die äußersten, abgestorbenen Zellen der Hornschicht werden ständig abgelöst. Am Grunde der Oberhaut entstehen in der Keimschicht durch fortlaufende Zellteilung ständig neue Hautzellen. Einige dieser Zellen bilden unter Einwirkung von Sonnenlicht einen dunkelbraunen Farbstoff, das Melanin. Er schützt vor der gefährlichen UV-Strahlung der Sonne.

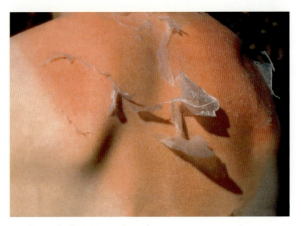

1 Schmerzhafter Sonnenbrand

Unter der Keimschicht schließt sich die **Lederhaut** an. Mit ihrem Bindegewebe verleiht sie der Haut große Festigkeit. Hier sind die Haarwurzeln und Schweißdrüsen eingebettet. In der **Unterhaut** wird körpereigenes Fett gespeichert. Sie schützt die darunter liegenden Organe und Knochen bei Stürzen wie ein Stoßdämpfer.

Die Haut trägt Haare. Die unbedeckte Haut ist unmittelbar den Einflüssen der Umgebung ausgesetzt. Sie ist an vielen Stellen von Härchen bedeckt. Bei Kälte stellen kleine, an den Haarwurzeln befestigte Muskelfasern die Haare auf. Eine Gänsehaut entsteht.

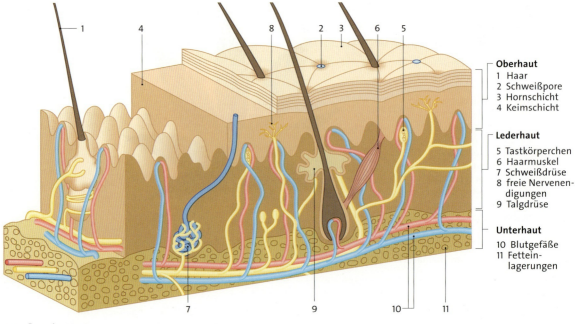

2 Aufbau der Haut

Oberhaut
1 Haar
2 Schweißpore
3 Hornschicht
4 Keimschicht

Lederhaut
5 Tastkörperchen
6 Haarmuskel
7 Schweißdrüse
8 freie Nervenendigungen
9 Talgdrüse

Unterhaut
10 Blutgefäße
11 Fetteinlagerungen

Bau und Leistungen des menschlichen Körpers

Beim Menschen hat diese Reaktion keine Bedeutung mehr, während viele Säugetiere durch das Aufstellen der Fellhaare vor Kälte geschützt werden.

Schweiß kühlt die Haut. Bei Hitze produzieren die Schweißdrüsen der Lederhaut den Schweiß. Er besteht aus Wasser und verschiedenen Salzen. Der verdunstende Schweiß entzieht der Haut Wärmeenergie. Die alle Hautschichten durchziehenden Blutgefäße leiten das warme Blut bis kurz unter die Hautoberfläche, wo es sich abkühlen kann. Die Haut erfüllt damit wichtige Aufgaben bei der **Wärmeregulation** des Körpers.

Die Haut ist ein Sinnesorgan. Die Haut stellt eine wichtige Verbindung zur Außenwelt her. Keimschicht und Lederhaut sind mit Nervenzellen durchzogen, welche die Aufnahme verschiedener Reize gewährleisten. Tastkörper können mechanische Reize aufnehmen und freie Nervenendigungen werden bei Verletzungen gereizt. Die Wahrnehmung der Umgebungstemperatur erfolgt ebenfalls über freie Nervenendigungen, die Warm- und Kaltsensoren. Alle diese Nervenzellen leiten die Informationen zur Verarbeitung in das Gehirn weiter.

Gesunderhaltung der Haut. Die vielen Funktionen zeigen, wie wichtig die Gesunderhaltung der Haut ist. Große Gefahren gehen von Verbrennungen und UV-Licht aus. Die UV-Strahlung der Sonne oder der Lampen eines Solariums kann die Zellen in der Keimschicht zerstören. Dann entsteht ein Sonnenbrand. Sind die Verbrennungen besonders stark, bilden sich mit Flüssigkeit gefüllte Brandblasen und abgestorbene Hautschichten lösen sich ab. Hautzellen können sich unter dem Einfluss von UV-Strahlung auch so verändern, dass sie sich unkontrolliert vermehren. Auf diese Weise kann Hautkrebs entstehen. Durch regelmäßige Selbstkontrolle lässt sich Hautkrebs frühzeitig erkennen. Ein Hautarzt kann derartig veränderte Hautbereiche entfernen.

Hauttypen. Menschen können eine unterschiedliche Menge des Farbstoffs Melanin in der Haut haben. Dunkelhäutige Menschen bilden mehr Melanin und können sich länger ungeschützt der Sonne aussetzen als hellhäutige Menschen. Sonnencremes mit Lichtschutzfaktor absorbieren schädigende UV-Strahlung, bevor sie in die Haut eindringt. Besonders Kinder brauchen Cremes mit hohem Lichtschutzfaktor, damit sie ausreichend geschützt sind.

3 Sonnenbaden am Strand

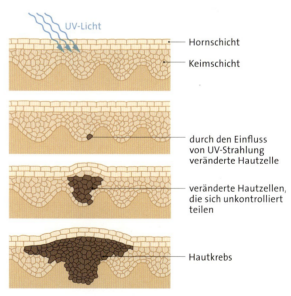

4 Entwicklung von Hautkrebs (Schema)

Aufgaben

1 *Erstelle eine tabellarische Übersicht zu den Funktionen der einzelnen Hautschichten.*
2 *Ermittle mit Angaben aus dem Internet deinen eigenen Hauttyp und leite Regeln für den Aufenthalt in der Sonne ab.*
3 *Bewerte das Solarien-Verbot für Kinder und Jugendliche.*

ZUSAMMENFASSUNG: Bau und Leistungen des menschlichen Körpers

Basiskonzept Struktur und Funktion
Beim Körperbau des Menschen lassen sich zahlreiche Zusammenhänge von Struktur und Funktion beobachten. So sind die Röhrenknochen der Gliedmaßen durch die Knochenbälkchen besonders fest und durch das Hohlprofil gleichzeitig leicht. Somit können sie Belastungen während der Fortbewegung gut abfangen. Die doppelt-S-förmige Wirbelsäule federt Stöße beim Laufen und Springen ab. Auch die Zähne zeigen einen Struktur-Funktionszusammenhang. Sie sind durch den Überzug aus hartem Zahnschmelz hervorragend geeignet, Nahrungsbrocken abzubeißen und zu zerkleinern. Neben den Zähnen in der Mundhöhle lassen sich noch weitere Strukturen des Verdauungssystems finden. So vergrößern zahlreiche Falten und Zotten die Oberfläche der Darmwand. Dadurch können die Nährstoff-Bausteine schneller in das Blut überführt werden. Die große Oberfläche aller Lungenbläschen erleichtert den Gasaustausch zwischen den Lungenbläschen und dem Blut.

Basiskonzept System
Jede einzelne Zelle erfüllt im Körper eine bestimmte Aufgabe. Zellen mit gleichem Bau und gleicher Funktion bilden ein Gewebe. Verschiedene Gewebe bilden ein Organ und mehrere Organe ein Organsystem wie das Verdauungssystem. Nur wenn alle Organsysteme ihre Funktionen erfüllen, bleiben die Lebensgrundlagen der Zellen und damit auch der gesamte Organismus erhalten. Durch eine entsprechende Lebensweise wird die Funktions- und Leistungsfähigkeit der Organsysteme unterstützt.

Basiskonzept Angepasstheit
Die Greifhand befähigt einen Menschen äußerst präzise Bewegungen durchzuführen und damit zum Beispiel Werkzeuge zu benutzen. Die flachen Fußsohlen ermöglichen dem Menschen, sich als Sohlengänger vorwärts zu bewegen. Die besondere Gestalt und Anordnung der Knochen stellen Angepasstheiten an die unterschiedlichen Aufgaben von Hand und Fuß dar.

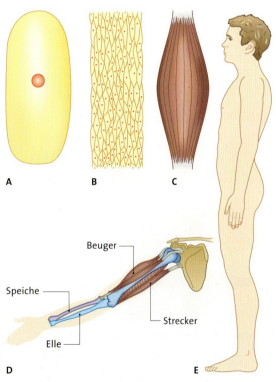

1 Aufbau des menschlichen Körpers. **A** Zelle; **B** Gewebe; **C** Organ; **D** Organsystem; **E** Organismus

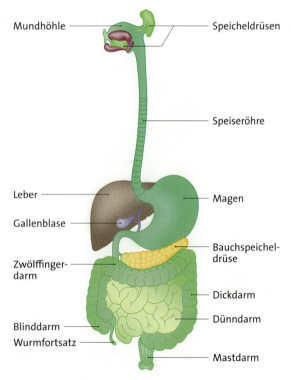

2 Bau des Verdauungssystems

Bau und Leistungen des menschlichen Körpers

Auch die verschiedenen Zahntypen des menschlichen Gebisses lassen eine Angepasstheit erkennen. Die Schneidezähne dienen dem Abbeißen der Nahrungsbrocken, die Backenzähne dagegen dem Zerkleinern und Zermahlen pflanzlicher und tierischer Nahrung. Im Magen und in den verschiedenen Darmabschnitten kann sowohl eiweißstoffreiche und fettreiche als auch kohlenhydratreiche Nahrung verdaut werden. Mit diesen Merkmalen ist der Mensch optimal an eine gemischte Kost angepasst.

Das Atmungssystem des Menschen ist ebenfalls sehr leistungsfähig. Dabei ist der Mensch sowohl an das Leben an Land als auch an seinen hohen Sauerstoffbedarf von etwa 700 Litern pro Tag angepasst. Die Lunge besteht aus zwei Lungenflügeln, in denen sich die Bronchien in immer feinere Äste verzweigen. Die Lunge hat eine innere Oberfläche von etwa 90 Quadratmetern. Diese kommt durch über 300 Millionen Lungenbläschen zustande, die am Gasaustausch beteiligt sind.

Basiskonzept Stoff- und Energieumwandlung

Die Zellen des menschlichen Körpers sind nur lebensfähig, wenn sie ständig mit Nährstoffen versorgt werden. Ein Teil der aufgenommenen Stoffe dient dem Aufbau neuer Zellen. Ein anderer Teil wird bei der Zellatmung mit Sauerstoff in die energiearmen Stoffe Wasser und Kohlenstoffdioxid umgewandelt. Dabei wird die in den Stoffen gespeicherte Energie freigesetzt. Sie wird als Wärme abgegeben oder für verschiedene Lebensvorgänge der Zellen genutzt. Sind die Zellen bei körperlicher Belastung besonders aktiv, so benötigen sie viele Nährstoffe und viel Sauerstoff. In solchen Situationen reagiert der Körper mit einem beschleunigten Herzschlag, das Blut fließt schneller. Die Zellen werden besser versorgt, weil in der gleichen Zeit mehr Stoffe transportiert werden können. Auch die Körpertemperatur wird mithilfe des Blutkreislaufs reguliert. Das Blut verteilt die Körperwärme im gesamten Körper. Bei großer Hitze wird Wärme auch über die Haut nach außen abgegeben.

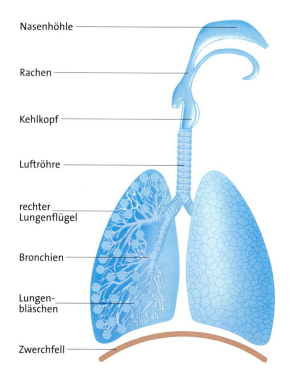

3 Bau des Atmungssystems

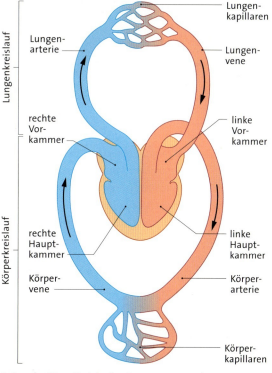

4 Bau des Herz-Kreislaufsystems

WISSEN VERNETZT: Bau und Leistungen des menschlichen Körpers

A Das Verdauungssystem

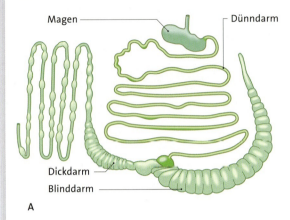

A

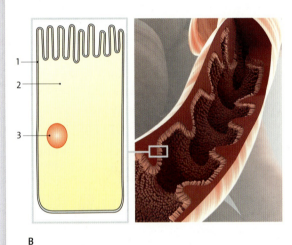

B

B Der Bronchialbaum

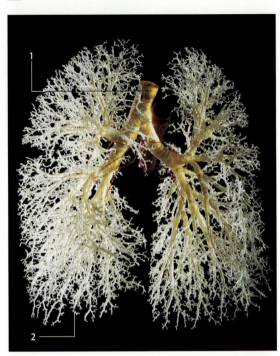

In manchen Biologiesammlungen gibt es einen „Bronchialbaum". Bei seiner Herstellung wird die Lunge eines toten Schlachttieres mit einem speziellen Kunststoff ausgegossen. Nachdem das Material gehärtet ist, wird das umliegende Gewebe entfernt. Zurück bleibt das Abbild der inneren Oberfläche der Lunge.

Aufgaben

1. Vergleiche das Verdauungssystem des Menschen mit dem des Kaninchens (Abbildung A). Begründe mögliche Unterschiede vor dem Hintergrund der Angepasstheit von Lebewesen.
2. Benenne die Strukturen in Abbildung B und erläutere den Zusammenhang, in dem diese Strukturen zueinander stehen.
3. Ordne den Ziffern in Abbildung B die maßgeblichen Begriffe zu. Erläutere die Funktion dieser Strukturen.
4. Erläutere am Beispiel der Abbildungen das Basiskonzept Struktur und Funktion.

Aufgaben

1. Benenne die mit Ziffern gekennzeichneten Bestandteile des Präparates.
2. Beschreibe den Aufbau des Bronchialbaumes.
3. Benenne weitere Organe im menschlichen Organismus, in denen eine große Oberfläche eine Rolle spielt. Gehe dabei auf den Zusammenhang von Struktur und Funktion ein.
4. Auch ein Laubbaum zeigt starke Verzweigungen seiner Äste bis hin zu den einzelnen Blättern. Erläutere die Bedeutung dieser Verzweigungen für den Stoffwechsel des Baumes.
5. Manchmal wird der Stadtwald auch als Lunge der Großstadt bezeichnet. Erläutere diese Begriffswahl.
6. Begründe unter Verwendung der Abbildung, welche schädlichen Wirkungen bestimmte Inhaltsstoffe von Tabakrauch haben.

Bau und Leistungen des menschlichen Körpers

C Atmung und Kreislauf wirken zusammen

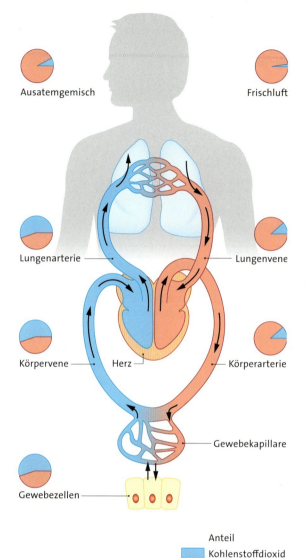

Der Mensch atmet als Landlebewesen durch Lungen. Er hat einen doppelten Blutkreislauf. Atmungssystem und Herz-Kreislauf-System wirken bei der Versorgung der Zellen eng zusammen.

Aufgaben

1. Beschreibe die Herztätigkeit und den Blutfluss im Kreislaufsystem.
2. Erläutere das Zusammenwirken der beiden Organsysteme. Beziehe in die Ausführungen die dargestellten Anteile der beiden Atemgase mit ein.

D Alle Systeme laufen auf Hochtouren

Bei einem 1500-Meter-Lauf kann man ganz schön außer Atem geraten. Schon nach 100 Metern wird schnell und tief geatmet, das Herz schlägt mit hoher Frequenz. Der Körper erwärmt sich und der Sportler beginnt zu schwitzen. Die Sportler beobachten sich gegenseitig. Eventuell könnte ein Kontrahent plötzlich lossprinten, dann muss man selbst das Tempo auf den letzten Metern erhöhen. Alle Organsysteme laufen auf Hochtouren. Aber schon wenige Minuten nach dem Zieldurchlauf normalisieren sich die Körperfunktionen wieder.

Aufgaben

1. Stelle in einer Tabelle alle Organsysteme zusammen, die direkt oder indirekt an der Bewegung des Läufers beteiligt sind. Notiere die Funktionen der betreffenden Organsysteme.
2. Erläutere das Zusammenwirken der beteiligten Organsysteme. Stelle dabei die Muskelzellen in das Zentrum der Betrachtungen.
3. Formuliere eine begründete Vermutung zu den Ursachen der Veränderung der Körperfunktionen eines Läufers unter Berücksichtigung des Stoff- und Energiewechsels.
4. Entwickle eine experimentelle Methode, um die Vermutung durch exakte Messungen überprüfen zu können.

Die Umwelt erleben mit den Sinnesorganen

Kann man mit den Händen lesen?

Manche Bücher enthalten keine Buchstaben, sondern Punkte in verschiedener Anordnung.

1. Erkundige dich in einer Bücherei nach dem Leserkreis derartiger Bücher.
2. Informiere dich, wie solche Bücher gelesen werden.

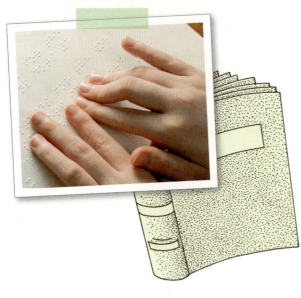

Die Augenpupille kann sich verändern

1. Vergleicht die beiden Abbildungen.
2. Plant einen Versuch, der zu dem abgebildeten Ergebnis führen könnte.
3. Stellt in der Gruppe Vermutungen über die Bedeutung dieser Veränderungen an. Sucht Beispiele aus dem Alltagsleben, die eure Vermutungen bestätigen könnten.

Die Umwelt erleben mit den Sinnesorganen

Heidi, das schielende Opossum

Im Jahr 2012 wurde ein Tier des Leipziger Zoos weltberühmt. Das Opossum Heidi bekam seine eigene Facebook-Site, ein Lied mit dem Titel „Heidi" wurde komponiert und gewaltige Mengen von T-Shirts mit dem Motiv der weißen, nordamerikanischen Beutelratte wurden produziert. Das Besondere an Heidi war das ausgeprägte Schielen der beiden knopfartig hervortretenden Augen.

1. Recherchiere den Lebensweg von Heidi und die Ursache des Schielens.
2. Erörtere, inwieweit Heidi in der freien Natur lebensfähig gewesen wäre.

Schall breitet sich nicht nur in Luft aus

Führe folgenden Versuch durch. Stelle einen lauten Wecker auf eine Tischplatte und presse dein Ohr auf den Tisch. Lege dann eine Schaumstoffplatte unter den Wecker.

1. Vergleiche deine Beobachtungen.
2. Überlege, wie du den Versuch abwandeln kannst.
3. Protokolliere den Versuchsaufbau und die Versuchsergebnisse.

Münzsammlung

Führt folgenden Versuch in Partnerarbeit durch. Hierzu braucht ihr mehrere Münzen unterschiedlichen Wertes sowie eine flache Schachtel.
Während du deine Augen mit einem Tuch verbindest, gibt dein Partner etwa fünf bis sieben unterschiedliche Münzen in die Schachtel. Dann greifst du nacheinander alle Münzen heraus und gibst den Wert der Münzen an.

1. Besprecht in der Gruppe, wie sich mit verbundenen Augen der Wert bestimmen lässt.

227

1 Erfahrungen mit allen Sinnen

Die Sinne. Ein Kinobesuch ist ein besonderes Erlebnis. Viele Umwelteinflüsse strömen dabei auf den Besucher ein: Die Bilder auf der Leinwand, die Musik und die Geräusche aus den Lautsprecherboxen, der Geruch von Popcorn und der Geschmack der Bonbons. Solche Umwelteinflüsse werden als **Reize** bezeichnet. Für die Aufnahme von Reizen besitzt der Körper bestimmte Organe, die **Sinnesorgane**. Zum Beispiel nehmen die Augen Lichtreize auf und ermöglichen so das Sehen. Die Fähigkeit zum Sehen bezeichnet man als einen **Sinn**. Alle Sinnesorgane zusammen vermitteln Kenntnisse über das Geschehen in der Umwelt.

1 Im Kino

Kinofilme sind Illusionen. Das Geschehen auf der Kinoleinwand läuft nicht wirklich ab. Bei einem Kinofilm werden die Zuschauer mit Bildern und Geräuschen getäuscht. Zum Beispiel entstehen die Bewegungen erst durch die Projektion. Der Film besteht aus vielen einzelnen Bildern, die mit einer Geschwindigkeit von mindestens 18 Bildern pro Sekunde nacheinander auf die Leinwand gestrahlt werden. Der Mensch sieht dann keine Einzelbilder mehr. Die Bilder verschmelzen und vermitteln die Illusion von fließenden Bewegungen.

Sinnesorgane. Aus der Vielzahl von Umweltreizen nehmen die Sinnesorgane nur einen Teil auf. Die Sinnesorgane enthalten nämlich spezialisierte Zellen, die nur auf ganz bestimmte Reize reagieren können. Diese Zellen nennt man **Sinneszellen**. Manche Umwelteinflüsse können vom Menschen nicht wahrgenommen werden, da entsprechende Sinnesorgane fehlen. Dazu zählen etwa Magnetfelder, radioaktive Strahlung oder Radiowellen. Hier sind die Sinnesleistungen mancher Tiere denen des Menschen weit überlegen. Vögel können sich mithilfe des Erdmagnetfeldes orientieren. Bienen können UV-Strahlung sehen und Delfine verständigen sich untereinander durch Ultraschall-Lautäußerungen.

Auge und Ohr. Lichtreize werden mit den Augen aufgenommen. Man sieht Gegenstände, Farben und Bewegungen. Ohne seinen **Sehsinn** kann sich ein Mensch nur in seinem engsten Umfeld orientieren und ist oft hilflos. Teilweise kann der **Gehörsinn** zur Orientierung herangezogen werden. Mit dem Ohr nimmt man Töne, Klänge und Geräusche auf. Schwerhörige oder taube Menschen können sich oft nur schwer verständigen.
Im Innenohr werden nicht nur Schallwellen aufgenommen. Hier wird die Gleichgewichtslage des Körpers mit dem **Lagesinn** erfasst. Bewegungen werden durch den **Drehsinn** festgestellt, der ebenfalls im Innenohr liegt.

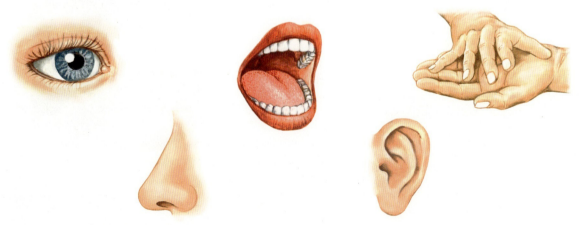
3 Sinnesorgane des Menschen

Nase und Zunge. Mit Sinneszellen in der Nase werden gasförmige Duftstoffe erkannt. Die Zunge kann flüssige oder gelöste Geschmacksstoffe feststellen. Mit dem **Geruchssinn** und dem **Geschmackssinn** wird vor allem die Art und Beschaffenheit der Nahrung geprüft.

Haut. Ein sehr umfangreiches Sinnesorgan ist die Haut. Über die gesamte Körperoberfläche sind Sinneszellen für Wärme, Kälte und Druck verteilt. Die Sinneszellen des **Tastsinns** bezeichnet man als Tastrezeptoren. Die Sinneszellen des **Temperatursinns** heißen Kälte- oder Wärmerezeptoren, je nachdem, wie sie reagieren. Die Häufigkeit der Rezeptoren in der Haut ist unterschiedlich. Manche Hautstellen, wie Lippen oder Fingerspitzen, sind besonders dicht mit Rezeptoren besetzt. Durch sehr feine Nervenendigungen können Schmerzen vermittelt werden. Diese reagieren auf unterschiedliche schädliche Einflüsse. Zusammen werden sie als **Schmerzsinn** bezeichnet.

Schutzfunktion. Durch die Aufnahme von Reizen werden Lebewesen auf Gefahren aufmerksam. Das ist überlebenswichtig. Die Sinne der Haut schützen den Körper dabei vielfach vor unmittelbaren Gefahren wie zum Beispiel Verletzungen durch Dornen oder scharfkantige Steine, aber auch vor Verätzungen durch manche Chemikalien oder vor Verbrennungen oder Erfrierungen. Der Geschmacks- und der Geruchssinn helfen, die Aufnahme von ungenießbarer, vielleicht verdorbener und gesundheitsschädlicher Nahrung zu verhindern.
Weil der Empfang und der Austausch von Informationen für alle Lebewesen lebenswichtig ist, spricht man allgemein vom **Basiskonzept Information und Kommunikation.**

4 Schüler bei einem Vortrag mit Computer-Präsentation

Sinneskanäle wirken zusammen. Ein Vortrag wird mit einer Computer-Präsentation interessanter und wirkungsvoller. Durch das Sehen der Bilder wird das Hören des Referats unterstützt. Hier wirken zwei Sinneskanäle, nämlich der Sehsinn und der Gehörsinn, zusammen und ergänzen sich. Andere Sinneseindrücke wie Riechen und Tasten sind vielfach unbewusst, verstärken aber den Kontakt zur Umwelt. Mit den Reizen nehmen die Zuhörer Informationen auf, verarbeiten sie und reagieren darauf.
Aber auch der Vortragende nimmt Informationen auf. Er registriert die Reaktionen seiner Zuhörer und antwortet auf Fragen. Am Schluss seines Vortrags freut er sich, wenn er mit Beifall belohnt wird. Diesen Informationsaustausch nennt man Kommunikation. In menschlichen Gemeinschaften sind solche Wechselwirkungen unverzichtbar, wie auch durch das **Basiskonzept Wechselwirkungen** vermittelt wird.

Aufgaben

1. *Ordne den in Abbildung 2 dargestellten Sinnesorganen die im Text genannten Sinnesleistungen zu. Erstelle dazu eine Tabelle.*
2. *Sammle Beispiele von Reizen, die während einer Sportstunde auf dich einwirken. Beurteile diese Reize nach ihrer Wichtigkeit.*
3. *Lehne dich auf deinem Stuhl bequem zurück und schließe die Augen. Lege dann beide Hände vor dich auf den Tisch. Lasse nun die Umweltreize (ohne die optischen Reize) auf dich einwirken.*
   a) Beschreibe ganz allgemein deine Sinneseindrücke in dieser Sitzposition.
   b) Befühle nun mit deinen Fingerspitzen die Tischplatte. Vergleiche deine jetzigen Sinneseindrücke mit deinen üblichen, mit offenen Augen empfundenen Eindrücken. Beschreibe und erläutere.
   c) Begründe, warum du mit geschlossenen Augen andere Empfindungen feststellen kannst als mit offenen Augen.

Die Umwelt erleben mit den Sinnesorganen

AUFGABEN UND VERSUCHE: Erfahrungen mit allen Sinnen

A Bildentstehung

Material: Lese-Lupe mit eingesetzter, zusätzlicher Vergrößerungslupe; weißes Blatt Papier; Klebeband; Lineal
Durchführung: Befestige das Blatt Papier mit dem Klebeband zum Beispiel an einem Schrank gegenüber eines Fensters. Halte die Lese-Lupe vor das Papier, sodass das Licht durch die Lupe auf das Papier fällt. Bewege die Lupe vor und zurück, bis ein Bild des Fensters erscheint.

Aufgaben
1. Beschreibe das projizierte Bild. Miss die Entfernung zwischen Lupe und Papier.
2. Bilde das Fenster mit der eingesetzten Vergrößerungslupe ab. Vergleiche die Wölbung beider Linsen. Stelle einen Zusammenhang zwischen Wölbung der Linse, Vergrößerung und Abbildungsabstand her.

B Seekrankheit

Bei stärkerem Seegang kann eine Fahrt mit einem kleinen Schiff für manche Menschen sehr unangenehm werden. Sie fühlen sich furchtbar elend – werden „seekrank". Das ständige Auf und Ab des schwankenden Schiffes schlägt ihnen auf den Magen und meist müssen sie sich auch übergeben. Man kann versuchen, die Seekrankheit erfolgreich zu bekämpfen, wenn man während der Fahrt seinen Blick fest auf den Horizont richtet.

Aufgaben
1. Stelle eine Vermutung auf, welche Sinne bei der Entstehung der Seekrankheit eine Rolle spielen. Begründe deine Vermutung.
2. Erläutere, weshalb das Beobachten des Horizontes die Seekrankheit mildern oder sogar verhindern kann.
3. Ziehe zur Stützung deiner Vermutung Beobachtungen heran, die du zum Beispiel auf einer Kirmes nach einer Fahrt auf dem Karussell oder einem ähnlichen Fahrgeschäft gemacht hast.

C Richtungshören

Material: dünner Gummischlauch aus der Chemiesammlung, etwa 1 m lang; Bleistift; Lineal

Durchführung: Dieser Versuch muss in Partnerarbeit durchgeführt werden. Markiert zuerst die Schlauchmitte mit dem Bleistift. Der eine Schüler legt den Schlauch über den Kopf des anderen nach hinten. Dann werden entsprechend der Abbildung die beiden Schlauchenden in die Ohrmuscheln gehalten. Der Partner klopft nun mit dem Bleistift an verschiedenen Stellen auf den Schlauch.

Aufgaben

1. Gib jeweils an, von welcher Richtung das Klopfgeräusch kommt.
2. Bestimmt mit diesem Versuch, bis auf welchen Abstand von der Schlauchmitte die Richtung des Klopfens richtig zugeordnet werden kann. Um sicher zu gehen, muss der Versuch mit wechselnden Abständen mehrfach wiederholt werden.
3. Formuliert eine Vermutung, auf welche Weise die Richtung des Klopfgeräusches festgestellt wird.

D Geruch und Geschmack

Material: Apfel, Banane, Zwiebel, rohe Kartoffel; Küchenreibe; Glas Wasser; 4 kleine Teller; 4 kleine Löffel; Augenbinde

Durchführung: Dieser Versuch muss in Partnerarbeit durchgeführt werden. Zerreibt jeweils ein Stück Apfel, Banane, Zwiebel und Kartoffel zu Mus und bringt dieses auf die Teller. Der eine Partner lässt sich die Augen verbinden und hält sich die Nase zu. Dann reicht der andere Partner nacheinander Kostproben von den verschiedenen Nahrungsmitteln. Nach jedem Probieren muss der Mund mit Wasser ausgespült werden.

Aufgaben

1. Benennt bei jeder Kostprobe das verwendete Nahrungsmittel. Notiert die Ergebnisse.
2. Wiederholt den Versuch, wobei die Nase nicht verschlossen wird.
3. Diskutiert die Versuchsergebnisse in der Gruppe.

E Temperatursinn

Material: 3 Kunststoffwannen; Thermometer; Kochplatte und Kochtopf zum Erhitzen von Wasser; Wasser mit einer Temperatur von 10 °C, 30 °C und 50 °C.

Durchführung: Fülle die Wannen mit Wasser der angegebenen Temperatur und stelle sie in dieser Reihenfolge nebeneinander auf. Tauche gleichzeitig die linke Hand in das kalte Wasser und die rechte Hand in das heiße Wasser. Tauche nach etwa einer Minute beide Hände gleichzeitig in das Wasser mit der mittleren Temperatur.

Aufgabe

1. Beschreibe und erläutere deine Beobachtungen.

F Ist da was, oder ist da nichts?

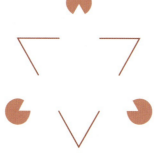

Aufgaben

1. Beschreibe genau, was du siehst.
2. Beurteile die Aussage „In dieser Abbildung siehst du etwas, was es nicht gibt".
3. Erkläre, wie diese Täuschung zu Stande kommt.

2 Aufbau und Funktion von Sinnesorganen

2.1 Sicher im Straßenverkehr

Warnsignale im Straßenverkehr. Ein Auto und ein Radfahrer sind auf einer Straßenkreuzung zusammengestoßen. Ein Streifenwagen der Polizei und ein Rettungswagen verschaffen sich mit Martinshorn und Blaulicht Platz. Der auffallende Ton des Horns und das grelle Blinklicht sind Reize, die vom Gehirn sofort als Signale mit sehr hoher Bedeutung eingestuft werden. **Warnsignale** müssen auffällig sein, weil sie auf Gefahren aufmerksam machen.

Schutzeinrichtungen. Besonders gefährdet sind im Straßenverkehr Fußgänger und Radfahrer. Deshalb sind Fußgängerüberwege, die sogenannten Zebrastreifen, oft durch Fußgängerampeln oder Hinweisschilder zusätzlich gesichert. An Kreuzungen sind in der Regel Fußgängerampeln eingerichtet. Ein grünes Leuchten zeigt an, dass die Fahrbahn überquert werden darf. Dennoch sollte immer darauf geachtet werden, ob auch die anderen Verkehrsteilnehmer auf die Lichtsignale reagieren. Manchmal sind weder Zebrastreifen noch Ampel in der Nähe. Der Fußgänger muss nun durch ein Handzeichen klar anzeigen, dass er die Fahrbahn überqueren möchte. Die Fahrbahn darf nur betreten werden, wenn der Autofahrer ein klares Zeichen gibt, dass er anhält.

Besondere Gefahren drohen nachts. In der Dämmerung und im Dunkeln sollten Fußgänger und Fahrradfahrer helle, kontrastreiche Kleidung tragen. Reflektoren an der Kleidung, die sogenannten Katzenaugen, reflektieren das Licht und erhöhen somit die Sicherheit. Fahrräder müssen mit einer funktionierenden Beleuchtung ausgerüstet sein. Dazu gehören auch gelbrote Reflektoren an den Speichen und Fahrradpedalen. Mithilfe von Augen und Ohren kann man sich also besonders im Straßenverkehr sicherer bewegen.

1 Rettungswagen

2 Signale im Straßenverkehr.
A Fußgängerüberweg; B Abbiegesignal

Radfahrer sind besonders gefährdet. Das Verhalten von Radfahrern im Straßenverkehr soll vor allem ihrem eigenen Schutz dienen. Dies gilt zum Beispiel für das Abbiegen: Die Richtungsänderung muss durch ein seitliches Herausstrecken des betreffenden Arms angezeigt werden. Vor dem Verlassen der Spur muss sich der Radfahrer umschauen, ob die Bahn frei ist. Außerdem sind für das Fahrrad bestimmte Warneinrichtungen wie eine deutlich wahrnehmbare Klingel gesetzlich vorgeschrieben.

Aufgaben

1. Nenne Einrichtungen und Verhaltensweisen zum Schutz von Fußgängern und Fahrradfahrern im Straßenverkehr.
2. Beschreibe deinen Schulweg und erkläre, wie du ihn sicher zurücklegst.
3. Das gesetzlich vorgeschriebene Fahrradzubehör kann entsprechend seiner Funktion geordnet werden: Warnung vor Gefahr, Signale zur Kenntlichmachung, Schutz des Fahrradfahrers vor Verletzungen. Wähle für jede dieser Funktionen ein besonders geeignetes Beispiel aus und erläutere.

Die Umwelt erleben mit den Sinnesorganen

AUFGABEN UND VERSUCHE: Wie schütze ich mich im Straßenverkehr?

A Der verkehrssichere Schulranzen

Schulranzen für Kinder bis zu zwölf Jahren sollten laut TÜV (Technischer Überprüfungsverein) folgende Sicherheitsmerkmale haben: Mindestens 20 Prozent orangerote oder gelb leuchtende Flächen und mindestens 10 Prozent zusätzliche Reflektoren.

Aufgaben

1. Überprüft in eurer Klasse, ob die Forderungen des TÜV bei euren Schulranzen erfüllt sind.
2. Schlagt kostengünstige Möglichkeiten zur Nachrüstung ungeeigneter Schulranzen vor. Rüstet ungeeignete Schulranzen preisgünstig nach.

B Warnsignale am Bahnübergang

Aufgaben

1. Erläutere die in der Abbildung erkennbaren Warnsignale.
2. Begründe, ob sich die Fahrradfahrerin als Verkehrsteilnehmer richtig verhält.

C Wer hat Vorfahrt?

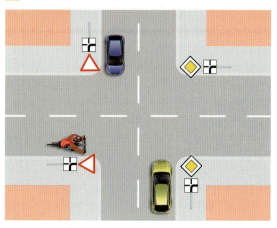

Aufgaben

1. Benenne für die abgebildeten Verkehrsteilnehmer die richtige Reihenfolge in der Vorfahrt. Begründe deine Entscheidung.
2. Begründe, ob sich die Vorfahrt ändert, wenn an Stelle der Radfahrerin ein Polizeiauto ohne Blaulicht und Martinshorn wäre.

D Warnzeichen für Gefahrguttransporte

Auf den Straßen werden oft Stoffe transportiert, die bei einem Unfall zu einer besonderen Gefährdung von Menschen und Umwelt führen können.

Aufgabe

1. Recherchiere im Internet, welche besondere Bedeutung die abgebildeten Zeichen haben.

2.2 Bau und Funktion des Auges

Sehen erfordert Licht. Wenn man zum Beispiel einen Baum betrachtet, gelangen Lichtstrahlen von diesem Baum in das Auge. Ohne Licht könnte man nichts sehen. In einer sehr dunklen Nacht können vielleicht nur die Umrisse eines Baumes erahnt werden. Wird er aber vom Mondlicht oder einer Straßenlaterne angestrahlt, wird das Licht von jedem Blatt oder Zweig reflektiert, das heißt zurückgeworfen. Diese abgelenkten Lichtstrahlen gelangen so auch ins Auge.

Äußerer Bau des Auges. Die beiden Augen des Menschen liegen gut geschützt in den knöchernen Augenhöhlen. Nur ein kleiner Teil des Augapfels ist jeweils sichtbar. Der Augapfel wird von der festen, weißen Lederhaut geschützt. Unter der Lederhaut liegt die blutgefäßreiche Aderhaut. An der Außenseite der Lederhaut setzen die Augenmuskeln an. Sie ermöglichen die Bewegung des Augapfels, sodass man auch bei gerader Kopfhaltung nach verschiedenen Seiten blicken kann. Augenbrauen und mit Wimpern besetzte Augenlider sind weitere Schutzeinrichtungen. In den Tränendrüsen wird die salzhaltige Tränenflüssigkeit gebildet, die das Auge vor Austrocknung, Schmutz und Krankheitserregern schützt.

Hornhaut und Pupille. Eintreffende Lichtstrahlen durchdringen zuerst die farblose Hornhaut und werden dabei gebrochen. Dahinter liegt die schwarz erscheinende Pupille. So bezeichnet man die Öffnung, durch die die Lichtstrahlen in das Augeninnere fallen. Wenn grelles Licht auf das Auge trifft, verengt sich die Pupille zu einem ganz kleinen Loch. In der Dunkelheit erweitert sie sich, sodass möglichst viel Licht ins Auge gelangen kann. So kann sich das Auge an unterschiedliche Lichtverhältnisse anpassen. Dieser Vorgang erfolgt durch die farbige Regenbogenhaut oder Iris, welche die Pupille wie ein breiter Ring umgibt.

Linse. Hinter der Pupille liegt die elastische, durchsichtige Augenlinse. Diese ist über Linsenbänder mit einem Ringmuskel, dem Ziliarmuskel, verbunden. Durch Bewegungen des Ziliarmuskels kann die Augenlinse ihre Form verändern. Sie kann sich abkugeln oder auch flach werden.

Glaskörper und Netzhaut. Hinter der Linse befindet sich das Innere des Augapfels. Es ist von einer durchsichtigen Gallerte ausgefüllt, dem Glaskörper. Am hinteren Ende des Auges liegt die Netzhaut. Sie besteht aus Millionen lichtempfindlicher Sinneszellen. Es können dabei zwei Formen unterschieden werden: die lang gestreckten, dünnen Stäbchenzellen und die kurzen, dicken Zapfenzellen. Die Stäbchenzellen reagieren auf Hell und Dunkel. Die Zapfenzellen sind für das Farbensehen eingerichtet. Treffen Lichtstrahlen auf die Sinneszellen,

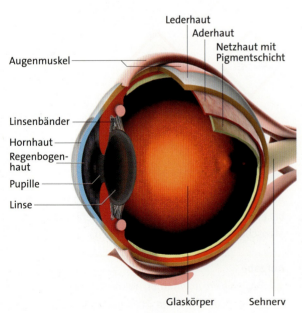

1 Aufbau des Auges

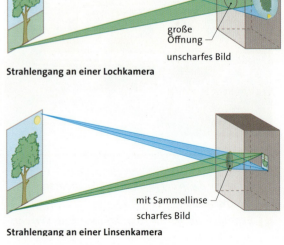

Strahlengang an einer Lochkamera

Strahlengang an einer Linsenkamera

2 Strahlengänge

werden diese gereizt. Es entstehen elektrische Impulse, die über den Sehnerv zum Gehirn geleitet werden. Dort werden die Signale im Sehzentrum verarbeitet.

Funktion der Linse. Eine Lochkamera besteht aus einer Schachtel, in deren Deckel sich ein Loch befindet. Fällt Licht durch dieses Loch, entsteht auf der Rückseite der Schachtel ein Bild. Dieses Bild muss nicht unbedingt scharf sein. Fällt Licht in das Auge, nämlich auf die Netzhaut, entsteht auch ein Bild. Die Linse im Auge ermöglicht aber, dass das Bild scharf dargestellt wird. Die Aufgabe der Augenlinse ist, das Licht zu bündeln. Dies geschieht aufgrund der Linsenform. Die parallel einfallenden Lichtstrahlen werden aufgrund der Linsenform so gebrochen, dass sie sich in einem Punkt sammeln. Diesen Punkt nennt man Brennpunkt und die Linse wird als Sammellinse bezeichnet. Durch die Bündelung der Lichtstrahlen entsteht also auf der Netzhaut ein helles, kontrastreiches und scharfes Bild.

Entfernungseinstellung. Betrachtet man einen nahen Gegenstand, erscheint dieser scharf. Die Umgebung in der Ferne erscheint dagegen unscharf. Betrachtet man nun die Umgebung, erscheint die Ferne scharf, der nahe Gegenstand nun aber unscharf. Diese Anpassung des Auges an verschiedene Entfernungen bezeichnet man als **Akkommodation.** Sie erfolgt durch die Veränderung der Linsenform. Diese wird durch den Ziliarmuskel bewirkt. Nahe Gegenstände werden durch eine kugelige Linse scharf abgebildet. Beim Sehen in die Ferne sind dagegen die Linsenbänder gespannt und die Linse abgeflacht.

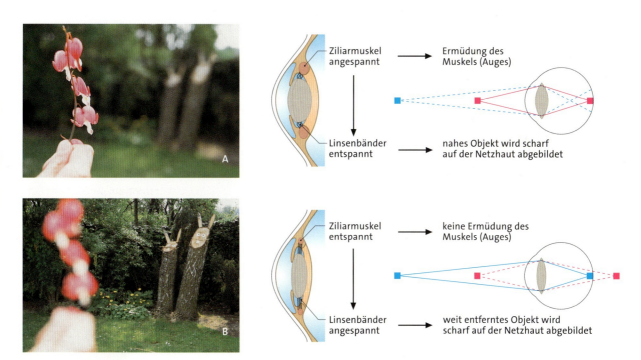

3 Entfernungseinstellung des Auges. **A** Naheinstellung; **B** Ferneinstellung

---

Aufgaben

1. Lege eine Tabelle an, in der den Bauteilen des Auges die jeweilige Funktion zugeordnet ist.
2. Erläutere die Darstellung in Abbildung 3. Vergleiche mit der Bildentstehung, wenn die Lochkamera mit einer Sammellinse ausgerüstet wäre.
3. Erläutere den in Abbildung 3 dargestellten Zusammenhang zwischen der Entfernung eines Gegenstandes, der Linsenform und der Schärfe des auf der Netzhaut entstehenden Bildes.
4. Bei einer bestimmten Augenerkrankung kann die Form der Augenlinse nicht mehr verändert werden. Erkläre und begründe die Folgen dieser Erkrankung für das Sehvermögen.

2.3 Die Informationsverarbeitung erfolgt im Gehirn

Tagpfauenauge. Ein bunter Schmetterling flattert von einer Blüte zur anderen. An den gaukelnden Flugbewegungen und der Gestalt mit den großen Vorder- und Hinterflügeln erkennt man einen Tagfalter. Dazu zeigt die bunte Färbung mit den auffälligen Augenflecken, dass man ein Tagpfauenauge vor sich hat.

Sehen. Beim Sehen gelangen Lichtstrahlen durch das Auge bis zur Netzhaut. Dort werden die lichtempfindlichen Sehsinneszellen erregt und erzeugen jeweils einen schwachen elektrischen Impuls. Dieser Strom wird auf anschließende Nervenzellen übertragen. Sie leiten den Strom weiter bis zum Gehirn.

Vorgänge im Sehzentrum. Über den Sehnerv laufen elektrische Signale ein. Sie gelangen so in einen bestimmten Teil des Gehirns, der als **Sehzentrum** bezeichnet wird. Dort wird das Bild des bunten, flatternden Schmetterlings zerlegt. Manche Gehirnzellen verarbeiten nur die Farbinformation, andere die Gestaltinformation und wiederum andere die Bewegungsinformation. Die einzelnen Informationen werden mit Informationen aus dem Gedächtnis verglichen. So entsteht die einheitliche Wahrnehmung eines bunten, fliegenden Tagpfauenauges. Dabei leistet das Gehirn sehr viel. Es registriert nicht nur Farbe, Gestalt und Bewegung, sondern es bewertet das Objekt auch als ungefährlich und als besonders hübsch. Die Sachverhalte können gut eingeordnet und bewertet werden, wenn schon viele Erfahrungen und Lerninhalte abgespeichert waren.

Reiz-Reaktions-Zusammenhang. Fliegt eine Hornisse an einem vorbei, weicht man meist erschrocken zurück. Hier hat das Gehirn die schwarzgelbe Färbung und das surrende Flügelgeräusch des Insekts als bedrohlich eingestuft und eine **Reaktion** ausgelöst. Die Verknüpfung von Reiz und Reaktion wird als Reiz-Reaktions-Zusammenhang bezeichnet. Die Sinnesorgane können nicht zwischen „wichtig" und „unwichtig" unterscheiden. Sie leiten nur laufend die Informationen an das Gehirn weiter. Dort wird entschieden, ob eine Reaktion sinnvoll ist oder nicht. Außerdem wird entschieden, ob eine Erinnerung gespeichert werden soll oder nicht.

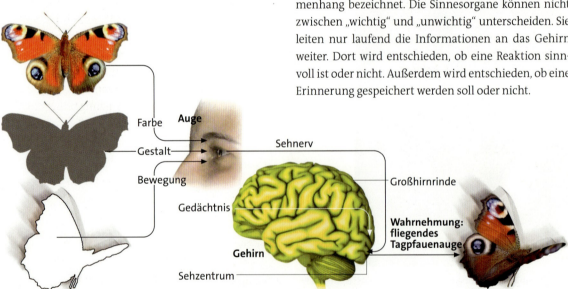

1 Reizaufnahme, Informationsleitung und Wahrnehmung

Aufgaben

1. Erstelle ein Fließdiagramm zu den Vorgängen im Reiz-Reaktions-Schema.
2. Ein Spaziergänger sieht im Augenwinkel einen sich im Wind bewegenden Grashalm. Erläutere die Vorgänge im Auge und im Gehirn. Begründe die mögliche Reaktion.
3. Nachtfalter können mit einem im Brustbereich liegenden Hörorgan die Ultraschalllaute von Fledermäusen registrieren. Sie lassen sich beim Anflug einer Fledermaus einfach auf den Boden fallen.
   Beschreibe den geschilderten Sachverhalt unter Verwendung der Fachbegriffe.

2.4 Räumliches Sehen

Sehfeld. Der Hase ist ein Fluchttier mit vielen Fressfeinden. Für ihn ist es daher lebensnotwendig, dass er zum Beispiel beim Fressen oder Ruhen auch das Annähern eines Feindes von hinten leicht erkennen kann. Bei einem Hasen liegen die beiden Augen seitlich am Kopf. Dadurch hat er ein sehr großes **Sehfeld**. Das ist der Bereich, den das Tier mit seinen Augen überblicken kann. Der Hase kann so fast die gesamte Umgebung überblicken, auch wenn er den Kopf nicht bewegt.

Raumeindruck. Bei vielen Affen wie Schimpansen sind beide Augen nach vorne gerichtet. Dies gilt auch für den Menschen. Das Sehfeld beider Augen überdeckt sich weitgehend. Dadurch wird ein Gegenstand gleichzeitig von zwei verschiedenen Punkten aus betrachtet. Jedes Auge liefert dabei ein etwas unterschiedliches Bild an das Gehirn. Dies lässt sich leicht überprüfen, wenn man ein geschlossenes Buch so vor die Augen hält, dass man auf den Buchrücken blickt. Schließt man abwechselnd ein Auge, erkennt man zwei unterschiedliche Bilder. Sieht man gleichzeitig mit beiden Augen, erscheint dagegen ein einheitliches, räumlich wirkendes Bild. Das Sehzentrum im Gehirn nimmt beide Bilder einzeln auf und führt sie dann zusammen, wobei die Bildunterschiede zum Raumeindruck verarbeitet werden.

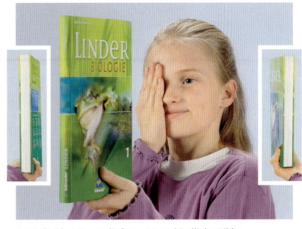

2 Die beiden Augen liefern unterschiedliche Bilder

Schielen. Bei Erschöpfung oder unter Alkoholeinwirkung können oft die beiden beim Sehen entstehenden Einzelbilder nicht mehr zusammengeführt werden. Der Betroffene sieht dann doppelt, also zwei Bilder nebeneinander. Ähnliches ist auch der Fall, wenn jemand schielt. Bei diesem Sehfehler steht meist ein Auge etwas schräg in der Augenhöhle. Das Gehirn kann die beiden Bilder aufgrund ihres größeren Abstandes nicht mehr zusammenfügen. Durch Abdecken des gesunden Auges versucht man die Augenmuskeln des schielenden Auges zu stärken. Hilft das nicht, kann man durch eine Operation die Sehne eines Augenmuskels kürzen und so den Augapfel in die richtige Stellung bringen.

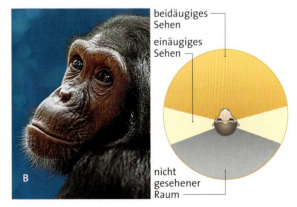

1 Augenstellung und Sehfeld. A Hase; B Schimpanse

Aufgaben

1. Führe das im Text vorgestellte Experiment durch. Beschreibe deine Eindrücke mit eigenen Worten.
2. Entscheide begründet, ob es sich beim Schimpansen um ein ausgeprägtes Fluchttier handelt.
3. Erläutere die Vorteile eines ausgeprägten räumlichen Sehbereichs. Berücksichtige hierbei die unterschiedlichen Lebensräume von Hasen und Affen.

AUFGABEN UND VERSUCHE: Auge und Sehen

A Daumensprung

Durchführung: Strecke einen Arm waagrecht nach vorn. Drehe die Hand so, dass du direkt auf den Daumennagel des hochgereckten Daumens blicken kannst. Schließe nun abwechselnd das rechte und das linke Auge. Achte dabei auf die Position des Daumens vor dem Hintergrund.

Aufgabe

 Beschreibe und erkläre deine Beobachtungen.

B Pupillenreaktion

Material: Taschenlampe
Durchführung: Führe den Versuch gemeinsam mit einer Partnerin oder einem Partner durch. Dein Gegenüber leuchtet mit der Taschenlampe für einen kurzen Moment in eines deiner Augen und beobachtet die Reaktion der Pupille auf den Lichteinfall. Wechselt dann eure Positionen und wiederholt den Versuch.

Aufgabe

 Beschreibt, vergleicht und diskutiert eure Beobachtungen.

C Sehen im Dunkeln

Material: schwarzer Karton; weißes und farbiges Papier (gelb, grün, rot, blau); Locher; Schere; Klebstoff
Durchführung: Stanze mit dem Locher aus dem weißen und den farbigen Papieren jeweils sechs Papierpunkte aus und klebe sie auf den schwarzen Karton. Ein Partner verdunkelt langsam den Raum, bis der Karton von der Versuchsperson gerade noch zu erkennen ist.

Aufgaben

 Beschreibe, wie sich während des Versuchs die Sichtbarkeit der Punkte verändert.

 Formuliere eine Vermutung über die Lichtempfindlichkeit von Stäbchenzellen und Zapfenzellen. Begründe deine Vermutung.

D Gesichtswinkel und Sehfeld

Material: Wandtafel; Tafelkreide; großer Winkelmesser aus der Mathematik-Schulsammlung

Durchführung: Zeichne an die Wandtafel mit der Kreide ein Kreuz und blicke mit dem linken Auge darauf, während das rechte Auge geschlossen ist. Strecke beide Arme seitlich aus. Führe dann die gestreckten Arme gleichzeitig nach vorne, bis die Hände im Blickfeld auftauchen. Ein Partner misst mit dem Winkelmesser den Winkel zwischen beiden Armen. Dies ist der Gesichtswinkel; der Bereich zwischen den beiden Winkelarmen wird als Sehfeld bezeichnet. Wiederhole den Versuch mit dem rechten Auge.

Aufgaben

 Fertige eine Skizze der Versuchsanordnung an und trage die Winkel in die Skizze ein.

 Erkläre das Versuchsergebnis.

 Markiere in deiner Skizze den Sehfeldbereich, der von beiden Augen erfasst wird. Beschreibe und erkläre den biologischen Sachverhalt, der mit diesem Versuch veranschaulicht wird.

E Fotoapparat und Auge

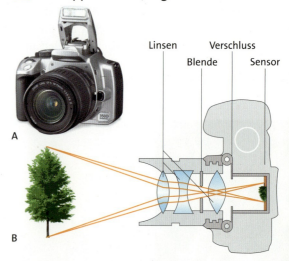

Die Abbildung zeigt einen Fotoapparat (A) und den Strahlengang in dieser Kamera (B).

Aufgaben

 Ordne den Bauteilen des Fotoapparats die entsprechenden Bestandteile des Auges zu.

 Erläutere die Entfernungseinstellung im Auge. Vergleiche mit der Entfernungseinstellung in der Kamera.

2.5 Sehfehler sind korrigierbar

Brillengläser. Viele Menschen können ihre Umgebung teilweise nur unscharf erkennen. Solche Sehschwächen kann man oft mit einer Brille korrigieren. Die Brillengläser werden vom Augenarzt und dem Optiker präzise angepasst. Man unterscheidet **Sammellinsen** und **Zerstreuungslinsen**. Durch eine Sammellinse wird der Strahlengang so beeinflusst, dass der Brennpunkt etwas herangezogen wird. Durch eine Zerstreuungslinse wird der Brennpunkt etwas nach hinten verschoben.

Kurzsichtigkeit. Manchmal kann ein Schüler zwar den Text in seinem Lehrbuch oder Heft gut erkennen, sieht aber die Tafelanschrift nur unscharf. Diese Sehschwäche nennt man **Kurzsichtigkeit**. Ursache ist meist ein zu langer Augapfel. Dadurch entsteht beim Sehen in die Ferne das scharfe Bild kurz vor der Netzhaut. Zur Korrektur muss der Strahlengang verlängert werden. Dies geschieht durch eine Brille mit Zerstreuungslinsen. Das scharfe Sehen in der Nähe ist nicht beeinträchtigt, denn die Linse braucht sich nur etwas weniger stark zu krümmen als bei normalem Sehvermögen.

Weitsichtigkeit. Menschen mit **Weitsichtigkeit** sehen in der Ferne scharf, in der Nähe jedoch unscharf. Bei ihnen ist der Augapfel zu kurz. Bei Nahsicht entsteht

1 Scharfes und unscharfes Sehen

das scharfe Bild hinter der Netzhaut. Durch eine Sammellinse wird der Strahlengang verkürzt. Die Fernsicht ist nicht beeinträchtigt.

Altersweitsichtigkeit. Mit zunehmendem Alter lässt bei fast allen Menschen die Sehfähigkeit in der Nähe nach. Die Linse verliert an Elastizität. Sie kann sich nicht mehr so stark wölben, wie zum Sehen in der Nähe erforderlich wäre. Wie bei der Weitsichtigkeit kann dieser Sehfehler durch eine Brille mit Sammellinsen korrigiert werden.

Brillenersatz. Viele Menschen verwenden anstelle einer Brille Kontaktlinsen aus Kunststoff, die direkt auf die Hornhaut aufgesetzt werden. Manchmal kann eine Operation mit Laserstrahlen die Krümmung der Hornhaut so verändern, dass der Sehfehler ganz oder teilweise behoben wird.

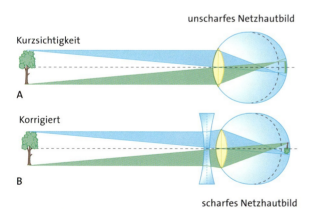

2 Kurzsichtigkeit. A Ursache; B Korrektur

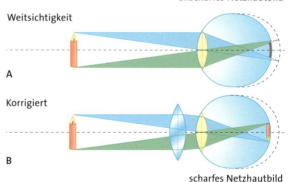

3 Weitsichtigkeit. A Ursache; B Korrektur

Aufgaben

1. Vergleiche Kurzsichtigkeit und Weitsichtigkeit in Bezug auf Ursachen, Art der Sehschwäche und Korrektur.
2. Brillenträger sollen beim Blick in ein Mikroskop die Brille abnehmen. Erkläre, dass sie trotzdem scharf sehen können.
3. Bei manchen Augenerkrankungen wird in einer Operation ein Teil der Augenhornhaut entfernt und dadurch ihre Krümmung verändert. Begründe, inwieweit diese Operation einen Einfluss auf die Sehfähigkeit hat.

2.6 Aufbau und Funktion des Ohres

Ton, Klang, Geräusch, Schall. Wird an einer Gitarrensaite gezupft, schwingt diese hin und her und es entsteht ein Ton. Wird gleichzeitig an mehreren Gitarrensaiten gezupft, überlagern sich verschiedene Töne und es entsteht ein Klang. Dagegen lassen sich im Rauschen eines Radiosenders keine einzelnen Töne ausmachen. Dies nennt man ein Geräusch. Menschen und viele Tiere haben Sinnesorgane, mit denen sie Töne, Klänge und Geräusche aufnehmen können, nämlich **Ohren**. Alles was gehört werden kann, fasst man als **Schall** zusammen. Jeder Schall wird von einer Schallquelle verursacht.

Ausbreitung des Schalls. Bei einem Gewitter sieht man den Blitz, dann dauert es manchmal mehrere Sekunden, bis der Donner zu hören ist. Durch die elektrische Entladung in den Wolken gerät die Luft in heftige Bewegung. Wie die Wellen auf der Oberfläche eines Gewässers, in das ein Stein geworfen wird, breiten sich nun Schallwellen in der Luft aus. Man hat gemessen, dass sich der Schall in der Luft mit einer Geschwindigkeit von 340 Metern in der Sekunde vorwärts bewegt. Auch in Wasser können sich Schallwellen ausbreiten, jedoch fast fünfmal so schnell wie in Luft. Noch schneller breitet sich Schall in festen Stoffen aus.

Außenohr. Das Ohr liegt gut geschützt im Inneren des Kopfes. Vom gesamten Sinnesorgan sind von außen nur die Ohrmuscheln zu erkennen. Eine schmale Röhre, der Gehörgang, führt in das Innere des Ohres. Am Eingang des Gehörgangs wachsen kleine Härchen. Sie halten eindringende Fremdkörper zurück. Im Gehörgang wird das Ohrenschmalz produziert und nach außen transportiert. Es verklebt und entfernt Staubteilchen. Zugleich enthält Ohrenschmalz Stoffe, die Bakterien bekämpfen. Der Gehörgang endet mit einem etwa fingernagelgroßen Häutchen, dem **Trommelfell**. Den Abschnitt des Ohres von der

2 Eine Gitarre erzeugt Töne

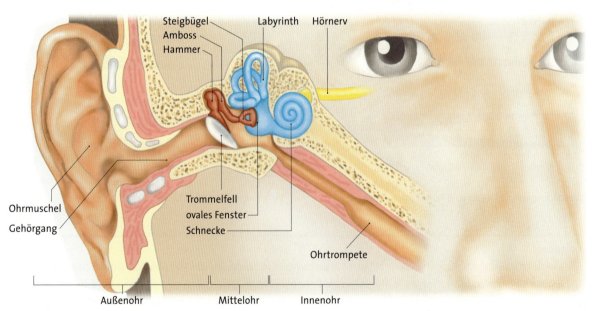

1 Aufbau des Ohres

Die Umwelt erleben mit den Sinnesorganen

Ohrmuschel bis zum Trommelfell bezeichnet man als **Außenohr.** Bei einer Untersuchung kann der Arzt bis zum Trommelfell blicken.

Mittelohr. Hinter dem Trommelfell liegt ein kleiner, mit Luft gefüllter Hohlraum, der als Mittelohr bezeichnet wird. Er ist über einen schmalen Gang, die Ohrtrompete, mit dem Rachenraum verbunden. Im Mittelohr befinden sich drei **Gehörknöchelchen.** Aufgrund ihres Aussehens heißen sie **Hammer, Amboss** und **Steigbügel.** Der Steigbügel ist mit einem dünnen Häutchen, das als **Ovales Fenster** bezeichnet wird, verwachsen.

Innenohr. Mit dem Ovalen Fenster beginnt das **Innenohr.** Dieses ist vollständig mit einer farblosen Flüssigkeit gefüllt. Hier sitzt das eigentliche Hörorgan. Das aus dünnen Häutchen bestehende Gebilde ist wie eine Schneckenschale geformt und wird deshalb als **Schnecke** bezeichnet. Im Inneren der Schnecke zieht sich eine feine Haut entlang, die mit winzigen Sinneshärchen besetzt ist.

Hörvorgang. Die Schallwellen werden durch die Ohrmuschel wie in einem Trichter gesammelt. Wenn die Luftschwingungen auf das Trommelfell treffen, gerät dieses ebenfalls in Bewegung. Da auf der anderen Seite der Hammer aufliegt, übertragen sich die Schwingungen auf die Gehörknöchelchen. Diese bewegen sich mit und verstärken dadurch die Schwingungen. Schließlich wird auch das Ovale Fenster zum Mitschwingen gebracht. Dadurch werden die Schwingungen auf die Flüssigkeit im Innenohr weitergeleitet. Die erzeugten Wellen laufen durch die Schnecke und reizen dort die Sinneshärchen. Es entstehen elektrische Impulse, die über den **Hörnerv** zum Gehirn geleitet werden. Dort werden die Signale im Hörzentrum verarbeitet.

Richtungshören. Mit den Ohren lässt sich auch die Richtung einer Schallquelle ermitteln. Schallwellen, die nicht direkt von vorn oder hinten kommen, legen unterschiedlich lange Wege zurück, bis sie das eine oder das andere Ohr erreichen. Diese Zeitspanne beträgt weit weniger als eine Tausendstel Sekunde. Das Gehirn kann jedoch aus dieser Information die Richtung eines Geräusches bestimmen. Diese Fähigkeit nennt man **Richtungshören.** Daher sind die Hörinformationen von beiden Ohren gemeinsam für das Richtungshören notwendig.

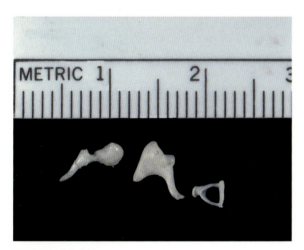

3 Gehörknöchelchen

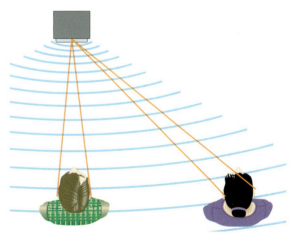

4 Richtungshören

Aufgaben

1. Nenne verschiedene Schallquellen und stelle fest, was dabei schwingt.
2. Beim Fußballspielen hörst du den Pfiff des Schiedsrichters. Stelle den Informationsfluss, der mit dem Pfiff beginnt, als Fließdiagramm dar. Füge in deine Darstellung auch deine Kenntnisse vom Aufbau des Ohres ein.
3. Erkläre, weshalb eine Geräuschquelle schlecht zu orten ist, wenn das Geräusch direkt von oben oder unten kommt.

AUFGABEN UND VERSUCHE: Das Ohr

A Orten einer Geräuschquelle

Material: Augenbinde; Ohrstöpsel
Durchführung: Die Schüler bilden einen Kreis um eine Versuchsperson mit verbundenen Augen. In beliebiger Reihenfolge schnipsen die Schüler mit den Fingern. Die Versuchsperson zeigt mit der Hand in die Richtung der vermuteten Schallquelle. In einem zweiten Durchgang wird bei gleicher Versuchsanordnung ein Ohr mit dem Ohrstöpsel verschlossen

Aufgaben
1. Notiere für beide Versuche in Form einer Strichliste, wie häufig die Versuchsperson die Richtung der Geräuschquelle richtig zeigen kann. Stelle die Ergebnisse grafisch dar.
2. Erläutere mithilfe der Abbildung die Versuchsergebnisse.

B Die Entfernung eines Gewitters

Blitz und Donner entstehen bei einem Gewitter gleichzeitig. Den Blitz sieht man scheinbar sofort, da sich sein Licht mit einer Geschwindigkeit von 300 000 Kilometern pro Sekunde ausbreitet. Das Geräusch des Donners ist dagegen mit 330 Metern pro Sekunde erheblich langsamer.

Aufgaben
1. Erläutere eine Methode, mit der man die Entfernung eines Gewitters bestimmen kann.
2. Bei einem Gewitter sieht man einen Blitz, acht Sekunden später hört man den Donner. Berechne die Entfernung des Gewitters.

C Das Schnurtelefon

Material: 2 Jogurtbecher; einige Meter Bindfaden; Streichhölzer; Holzbohrer
Durchführung: Bohre ein Loch durch den Boden der Becher und schiebe den Faden hindurch. Die Fadenenden werden auf beiden Seiten mit einem Streichholz verknotet. Zwei Personen stellen sich nun mit den Bechern gegenüber, sodass die Schnur keine Gegenstände berührt. Sie sprechen und hören abwechselnd in die Becher.

Aufgaben
1. Teste die Funktion des Schnurtelefons mit gespannter und mit lockerer Schnur. Notiere die Ergebnisse.
2. Ordne einzelnen Teilen des Schnurtelefons entsprechende Strukturen im Ohr zu.

D Orientierung bei Eulen

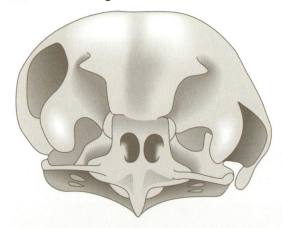

Eulen sind bekannt für das sehr genaue Orten einer Schallquelle. Betrachtet man den Eulenschädel, so fällt die ungewöhnliche Form des Kopfes auf.

Aufgaben
1. Beschreibe den Eulenschädel mithilfe der Abbildung.
2. Erstelle eine Hypothese, mit der das ausgezeichnete Richtungshören der Eulen unter Berücksichtigung der Kopfform erklärt werden kann.

2.7 Lärm macht krank

Hörprobleme. Bei jedem vierten Jugendlichen wird eine verminderte Hörfähigkeit festgestellt. Der Grund dafür ist häufig, dass Musik zu laut gehört wird. Denn mithilfe von Smartphone und iPod ist Musikhören unterwegs fast unbegrenzt möglich. Diese Geräte sind neben Discotheken und Pop-Konzerten die Ursachen für die meisten Hörschäden bei Jugendlichen. Nach Konzerten bleiben manchmal Druckgefühl und Pfeifgeräusche im Ohr zurück. Der Klang von Stimmen erscheint dumpfer als gewohnt. Gibt man dem Hörorgan keine Gelegenheit sich zu erholen, so verstärken sich die Hörprobleme. Hohe Töne kann man nicht mehr hören, Konsonanten wie d und t oder s und f sind kaum zu unterscheiden. Einem Gespräch in lauter Umgebung kann man nur schlecht folgen.

Schäden im Innenohr. Wird das Ohr über längere Zeit lauten Geräuschen ausgesetzt, lassen sich die Schäden nicht mehr beheben. Je größer die Lautstärke ist, desto stärker werden die Sinneshärchen in der Schnecke des Innenohrs beansprucht. Sie brechen schließlich ab und werden nicht mehr ersetzt. Dadurch können Sinneszellen an dieser Stelle nicht mehr erregt werden. Eine Wahrnehmung bestimmter Töne ist dann nicht mehr möglich.

Lärm und Gesundheit. Neben lauter Musik können starke Geräuschkulissen wie in einem Hallenschwimmbad oder im Fußballstadion Schäden im Ohr verursachen. Umgebungsgeräusche, die man als störend empfindet, bezeichnet man als Lärm. Dieser kann auch den übrigen Körper belasten. Denn Lärm verursacht Stress, von dem sich der Körper auf Dauer nur schwer erholen kann. Man kann sich schlecht konzentrieren, ist nervös oder schläft unruhig. Bei Stress steigt auch das Risiko für Infektionen, weil die Abwehrkräfte des Körpers geschwächt sind.

Lärmschutz. Wie kann man sich vor Lärm schützen? Die eigene Musik sollte nicht zu laut gestellt werden. Bei Diskotheken- oder Konzertbesuchen sollte man die unmittelbare Nähe zu Lautsprechern meiden. Nach solchen Unternehmungen muss man seinem Gehör Erholungspausen gönnen. Bei stärkerer Lärmbelastung sollte ein Gehörschutz getragen werden.

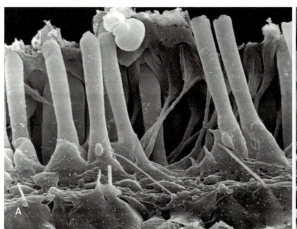 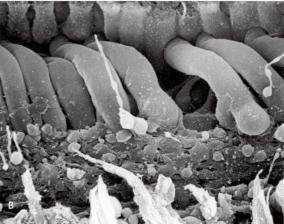

1 Die Härchen der Sinneszellen sind gefährdet. **A** Bei einem gesunden Ohr; **B** bei einem lärmgeschädigten Ohr

---

Aufgaben

1. *Nenne mögliche Schäden, die beim Hören sehr lauter Musik entstehen können.*
2. *Mache dir deine Hörgewohnheiten über die Dauer eines Tages bewusst. Erstelle dazu eine Zeittabelle und ziehe Schlussfolgerungen.*
3. *DJs tragen während ihrer Arbeit in der Diskothek oft Ohrstöpsel. Nimm Stellung zu diesem Verhalten.*
4. *Diskutiere, ob ein Verbot von MP3-Playern an deiner Schule sinnvoll wäre.*

2.8 Leben ohne Hörsinn

Gebärdensprache. Bei einigen Nachrichtensendungen im Fernsehen ist neben dem Sprecher eine weitere Person eingeblendet. Geräuschlos bewegt sie parallel zu den Kommentaren des Nachrichtensprechers die Hände und das Gesicht. Diese **Gebärdensprache** hilft gehörlosen Menschen sich zu verständigen.

Gehörlosigkeit im Alltag. Der Verlust des Gehörs bringt viele Einschränkungen mit sich. So können gehörlose Menschen einem Gespräch nur mit großen Schwierigkeiten folgen. Sie müssen versuchen, ihrem Gesprächspartner von den Lippen abzulesen. Dies lernen sie in speziellen Schulen. Häufig spricht der Gesprächspartner zu schnell oder undeutlich. Daher ist es für Gehörlose eine Hilfe, wenn man ihnen im Gespräch gegenübersteht und sie dabei ansieht. Langsames und deutliches Sprechen erleichtert das Ablesen von den Lippen. Gehörlose verständigen sich untereinander meist durch die Gebärdensprache. Gehörlose sind jedoch meist nicht stumm. Sie können nur ihre eigene Stimme nicht hören und deshalb ihre Aussprache nicht kontrollieren. Die im Alltag übliche Lautsprache müssen sie daher unter großen Anstrengungen lernen.

Ursachen von Hörschäden. Der Hörvorgang kann an unterschiedlichen Stellen im Ohr gestört werden. Im einfachsten Fall führt Ohrenschmalz zu Hörverlusten, wenn es den Gehörgang verschließt. Weitaus

1 Nachrichten in Gebärdensprache

schlimmer sind Missbildungen oder Entzündungen am äußeren Ohr und im Gehörgang. Denn diese können die Weiterleitung von Schall erschweren. Ist im Mittelohr das Trommelfell geschädigt oder sind die Gehörknöchelchen krankhaft verändert, so führt dies häufig zu einer Schwerhörigkeit. Diese Hörschäden im Außen- und Mittelohr kann man in der Regel durch Operationen oder die Einnahme von Medikamenten beheben. Sind hingegen Bereiche des Innenohres oder der Nervenbahnen betroffen, so kann dies nur mit Hörgeräten ausgeglichen werden. Dauereinwirkung von lauten Geräuschen zerstört die Sinneszellen im Innenohr. In seltenen Fällen können Hörschäden auch entstehen, wenn der Hörnerv geschädigt oder die Höreindrücke im Gehirn nicht verarbeitet werden können.

2 Eine Begrüßung in deutscher Sprache

Die Umwelt erleben mit den Sinnesorganen

Hilfsmittel bei Hörschäden. Hörgeräte gibt es ähnlich wie Brillengestelle in verschiedenen Modellen, die aber in ihrem Aufbau grundsätzlich gleich sind. Sie besitzen ein Mikrofon, das den Schall aufnimmt. Die Schallschwingungen werden in elektrische Signale umgewandelt und verstärkt. Schließlich erzeugt ein Lautsprecher die passenden Geräusche im Ohr und verbessert so die Hörfähigkeit. Bei stark schwerhörigen oder gehörlosen Menschen bringen herkömmliche Hörgeräte keinen Nutzen. Ihnen hilft manchmal ein „künstliches Innenohr". Dieses winzige elektronische Gerät wird durch eine Operation in das Innenohr gesetzt. Ein Mikrofon, das sich außen am Kopf befindet, nimmt den Schall auf. Er wird in elektrische Signale umgewandelt und zum Hörnerv geleitet. Dieser gibt die Signale zum Gehirn weiter, wo ein Höreindruck entsteht. Jede Art von Hörhilfe ist zunächst ungewohnt, weil man plötzlich Geräusche wahrnimmt, die man noch nie oder lange nicht mehr gehört hat. Ein Hörgerätefachmann passt die Hörhilfen an. Das erfordert viel Geduld und Training.

4 Hörgerätemodelle für Kinder

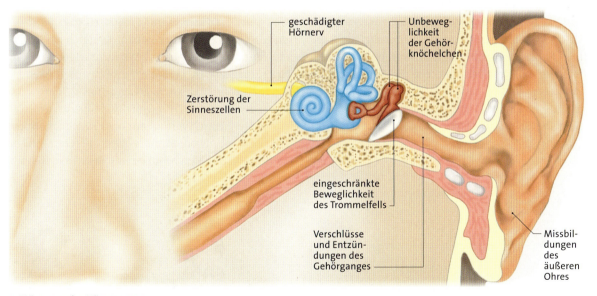

3 Störungen des Hörprozesses

Aufgaben

1. Beschreibe Situationen im Tagesablauf eines Gehörlosen, die für ihn schwierig oder gefährlich sein könnten. Nenne Möglichkeiten zur Hilfe.
2. Erläutere, wie die in Abbildung 3 dargestellten Hörschäden behoben werden können.
3. Manche Gehörlose entscheiden sich bewusst gegen ein „künstliches Innenohr". Recherchiere über ihre Beweggründe und nimm dazu Stellung.

3 Sinnesleistungen im Vergleich

3.1 Viele Tiere übertreffen in ihren Sinnesleistungen den Menschen

Biologische Bedeutung von Sinnesleistungen. Die Ausstattung von Tieren mit Sinnesorganen steht in engem Zusammenhang mit ihrer Umwelt und Lebensweise. Zum Beispiel ernähren sich Nachtfalter vom Nektar spezieller Pflanzenarten, deren Blüten besonders stark duften und sich meist nur nachts öffnen. Deshalb setzen Nachtfalter den **Geruchssinn** zur Nahrungssuche ein. Die Geruchssinneszellen liegen auf den vielfach stark verzweigten Fühlern. So entsteht eine große Oberfläche und die Leistungsfähigkeit dieses Sinnesorgans wird deutlich gesteigert. Nur eine in Deutschland vorkommende Nachtfalterart, das Taubenschwänzchen, geht tagsüber auf Nahrungssuche. Diese Falter orientieren sich vorwiegend optisch, suchen also farbige Blüten mithilfe ihres **Sehvermögens.**

Tastsinn einer Kreuzspinne. Zwischen den Zweigen eines Strauches hat eine Kreuzspinne ihr radförmiges Netz gesponnen. Bei jedem Windhauch schwingt das Netz hin und her. Die Spinne selbst sitzt am Rand ihres Netzes in einem Schlupfwinkel. Wenn sich ein Beutetier im Netz verfängt, eilt die Spinne herbei und überwältigt es. In den Spitzen der Spinnenbeine liegen sehr empfindliche **Tastsinnesorgane.** Damit kann die Spinne unterscheiden, ob sich das Netz

1 Kreuzspinne mit Beute im Netz

durch den Wind oder ein Beutetier bewegt. Die langsamen, regelmäßigen Netzschwingungen im Wind sind für Spinnen biologisch ohne Bedeutung. Deshalb reagieren sie auch nicht darauf. Im Gegensatz dazu verursacht eine zappelnde Beute ruckartige Netzerschütterungen, die den Beutefang auslösen. Solch einen feinen Tastsinn hat der Mensch nicht.

Geruchssinn bei Hunden. Hunde werden vielfach von der Polizei zur Verfolgung von Straftätern eingesetzt. Denn ein Hund kann sogar die Spuren von menschlichem Fußschweiß wahrnehmen, der durch die Schuhsohlen nach außen dringt. Die Riechschleimhaut in der Hundenase ist wesentlich größer und stärker gefaltet als beim Menschen. Auch die Anzahl der Riechsinneszellen ist beim Hund mit 230 Millionen deutlich höher. Der Mensch verfügt nur über 30 Millionen derartiger Sinneszellen. Mithilfe dieses hervorragenden **Geruchssinns** können Hunde ihre Beutetiere weithin verfolgen.

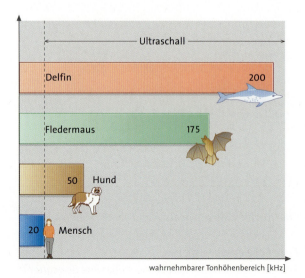

2 Vergleich der Hörbereiche verschiedener Lebewesen

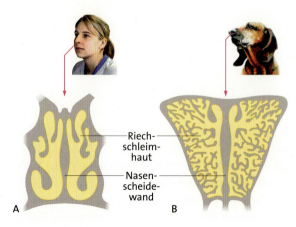

3 Riechschleimhaut. A Mensch; B Hund

Hören von Ultraschall. Manche Hundebesitzer können ihren Hund mit einer Hundepfeife herbeirufen. Bläst man in diese Pfeife, entsteht ein Ton, der so hoch ist, dass er von Menschen nicht gehört werden kann. Hunde jedoch können diese **Ultraschalltöne** hören und darauf reagieren. Die Wirksamkeit dieser „unhörbaren" Töne wurde schon vor einigen Jahrhunderten entdeckt. Auch die nachtaktiven Fledermäuse können Ultraschall hören. Im Flug stoßen sie sogar selber kurze Ultraschallschreie aus. Treffen Schallwellen auf ein Hindernis oder eine Beute, werden sie wie ein Echo reflektiert, also zurückgeworfen. Das Gehirn der Fledermäuse berechnet aus dem Zeitabstand zwischen dem Ausstoßen eines Ultraschallschreies und dem Hören des reflektierten Echos die Entfernung des Hindernisses oder der Beute. Dies ermöglicht der Fledermaus eine sichere Orientierung, auch bei absoluter Dunkelheit.

Kommunikation bei Delfinen. In mehr als hundert Metern Wassertiefe, aber auch in trübem Wasser, sind die Sichtverhältnisse sehr schlecht. Die Jagd nach Fischen mithilfe der Augen ist kaum möglich. Mit Unterwassermikrofonen hat man festgestellt, dass die hochintelligenten Delfine vielfältige Laute ausstoßen. Oft handelt es sich um Pfiffe oder um sehr kurze Laute, die meist im Ultraschallbereich liegen. Das Echo dieser Töne wird zur Orientierung und zum Beutefang verwendet. Dazu kommt noch eine weitere wichtige Aufgabe: Delfine leben immer in größeren Gruppen zusammen. Die Einzeltiere verständigen sich mit den Lauten, sie erkennen sich persönlich an ihrer Stimme, informieren Gruppenmitglieder über mögliche Beute und organisieren so ihre Jagd.

UV-Sehen bei Bienen. Viele Insekten weisen ganz besondere Sinnesleistungen auf. Honigbienen können die Farbe Rot nicht von Grau unterscheiden. Stattdessen haben sie die Fähigkeit, ultraviolettes Licht zu sehen. Die

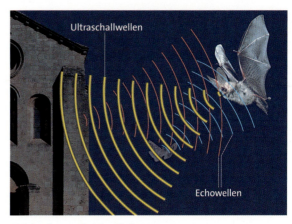

4 Orientierung bei der Fledermaus

Farbe Ultraviolett, kurz UV genannt, ist zwar im Sonnenlicht vorhanden, kann aber vom Menschen nicht gesehen werden. Aus diesem Grund wissen wir nicht, wie diese Lichtfarbe wohl aussieht. Aber bestimmte Blüten verwenden **UV-Licht** zum Anlocken von nektarsuchenden Bienen. Beispielsweise sitzen in der leuchtend rot gefärbten Blüte des Klatsch-Mohns am Grunde der Blütenblätter schwarze Flecken. Man konnte nachweisen, dass diese „Saftmale" besonders viel ultraviolettes Licht reflektieren. Vermutlich strahlen derartige Flecken für eine Biene in einem äußerst auffälligen Violett.

Hörvermögen von Stechmücken. Stechmücken erzeugen beim Fliegen ein helles Sirren. Bei Weibchen der Fiebermücke erfolgen in der Sekunde 380 Schwingungen, bei Männchen sogar 510 Schwingungen pro Sekunde. Beim Flug entstehen so Töne, die sich in der Höhe bei Männchen und Weibchen unterscheiden. Die Schallsinnesorgane auf den Fühlern der Stechmückenmännchen reagieren allein auf den Ton eines Weibchens derselben Art. Andere Stechmücken werden nicht wahrgenommen. So wird sichergestellt, dass sich nur zueinander passende Stechmückenmännchen und -weibchen zur Paarung finden.

Aufgaben

1. Erstelle eine Mindmap zum Thema „Sinnesleistungen bei Tieren".
2. Die Lautäußerungen verschiedener Delfinarten unterscheiden sich in Tonhöhe und Zeitdauer. Formuliere eine begründete Vermutung über die biologische Bedeutung dieses Sachverhalts.
3. Ein Mäusebussard kann eine Maus noch in mehr als einem Kilometer Entfernung sehen. Plant ein Experiment, in dem ihr die Leistungsfähigkeit der Augen von Mäusebussard und Mensch vergleichen könnt. Tipp: Geht von einer Körpergröße der Maus von 10 cm (ohne Schwanz) aus und verkleinert die Modellmaus, sodass der Sportplatz für die Durchführung des Experiments ausreicht.

3.2 Viele Tiere sind Sinnesspezialisten

Sinneswelt der Tiere. Jedes Tier nimmt die Umwelt so wahr, wie sie ihm durch seine Sinnesorgane vermittelt wird. Im hellen Tageslicht sind oft die Augen die maßgeblichen Sinnesorgane, die zur Orientierung oder zur Nahrungssuche eingesetzt werden. Auch der Mensch ist biologisch gesehen **tagaktiv** und orientiert sich vor allem mithilfe seines Sehsinns. Bei **nachtaktiven** Tieren dagegen werden oft Gehör- oder Geruchssinnesorgane verwendet. So weist jede Tierart je nach Ausstattung und Leistungsfähigkeit der Sinnesorgane eine eigene Sinneswelt auf. Die Wahrnehmung der Umwelt ist also bei Tieren und Menschen meist sehr verschieden

Orientierung im Erdmagnetfeld. Manche Tiere besitzen Sinne, über die der Mensch nicht verfügt. So können sich Vögel zum Beispiel im Magnetfeld der Erde orientieren. Diese Fähigkeit ist für Zugvögel von besonderer Bedeutung, um ihre Winter- oder Sommerquartiere zu erreichen. Der nordamerikanische Goldregenpfeifer etwa brütet in Alaska. Im Winter fliegt er mehr als 3200 Kilometer zu den Hawaii-Inseln im Pazifik. Dabei überquert er das offene Meer, ohne irgendwo landen zu können.

Durch Experimente konnte man beweisen, dass auch manche Schmetterlinge einen **Magnetsinn** besitzen. Der in Nordamerika lebende Monarchfalter wandert im Herbst in riesigen Schwärmen von Kanada nach Mexiko. Trotz der starken Beeinflussung durch den Wind fliegen die Falter sehr genau zu ihrem Ziel und überqueren dabei sogar das Meer.

Geruchssinn bei Zecken. Bei einem Waldspaziergang ist die Gefahr hoch, von Zecken befallen zu werden. Diese Tiere gehören zu den Milben, sind also Spinnentiere. Sie lauern an Büschen und Grashalmen und warten auf einen geeigneten Wirt. An den Spitzen des ersten Beinpaares sitzt eine grubenförmige Vertiefung. Sie wird nach ihrem Entdecker als **Haller´sches Organ** bezeichnet. Mit diesem Sinnesorgan kann die Zecke bestimmte chemische Stoffe im Schweiß und in der Atemluft von Wirtstieren feststellen. Streift dieses die Zecke, wechselt sie auf den Wirt über. Dort krabbelt sie umher, bis sie eine passende Einstichstelle gefunden hat. Hier senkt sie ihren Saugrüssel in die Haut und saugt sich mit Blut voll.

1 Monarchfalter

2 Zecke

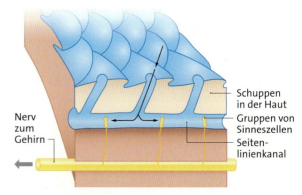

3 Seitenlinienorgan von Fischen

Seitenlinienorgan bei Fischen. Fische können Änderungen der Wasserströmung in ihrer Umgebung mit dem Seitenlinienorgan feststellen. Solche Änderungen treten zum Beispiel auf, wenn sich der schwimmende Fisch einem Hindernis nähert. Auch in trübem Wasser können so die Bewegungen von Beutetieren oder Fressfeinden registriert werden. Das Sinnesorgan besteht aus seitlichen Kanälen unter den Schuppen. Die Kanäle sind mit

Wasser gefüllt und stehen durch Poren mit der Umgebung in Verbindung. Sie enthalten Sinneszellen, die auf Druckänderungen reagieren. Über Nerven werden die Signale dann an das Gehirn weitergegeben.

Elektrische Fische. In dem trüben Wasser tropischer Flüsse leben „Elektrofische" wie der Nilhecht. Diese Fische können mit speziellen Muskelzellen Elektrizität produzieren. Die Elektrizität erzeugt um den Fisch herum eine unsichtbare Hülle, die als elektrisches Feld bezeichnet wird. Nähert sich der Fisch einem Hindernis, verändert sich das Feld. Solche Veränderungen kann der Fisch mit speziellen Sinneszellen in der Haut feststellen. So können sich diese Tiere orientieren, Beute finden oder auch mit Artgenossen kommunizieren. Manche Arten, wie der südamerikanische Zitteraal, können den Strom sogar als Waffe einsetzen.

4 Nilhecht

Riechen mit der Zunge. Beim Beobachten einer Schlange fällt schnell das sogenannte Züngeln auf. Das Tier schiebt immer wieder die Zunge aus dem Mund und zieht sie rasch wieder zurück. Dabei nimmt sie mit den Zungenspitzen Geruchsstoffe auf. Diese werden dann an einem besonderen Riechorgan im Gaumen abgegeben, dem **Jacobson'schen Organ.** Hier sitzen die äußerst empfindlichen Geruchssinneszellen. Durch stetiges Züngeln, während der Kopf hin und her bewegt wird, verschafft sich eine Schlange ein „Geruchsbild" ihrer Umgebung.

5 Züngelnde Klapperschlange

Wärmeempfinden bei Schlangen. Etwa zehn Prozent aller Schlangen sind gänzlich blind und auch die anderen Schlangen können nur in der Nähe scharf sehen. Sie besitzen aber ein weiteres besonderes Sinnesorgan, das **Grubenorgan.** Zwischen den Nasenlöchern und den Augen befinden sich zwei offene Gruben mit Wärmesinneszellen. Die Schlangen können hiermit selbst winzige Temperaturunterschiede sicher feststellen. Sie spüren auf diese Weise zum Beispiel warmblütige Beutetiere auf.

6 Wärmeempfinden bei Klapperschlangen

Aufgaben

1. *Der bekannte Zoologe Jakob Johann von Uexküll (1864 – 1944) fasste das Leben einer Zecke in drei Aspekten zusammen: Krabbeln – Warten – Zupacken. Nimm zu dieser Aussage begründet Stellung.*
2. *Suche im Atlas oder auf einem Globus die Wanderwege von Goldregenpfeifer und Monarchfalter. Beschreibe die Schwierigkeiten, die diese Tiere auf ihrem Weg bewältigen müssen.*
3. *Erläutere, weshalb die Seitenlinienorgane von Fischen auch als Ferntastsinnesorgane bezeichnet werden. Nutze auch Abbildung 3.*

ZUSAMMENFASSUNG: Die Umwelt erleben mit den Sinnesorganen

Basiskonzept Information und Kommunikation

Jedes Lebewesen steht mit seiner Umwelt in Kontakt. So werden zum Beispiel bei der Aufnahme von Nährstoffen und bei der Ausscheidung von Endprodukten Stoffe ausgetauscht. Lebewesen müssen aber auch Informationen aus der Umwelt aufnehmen und entsprechend darauf reagieren können. Diese Informationen werden als Reize bezeichnet. Für die Aufnahme von Reizen sind eigene Organe vorhanden, die Sinnesorgane. Diese stehen über Nervenleitungen mit dem Gehirn in Verbindung. Dort erfolgt die Verarbeitung der Information. Der Austausch von Informationen ist die Voraussetzung für die Kommunikation bei Tieren und Menschen.

Basiskonzept Struktur und Funktion

Das wichtigste Bauteil eines Sinnesorganes sind die Sinneszellen. Diese Zellen sind darauf spezialisiert, die für sie maßgeblichen Reize aufzunehmen und in elektrische Signale umzuwandeln. Beispielsweise werden Lichtsinneszellen durch Lichtreize, Tastsinneszellen durch Berührungsreize erregt. Die anderen Bauteile der meisten Sinnesorgane dienen ihrem Schutz, der Weiterleitung oder Verstärkung der Reize. Für Menschen ist das Auge das wichtigste Sinnesorgan. Im Auge wird durch Hornhaut, Iris, Pupille, Linse und Glaskörper der Strahlengang des Lichts beeinflusst. Dadurch entsteht ein scharfes Bild der Umgebung auf der Netzhaut. Der Zusammenhang zwischen Bau und Aufgabe, den das Basiskonzept Struktur und Funktion ausdrückt, gilt für alle Bauteile. Beispielsweise kann die Linse in ihrer Form verändert werden. Dies geschieht durch den Linsenmuskel, der die Linse ringförmig umgibt. Dadurch können sowohl nahe als auch ferne Gegenstände scharf auf der Netzhaut abgebildet werden. Von den Lichtsinneszellen werden Informationen über den Sehnerv ins Gehirn geleitet.

Auch die Bauteile des Ohrs lassen einen Zusammenhang zwischen Struktur und Funktion erkennen. Das äußere Ohr mit der Ohrmuschel und dem Trommelfell sowie das Mittelohr mit den Gehörknöchelchen dienen der Verstärkung der Schallschwingungen und ihrer Umformung in Flüssigkeitsschwingungen innerhalb der Schnecke des Innenohrs. Die Hörsinneszellen sitzen im Innenohr und stehen über den Hörnerv mit dem Gehirn in Verbindung.

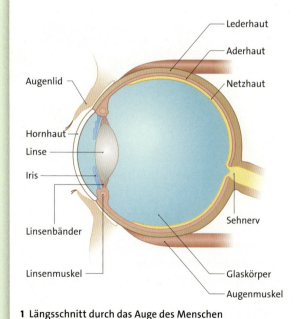

1 Längsschnitt durch das Auge des Menschen

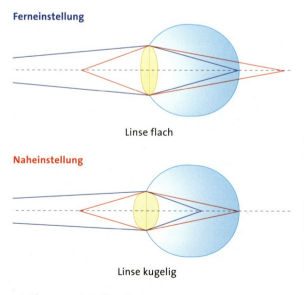

2 Entfernungseinstellung im Auge

Wenn ein Sinnesorgan ausfällt, wird der von der Umwelt empfundene Eindruck eingeschränkt. Ein blinder oder ein tauber Mensch nimmt seine Umwelt ganz anders wahr als ein Mensch mit intakten Sinnesorganen.

Augen und Ohren sind für die Orientierung und in der menschlichen Gemeinschaft für die Verständigung besonders wichtig. Deshalb muss Jeder selbst dazu beitragen, seine Augen und Ohren zu schützen und vor Schäden zu bewahren.

Die hauptsächlichsten Gefahren für Augen und Ohren sind weniger in Krankheiten zu sehen als in Sorglosigkeit und Unvernunft. Die Augen werden oft am Arbeitsplatz oder durch Unfälle geschädigt, zum Beispiel durch Chemikalien. Die häufigste Ursache für Hörschäden ist dagegen die Zerstörung von Hörsinneszellen durch Lärm am Arbeitsplatz oder in der Freizeit, wie zum Beispiel laute Disco-Musik und zu laute Musik von Geräten mit Kopfhörern. Solche Schädigungen können nicht mehr rückgängig gemacht werden. Auch Hörgeräte können kein vollkommener Ersatz sein.

Weitere Sinne des Menschen sind Geruchssinn, Geschmackssinn, Temperatursinn, Tastsinn, Schmerzsinn, Lagesinn und Bewegungssinn.

Basiskonzept Stoff- und Energieumwandlung

Eine Sinneszelle wird durch einen Reiz erregt. Dabei entstehen in der Sinneszelle schwache elektrische Ströme, die über Nervenzellen zum Gehirn geleitet und dort verarbeitet werden. Als Antwort auf den Reiz kann vom Gehirn eine Reaktion, zum Beispiel eine Muskelbewegung, ausgelöst werden. Dies wird als Reiz-Reaktions-Zusammenhang bezeichnet.

Basiskonzept Angepasstheit und Variabilität

Die Sinnesorgane von Tieren sind an die Lebensweise der jeweiligen Tierart angepasst. Während zum Beispiel das Haushuhn mit weniger leistungsfähigen Augen auskommt, hat der Wanderfalke ein hervorragendes Sehvermögen. Hühner scharren bei der Futtersuche im Boden und setzen dabei vor allem ihren Tastsinn ein. Wanderfalken jagen dagegen vorwiegend Singvögel, die sie im Flug verfolgen und erbeuten. Es besteht also ein Zusammenhang zwischen der Art des Nahrungserwerbs und der Leistungsfähigkeit der Augen. So lässt sich in Art, Bau und Leistungsfähigkeit von Sinnesorganen eine große Vielfalt erkennen, die durch das Basiskonzept Variabilität beschrieben wird.

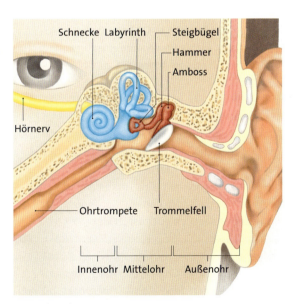

3 Bau des Ohrs

4 Kopf eines Wanderfalken

WISSEN VERNETZT: Die Umwelt erleben mit den Sinnesorganen

A Auf einer Kirmes ist was los

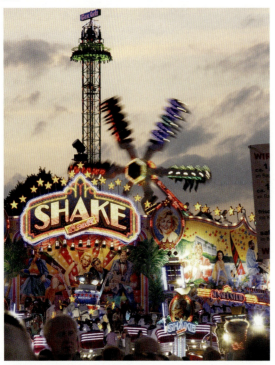

Auf einer Kirmes ist immer etwas los. Manchmal wird eine Kirmes sogar als ein „Fest für die Sinne" bezeichnet.

Aufgabe

1. *Diskutiert in der Gruppe, welche Sinne an folgenden Stationen einer Kirmes besonders angesprochen werden: Achterbahn, Bratwurststand, Festzelt, Autoscooter, Spiegellabyrinth, Wildwasserrutsche. Erstellt eine Tabelle.*

B Fühler bei Schmetterlingen

Die Fühler eines Nachtfaltermännchens sind deutlich größer als die Fühler des dazugehörigen Weibchens, aber bei beiden sind die Fühler gefiedert. Die Fühler von Tagfaltern sind dagegen nicht gefiedert. Dafür sind deren Augen deutlich größer als die von Nachtfaltern.

Aufgabe

1. *Stelle begründete Vermutungen zur Erklärung dieser Unterschiede als Angepasstheiten auf. Berücksichtige auch den Zusammenhang von Struktur und Funktion.*

C Brennnesseln können weh tun

Die Berührung eines Brennnesselblattes ist meist schmerzhaft. Die Untersuchung des Blattes mit dem Mikroskop zeigt feine Haare mit runder Spitze. Bei der Berührung eines solchen Haares bricht die Spitze ab und das Haar bohrt sich in die Haut. Gleichzeitig wird der flüssige Inhalt des Haares, eine Säure, in die Haut gespritzt.

Aufgaben

1. *Beschreibe die Vorgänge, die im Körper ablaufen, vom Berühren eines Brennhaares bis zur Wahrnehmung des Schmerzes.*
2. *Stelle eine Vermutung zur Funktion der Brennhaare an.*
3. *Zeige den Zusammenhang von Struktur und Funktion für die Brennhaare einer Brennnessel auf und erkläre sie als Angepasstheit.*

D Können Wale hören?

Wale sind Meeresbewohner. Ihnen fehlt das Außenohr und der Gehörgang ist verkümmert. Das Mittelohr beginnt mit einem funktionslosen Trommelfell und die Gehörknöchelchen sind miteinander verwachsen, also ebenfalls funktionslos. Das Innenohr mit der Schnecke ist dagegen gut ausgebildet.

Aufgabe

1. *Diskutiert in der Gruppe, ob Wale taub sind. Berücksichtigt dabei eigene Erfahrungen, ob man unter Wasser hören kann.*

Die Umwelt erleben mit den Sinnesorganen

E Ein Tor wird geschossen

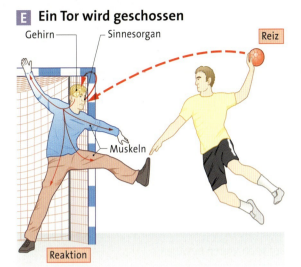

Ein Torwurf während eines Handballspiels ist immer ein ganz besonders spannender Moment. Der Schütze läuft auf das Tor zu und zielt meist in eine bestimmte Torecke. Der Torwart hechtet in die Ecke und versucht den Ball abzuwehren.

Aufgaben

1. Erläutere an diesem Beispiel den Reiz-Reaktions-Zusammenhang. Übertrage das abgebildete Schema in dein Heft und füge die passenden allgemeinen Begriffe ein.
2. Beurteile kritisch die Aussage: »Ein Torwart kann durch fleißiges Training sein Reaktionsvermögen verbessern«.

F Farbensehen bei Säugetieren

Das Auge der meisten Säugetiere ist ähnlich gebaut wie das Auge des Menschen. Ob aber der Eindruck, den diese Tiere von ihrer Umwelt haben, dem des Menschen gleicht, weiß man nicht. Immerhin hat man durch Experimente herausgefunden, dass zum Beispiel Pferde alle Farben außer Rot, eine Hausmaus dagegen nur Gelb und Rot sehen kann. Goldhamster und Kaninchen erwiesen sich als völlig farbenblind.

Aufgabe

1. Stelle Vermutungen an über einen Zusammenhang zwischen der Einschränkung des Farbensehens und den Lebensbedingungen der jeweiligen Tiere. Wende das Basiskonzept Angepasstheit an.

G Schmecken bei der Stubenfliege

Eine Stubenfliege zeigt folgendes Verhalten: Wenn sie beim Umherlaufen mit den Fußspitzen der Vorderbeine einen Tropfen einer Zuckerlösung berührt, stülpt sie ihren Rüssel aus und beginnt die Flüssigkeit aufzusaugen.

Aufgaben

1. Beschreibe mit den entsprechenden Fachbegriffen den hier dargestellten Sachverhalt.
2. Vergleiche mit dem entsprechenden Verhalten eines Wirbeltiers.
3. In einer Versuchsreihe werden drei Glasschälchen mit Zuckerlösungen gefüllt. Die Lösung in dem Schälchen A ist sehr stark verdünnt, in Schälchen B ist die Konzentration an Zucker deutlich höher und in Schälchen C am höchsten. Dann wird die Reaktion von Stubenfliegen auf diese Lösungen getestet. In der Versuchsgruppe 1 testet man hungrige Fliegen, während die Tiere in der Versuchsgruppe 2 vorher genügend Futter erhalten haben.
Formuliere begründete Vermutungen, welche Ergebnisse diese Versuche bringen könnten. Erläutere auch den biologischen Hintergrund für deine Vermutungen.
4. In zwei weiteren Versuchsreihen wird der Zuckerlösung einmal Kochsalz und einmal Stärke zugesetzt. Stelle Vermutungen zu dem jeweiligen Verhalten der Fliegen an. Begründe deine Ausführungen.

Sexualität und Entwicklung des Menschen

Krabbelphase

Das abgebildete Kind ist nicht ganz ein Jahr alt. Es befindet sich in der Krabbelphase, in der sich die Kinder auf allen Vieren bewegen.

1. *Informiert euch bei euren Eltern über eure Entwicklung bis zum Ende des zweiten Lebensjahres.*
2. *Bringt Fotos mit und gestaltet eine Pinnwand.*

Taxifahrer als Geburtshelfer

Der Bericht stammt aus einer Tageszeitung. Erkundigt euch bei euren Eltern oder anderen Erwachsenen, inwieweit diese Geschichte glaubwürdig ist.

1. *Begründet, ob Mutter und Kind in einer solchen Geburtssituation gefährdet sind.*
2. *Stellt euch selbst weitere Fragen zu dieser Zeitungsnotiz und sucht Antworten.*

(RZ) Gestern Abend erhielt Taxifahrer Rudi B. den Auftrag, die hochschwangere Karin K. ins Krankenhaus zu fahren. Geburtswehen hatten bereits eingesetzt. Unterwegs begann die Geburt des Kindes. Taxifahrer Rudi B. wurde zum Geburtshelfer und brachte das Kind, einen gesunden Jungen, zur Welt. Mutter und Kind sind wohlauf, Rudi B. musste ärztlich versorgt werden.

Sexualität und Entwicklung des Menschen

Miteinander von Jungen und Mädchen

1. Beschreibe das Verhalten der Kinder beziehungsweise Jugendlichen auf den beiden Fotos.
2. Äußere begründete Vermutungen über die Beziehungen zwischen den jeweils abgebildeten Personen und ziehe Schlussfolgerungen.
3. Stelle dir vor, die im rechten Foto abgebildeten Jugendlichen wären einige Jahre älter. Erörtere, in welcher Weise sich das Verhalten dieser Personen ändern könnte.

Junge Eltern

2014 hat eine zwölfjährige englische Schülerin ein Kind von ihrem ein Jahr älteren Freund bekommen. Sie gilt damit als eine der jüngsten Mütter in Großbritannien.

1. Dikutiert in der Klasse eure Meinung zu dieser Meldung.
2. Erstellt ein Informationsplakat zum Thema „Schwangerschaftsverhütung".
3. Erörtert, welche Konsequenzen sich für die jungen Eltern ergeben könnten. Bedenkt zum Beispiel die finanzielle Situation oder mögliche Zukunftspläne.

Sexualität und Entwicklung des Menschen

1 Auf dem Weg zum Erwachsenwerden

Entwicklung beim Menschen. Im ersten Lebensjahr entwickelt sich ein Säugling zum Kleinkind. Er bekommt einige Zähne, bewegt sich krabbelnd vorwärts und formt die ersten Laute. Die Entwicklung vom Kind zum Erwachsenen dauert ungleich länger: Jugendliche durchlaufen dabei das Stadium der **Pubertät.** Der Name leitet sich vom Lateinischen pubertas ab. Es bedeutet so viel wie „Geschlechtsreife". Diese Zeit ist durch viele körperliche Veränderungen gekennzeichnet. Gleichzeitig verändert sich auch die Gefühlswelt. Im Gegensatz zum Übergang vom Säugling zum Kleinkind erleben die Jugendlichen den Übergang zum Erwachsensein außerdem bewusst – was mit einigen Schwierigkeiten verbunden sein kann.

Interessenwandel. In der Pubertät erscheinen Hobbys plötzlich uninteressant, die gestern noch Spaß gemacht haben. Fernsehsendungen, die man gerne angeschaut hat, kommen einem langweilig und kindisch vor. Die Interessen wandeln sich. Gleichzeitig

1 Menschliche Entwicklung. A Baby; **B** Kind; **C** Jugendliche

2 Stimmung während der Pubertät

Sexualität und Entwicklung des Menschen

werden neben den Mitgliedern der eigenen Familie andere Personen wichtiger, mit denen man nun viel Zeit verbringt: Freund oder Freundin. Das ist auch für die Eltern eine neue Erfahrung. Während der Pubertät können außerdem extreme Stimmungsschwankungen auftreten: An manchen Tagen ist man „zu Tode betrübt", an anderen Tagen fühlt man sich „Himmel hoch jauchzend".

Hormone und Gehirnveränderungen. Auslöser für die veränderten Stimmungen, Gefühle und Verhaltensweisen während der Pubertät sind **Hormone.** Sie wirken im Körper als Botenstoffe. Ab der einsetzenden Pubertät werden diese Hormone verstärkt in verschiedenen Organen gebildet und durch das Blut im gesamten Körper verteilt. Über den Blutkreislauf gelangen sie an ihren jeweiligen Wirkort, zum Beispiel das Gehirn. Gleichzeitig strukturieren sich viele Bereiche des Gehirns um. Neue Verbindungen zwischen Nervenzellen entstehen, alte werden gelöst. Beide Prozesse gemeinsam bewirken die starken Gefühlsschwankungen. Mit zunehmendem Alter verläuft die Hormonproduktion dann immer kontinuierlicher und das Verhalten wird ausgeglichener.

Erwachsenwerden und Konflikte. Beim Erwachsenwerden kann man sich manchmal ganz schön verloren fühlen. Man weiß einfach nicht so recht, wo man hingehört. Einerseits ist man kein kleines Kind mehr, andererseits gehört man auch noch nicht richtig zur Erwachsenenwelt. Aus dieser Unsicherheit heraus betrachtet man sich selbst besonders kritisch und ist mit Vielem nicht zufrieden. Der Körper ist nicht perfekt, das eigene Verhalten nicht „cool" genug. Erwachsene scheinen immer alles besser zu können und zu wissen. Das führt oft zu Streit mit ihnen. Man fühlt sich noch mehr missverstanden und nicht ernst genommen, die Verunsicherung nimmt zu. Diesem Teufelskreis kann man nur entkommen, wenn man sich so akzeptiert, wie man ist. Dabei hilft auch die Clique Gleichaltriger, in der man sich oft wohler fühlt, weil alle ähnlich denken und ähnliche Probleme haben. Wichtig ist aber auch, dass man sich durch die Gruppe nicht zu Handlungen verleiten oder zwingen lässt, die man später bereut. Man sollte immer selbstbewusst entscheiden, ob man etwas wirklich selber möchte. Meist zeugt es von viel mehr Erwachsensein, in der Gruppe auch einmal „nein" zu sagen, als alles mitzumachen.

3 Mutprobe in der Clique

4 Wie soll ich es ihr sagen?

Aufgaben

1. *Bewerte das Verhalten der drei Jugendlichen in Abbildung 3.*
2. *Diskutiert in Gruppen, was den Jugendlichen in Abbildung 4 wohl durch den Kopf gehen könnte.*
3. *Überlege, wie man für sich selbst mehr Verantwortung übernehmen kann.*

2 Bau und Funktion der Geschlechtsorgane

2.1 Vom Jungen zum Mann

Primäre Geschlechtsmerkmale. Während der Pubertät verändert sich der Körper unter dem Einfluss von Hormonen. Die Geschlechtsorgane selbst sind jedoch bereits seit der Geburt vorhanden. Und auch das Geschlecht ist schon seit der Entwicklung im Mutterleib festgelegt. Man bezeichnet die Geschlechtsorgane deshalb als **primäre Geschlechtsmerkmale**. In der Pubertät kann man deutliche Veränderungen vom Jungen zum Mann erkennen. Das Glied wird zum Beispiel länger und der Hodensack größer.

Sekundäre Geschlechtsmerkmale. Der Körper erfährt bei Jungen in der Pubertät seinen letzten Wachstumsschub. Die gesamte äußere Erscheinung ist starken Veränderungen unterworfen. Der Körper wird „eckiger". Die Schultern verbreitern sich, während das Becken schmal bleibt. Der Oberkörper erinnert in seinem Umriss an ein „V". Auch die Körperbehaarung nimmt insgesamt zu. So wachsen Haare unter den Achseln und oberhalb des Glieds. Letztere werden Schamhaare genannt. Schließlich beginnt auch der Bartwuchs mit einem Flaum auf der Oberlippe. Bei einigen Männern wachsen zusätzlich noch Haare auf Brust, Bauch und Rücken. Diese zusätzlichen charakteristischen Veränderungen der körperlichen Erscheinung, die erst während der Pubertät auftreten, nennt man **sekundäre Geschlechtsmerkmale**.

Stimmbruch. Eine typische Veränderung während der Pubertät bei Jungen ist der Stimmbruch. Er kommt zustande, weil mit dem Kehlkopf auch die Stimmbänder bis auf das Doppelte ihrer ursprünglichen Länge wachsen. Streicht Luft an den Stimmbändern vorbei, werden diese in Schwingungen versetzt und erzeugen Töne. Je länger die Stimmbänder sind, desto tiefer sind die erzeugten Töne. Deshalb hat eine Männerstimme eine deutlich tiefere Klangfarbe als die eines Jungen. Die tiefere Stimme eines Mannes ist ebenfalls ein sekundäres Geschlechtsmerkmal.

Entwicklungen verlaufen unterschiedlich. Die Veränderungen während der Pubertät ziehen sich über mehrere Jahre hin. Dabei gibt es zwischen einzelnen Personen deutliche Unterschiede im zeitlichen Verlauf. Das Ergebnis der Veränderungen ist letztlich bei allen Jungen ähnlich. Man sollte den eigenen Körper

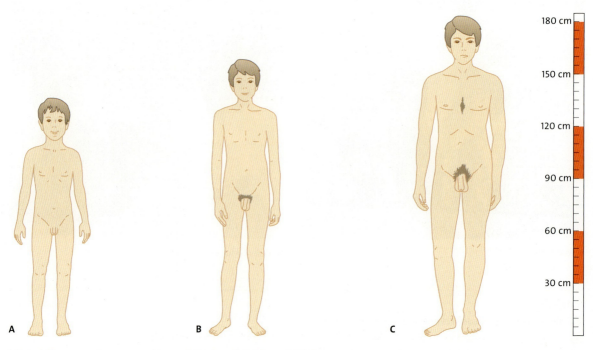

1 Entwicklung vom Jungen zum Mann. **A** 11 Jahre; **B** 13 Jahre; **C** 16 Jahre

selbstbewusst akzeptieren, wie er ist. Denn der Wert einer Person wird nicht nach dem Beginn oder dem Entwicklungsfortschritt der Pubertät bemessen.

Bau und Funktion der Geschlechtsorgane. Im Hodensack liegen die Hoden. Sie sind die männlichen Geschlechtsdrüsen. In ihnen werden männliche Geschlechtshormone, vor allem das **Testosteron,** und auch die **Spermien** gebildet. Die Spermien werden in den Nebenhoden gespeichert. Bei einer entsprechenden Erregung gelangen die Spermien zusammen mit etwas Flüssigkeit über die beiden Spermienleiter zur Harn-Spermien-Röhre. Die Flüssigkeit stammt aus der Vorsteher- und der Bläschendrüse. Das Ausstoßen der jeweils über 100 Millionen Spermien heißt Spermaerguss oder **Ejakulation.** Sie ist mit lustvollen Gefühlen verbunden, dem Orgasmus. Während der Ejakulation ist das Glied steif, weil sich die beiden Schwellkörper mit Blut gefüllt haben.

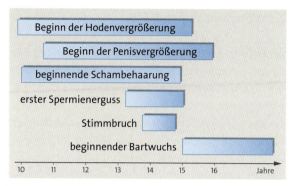

2 Veränderungen beim Jungen

Selbstbefriedigung. Die Versteifung des Glieds heißt Erektion und wird zum Beispiel durch Berührungen verursacht. Ein Junge kann so einen Orgasmus selbst herbeiführen. Das nennt man Selbstbefriedigung. Sie ist eine natürliche Verhaltensweise, für die man sich nicht schämen muss. Selbstbefriedigung kann helfen, den eigenen Körper besser kennen zu lernen.

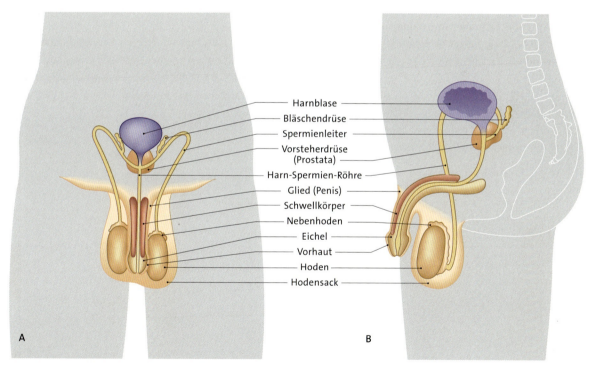

3 Männliche primäre Geschlechtsorgane. **A** Aufsicht; **B** Seitenansicht

---

Aufgaben

1. *Werte Abbildung 1 und 2 aus.*
2. *Beschreibe den Weg, den Spermien von der Entstehung bis zur Ejakulation durchlaufen.*
3. *In der Pubertät ist Hygiene besonders wichtig. Erläutere.*

2.2 Vom Mädchen zur Frau

Veränderungen in der Pubertät. Die primären Geschlechtsorgane von Mädchen verändern sich unter dem Einfluss von Hormonen während der Pubertät. Allerdings kann man das äußerlich kaum feststellen, da deren Entwicklung im Körperinneren stattfindet. Wie bei den Jungen erfährt der Körper nun seinen letzten Wachstumsschub. Dabei werden die Körperformen der Mädchen rundlicher. Dies geschieht, weil sich in die unteren Hautschichten mehr Fett einlagert. Auf diese Weise beginnt der Körper, Reservestoffe aufzubauen. Die sind später während einer Schwangerschaft notwendig.

Sekundäre Geschlechtsmerkmale. In der Pubertät verbreitert sich bei den Mädchen das Becken. Dadurch wird gleichzeitig die schmalere Taille betont. Ein breiteres Becken erleichtert die Geburt eines Kindes. Neben der veränderten Körperform zählen auch die sich entwickelnden Brüste mit den großen Brustwarzen zu den sekundären Geschlechtsmerkmalen der Mädchen. Sie entwickeln eine Körperbehaarung unter den Achseln und im Schambereich.

Stimmbruch. Bei Mädchen wächst der Kehlkopf mit dem übrigen Körper, sodass die Länge der Stimmbänder zunimmt. Deshalb bekommen Mädchen eine tiefere Stimme. Allerdings ist die Absenkung nicht so intensiv wie bei Jungen. Alle Veränderungen treten wie bei den Jungen nicht auf einmal auf. Sie ziehen sich über mehrere Jahre hin. Es gibt deutliche Unterschiede im zeitlichen Verlauf der Pubertät bei einzelnen Personen.

Den eigenen Typ finden. Für Mädchen ist es oft noch schwieriger ihren Körper so zu akzeptieren, wie er ist, als für Jungen. Dies zeigt der große Anteil weiblicher Jugendlicher, der unter Essstörungen wie Magersucht leidet. Durch Umwelt und Werbung wird in der westlichen Welt derzeit ein besonders schlanker Frauentyp favorisiert. Auch die Kleidermode ist häufig sehr figurbetont. Mädchen sollen auf jeden Fall das Selbstbewusstsein entwickeln, ihre Figur zu akzeptieren und ihren eigenen Typ zu finden. Hilfreich kann dabei auch die Erkenntnis sein, dass andere Kulturkreise durchaus abweichende Ansichten zur idealen Figur einer Frau entwickelt haben. Hier können zum Beispiel Rundungen sehr erwünscht sein.

Weibliche Geschlechtsorgane. Die weiblichen Geschlechtsdrüsen sind die Eierstöcke. Sie sind etwa walnussgroß und liegen im Bauchraum. In ihnen wird unter anderem das weibliche Geschlechtshormon

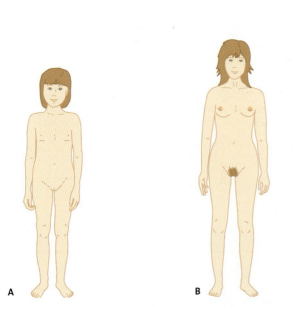
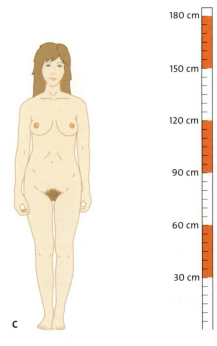

1 Entwicklung vom Mädchen zur Frau. **A** 11 Jahre; **B** 13 Jahre; **C** 16 Jahre

Östrogen gebildet. Außerdem befinden sich in jedem Eierstock ab der Geburt viele unreife Eizellen. Mit der Pubertät reifen einzelne Eizellen heran und gelangen aus dem Eierstock über die Eileiter in die **Gebärmutter**. Diese ist ein etwa faustgroßer Hohlmuskel. Die Gebärmutter ist innen von einer Schleimhaut ausgekleidet. Von der Gebärmutter führt die Scheide nach außen. Die Scheide ist etwa zehn Zentimeter lang und weist innen ebenfalls eine Schleimhaut auf. Die Öffnung der Scheide wird nach außen durch die kleinen Schamlippen begrenzt. Etwas oberhalb des Scheideneinganges endet die Harnröhre. Äußerlich sichtbar sind meist nur die großen Schamlippen, die die inneren Organe schützen.

Selbstbefriedigung. Wo die beiden kleinen Schamlippen zusammentreffen, befindet sich der Kitzler. Durch Berührungen des Kitzlers entstehen lustvolle Gefühle, die man auch selbst hervorrufen kann. Selbstbefriedigung ist eine natürliche Verhaltensweise. Sie kann helfen, den eigenen Körper besser kennen zu lernen.

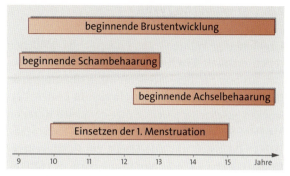

2 Veränderungen beim Mädchen

Hygiene. In der Pubertät kann die vermehrte Tätigkeit der Schweißdrüsen zur Geruchsbelästigung führen. Daher ist eine entsprechende Körperhygiene wichtig. Die Talgdrüsen der Haut produzieren wegen der sich verändernden Hormonkonzentrationen mehr Fett als sonst. Verstopft ein Talgkanal, entsteht ein Mitesser. Wenn es zu einer Entzündung durch Bakterien kommt, wird daraus ein Pickel.

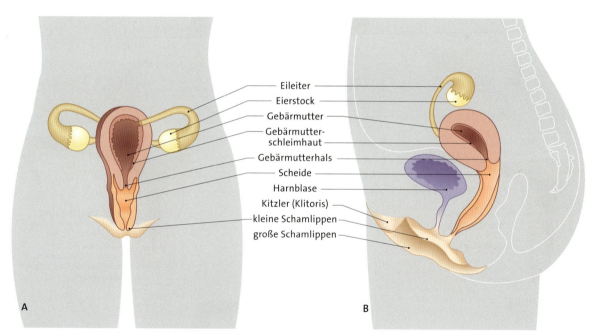

3 Weibliche primäre Geschlechtsorgane. **A** Aufsicht; **B** Seitenansicht

Aufgaben

1. Werte Abbildung 1 und 2 aus.
2. Vergleiche tabellarisch die primären und sekundären Geschlechtsmerkmale bei Mädchen und Jungen.
3. Finde Beispiele dafür, dass die Umwelt für Männer und Frauen unterschiedliche Körperideale vorgibt.

2.3 Der weibliche Zyklus

Eizellbildung. Während der Pubertät der Mädchen reifen erstmals **Eizellen** in den Eierstöcken heran. Der Auslöser für diese Eizellenreifung sind Hormone. Unter ihrem Einfluss entwickeln sich in beiden Eierstöcken gleichzeitig jeweils einige der vielen unreifen Eizellen. Sie wandern an den Rand des Eierstockes. Dabei bildet sich um jede Eizelle ein flüssigkeitsgefülltes Bläschen. Dieses bezeichnet man als **Follikel**. Während ihrer Reifung stellen die Follikel selbst ein weiteres Hormon her. Dieses Hormon führt zur Verdickung der Schleimhäute der Gebärmutter. Dadurch wird die Gebärmutter auf die Aufnahme einer befruchteten Eizelle vorbereitet.

Follikelreifung und Eisprung. Nach etwa zwei Wochen haben die Follikel eine Größe von bis zu 25 Millimeter erreicht. Die nur walnussgroßen Eierstöcke werden durch die sich vergrößernden Follikel stark gedehnt. Manche Mädchen und Frauen spüren deshalb in dieser Phase des Zyklus ein leichtes Ziehen im Unterleib. Im Laufe der Follikelreifung bewegen sich die Eitrichter zu den Eierstöcken und legen sich auf diese. In der Mitte des Zyklus platzt der größte der Follikel auf und entlässt die darin befindliche Eizelle. Man nennt dies **Eisprung** oder Ovulation.

Entstehung des Gelbkörpers. Die etwa 0,2 Millimeter große Eizelle wird vom Eitrichter aufgefangen und in den Eileiter geleitet. Die Wände des Eileiters sind mit feinen Flimmerhärchen ausgekleidet. Sie transportieren die Eizelle weiter in die Gebärmutter. Wird die Eizelle im Eileiter nicht in den ersten Stunden befruchtet, geht sie zugrunde. Der nun leere Follikel bleibt als sogenannter **Gelbkörper** noch einige Zeit bestehen. Der Gelbkörper stellt weitere Hormone her. Durch diese wächst die Schleimhaut der Gebärmutter. Gleichzeitig werden die anderen Follikel zurückgebildet, sodass meist nur ein Ei „springt".

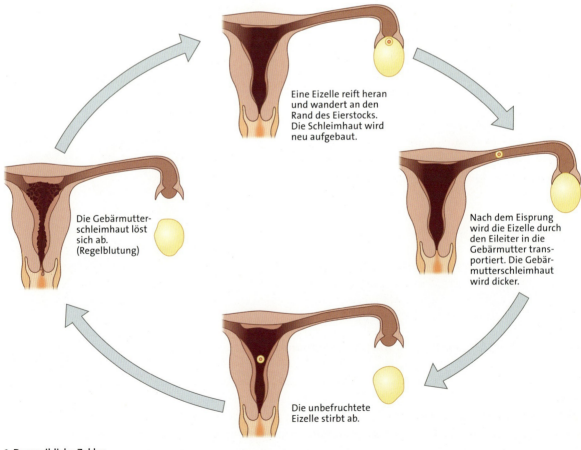

1 Der weibliche Zyklus

Menstruation. Ist keine Befruchtung eingetreten, stellt der Gelbkörper seine Hormonproduktion nach einigen Tagen ein und bildet sich zurück. Die verdickte Gebärmutterschleimhaut löst sich in kleinen Stücken von der muskulösen Gebärmutterwand ab. Dabei kommt es zu Blutungen. Das austretende Blut fließt zusammen mit den Schleimhautresten durch die Scheide nach außen. Weil sich dieser Vorgang regelmäßig wiederholt, heißt er auch Regelblutung oder Periode. Der wissenschaftliche Name ist **Menstruation.** Er leitet sich von dem lateinischen Wort „mens" ab, das „Monat" bedeutet. Die Periode dauert etwa vier bis sechs Tage. Die Frau verliert dabei rund 150 Milliliter Blut. Die Gebärmutter unterstützt das Ablösen der Schleimhaut durch rhythmisches Zusammenziehen.

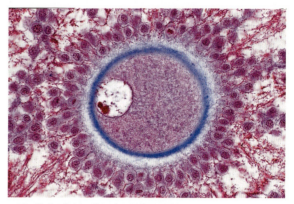

2 Eizelle im lichtmikroskopischen Bild

Zyklusdauer. Während der Monatsblutung reifen bereits die nächsten Eizellen. Alle Vorgänge wiederholen sich. Ein solcher, fortdauernder Kreislauf wird auch als Zyklus bezeichnet. Der **weibliche Zyklus** beginnt jeweils mit dem ersten Tag der Monatsblutung und dauert im Durchschnitt vier Wochen. Der Eisprung findet nach etwa zwei Wochen in der Zyklusmitte statt. Während der Pubertät ist der Zyklus meist noch nicht regelmäßig: Sowohl die Abstände als auch die Dauer der Regelblutung können variieren. Ursache sind schwankende Hormonkonzentrationen. Damit man weiß, in welcher Phase des Zyklus man sich befindet, sollten die Tage mit einer Blutung in einem Kalender gekennzeichnet werden. Diesen Menstruationskalender sollte man zu Arztbesuchen immer mitnehmen.

3 Monatskalender mit Zykluseintragungen

Hygiene. Zur Vorbereitung auf die Periode ist es sinnvoll, entsprechende Hygieneartikel mitzunehmen, die das austretende Blut aufsaugen können. Das kann außerhalb der Scheide durch eine Binde erfolgen. Das Blut kann auch bereits innerhalb des Körpers aufgesaugt werden. Dazu wird ein Tampon in die Scheide eingeführt. Tampons und Binden gibt es in verschiedenen Größen. Sie bestehen aus saugfähigem Material.

4 Artikel der Monatshygiene. **A** Binden; **B** Tampons

Aufgaben

1. Beschreibe den weiblichen Zyklus mithilfe der Abbildung 1.
2. Berechne die mittlere Zykluslänge anhand der Kalendereintragungen in Abbildung 3.
3. Überlege, wann bei dem vorgestellten Zyklus wahrscheinlich jeweils der Eisprung stattgefunden hat.

3 Liebe und Partnerschaft

Vor der Pubertät. Im Kindergarten und in der Grundschule spielen Jungen und Mädchen oft noch problemlos miteinander. In den ersten Klassen der weiterführenden Schulen bleiben sie dann oft lieber für sich. Das kann sich auch in den Sitzordnungen zeigen. Gibt es in einer Klasse beispielsweise nur noch einen freien Platz im „Mädchenblock", ist einem neu in die Klasse kommenden Jungen die spöttische Aufmerksamkeit seiner Klassenkameraden sicher, wenn er sich auf diesen Platz setzen muss.

Interesse am anderen Geschlecht. Das Interesse am anderen Geschlecht nimmt mit der Pubertät wieder zu. Erste Kontakte werden zum Beispiel über „Briefchen" geknüpft, weil man sich nicht traut, den Anderen direkt anzusprechen. Bei diesen Annäherungsversuchen wird man oft kritisch beäugt. Dies kann zur Verunsicherung führen: Soll man sich so verhalten, wie es die eigenen Gruppenmitglieder erwarten, oder soll man das machen, was man selbst eigentlich gerade will? Dieser Zwiespalt führt vielleicht dazu, dass sich ein liebenswerter Junge in seiner Gruppe als „angeberischer Gernegroß" oder ein nettes Mädchen als „eingebildete Zicke" zeigt.

Partnerschaft und Liebe. Viele Jugendliche schwärmen für Sport- oder Musikstars des anderen Geschlechts. Diese Schwärmphase kann durch den ersten Freund oder die erste Freundin abgelöst werden. Wenn solch eine Beziehung länger dauert, entsteht eine feste Partnerschaft. Sie beruht auch auf wichtigen Grundwerten wie Liebe, Zuverlässigkeit und Vertrauen. Es kommt nicht nur darauf an, was man selbst möchte, sondern auch darauf, was der Partner möchte. Mit zunehmendem Alter und Erfahrung kann man immer besser abschätzen, ob die Empfindungen für den Partner andauern und die Beziehung hält.

Berührungen. Menschen, die einander lieben, möchten sich gegenseitig berühren und streicheln. Das kann eine Umarmung sein. Es kann aber auch zärtliches Streicheln sein, das als angenehm empfunden wird. Die Haut ist nämlich ein empfindliches Sinnesorgan, das auf Berührungen reagiert. Dabei gibt es Stellen, die besonders empfindlich sind. Die Bereiche, die beim Streicheln zu einer sexuellen Erregung führen, nennt man erogene Zonen. Zu diesen Bereichen gehören bei Mädchen vor allem die Brüste, das Gesäß und die Innenseiten der Oberschenkel. Bei Jungen und Mädchen sind die Geschlechtsorgane erogene

1 Nur ein Platz war frei ...

Zonen. Diese Körperteile haben für jeden Menschen eine sehr persönliche, intime Bedeutung. Deshalb ist es verständlich, dass Berührungen in diesen Bereichen nur dann stattfinden sollten, wenn die beiden Partner es wirklich wollen und nicht einer vom anderen dazu gedrängt oder überredet wird.

Geschlechtsverkehr. Wenn der Wunsch nach körperlicher Nähe größer wird, kann es sein, dass Mann und Frau miteinander schlafen. Dabei führt der Mann sein versteiftes Glied in die Scheide der Frau ein. Die Scheide sondert dabei eine Gleitsubstanz ab, die das Eindringen erleichtert. Hatte die Frau bisher noch keinen **Geschlechtsverkehr,** ist die Scheide noch mit dem Jungfernhäutchen verschlossen. Das ist ein dehnbares Häutchen, das den Scheideneingang umgibt. Durch eine Öffnung kann das Blut der Periode herausfließen. Beim ersten Geschlechtsverkehr wird die Öffnung des Häutchens stark gedehnt und reißt meist ein. Das tut manchmal weh und kann auch zu leichten Blutungen führen. Durch die Bewegungen des Penis in der Scheide empfinden Mann und Frau ein angenehmes Gefühl, das sich bis zum Orgasmus steigern kann.

Familienplanung. Wenn ein Paar sich einig ist, dass es noch nicht die Verantwortung für ein Kind übernehmen will, kann eine ungewollte Schwangerschaft mit Verhütungsmitteln verhindert werden. Wenn sich ein Paar jedoch für Kinder entschließt, dann übernimmt es Verantwortung für viele Jahre. Es begleitet die Kinder bis zu deren Selbstständigkeit. Das kann je nach Ausbildungsweg durchaus für zwanzig oder mehr Jahre sein. Manchmal kann es passieren, dass ein Paar während dieser langen Zeit feststellt, dass es nicht mehr zusammenleben möchte und sich scheiden lässt. Die Kinder werden dann in der Regel von einem Elternteil allein großgezogen. Möglich ist auch, dass Alleinerziehende erneut heiraten und jeweils Kinder in die neue Partnerschaft mitbringen.

Homosexualität. Es gibt Menschen, die sich zu gleichgeschlechtlichen Menschen hingezogen fühlen und mit diesen eine stabile Partnerschaft eingehen wollen. Solche homosexuellen Lebenspartnerschaften sind sowohl zwischen Männern als auch zwischen Frauen möglich. Sie sind heute in Deutschland heterosexuellen ehelichen Beziehungen gleichgestellt.

2 Beziehungen zwischen Menschen. **A** Junges Paar; **B** Familie im Urlaub; **C** älteres Paar

Aufgaben
1. Nenne Eigenschaften, die dir an einem zukünftigen Partner/an einer Partnerin wichtig wären.
2. Diskutiert in der Gruppe, wie Menschen in einer Partnerschaft Verantwortung füreinander übernehmen.
3. Erläutere, wie sich die Verantwortung füreinander im Laufe des Lebens verändert. Befrage dazu auch Eltern/Großeltern oder andere Erwachsene nach ihrer Meinung.

4 Ein Kind entsteht

4.1 Befruchtung und Schwangerschaft

Befruchtung. Während einer Ejakulation gelangen etwa 200 bis 300 Millionen Spermien in die Scheide der Frau. Die meisten Spermien fließen wieder aus der Scheide heraus. Einige schwimmen, angetrieben von ihrem Schwanzfaden, von der Scheide aus durch den Muttermund in die Gebärmutter hinein und von dort die beiden Eileiter hinauf. Hier treffen sie unter Umständen auf eine Eizelle und versuchen in diese einzudringen. Gelingt dies, wird der Schwanzfaden abgeworfen und nur der Kopf des Spermiums mit dem Zellkern gelangt in die Eizelle. Sobald das erste Spermium eingedrungen ist, bildet sich um die Eizelle eine Hülle. Diese verhindert, dass weitere Spermien in die Eizelle eindringen können. Die Verschmelzung der Zellkerne von Eizelle und Spermium heißt **Befruchtung.** Die dabei entstehende Zelle wird Zygote genannt.

1 Eizelle mit Spermium

Bläschenkeim. Die Zygote wird von den Flimmerhärchen des Eileiters in Richtung Gebärmutter transportiert, die sie nach vier bis fünf Tagen erreicht. Dabei teilt sich die Zygote zunächst in zwei gleich große Zellen, die aneinander haften bleiben. Dieses Stadium wird Zwei-Zellen-Stadium genannt. Durch erneute Teilung entsteht das Vier-Zellen-Stadium. Es folgen weitere Zellteilungen, bis schließlich der vielzellige **Bläschenkeim** entstanden ist. Dieser hat noch etwa die gleiche Größe wie die unbefruchtete Eizelle.

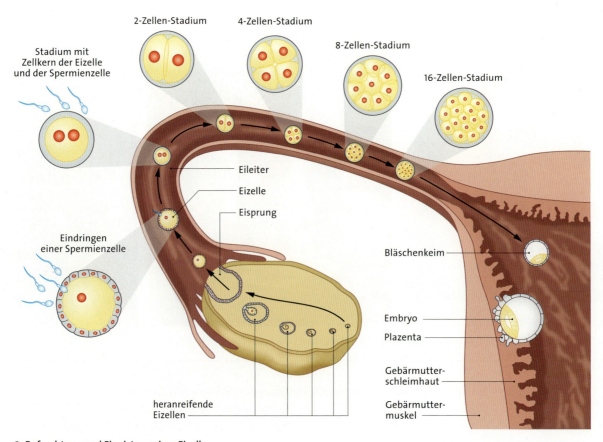

2 Befruchtung und Einnistung einer Eizelle

Schwangerschaft. Der Bläschenkeim wächst etwa sechs Tage nach der Befruchtung in die verdickte Gebärmutterschleimhaut ein. Mit dieser Einnistung beginnt die Schwangerschaft. Gleichzeitig beginnt der Bläschenkeim mit der Bildung eines Hormons, das den Gelbkörper funktionsfähig hält. Das Hormon wird Schwangerschaftshormon genannt. Es kann mit einem Schwangerschaftstest aus der Apotheke im Urin der Frau nachgewiesen werden.

Embryo und Zotten. Die innen gelegenen Zellen des Bläschenkeims entwickeln sich zum **Embryo**. Die äußeren Zellen wachsen dagegen in die Gebärmutterschleimhaut hinein und bilden dort fingerförmige Ausstülpungen, die Zotten. Diese werden von mütterlichem Blut umspült. Über die Zotten nimmt der Embryo Sauerstoff und Nährstoffe aus dem Blut der Mutter auf. Kohlenstoffdioxid und viele Endprodukte werden ins Blut der Mutter abgegeben. Die Zotten bilden zusammen mit der Gebärmutterschleimhaut die **Plazenta,** die auch Mutterkuchen genannt wird. Von der Plazenta geht später die 50 bis 60 Zentimeter lange **Nabelschnur** aus. Die Nabelschnur führt zum Bauch des Kindes.

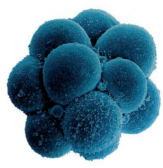

3 16-Zellen-Stradium

Fetus. Ab der achten Schwangerschaftswoche ist der Embryo von einer Hülle umgeben, der **Fruchtblase.** Diese ist mit Fruchtwasser gefüllt, das den Embryo vollständig umgibt. Nach den ersten drei Monaten sind alle wichtigen Organe des Embryos angelegt. Von nun an heißt er **Fetus.** In den nächsten Monaten bis zur Geburt wachsen die Organe weiter heran. Die Geburt erfolgt etwa neun Monate nach der Befruchtung der Eizelle.

Gesund durch die Schwangerschaft. Neben den für die Entwicklung notwendigen Stoffen gelangen auch Schadstoffe über Plazenta und Nabelschnur in den Embryo. Frauen sollten ihren Körper deshalb

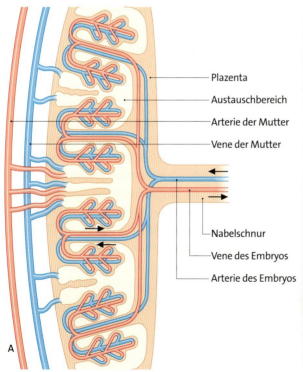

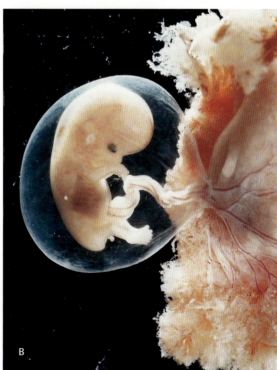

4 Schwangerschaft. **A** Plazenta; **B** Embryo acht Wochen

während einer Schwangerschaft nicht mit Schadstoffen belasten. Dies gilt selbstverständlich für Drogen wie Nikotin und Alkohol. Aber auch Medikamente, die für den mütterlichen Körper hilfreich sind, können sich auf den Embryo schädlich auswirken. Dies zeigte sich im Fall des Schlafmittels Contergan in den 1950er und 60er Jahren. Wurde Contergan zwischen der 3. bis 14. Schwangerschaftswoche eingenommen, zeigten die Embryonen häufig eine Vielzahl von Wachstumsstörungen. Dies äußerte sich zum Beispiel durch stark verkürzte Gliedmaßen.

Vorsorge. Krankheitserreger können aus dem Körper der Mutter auf den Embryo übergehen und diesen schädigen. Deshalb werden Mädchen beispielsweise gegen die Krankheit Röteln geimpft. Erkrankt eine Schwangere an dieser Krankheit, kann das bei dem ungeborenen Kind unter anderem zu Herzfehlern und zur Taubheit führen. Durch Untersuchungen, zum Beispiel mithilfe eines Ultraschallgerätes, kann die Entwicklung des Fetus während der Schwangerschaft kontrolliert werden.

Sexuelle Fortpflanzung. Die Fortpflanzung gehört zu den Kennzeichen des Lebendigen. Wenn ein weiblicher und ein männlicher Elternteil beteiligt sind, spricht man von **sexueller Fortpflanzung**. Ei- und Spermienzelle tragen die Erbanlagen der jeweiligen Eltern. Bei der Befruchtung mischen sich diese Erbanlagen, sodass jedes Kind die allgemeinen menschlichen Merkmale und individuelle Merkmale hat. Zu diesen zählen zum Beispiel Haar-, Haut- und Augenfarbe. Aber auch Merkmale wie Körpergröße, Länge der Zehen, die Form der Lippen oder die Struktur der Haare werden vererbt. Bei anderen Persönlichkeitsmerkmalen wie Intelligenz, Musikalität oder Kreativität bestimmen familiäre und soziale Einflüsse die Ausprägung der vererbten Anlagen.

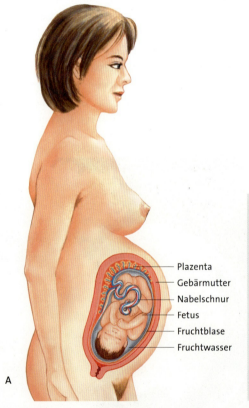
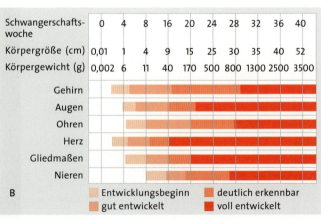

5 Entwicklung des Fetus. **A** Fetus in der Gebärmutter; **B** Entwicklung der Organe

---

Aufgaben

1. Stelle begründete Vermutungen auf, welche Vorteile es hat, dass der Embryo sich – von Fruchtwasser umgeben – in der Fruchtblase entwickelt.
2. Erkläre, warum der Embryo in der Gebärmutter nicht erstickt, obwohl er vollständig von Fruchtwasser umgeben ist.
3. Werte Abbildung 5 B aus. Bewerte dann den Ratschlag, während der Schwangerschaft keinen Alkohol zu trinken.

4.2 Die Geburt

Geburtslage. Gegen Ende der etwa neun Monate dauernden Entwicklung dreht sich das Kind im Mutterleib. Lag es bisher meist aufrecht in der Gebärmutter, dreht es sich nun mit dem Kopf zur Scheide hin. Die Geburt erfolgt nämlich in der Regel mit dem Kopf voran. Durch eine Ultraschalluntersuchung kann festgestellt werden, ob sich das Kind tatsächlich gedreht hat.

Eröffnungsphase. Die Geburt kündigt sich durch ziehende Schmerzen in Rücken und Unterleib an. Die Muskulatur der Gebärmutter zieht sich zusammen. Der Auslöser für diese **Wehen** ist wiederum ein Hormon. Dieses wird sowohl im Gehirn der Mutter als auch in dem Gehirn des Fetus gebildet. Der Zeitpunkt der Geburt wird also durch den Fetus mitbestimmt. Anfangs treten die Wehen etwa im halbstündigen Rhythmus auf, dann verkürzen sich die Abstände immer mehr. Die eigentliche Geburt beginnt mit dem Platzen der Fruchtblase und dem Austritt des Fruchtwassers durch die Scheide. Man nennt dies die **Eröffnungsphase.**

Austreibungsphase. In der **Austreibungsphase** wird das Kind durch stärker werdende Presswehen in den Geburtskanal geschoben. Die Mutter unterstützt die Austreibung durch gezieltes Atmen und Anspannen der Bauchmuskulatur. Diese Phase ist für Mutter und Kind sehr anstrengend. Die Scheide wird dabei stark gedehnt. Die Schmerzempfindung wird während der Geburt durch die Ausschüttung eines weiteren Hormons gemindert.

Abnabelung und Nachgeburt. Ist das Kind geboren, füllt es seine Lungen erstmals mit Luft. Von nun an wird es nicht mehr über die Nabelschnur mit Sauerstoff versorgt. Deshalb kann diese jetzt auch durchtrennt werden. Die **Abnabelung** bereitet dem Kind keine Schmerzen, weil die Nabelschnur keine Nerven enthält. In der **Nachgeburtsphase** werden nun noch Plazenta und Fruchtblase aus der Gebärmutter herausgepresst. Damit ist die Geburt beendet. Befürchtet der Arzt Schwierigkeiten, kann die Geburt auch durch einen **Kaiserschnitt** erfolgen. Dabei wird die Bauchdecke der Mutter unter Betäubung vorsichtig mit einem Schnitt geöffnet. Durch diesen wird das Kind herausgehoben.

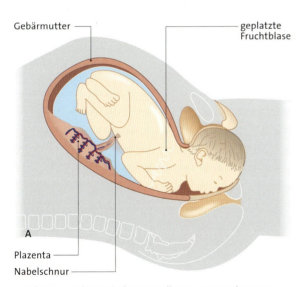

1 Geburt. A Schematische Darstellung; **B** Neugeborenes

Aufgaben

1. Beschreibe die verschiedenen Phasen einer Geburt beginnend mit der Eröffnungsphase.
2. Diskutiert in der Gruppe, worin der Vorteil liegt, dass das Baby mit dem Kopf zuerst in den Geburtskanal eintritt.
3. Leite Gefahren ab, die sich aus einer im Geburtskanal eingeklemmten Nabelschnur für das Kind ergeben können.

4.3 Vom Säugling zum Kleinkind

Angeborene Reflexe. Kinder entwickeln sich von Geburt an in ihrem eigenen Tempo und haben bereits ihre persönliche Wesensart mit Vorlieben und Abneigungen. Auch wenn ein Neugeborenes sehr hilflos erscheint, verfügt es doch über wichtige körperliche Fähigkeiten. So hält es sich an allem fest, was seine kleinen Finger fassen können. Außerdem kann es von Beginn an Milch saugen und schlucken. Diese Fähigkeiten muss der Säugling nicht erlernen, es sind **angeborene Reflexe**.

Stillen. Der Fetus wurde in der Gebärmutter über die Nabelschnur versorgt. Der Säugling muss nun selbst Nahrung aufnehmen und diese auch verdauen. Seine Nahrung ist die Milch, die in den Brustdrüsen der Mutter gebildet wird. Meist stillt die Mutter den Säugling mehrere Monate. Die **Muttermilch** ist besonders leicht zu verdauen und enthält alle wesentlichen Stoffe für die Entwicklung des Kindes. Die ersten Zähne bekommt der Säugling in der Regel mit sechs Monaten. Von da an kann er zusätzlich auch festere Nahrung aufnehmen.

Körperliche Fähigkeiten. Das Neugeborene kann sich kaum bewegen. Alle körperlichen Fähigkeiten wie sich im Liegen umdrehen, Sitzen, Stehen oder Laufen müssen erst erlernt werden. Dies ist sehr anstrengend, deshalb schläft ein Säugling anfangs häufig. Später werden die Wachphasen länger und der Säugling passt sich dem Tagesrhythmus an. Mit der größeren Beweglichkeit nimmt auch das Interesse des Säuglings an der Umwelt zu.

Urvertrauen. Am Anfang nimmt der Säugling mit Blicken Kontakt zu seiner Umgebung auf. Er erkennt die Menschen wieder, die ihn versorgen, und begrüßt sie mit einem Lächeln. Wichtig ist, dass diese **Bezugspersonen** nicht ständig wechseln. Zwischen Bezugspersonen und Kind entsteht eine sehr enge Beziehung, es entwickelt sich ein **Urvertrauen**. Dies ist für die weitere ungestörte soziale Entwicklung wichtig.

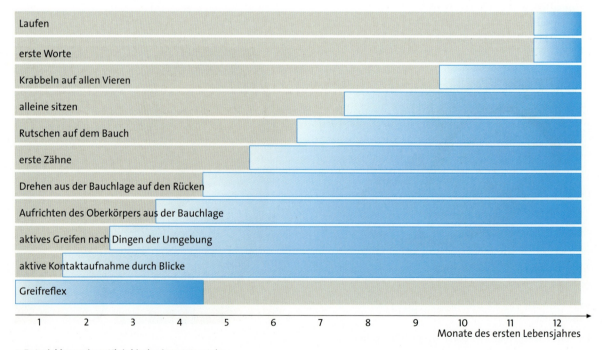

1 Entwicklung eines Kleinkindes im ersten Jahr

Aufgaben

1. *Erläutere, welche Bedeutung die angeborenen Fähigkeiten für das Baby haben.*
2. *Recherchiere einige Entwicklungsschritte deiner eigenen Entwicklung. Vergleiche mit Abbildung 1.*

5 Familienplanung

Kinderwunsch. Wenn ein Paar schon längere Zeit zusammen ist, entsteht oft der Wunsch nach eigenen Kindern. Schlafen die Partner in der Zyklusmitte der Frau miteinander, ist eine Schwangerschaft am wahrscheinlichsten. In Deutschland bleibt allerdings etwa jedes siebte Paar ungewollt kinderlos. Neben medizinischen Ursachen liegt das auch daran, dass Männer und Frauen in Deutschland die Entscheidung für ein Kind immer später treffen. Mit zunehmendem Alter der Frau wird eine Schwangerschaft jedoch immer unwahrscheinlicher. Ab dem vierzigsten bis fünfzigsten Lebensjahr einer Frau reifen keine Eizellen im Eierstock mehr heran.

Verhütung. Man kann eine Schwangerschaft zwar nicht sicher herbeiführen, aber durch verschiedene **Verhütungsmethoden** ziemlich sicher verhindern. Dabei sind die Verhütungsmethoden unterschiedlich zuverlässig. Das kann zum einen an der Methode selbst liegen, zum anderen an Fehlern bei der Anwendung. Entscheidend ist, dass sich Mann und Frau vor dem Geschlechtsverkehr einig sind, ob sie verhüten wollen. Danach müssen sie gemeinsam klären, wie sie verhüten wollen. Ein verantwortungsvoller Umgang mit Verhütungsmitteln ist die Grundlage einer sinnvollen **Familienplanung.** Die Frage der Verhütung wird oft von sehr jungen Paaren vor dem Geschlechtsverkehr nicht hinreichend geklärt. Sehr junge Mütter sind oft stark belastet. Wegen des Kindes können sie häufig ihre Schulausbildung nicht beenden.

Wichtige Verhütungsmethoden. Das **Kondom** ist das bekannteste Verhütungsmittel. Es ist ein dünner Gummiüberzug, der vor dem Geschlechtsverkehr über das versteifte Glied gezogen wird. So bleiben nach der Ejakulation die Spermien im Kondom. Am sichersten wirken **Antibabypillen.** Diese Tabletten enthalten Hormone, die den Eisprung verhindern. Die Pille muss täglich von der Frau eingenommen werden. Bei Anwendungsfehlern kann es zu einer Schwangerschaft kommen. Die Pille muss von einem Arzt verschrieben werden, da sie manchmal zu Unverträglichkeiten führen kann. Eine sehr unzuverlässige Methode, gerade für junge Frauen, ist die **Kalendermethode.** Dabei zählt die Frau die Tage zwischen den Monatsblutungen. Daraus bestimmt sie ihre fruchtbaren Tage, die etwa in der Zyklusmitte liegen.

1 Junge Familie

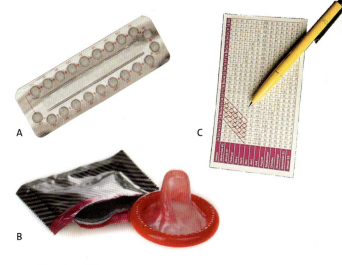

2 Empfängnisverhütung.
A Pille; **B** Kondome; **C** Kalendermethode

Aufgaben

1. Stelle in einer Tabelle die in Abbildung 2 abgebildeten Verhütungsmethoden zusammen. Gib dabei jeweils Vor- und Nachteile der Methode an.
2. Begründe, weshalb die Kalendermethode meist gerade für junge Frauen sehr unzuverlässig ist.

6 Sexueller Missbrauch – mein Körper gehört mir

1 Belästigung durch Mitschüler

Ärger auf dem Schulhof. Auf dem Pausenhof kann man häufiger Folgendes beobachten: Jungen stören die Mädchen, schubsen sie oder laufen ihnen nach. Handelt es sich dabei um sexuelle Belästigung? Dies kommt auf die Sichtweise an. Die Jungen werden das nicht so sehen. Es könnte der Versuch einer Kontaktaufnahme sein. Weil sie unsicher sind, erfolgt diese unbeholfen in Form von „Ärgern" und ist nicht böse gemeint. Aus Sicht der Mädchen kann es vielleicht schon als Belästigung empfunden werden: Sie denken, sie werden nur deshalb geärgert, weil sie Mädchen sind.

Sexueller Missbrauch. Manchmal können Situationen unterschiedlich bewertet werden, je nachdem, ob persönliche Grenzen verletzt werden. Jeder Mensch hat unterschiedliche Grenzen. Es ist es mitunter schwierig, diese einzuhalten. Grenzen werden zum Beispiel deutlich überschritten, wenn sexuelle Handlungen an einer Person ohne ihr Einverständnis vollzogen werden. In diesem Fall spricht man von **sexuellem Missbrauch**. Dabei wird eine Grundregel gemeinsamer Sexualität verletzt: Erlaubt ist nur das, was beide gemeinsam und freiwillig wollen. Kein Partner darf zu etwas gezwungen, überredet oder verführt werden.

Kritische Situationen. Besonders kritisch sind Situationen zu bewerten, in denen Erwachsene Kinder oder Jugendliche zu sexuellen Handlungen verführen. Sie nutzen zum Beispiel ihre Neugier aus oder versprechen Geschenke. Jüngere Menschen werden so in Situationen gebracht, in denen sie zwar glauben, etwas freiwillig zu tun, tatsächlich aber ausgenutzt werden. Auch das ist sexueller Missbrauch. Er kann Mädchen und Jungen betreffen.

STUTTGART.
Ein 48 Jahre alter Mann soll seine heute 14-jährige Tochter über sieben Jahre hinweg sexuell missbraucht haben. Der Angeklagte streitet die Vorwürfe ab. Er hält sie für ein Komplott der Ehefrau gegen ihn ... Die Vorwürfe habe sich die Tochter ausgedacht, wahrscheinlich angestiftet von der Mutter. Das sieht die Staatsanwältin aber anders ...

Aus »Tagblatt«

LEIPZIG.
Der drei Tage lang vermisste und in einer Leipziger Laubensiedlung aufgefundene Junge ist sexuell missbraucht worden. Die Polizei fahndet nun nach einem Hauptverdächtigen, der bereits 1998 wegen Kindesmissbrauchs verurteilt worden war. Seither war der Mann unauffällig geblieben. Er ist den Ermittlern zufolge dringend tatverdächtig ...

Aus »Nachtspiegel«

2 Zeitungsartikel zum Thema

3 Ein deutliches Nein!

Gesetzlicher Schutz. In Deutschland stehen Kinder bis zu ihrem vierzehnten Lebensjahr unter dem besonderen Schutz des Gesetzgebers. Es ist verboten, an ihnen sexuelle Handlungen vorzunehmen oder von ihnen solche zu verlangen. Trotzdem kommt es immer wieder vor, dass Erwachsene gegen diese Bestimmung verstoßen. In Deutschland wurden im Jahr 2013 mehr als 15 000 Fälle von sexuellem Missbrauch von Kindern angezeigt. Von diesen wurden die meisten durch die Polizei aufgeklärt. Allerdings werden nicht alle Fälle bekannt. Diese Fälle werden als Dunkelziffer bezeichnet. Sie liegt in Deutschland bei etwa 300 000 missbrauchten Kindern pro Jahr. Dass nicht alle Fälle bekannt werden, liegt einerseits an der natürlichen Scham der Opfer, über das zu sprechen, was ihnen angetan wurde. Andererseits wird den Opfern auch oft nicht geglaubt, weil die Täter häufig mit den Opfern verwandt oder bekannt sind und den Erwachsenen mehr Glauben geschenkt wird als den Kindern.

Kontaktaufnahme. Oft beobachten Täter ihre Opfer über einen längeren Zeitraum, bevor eine Kontaktaufnahme erfolgt. Dies geschieht an alltäglichen Orten wie Kinderspielplätzen, Jugendtreffs, dem Schul- oder Heimweg. Die Täter erschleichen sich das Vertrauen ihrer Opfer durch Geschenke oder Versprechungen und locken sie von anderen Kindern weg.

Selbstbewusstsein schützt. Es ist wichtig, dass man sich gegen Übergriffe wehrt. Dazu gehört, dass man genug Selbstvertrauen hat, um Dinge abzulehnen, die man nicht mag. Gerade wenn man der zudringlichen erwachsenen Person bisher vertraut hat, kann das sehr schwierig sein. Es ist wichtig, ganz deutlich zu sagen, dass man nicht angefasst werden will. Es gilt: Mein Körper gehört mir!

Reden statt Schweigen. Ist man sich über eine ungewollte Annäherung nicht im Klaren, sollte man darüber nicht Stillschweigen bewahren, sondern mit einer Person seines Vertrauens sprechen. Das kann ein Elternteil sein, ein Verwandter wie Onkel oder Tante oder auch ein Bekannter wie ein Lehrer. Übergriffe einer Person kann man möglicherweise vermeiden, indem man den Versprechungen dieser Person keinen Glauben schenkt, auch wenn sie noch so verlockend sind. Wird Gewalt angedroht oder angewendet, um ein Mitkommen zu erzwingen, sollte man in der Öffentlichkeit laut auf sich aufmerksam machen.

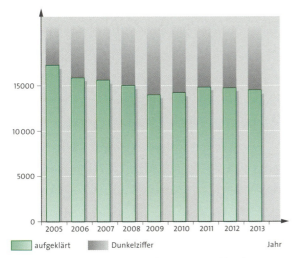

4 Sexueller Missbrauch von Kindern in Deutschland

§ 176 Sexueller Missbrauch von Kindern

(1) Wer sexuelle Handlungen an einer Person unter vierzehn Jahren (Kind) vornimmt oder an sich von dem Kind vornehmen lässt, wird mit Freiheitsstrafe von sechs Monaten bis zu zehn Jahren bestraft.

(2) Ebenso wird bestraft, wer ein Kind dazu bestimmt, dass es sexuelle Handlungen an einem Dritten vornimmt oder von einem Dritten an sich vornehmen lässt.

5 Auszug aus Paragraph 176 des Strafgesetzbuches

Aufgaben

1. Stellt Vermutungen auf, warum der Gesetzgeber die genannten Altersvorgaben gemacht hat.
2. Diskutiert, warum manche der möglichen Täter-Opfer-Beziehungen besonders kritisch zu bewerten sind.
3. Überlegt gemeinsam, wie ihr euch gegen Übergriffe von Personen wehren könnt.

ZUSAMMENFASSUNG: Sexualität und Entwicklung des Menschen

Basiskonzept Struktur und Funktion

Als primäres Geschlechtsmerkmal bezeichnet man beim Mann das Glied und den Hodensack mit den Hoden. Bei der Frau zählen Scheide, Gebärmutter und Eierstöcke dazu. Beim Geschlechtsverkehr wird das Glied durch Aufnahme von Blut in die Schwellkörper versteift und dann in die Scheide einer Frau eingeführt. So können Spermien, die in den Hoden gebildet wurden, in die Scheide abgegeben werden. Spermien besitzen Schwanzfäden. So können sie sich aktiv die Gebärmutter hinauf in die Eileiter bewegen. Dort treffen sie eventuell auf eine Eizelle, die zuvor von den Eierstöcken freigesetzt wurde, und können diese befruchten. Die befruchtete Eizelle entwickelt sich im Körper der Frau weiter. Dies geschieht in der Gebärmutter, einem muskulösen Organ, das von einer Schleimhaut ausgekleidet ist. In diese nistet sich der entwickelnde Keim ein und wächst weiter zum Embryo heran. Dabei ist er von der Fruchtblase umgeben, die mit Fruchtwasser gefüllt ist. So ist der Embryo vor Erschütterungen geschützt und entwickelt sich zum Fetus. Auch der Fetus ist immer von lebenswichtiger Flüssigkeit umgeben und bei Bewegungen der Mutter vor Erschütterungen geschützt.

Basiskonzept Stoff- und Energieumwandlung

Zwischen Embryo und Mutter besteht ein ständiger Stoff- und Energieaustausch. Die Nährstoffe wechseln in der Plazenta aus dem Blut der Mutter in das des Kindes. In den Körper des Ungeborenen gelangen sie dann über die Nabelschnur. Embryo und Fetus haben einen eigenen Stoffwechsel und stellen Abfallstoffe her. Sie werden im Blut über Nabelschnur und Plazenta in den mütterlichen Körper zurücktransportiert und dort ausgeschieden.

Basiskonzept Entwicklung

Bei der Befruchtung dringt ein Spermium in eine reife Eizelle ein. Die beiden Zellkerne verschmelzen miteinander. Die befruchtete Eizelle beginnt sich nun vielfach zu teilen und es entsteht ein Embryo, der sich in die Wand der Gebärmutter einnistet und über diese ernährt wird. Nachdem alle wichtigen Körperorgane angelegt sind, heißt der Embryo Fetus. Nach neun Monaten Entwicklungszeit wird das Kind geboren. Das Neugeborene weist viele Merkmale eines Nesthockers auf. Bis zum Erreichen der Geschlechtsreife werden etwa zwölf bis vierzehn Jahre benötigt.

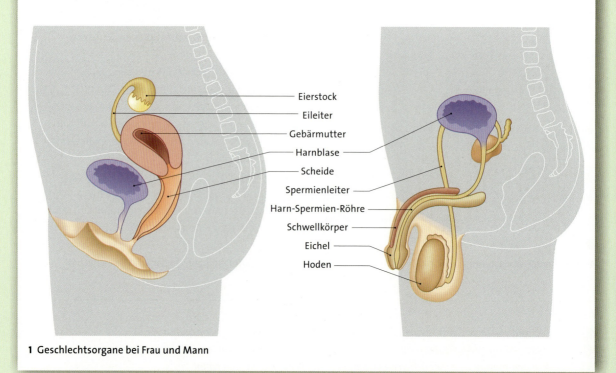

1 Geschlechtsorgane bei Frau und Mann

WISSEN VERNETZT: Sexualität und Entwicklung des Menschen

A Dauer von Trächtigkeit und Schwangerschaft

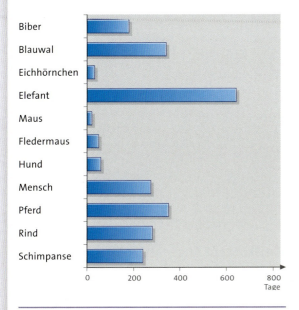

Aufgaben

1. Ermittle die Länge der Trächtigkeit beziehungsweise die der Schwangerschaft der oben genannten Lebewesen.
2. Stelle eine begründete Vermutung auf, wodurch die Dauer der Trächtigkeit beziehungsweise Schwangerschaft beeinflusst wird.

B Selbstständigkeit von Nachkommen

Die Nachkommen von Säugetieren unterscheiden sich zum Teil sehr stark, wenn sie neugeboren sind.

Aufgaben

1. Leite aus dem Aussehen der Neugeborenen ab, ob es sich um Nesthocker oder Nestflüchter handelt.
2. Beurteile, ob es sich beim Menschen um einen Nesthocker oder einen Nestflüchter handelt.

C Modell zur Fruchtblase

Ein Hühnerei, das sich in einem mit Wasser gefüllten Becherglas befindet, wird oft als Modell für einen sich in der Fruchtblase entwickelnden Embryo gezeigt. Wenn man das Becherglas schnell dreht, dreht sich das Ei nicht mit, sondern bleibt im Wasser scheinbar an der Stelle.

Aufgaben

1. Erkläre das oben beschriebene Phänomen.
2. Erläutere, wieso ein Hühnerei im Becherglas als Modell für einen Embryo in der Fruchtblase gelten kann.
3. Vergleiche die Bestandteile des Modells mit der Wirklichkeit.

Anwenden der Basiskonzepte

Betrachtet man eine Tiergruppe wie die Säugetiere, ist die Vielfalt an Arten mit unterschiedlichen Körperformen, Merkmalen und Färbungen riesengroß. Vergleicht man aber die Gebisse, die Ernährungsweisen und den Aufbau der Gliedmaßen, können vielfach Übereinstimmungen erkannt werden. Diese führen zu bestimmten **Basiskonzepten.** Viele biologische Sachverhalte können mithilfe der Basiskonzepte leichter verstanden und besser im Gedächtnis behalten werden.

Basiskonzept Angepasstheit

Die Vielfalt der Säugetiere wird vor allem durch Unterschiede in ihrem Körperbau, ihrer Färbung und ihrem Verhalten bedingt. Die mit den Elefanten verwandten Seekühe (Sirenen) beispielsweise können hervorragend schwimmen und tauchen. Ihre Vorderbeine sind zu breiten Flossen umgeformt. Hinterbeine fehlen, aber der Schwanz bildet eine mächtige Schwanzflosse. Durch den stromlinienförmigen Körper und die haarlose Haut ist der Wasserwiderstand äußerst gering. So sind Seekühe an das Leben im Wasser bestens angepasst.

Basiskonzept Struktur und Funktion

Das Gebiss von Säugetieren ist je nach Ernährungsweise unterschiedlich aufgebaut. So dienen die Zähne eines Tigers zum Fangen und Zerreißen einer Beute. Die Schneidezähne sind sehr klein. Mit ihnen kann der Tiger Fleischfetzen von Knochen ablösen. Die langen, spitzen Eckzähne haben die Aufgabe, die Beute festzuhalten und zu töten. Die scharfkantigen Backenzähne ermöglichen das Zerreißen der Beute. Der Bau des Gebisses (= Struktur) steht also in Zusammenhang mit seiner Aufgabe (= Funktion).

Basiskonzepte

Basiskonzept Enwicklung

Die Zeitdauer von der Paarung bis zur Geburt nennt man bei Säugetieren die Tragzeit. Diese ist von Art zu Art oft recht unterschiedlich. Beispielsweise beträgt sie beim Feldhasen 43 Tage, beim etwa gleich großen Kaninchen dagegen nur 30 Tage. Die Ursache liegt in dem unterschiedlichen Entwicklungszustand der Neugeborenen. Junge Feldhasen sind schon weit entwickelt: Sie haben ein dichtes Fell, geöffnete Augen und ein gutes Gehör. Es handelt sich um Nestflüchter. Neugeborene Kaninchen sind dagegen unbehaart und die Augen sind verschlossen. Sie können nicht hören und auch nicht laufen. Sie sind hilflose Nesthocker.

Basiskonzept Reproduktion und Vererbung

Ein weißer Elefant oder Damhirsch sind Seltenheiten, die auch in freier Wildbahn auftreten können, und die man als Albino bezeichnet. Dies hat nichts mit der weißen Fellfarbe mancher Arten wie zum Beispiel von Eisbär oder Polarfuchs zu tun. Die Färbung von Tieren wird durch Erbanlagen bedingt, die von den Elterntieren auf die Jungtiere übertragen werden. Beim Eisbär sind alle Tiere weiß, weil dies auf ihren Erbanlagen beruht. Bei einem Albino dagegen ist eine spontane Änderung der Erbanlagen die Ursache der weißen Fellfärbung. Hier spricht man von einer Mutation.

Basiskonzept Steuerung und Regelung

Bei einer anstrengenden Wanderung kommt man ziemlich ins Schwitzen. Bei der Muskelbewegung wird nämlich Wärme freigesetzt und die Körpertemperatur erhöht sich. Daraufhin bilden die Schweißdrüsen der Haut den Schweiß. Durch dessen Verdunstung wird die Haut gekühlt und die Körpertemperatur sinkt wieder. Wird dagegen der Körper unterkühlt, setzt ein Muskelzittern ein und die Temperatur steigt wieder. So kann der Körper seine Temperatur regulieren und für eine gleichmäßige Körperwärme sorgen.

Basiskonzept Information und Kommunikation

Schimpansen verständigen sich in ihrer Gruppe durch vielerlei Signale wie zum Beispiel Berührungen, Gesten oder Laute. Beim Anblick einer Schlange reagiert ein Schimpanse mit Kreischen und warnt dadurch die Gruppenmitglieder. Es werden also Informationen zwischen Artgenossen ausgetauscht beziehungsweise Signale von einem Sender zu einem Empfänger übertragen. Aber auch Vorgänge innerhalb eines Lebewesens wie zum Beispiel die Aufnahme von Reizen durch Sinnesorgane und die Verarbeitung im Gehirn gehören zum Basiskonzept Information und Kommunikation.

Basiskonzept Energie

Die wichtigste Energiequelle für das Leben auf der Erde ist die Sonne. Sie liefert ständig Lichtenergie. Ein Teil davon wird in Wärme umgewandelt. Pflanzen können in ihren grünen Blättern die Lichtenergie in chemische Energie umwandeln, weil sie in der Fotosynthese aus Kohlenstoffdioxid und Wasser mithilfe der Lichtenergie Traubenzucker aufbauen. Hieraus werden weitere Nährstoffe gebildet, welche die Lebensgrundlage anderer Organismen wie Tiere, Pilze und Bakterien darstellen.

Basiskonzept Stoff- und Energieumwandlung

Menschen und Tiere nehmen mit der Nahrung lebensnotwendige, energiereiche Nährstoffe auf. Bei der Verdauung werden diese chemisch in kleinste Teilchen zerlegt. Beispielsweise enthalten Brot oder Kartoffeln vorwiegend das Kohlenhydrat Stärke. Beim Abbau von Stärke entsteht Traubenzucker. In den Zellen des Körpers wird der Traubenzucker mithilfe von Sauerstoff in Kohlenstoffdioxid und Wasser zerlegt. Dabei wird chemische Energie freigesetzt und für andere Vorgänge im Körper verwendet. Dies können zum Beispiel Muskelbewegungen sein oder elektrische Vorgänge bei der Nervenleitung oder auch die Erzeugung von Körperwärme. Man bezeichnet den Abbau von Traubenzucker unter Verbrauch von Sauerstoff als Zellatmung.

Basiskonzept System

Auf der Erde gibt es heute etwa 5500 Arten von Säugetieren. Zu ihnen gehört auch der Mensch. Wichtigste Kennzeichen der Säugetiere sind das Säugen der Jungtiere mit Milch und der Besitz von Haaren, die ein mehr oder weniger dichtes Fell bilden. Säugetiere kommen in fast allen Lebensräumen vor. Beispielsweise leben in afrikanischen Steppen Giraffen. Sie bilden mit anderen Huftieren wie Zebras und Antilopen gemeinsame Herden auf der Suche nach pflanzlicher Nahrung. Elefanten teilen mit ihnen diesen Lebensraum. Löwen, Hyänen und andere Raubtiere sind dagegen Fleischfresser. Alle Tierarten und Pflanzenarten stehen mit ihrer Umwelt in vielfältigen Wechselbeziehungen.

Sicheres Arbeiten im Fachraum

Wegen möglicher Gefahren sind beim Ausführen von Versuchen besondere Sicherheitshinweise zu beachten:

1. Schülerinnen und Schüler dürfen Geräte und Chemikalien nicht ohne Genehmigung berühren. Die Anlagen für elektrische Geräte, Gas und Wasser dürfen nur nach Aufforderung eingeschaltet werden.
2. In Experimentierräumen darf weder gegessen noch getrunken werden.
3. Versuchsvorschriften und Hinweise müssen genau befolgt werden. Die Geräte müssen in sicherem Abstand von der Tischkante standfest aufgebaut werden. Der Versuch darf erst dann durchgeführt werden, wenn dazu aufgefordert wurde.
4. Werden Schutzbrillen oder Schutzhandschuhe ausgehändigt, so müssen sie beim Experimentieren getragen werden.
5. Geschmacks- und Geruchsproben dürfen nur dann vorgenommen werden, wenn die Lehrerin oder der Lehrer dazu auffordert. Chemikalien sollen nicht mit den Händen berührt werden.
6. Chemikalien dürfen nicht in Gefäße umgefüllt werden, die nicht eindeutig und dauerhaft beschriftet sind. Auf keinen Fall dürfen Gefäße benutzt werden, die üblicherweise zur Aufnahme von Speisen und Getränken bestimmt sind.
7. Die Haare sind so zu tragen, dass sie nicht in die Brennerflamme geraten können.
8. Der Arbeitsplatz muss stets sauber gehalten werden. Nach Beendigung des Versuchs sind die Geräte zu reinigen.
9. Chemikalienreste müssen vorschriftsmäßig entsorgt werden.

Versuchsanleitungen von chemischen Experimenten sind oft mit einer Sicherheitsleiste versehen, die mithilfe von Symbolkästen Hinweise zu möglichen Gefahren und zur Entsorgung gibt.

Die ersten Symbole enthalten die Gefahrensymbole der verwendeten Stoffe. Dann folgen Hinweise auf Sicherheitsvorkehrungen beim Durchführen von Versuchen: Das Symbol „Abzug" bedeutet, dass der Versuch unter dem Abzug durchgeführt werden muss. Man erkennt außerdem, ob Schutzbrillen zu tragen sind. Schließlich folgt die korrekte Entsorgung.

 akute Toxizität, giftig

 gesundheitsschädlich

 ätzend

 reizend

 brandfördernd

 entzündbar

 explosionsgefährlich

 umweltgefährlich

 Versuch unter dem Abzug oder in einer geschlossenen Apparatur durchführen

 Schutzbrille tragen

  Schutzhandschuhe tragen

 Behälter 1 Säuren und Laugen

 Behälter 2 giftige anorganische Stoffe

 Behälter 3 halogenfreie organische Stoffe

 Behälter 4 halogenhaltige organische Stoffe

 Abfallbehälter; Stoff kann im Hausmüll entsorgt werden

 Ausguss; Stoff kann in der Kanalisation entsorgt werden

Register

Seitenzahlen mit ff. weisen auf eine Behandlung auf mehreren Seiten hin; f. die folgende Seite.

A

Abnabelung 269
Abstammung 90, 95, 109
Ackerwildkraut 88
Aderhaut 234
Ahorn 40
Akkommodation 235
Alkohol 218
Allesfresser 59, 112 f.
Altersweitsichtigkeit 239
Amboss 241
Ameise 41
Aminosäure 178
Amphibien 75, 120, 122
Angepasstheit 21, 160
Antibabypille 271
Arktis 162
Armskelett 189
Arterie 208
artgerecht 105
Aspekt 141
Atmung 71 f., 74, 200
Atmungsorgan 204, 216
Auerochse 104
Augapfel 234
Auge 70, 92, 94, 100, 107, 228, 234, 236
Augenlinse 234
Ausatemluft 205
Ausläufer 46
Ausscheidung 94
Außenohr 241
Außenskelett 82
Austreibungsphase 269
Austrieb 145

B

Bache 112
Backenzahn 92, 101, 107
Bakterien 207
Ballaststoff 177, 185
Bänderdehnung 201
Bänderriss 201
Bandscheibe 190
Basiskonzept 21, 276
- Angepasstheit 276
- Energie 278
- Enwicklung 277
- Information und Kommunikation 229, 278
- Reproduktion und Vererbung 85, 277
- Steuerung und Regelung 278
- Stoff- und Energieumwandlung 279
- Struktur und Funktion 276
- System 81, 279
- Wechselwirkungen 229
Bauchatmung 205
Bauchspeicheldrüse 185
Baustoff 94, 180
Becken 92, 189
Befruchtung 37, 266
- äußere 73
Beinskelett 189
Bestäubung 36
Bestimmungsschlüssel 76
Betriebsstoff 94, 180
Beuger 195
Bewegung 12, 188, 214
Bewusstlosigkeit 200
Bezugsperson 270
Biene 36
Bienenblüte 38
Biodiesel 135
Bläschendrüse 259
Bläschenkeim 266
Blatt 28
Blattader 133
Blättermagen 106
Blattverfärbung 144
Blinddarm 111
Blindschleiche 60
Blutdruck 208
Blüte 28, 32
Blütenpflanze 28
Blutgefäß 208
Blutgerinnung 207
Blutgruppe 206
Blutkreislauf 208 f.
- doppelter 209
- geschlossener 82
- offener 68, 82
Blutplasma 206
Blutplättchen 207
Blutspende 206
Blutzelle
- rote 206
- weiße 206
Bodenhaltung 114
Bohnensamen 42
Brennpunkt 239
Brille 239
Bronchie 204
Brust 68
Brustatmung 204
Brustbein 189
Brustkorb 189, 204
Brutgebiet 152
Brutpflege 97
Buschwindröschen 138

C

Cannabis 218
Chamäleon 12
Chemie 10
Chitin 68
Chitinpanzer 68
Chlorophyll 17, 133, 144
Chloroplast 17, 132
Crystal 218

D

Dachs 58
Dachsbau 59
Darmbakterien 185
Dauerei 158
Dauergebiss 182
Delfin 247
Demutsverhalten 96
Diagramm 147

Dickdarm 185
Distel 38
Domestikation 95
Dotter 116
Drehgelenk 193
Drehsinn 228
Dreinutzungsrind 105
Drogen 218
Dromedar 160
Dünndarm 185

E
Eckzahn 92, 101
Ecstasy 218
Edelgas 202
Eichhörnchen 41, 148
Eierstock 116, 261 f.
Eihülle 124
Eileiter 261 f.
Einatemluft 205
Eingeweidemuskel 195
einhäusig 39
Eisbär 162
Eisprung 262
Eitrichter 262
Eiweißstoff 176, 178, 185
Eizelle 73, 97, 116, 124, 261 f., 266
Ejakulation 259, 266
elektrischer Fisch 249
elektrischer Impuls 235 f.
Elle 189
Embryo 116, 267 f.
Enddarm 185
Energie 132, 180, 202
Energieentwertung 134
Energiegehalt 181
Energieumwandlung 134
Entwicklung 13, 69, 73 f., 113, 116 f., 146, 149, 256, 258
Enzym 184
Epidermis 132
Erbanlage 85
Erdkröte 120, 122
Erdspross 138
Ernährung 70 f., 74, 146, 176, 212
Ernährungspyramide 212
Eröffnungsphase 269
Erste Hilfe 200
Ersthelfer 200
Esel 109
Exkursion 50
Experiment 63

F
Fachraum 280
Falterblüte 38
Familienplanung 265, 271
Fangzahn 101
Farbwechsel 150
Feder 56
Feinstaub 216
Feinstaubfilter 217
Feld 88
Fellwechsel 150
Fett 176, 178, 185
Fettsäure 178
Fetus 267 f.
Feuerbohne 42
Filtrierer 71
Fingerknochen 189
Fisch 72, 124, 248
Fledermaus 21, 122, 247
Fleischrind 105
Fliege 38
Fliegenblüte 38
Flügel 68, 82
Flugfrucht 40
Follikel 262
Fortbewegung 61, 74, 148
Fortpflanzung 12, 52, 69, 72, 74, 84, 112, 124, 143, 146, 149
- sexuelle 268
- ungeschlechtliche 46 f.
Fotosynthese 133
Fotosyntheseprodukt 134
Frau 260
Freilandhaltung 105, 114
Fremdbestäubung 36
Frischling 112
Frucht 37, 40
Fruchtblase 97, 267
Fruchtblatt 32
Fruchtknoten 32, 37
Fructose 178
Fruchtblase 97, 267
Frühblüher 138
Fühler 70
Funktion 21
Funktionsmodell 203
Fuß 70 f.

G
Gallensaft 185
Galopp 110
Garten 86
Gasaustausch 205, 208

Gebärdensprache 244
Gebärmutter 261 f., 269
Gebärmutterschleimhaut 263, 267
Gebiss 92, 101, 106, 112, 142, 149
Geburt 97, 269
Gefährdung 120
Gefahrensymbol 280
Gegenspieler 195
Gegenspielerprinzip 195
Gehirn 94, 198, 218, 257
Gehörgang 240
Gehörknöchelchen 241
Gehörlosigkeit 244
Gehörsinn 228
Gelbkörper 262, 267
Gelenk 192 f.
Gelenkkopf 193
Gelenkpfanne 193
Gelenktyp 193
Geologie 10
Geräusch 240
Geruchssinn 229, 246
Gesamtumsatz 181
Geschlechtsdrüse 259
Geschlechtshormon 260
Geschlechtsmerkmal
- primäres 258
- sekundäres 258, 260
Geschlechtsorgan 258
- männliches 258
- weibliches 260
Geschlechtsreife 256
Geschlechtsverkehr 265, 271
Geschmackssinn 229
gesunde Ernährung 212
Gesundheit 214
Getreideanbau 89
Getreidepflanzen 89
Gewebe 16, 174, 192, 194
Giftschlange 61
Glaskörper 234
gleichwarm 60, 150, 156
Gleitflug 57
Gletscher-Hahnenfuß 162
Glied 258
Gliederfüßer 158
Gliedmaße 107, 111, 148, 174
Glucke 117
Glucose 178
Glycerin 178
Goldhamster 20
Grasblüte 89

Greifvogel 54
Griffel 32
Grubenorgan 249
Grundumsatz 181
Grünspecht 53

H
Hahnenfuß 29
Haller´sches Organ 248
Haltungsschaden 191
Hammer 241
Hämoglobin 206
Handwurzelknochen 189
Harn 94
Harnblase 94
Harnröhre 261
Harn-Spermien-Röhre 259
Haschisch 218
Hauer 113
Haushuhn 114, 116
Hausrind 104
Hausschwein 113
Haut 220
Hautatmung 74
Hauttyp 221
Häutung 60
Heckenrose 33
Heimtier 20
Herbarium 51
Heroin 218
Herz 208
Herzkammer 208
Herzklappe 208
Herzkranzgefäß 208
Herzmuskel 195
Hetzjäger 92
Hinterleib 68
Hirschkuh 58
Hochstand 140
Hodensack 259
Hohlmuskel 208
Homosexualität 265
Honigbiene 247
Hörgerät 245
Hormon 207, 257, 262
Horn 107
Hörnerv 241
Hörschaden 243 f., 245
Hühnerhaltung 114
Hummelblüte 38
Hund 92, 246
Hundehaltung 98

Hundepfeife 247
Hygiene 261, 263
Hypothese 63

I
Igel 146
Imago 69
Innenohr 241
Innenskelett 124
Insekt 68
Insektenbestäubung 36
Insektenfresser 142
Iris 234

J
Jacobson´sches Organ 249
Jagdverhalten 100
Jahreszeit 138
Jahreszyklus 139

K
Käferblüte 38
Käfighaltung 114
Kaiserschnitt 269
Kakteen 21
Kalendermethode 271
Kaltblüter 110
Kapillare 208
Karies 182
Kartoffel 90
Kartoffelknolle 90
Katalysator 217
Katze 100
Kaulquappe 75
Kehldeckel 204
Kehlkopf 204
Keiler 112
Keimung 42
Kelchblatt 32
Kennzeichen von Lebewesen 12
Kiemen 72
Kirsche 33
Klang 240
Klapperschlange 249
Klasse 124
Klaue 107
Kleiner Fuchs 158
Kleinkind 270
Kleinvolierenhaltung 115
Kletterfuß 52
Klettfrucht 41
Kloake 116

Knie 189
Kniegelenk 201
Kniescheibe 189
Knochen 188, 192
Knochenbälkchen 192
Knochenbruch 201
Knospe 145
Kobel 148
Kohl 84
Kohlenhydrat 176, 178
Kohlenstoffdioxid 94, 133, 180, 202, 205 f., 208
Kohlenstoffmonooxid 217
Kokain 218
Kondom 271
Konkurrenz 80
Konsument 80, 134
Kontaktlinsen 239
Kontraktion 194
Kopf 68, 124, 174
Kopfskelett 188
Körnerfresser 154
Körperbau 72, 74
Körpergestalt 13
Körpergliederung 174
Körpersprache 96
Körpertemperatur 156
Kot 94, 185
Kralle 92, 101
Krebs 158
Kreuzbandriss 201
Kreuzotter 60
Kreuzspinne 246
Kriechtier 124, 156
Kronblatt 32
Krötentunnel 122
Kugelgelenk 193
Küken 117
Kulturpflanze 88
Kurzsichtigkeit 239

L
Labmagen 106
Lagesinn 228
Laichgewässer 122
Lärmschutz 243
Larve 69
Laubblatt 132
Laubfall 144
Laubschicht 62
Lautäußerung 96
Lebensgemeinschaft 66

Lebensraum 26, 48, 66, 86, 88, 160
Leber 218
Lederhaut 220, 234
Leichtbauweise 54
Leistungsumsatz 181
Leitungsbahn 30, 133
Leitwolf 95
Lemming 163
Libelle 120
Licht 27, 234
Lichtmikroskop 16
Liebe 264
Liniendiagramm 147
Linsenband 235
Lochkamera 235
Lockfrucht 41
Löwenzahn 40
Luft 202
Luftröhre 204
Lunge 204
Lungenbläschen 204 f.
Lungenflügel 204
Lungenkrebs 216
Lupe 16
Lurch 74, 122, 124

M

Mädchen 260
Magen 94, 184
Magensaft 185
Magenschleimhaut 185
Magersucht 213
Magnetsinn 248
Mahd 141
Mahlzahn 111
Mantel 70
Marihuana 218
Markierungsmethode 152
Massentierhaltung 105
Mastfutter 58
Maulwurf 142
Mäusebussard 54
Meißelschnabel 52
Melanin 221
Meniskus 201
Menstruation 263
Metamorphose 75
Milch 97
Milchgebiss 182
Milchrind 105
Milchzahn 182
Mineralstoff 30, 177

Mitesser 261
Mittelhandknochen 189
Mittelohr 241
Modell 203
Mohn 40
Molch 75
Monarchfalter 248
Monatshygiene 263
Mund 184, 204
Mundhöhlenatmung 74
Muschel 71
Muskel 94, 194
Muskelfaserbündel 194
Muskelhaut 194
Mutterkuchen 267
Muttermilch 270

N

Nabelschnur 97, 267
Nachgeburtsphase 269
nachtaktiv 248
Nachtfalter 246
nachwachsender Rohstoff 135
Nadelbaum 144
Nagetier 149
Nagezahn 149
Nährstoff 134, 138, 176, 194, 208
Nahrung 132, 143, 149, 165, 180, 182
Nahrungskette 80
Nahrungsmittel 176
Nahrungsnetz 80
Nase 204, 229
Nasentier 92
Naturwissenschaft 10
Nebenhoden 259
Nerv 94
Nervenzelle 198, 218
Nestflüchter 117
Nesthocker 97
Netzhaut 234, 236, 239
Netzmagen 106
Nieren 94, 218
Nikotin 217
Nilhecht 249
Notrufnummer 201
Nutzgarten 86
Nutzpflanze 84
Nutztier 104, 110

O

Oberarmknochen 189
Oberflächenvergrößerung 185
Oberhaut 220
Oberkiefer 92, 101, 106
Oberschenkelknochen 189, 192
Objekt 18
Objektiv 18
Ohr 92, 94, 100, 228, 240
Ohrenschmalz 240
Ohrentier 92
Ohrmuschel 240
Okular 18
Orchideen 120
Organ 175
Organismus 175
Organsystem 175
Orgasmus 259
Orientierung 153
Östrogen 261
Ovales Fenster 241
Ovulation 262

P

Paarhufer 107
Paarung 97, 116
Paarungsrad 69
Palisadengewebe 132
Pansen 106
Parodontitis 183
Partnerschaft 264
Pferd 109 f.
Pflanzenembryo 42
Pflanzenfresser 106
Pflanzenfressergebiss 107, 111
Physik 10
Pickel 261
Plattenknochen 192
Platzhirsch 58
Plazenta 267
Pollenkorn 36
Polster 162
Produzent 80, 134
Protein 178
Pubertät 256, 258, 260, 262
Puls 208
Pupille 100, 234
Puppe 69

Q

Quellung 42
Querschnittslähmung 198

R

Rachenraum 204
Radula 70
Rangordnungsverhalten 96
Rapsöl 135
Rasse 95
Raubtier 101
Raubtiergebiss 92
Raucherhusten 217
Rauchvergiftung 216
Räumliches Sehen 237
Rauschgift 218
Reaktion 12, 236
Reflex 270
Regelblutung 263
Regelung 157
Regenbogenhaut 234
Regenwurm 159
Reißzahn 92, 101
Reiz 198, 228
Reizaufnahme 12
Reiz-Reaktions-Zusammenhang 236
Reproduktion 84
Reptil 60, 156
Rettungsdienst 200
Rettungskette 200
Rettungsleitstelle 201
Revier 149
Reviermarkierung 96
Revierverhalten 95
Richtungshören 241
Rind 104 f.
Rindermagen 106
Rinderrasse 104
Rippe 189, 204
Röhrenknochen 192
Rote Liste 121
Rothirsch 58
Rückenmark 94, 190, 198
Rudel 95
Ruderflug 57
Rumpf 124, 174

S

Saccharose 178
Salamander 75
Samen 40, 84
Samenanlage 32
Sammellinse 235, 239
Sammlung 51
Sattelgelenk 193
Sauerstoff 72, 74, 94, 132, 180, 194, 202, 205 f., 208
Säugetier 124
Säugling 270
Säulendiagramm 147
Schädel 107, 188
Schall 240
Schamlippe 261
Scharbockskraut 138
Scharniergelenk 193
Schaukasten 51
Scheide 261
Schielen 237
Schienbein 189
Schlammschnecke 70
Schlange 249
Schleichjäger 100
Schleuderfrucht 41
Schleuderzunge 52
Schlüsselblume 38
Schmelzfalte 107
Schmerzsinn 229
Schmetterling 158
Schnecke 70, 241
Schneeglöckchen 139
Schneidezahn 92, 106
Schnurrhaar 101
Schritt 110
Schultergürtel 92
Schuppenhaut 60
Schürfwunde 201
Schwammgewebe 132
Schwangerschaft 266
Schwangerschaftshormon 267
Schwangerschaftstest 267
Schwanz 124
Schwarzspecht 53
Schwebfliege 38
Schwein 112
Schweiß 221
Schweißdrüse 221, 261
Schwimmblase 72
Seebär 163
Segelflug 57
Sehfeld 237
Sehne 194
Sehnerv 235
Sehsinn 228
Sehvermögen 246
Sehzentrum 235 f.
Seitenlinienorgan 248
Selbstbefriedigung 259, 261
Sexueller Missbrauch 272
Sezieren 79
Sicherheitshinweis 280
Sinn 228
Sinnesleistung 246
Sinnesorgan 92, 94, 100, 143, 198, 228, 232, 240, 248
Sinneszelle 228, 234
Skelett 188
Skelettmuskel 195
Solanin 90
Sonne 132
Sonnenbrand 220
Sonnenenergie 132
Spaltöffnung 30, 133
Specht 52
Speiche 189
Speichel 184
Speicherorgan 138
Speiseröhre 94
Spermien 259, 266
Spermienleiter 259
Spermium 73, 97, 124
Spinnentier 158
Springkraut 41
Sprossachse 28
Sprossknolle 139
Stäbchenzelle 234
Stallhaltung 105
Stamm 124
Standvogel 154
Stärke 178
Staubbeutel 32, 36
Staubblatt 32
Staubfaden 32
Stechmücke 247
Steckling 46
Steigbügel 241
Steinfrucht 37
Stempel 32
Steuerung 156
Stickstoff 202
Stimmbänder 204
Stimmbruch 258, 260
Stofftransport 133
Stoffumwandlung 134
Stoffwechsel 12, 94, 202
Strahlengang 239
Straßenverkehr 232
Strecker 195
Streufrucht 40
Strudler 71

Struktur 21
Strukturmodell 203
Stützschwanz 52
Sucht 218
Süßwasserpolyp 17

T
Tabelle 147
tagaktiv 248
Tasthaar 101
Tastsinn 229
Tastsinnesorgane 246
Taubenschwänzchen 38, 246
Tausendfüßer 158
Teich 66
Teichmuschel 71
Teilzieher 152
Temperatur 26
Temperatursinn 229
Testosteron 259
Tiefseegraben 164
Tierverbreitung 41
Ton 240
Trab 110
Tracheen 68
Tränenflüssigkeit 234
Traubenzucker 132 f., 178, 202
Trittsiegel 149
Trommelfell 240
Tulpe 33

U
Übergewicht 213
Überwinterung 143, 145 f., 148, 158
Ultraschallton 247
Umweltfaktor 26
Unpaarhufer 111
Unterarm 189
Unterhaut 220
Unterkiefer 92, 101, 106
Ur 104
Urpferd 109
Urvertrauen 270
UV-Licht 247
UV-Strahlung 221

V
Vakuole 17
Vene 208
Verbrennung 202
Verdauung 94, 106, 111, 176, 184
Vererbung 85

Verhalten 146
Verhütungsmethode 271
Verrenkung 201
Verstauchung 201
Versuchsprotokoll 63
Verwandtschaft 109
Vielfalt 29, 53, 66, 87
Viren 207
Vitalfunktion 200
Vitamin 177
Vogel 124, 248
Vogelei 116
Vogelzug 152
Vorhof 208
Vorkammer 208
Vorrat 148
Vorratslager 148, 150

W
Wachstum 13, 42
Wadenbein 189
Wald 48
Wald-Erdbeere 46
Walross 163
Warmblüter 110
Wärmeregulation 221
Wärmesinneszelle 249
Warnsignal 232
Waschbär 59
Wasser 30, 133, 177, 185, 202
Wasserfrosch 74
Wasserpest 16
wechselwarm 60, 156
Wehe 269
weiblicher Zyklus 262 f.
Weichtier 70
Weitsichtigkeit 239
Welpe 97
Wiederbelebungsmaßnahme 200
Wiederkäuer 106
Wiese 27, 140
Wiesenpflanze 29
Wilde Möhre 38
Wildpferd 109
Wildschwein 112
Windbestäubung 39, 89
Windverbreitung 40
Winterfütterung 154
Winterruhe 145, 151
Winterschlaf 146, 150
Winterspeck 150
Winterstarre 156

Wintervorrat 150
Wirbel 190
Wirbellose 82, 158
Wirbelsäule 92, 124, 189, 190
Wirbeltier 82
Wisent 104
Wolf 95
Wurzel 28
Wurzelknolle 138
Wüste 160
Wüstenpflanze 160

X, Y, Z
Zahn 92, 106, 182
Zahnbein 107, 182
Zahnformel 93
Zahnmark 182
Zahnschmelz 107, 182
Zahnwurzel 182
Zahnzement 107, 182
Zapfenzelle 234
Zauneidechse 60
Zebra 109
Zecke 248
Zehengänger 92
Zehenspitzengänger 107, 111
Zellatmung 180, 202
Zelle 16, 132, 174, 194
Zellkern 17
Zellmembran 16
Zellplasma 16
Zellteilung 116
Zerstreuungslinse 239
Ziergarten 86
Zigarettenrauch 216
Ziliarmuskel 234
Zotte 185
Züchtung 95, 104, 113
Zugverhalten 153
Zugvogel 152, 248
Zunge 229
Züngeln 249
zweihäusig 38
Zweinutzungsrind 105
Zwerchfell 205
Zwergwuchs 162
Zwiebel 139
Zwischenrippenmuskel 204
Zwitterblüte 32
Zwölffingerdarm 185

Bildquellen

Cover (Libelle): Panthermedia.net, München (Kiefer); 3.1, 8.2: Okapia, Frankfurt (Labat-Lanceau/Cogis); 3.2: Okapia, Frankfurt (Karl Gottfried Vock); 5.1, 130.2: dreamstime.com, Brentwood (Jan Martin Will); 5.2, 173.1: iStockphoto.com, Calgary (1MoreCreative); 6.1, 227.3: Minkus Images, Isernhagen; 6.2, 255.3: fotolia.com, New York (Syda Productions); 8.1: Picture-Alliance, Frankfurt (dpa); 9.1: mauritius images, Mittenwald (Reinhard); 9.2: Joachim Dobers, Walsrode/Krelingen; 9.3: Minkus Images, Isernhagen; 10.1: Panthermedia.net, München (nilu); 10.2A: Okapia, Frankfurt (Hardy Weyer); 10.2B: Picture-Alliance, Frankfurt (Ehlers/dpa); 10.2C: Hans-Peter Konopka, Recklinghausen; 11.3: Okapia, Frankfurt (Stefan Oertenblad); 11.4: Okapia, Frankfurt (Janfot/Naturbild); 11.5: Okapia, Frankfurt (Nigel Cattlin/Holt Studios); 12.1A: iStockphoto.com, Calgary (bobonacus); 12.1B: fotolia.com, New York (Cathy Keifer); 13.2A: mauritius images, Mittenwald (Steve Bloom); 13.2B: Okapia, Frankfurt (Nigel Cattlin/Holt Studios); 13.2C: Okapia, Frankfurt (Hans Reinhard); 13.2D: Okapia, Frankfurt (J.C. Révy/ISM); 13.2E: mauritius images, Mittenwald (Tsuneo Nakamura); 15.1A: Okapia, Frankfurt (NAS/H.A. Miller); 15.1B: TopicMedia Service, Putzbrunn (Willner); 16.1: Dr. Thomas Huk, Braunschweig; 16.2B: Picture-Alliance, Frankfurt (A. Jung/Klett); 17.3A: Okapia, Frankfurt (Christen); 17.3B: Okapia, Frankfurt (Christen); 19.B: Okapia, Frankfurt (Manfred Danegger); 19.C: Karly, München; 20.1: Shutterstock.com, New York (Kuttelvaserova Stuchelova); 20.2A: Shutterstock.com, New York (reptiles4all); 20.2B: fotolia.com, New York (andreazannella84); 20.2C: fotolia.com, New York (liveostockimages); 21.3: mauritius images, Mittenwald (imagebroker); 21.4: TopicMedia Service, Putzbrunn; 22.1: fotolia.com, New York (Martin Hahn); 22.2A: iStockphoto.com, Calgary (hugy); 23.A: Reinhard-Tierfoto, Heiligkreuzsteinach; 23.B: fotolia.com, New York (pictureperfect); 24.1: fotolia.com, New York (multilens); 24.2: Biosphoto, Berlin (Denis Bringard); 25.3: fotolia.com, New York (Ingo Bartussek); 25.4: Okapia, Frankfurt (Lothar Lenz); 25.5: TopicMedia Service, Putzbrunn (Danegger); 28.1: Okapia, Frankfurt (Manfred Klindwort); 31.A: Minkus Images, Isernhagen; 31.C: Arco Images, Lünen (Frank, R.); 33.3A, 34.4A: Antje Starke, Leipzig; 36.1: Wildlife, Hamburg (D. Harms); 37.5: mauritius images, Mittenwald (imagebroker.net); 38.1: Picture-Alliance, Frankfurt (blickwinkel/Hecker/Sauer); 38.2: Shutterstock.com, New York (Marek Stefunko); 38.3: Shutterstock.com, New York (Mircea Bezergheanu); 39.4a: Wildlife, Hamburg (G. Delpho); 39.4b: mauritius images, Mittenwald (Karl Gottfried Vock); 40.1: fotolia.com, New York (Brian Jackson); 41.4: TopicMedia Service, Putzbrunn (J. u. P. Wegner); 41.5: Tierbildarchiv Angermayer, Holzkirchen (Pfletschinger); 42.1A-B, 45.A: Minkus Images, Isernhagen; 45.B: Dr. Astrid Wasmann-Frahm, Groß-Nordende; 46.1: fotolia.com, New York (andyivanov3712); 47.3: Bildarchiv Sammer, Neuenkirchen; 48.1: Zoonar.com, Hamburg (Torsten Dietrich); 51,3: mauritius images, Mittenwald (Reinhard); 51.1: Tierbildarchiv Angermayer, Holzkirchen; 51.2: Tierbildarchiv Angermayer, Holzkirchen (Elfner); 51.4: TopicMedia Service, Putzbrunn (Deymann); 52.2A: Zoonar.com, Hamburg (Dirk Vorbusch); 52.2B: Okapia, Frankfurt (Jens-Peter Laub); 53.3: alimdi.net, Deisenhofen (Bernd Zoller); 53.4: Avenue Images, Hamburg (FLPA/John Hawkins/agefotostock); 54.1: plainpicture, Hamburg (Minden Pictures); 54.2A: Panthermedia.net, München (Marcus Bosch); 54.2B: Blickwinkel, Witten (H.-P. Eckstein); 54.2C: fotolia.com, New York (Martina Berg); 57.6: www.photo-natur.de/Andreas Trepte, Marburg; 58.1: Blickwinkel, Witten (H. Pieper); 58.2: Wildlife, Hamburg (R. Kaufung); 59.3A: fotolia.com, New York (belizar); 59.3B: Blickwinkel, Witten (F. Hecker); 59.3C: wikimedia.commons (Dellex/CC-Lizenz 3.0 (CC BY-SA 3.0)); 59.4A: Panthermedia.net, München (imagepower); 59.4B: Wildlife, Hamburg (B. Kenney); 64.1: Rolf Wellinghorst, Quakenbrück; 64.A2: iStockphoto.com, Calgary (MikeLane45); 64.B: argum, München (Falk Heller); 65.1: TopicMedia Service, Putzbrunn (Gerard); 68.1: Panthermedia.net, München (hpm); 68.2-4: Jannis Huk, Braunschweig; 70.1: SeaTops, Neumagen-Dhron; 70.3: Okapia, Frankfurt (Manfred P.Kage); 71.4: Wildlife, Hamburg (D. Harms); 75.3: TopicMedia Service, Putzbrunn (Partsch); 76.1A: Tierbildarchiv Angermayer, Holzkirchen; 76.1B: Tierbildarchiv Angermayer, Holzkirchen (Pfletschinger); 76.1C: Rolf Wellinghorst, Quakenbrück; 76.1D: Panthermedia.net, München (Herbert_R); 77.2a: Panthermedia.net, München (hfuchs); 77.2b: fotolia.com, New York (bennytrapp); 77.2c: fotolia.com, New York (Omika); 77.2d: fotolia.com, New York (vipersgarden); 77.2e: fotolia.com, New York (rorue); 77.2f: Tierbildarchiv Angermayer, Holzkirchen (Pfletschinger); 77.2g: Shutterstock.com, New York (WitR); 77.2i: iStockphoto.com, Calgary (AlasdairJames); 77.2i: Panthermedia.net, München (mikelane45); 77.2j: iStockphoto.com, Calgary (GlobalP); 77.2k: iStockphoto.com, Calgary (Alasdair Thomson); 77.2l: fotolia.com, New York (jesue92); 77.2m: fotolia.com, New York (Vitalii Hulai); 78.B: Okapia, Frankfurt (NAS/Hermann Eisenbeiss); 80.1: Picture-Alliance, Frankfurt (OkapiaKG); 81.3a: Panthermedia.net, München (Krista); 81.3b: alimdi.net, Deisenhofen (Guenter Lenz); 81.3c: Panthermedia.net, München (Vadym Zaitsev); 84.1: Picture-Alliance, Frankfurt (G. Büttner/OkapiaKG); 84.2: Okapia, Frankfurt (Ernst Schacke/Naturbild); 84.3: Corbis, Berlin (Gillian Plummer/Eye Ubiquitous); 86.1-2, 87.3: Antje Starke, Leipzig; 87.3A: iStockphoto.com, Calgary (MikeLane45); 87.3B: Panthermedia.net, München (Andreasgiessler); 87.3C: fotolia.com, New York (kichigin19); 88.1A: Frauke Tönnies, Laatzen; 88.1B: Picture-Alliance, Frankfurt (B. & H. Kunz/Okapia KG); 88.2A: alamy images, Abingdon/Oxfordshire (Alistair Petrie); 88.2B: fotolia.com, New York (Inge Knol); 88.2C: Tierbildarchiv Angermayer, Holzkirchen; 88.2D: fotolia.com, New York (Erni); 90.1B: mauritius images, Mittenwald (West Studios); 90.1C: Biosphoto, Berlin (Denis Bringard); 90.1D: Corbis, Berlin (Kim Jongbeom/TongRo Images); 91.C: Okapia, Frankfurt (Fritz Hanneforth); 92.1: fotolia.com, New York (purplequeue); 92.2A: mauritius images, Mittenwald (imagebroker.net); 92.2B: mauritius images, Mittenwald (Markus Mitterer); 95.1a: Bildagentur Geduldig, Maulbronn; 95.1b: Panthermedia.net, München (eriklam); 97.1: Getty Images, München (Life On White); 98.2: fotolia.com, New York (Jürgen Fälchle); 99.1: Picture-Alliance, Frankfurt (dpa); 100.1A: Panthermedia.net, München (lacroix2007); 101.A: Minkus Images, Isernhagen; 102.C1-3: DK Images, London; 102.D1: Wildlife, Hamburg (D.J.Cox); 102.D2: Okapia, Frankfurt (Lothar Lenz); 103.F1: Agentur Focus, Hamburg (SPL/Steve Gschmeissner); 103.F2: Panthermedia.net, München (Sommersprosse); 103.G1-2: Alois Greiner, Braunschweig (Weigl); 104.1: TopicMedia Service, Putzbrunn (Nagel); 104.2: Andrea und Ulf Erdmann, Bad Sachsa; 106.1: Agentur Focus, Hamburg (David R. Frazier/Nature Source); 109.1: Tierbildarchiv Angermayer, Holzkirchen; 109.2: Rugghubelhütte SAC - www.rugghubel.ch/Franz Kaiser; 110.1: Helga Lade, Frankfurt (Ege); 110.2A-C: Beatrix Weber, Braunschweig; 112.1: Okapia, Frankfurt (Hans Reinhard); 113.5, 114.1A, 115.2A: Reinhard-Tierfoto, Heiligkreuzsteinach; 115.2B: Okapia, Frankfurt (Greulich); 115.2C: Big Dutchman International, Vechta; 116.1: Reinhard-Tierfoto, Heiligkreuzsteinach; 117.3A-D: u-connect - Joachim Keil, Mannheim; 119.E (Collage): Panthermedia.net, München (Alexandra Buss/Vasiliy Vishnesvskiy/Eric Issel e/Anatolli Tsekhmister); 120.1A: Tierbildarchiv Angermayer, Holzkirchen; 120.1B: Panthermedia.net, München (Wilfried); 120.1C: Panthermedia.net, München (Digra987); 121.3A: mauritius images, Mittenwald (agefotostock); 121.3B: Colourbox.com, Odense; 121.3C: Panthermedia.net, München (ThePlejades); 122.1: Rolf Wellinghorst, Quakenbrück; 123.3B: Hans-Jürgen Martin, Solingen; 123.3C: Wildlife, Hamburg (K. Bogon); 128.C1: WaterFrame, München (Tom Stack); 128.C2: Blickwinkel, Witten (H. Schmidbauer); 129.D: Okapia, Frankfurt (Dr. Eckart Pott); 130.1: Okapia, Frankfurt (Nigel Cattlin/Holt Studios); 131.1: Picture-Alliance, Frankfurt (dpa); 131.2: Reinhard-Tierfoto, Heiligkreuzsteinach; 131.3: fotolia.com, New York (Smileus); 132.1: iStockphoto.com, Calgary (Lee Sutterby); 132.2: TopicMedia Service, Putzbrunn (Silvestris/A. N. T.); 133.3A: Karly,

Bildquellen

München; 135.2: Okapia, Frankfurt (Josef Ege); 135.3A: Picture-Alliance, Frankfurt (dpa/Wolfgang Thieme); 135.3B: Okapia, Frankfurt (Denis Bringard/BIOS); 135.3C: Picture-Alliance, Frankfurt (ZB/Jens Büttner); 136.B-C: Hans Tegen, Hambühren; 137.F: Zoonar.com, Hamburg (Manfred Ruckszio); 138.2: TopicMedia Service, Putzbrunn; 139.3A-B: Rolf Wellinghorst, Quakenbrück; 140.1A: mauritius images, Mittenwald (Westend61); 140.1B: fotolia.com, New York (sand); 144.1A: Okapia, Frankfurt (Hans Reinhard); 144.1B: Okapia, Frankfurt (Jens-Peter Laub); 144.1c: iStockphoto.com, Calgary (Alain de Maximy); 144.1d: Wildlife, Hamburg (D. Harms); 146.1: mauritius images, Mittenwald (Reinhard); 146.2: Okapia, Frankfurt (Lothar Lenz); 148.1A: Okapia, Frankfurt (Manfred Danegger); 148.1B: Okapia, Frankfurt (G. Synatzschke); 148.1C: Alois Greiner, Braunschweig (Schrempp); 149.4: TopicMedia Service, Putzbrunn (J & C Sohns); 150.1A: iStockphoto.com, Calgary (Silfox); 150.1B: fotolia.com, New York (mihailzhukov); 151.3A: iStockphoto.com, Calgary (Antonio D'Albore); 151.3B: Okapia, Frankfurt (Owen Newman/OSF); 151.4: fotolia.com, New York (rupbilder); 152.1: Visuals Unlimited, Hollis (Joe McDonald); 152.3A: Okapia, Frankfurt (Dr. Eckart Pott); 152.3B1-2: Institut für Vogelforschung - Vogelwarte Helgoland, Helgoland; 152.2a: Okapia, Frankfurt (Tilford/OSF); 152.2b: Photoshot Deutschland, Berlin (NHPA); 153.4A: Agentur Focus, Hamburg (Jim Zipp/NatureSource); 153.4B: Agentur Focus, Hamburg (Richard R. Hansen/NatureSource); 153.4C: mauritius images, Mittenwald (Martin Siepmann); 155.2: Panthermedia.net, München (Heinz-Jürgen Landshoeft); 155.3: TopicMedia Service, Putzbrunn (Nill); 155.4: Panthermedia.net, München (Okidoki52); 157.2: Wildlife, Hamburg (G.Delpho); 159.4A: Tierbildarchiv Angermayer, Holzkirchen (Pfletschinger); 159.4B: Okapia, Frankfurt (Dieter Hagemann); 159.4C-D: Tierbildarchiv Angermayer, Holzkirchen (Pfletschinger); 160.1A: Panthermedia.net, München (Steru); 160.1B: Okapia, Frankfurt (Michel Gunther/BIOS); 161.1: Panthermedia.net, München (hccke), 161.1C. fotolia.com, New York (AlexQ), 162.1. fotolia.com, New York (pixs_sell), 162.1A. Picture Alliance, Frankfurt (blickwinkel/F. I Ie cker); 162.1B: dreamstime.com, Brentwood (Gabriele Riffaldi); 162.1C: Colourbox.com, Odense (Irja); 163.1D: Colourbox.com, Odense (Dmytro Pylypenko); 163.1E: fotolia.com, New York (st__iv); 163.1F: fotolia.com, New York (Vladimir Melnik); 165.2, 165.3A-C: Wildlife, Hamburg (N. Wu); 166.B: Dr. Ole Müller, Libbenichen; 167.D1: iStockphoto.com, Calgary (randimal); 167.D2: fotolia.com, New York (Peter Wey); 168.2A: fotolia.com, New York (Emi); 168.2B: fotolia.com, New York (Ingo Bartussek); 170.AA: Okapia, Frankfurt (Manfred Danegger); 170.AD: Picture-Alliance, Frankfurt (united-archiv); 171.E: fotolia.com, New York (karandaev); 172.1: fotolia.com, New York (Ybond); 172.2-3: Minkus Images, Isernhagen; 173.2: Hans Tegen, Hambühren; 174.1: Picture-Alliance, Frankfurt (akg-images); 176.1, 176.2A: Minkus Images, Isernhagen; 178.1: Panthermedia.net, München (foottoo); 182.1: mauritius images, Mittenwald (Simone Fichtl); 186.C: Hans Tegen, Hambühren; 188.1: fotolia.com, New York (David Davis); 191.1: Okapia, Frankfurt; 194.1: fotolia.com, New York (Kara); 195.3A, 196.D: Minkus Images, Isernhagen; 198.1A, 199.B: Dr. Ole Müller, Libbenichen; 200.2A: Panthermedia.net, München (Erwin Wodicka); 200.2B: Caro, Berlin (Frank Sorge); 200.2C: Rainer Weisflog, Cottbus; 202.1: mauritius images, Mittenwald (Reinhard Dirscherl); 202.2: Hans Tegen, Hambühren; 203.1: Volkswagen AG, Wolfsburg; 205.3B: Okapia, Frankfurt (Manfred P. Kage); 206.1-2: Minkus Images, Isernhagen; 207.3: u-connect - Joachim Keil, Mannheim; 207.4A: Minkus Images, Isernhagen; 210.A: Hans Tegen, Hambühren; 211.F: Minkus Images, Isernhagen (GD1-763); 212.1: Minkus Images, Isernhagen; 212.2A-B: Dr. Ole Müller, Libbenichen; 213.3: fotolia.com, New York (shahrohani); 214.1: Dr. Ole Müller, Libbenichen; 214.2: Corbis, Berlin (Ralf Schultheiss); 216.1A: fotolia.com, New York (benjaminnolte); 216.1B: iStockphoto.com, Calgary (David Parsons); 217.2B: Gubener Plastinate, Heidelberg (Hagens Körperwelten); 217.2A: Institut für Plastination, Heidelberg (Prof. Dr. Gunther von Hagens); 218.1-2: Minkus Images, Isernhagen; 219.1: A1PIX - Your Photo Today, Ottobrunn (AJP); 220.1: Okapia, Frankfurt (David Thompson/OSF); 221.3: Panthermedia.net, München (shalamov); 224.B: Visuals Unlimited, Hollis (Ralph Hutchings); 225.D: Picture-Alliance, Frankfurt (epa/afp/Jeff Haynes); 226.1: mauritius images, Mittenwald (Will & Deni McIntyre / Photo Researchers); 226.2-3: Agentur Focus, Hamburg (SPL/Adam Hart-Davis); 227.1: Reuters, Berlin (Fabrizio Bensch); 227.2: Hans Tegen, Hambühren; 228.1, 229.4: Minkus Images, Isernhagen; 230.A1-2: Erhard Mathias, Reutlingen; 230.B: mauritius images, Mittenwald (imagebroker.net); 230.C: Rolf Wellinghorst, Quakenbrück; 231.E: Hans Tegen, Hambühren; 232.1: Picture-Alliance, Frankfurt (dpa/Marcus Führer); 232.2A: Studio Schmidt-Lohmann, Gießen; 232.2B, 233.A-B: Minkus Images, Isernhagen; 235.3A-B: Rolf Wellinghorst, Quakenbrück; 236.1: Wildlife, Hamburg; 237.1A: Okapia, Frankfurt (Stefan Meyers); 237.1B: Okapia, Frankfurt (VCL); 237.2, 237.2a-b: Minkus Images, Isernhagen; 238.EA: Canon Deutschland, Krefeld; 239 ZZ 239.1: iStockphoto.com, Calgary (karens-art); 240.2: Minkus Images, Isernhagen; 241.3: Corbis, Berlin (Stan Elems/Visuals Unlimited); 243.1A: Agentur Focus, Hamburg (SPL/Dr. Goran Bredberg); 243.1B: Agentur Focus, Hamburg (SPL/Dr. Goran Bredberg); 244.1: PHOENIX Pressestelle/Fotoredaktion, Bonn; 244.2a-c: Minkus Images, Isernhagen; 245.4a: Picture-Alliance, Frankfurt (epd/Stephan Wallocha); 245.4b-c: Phonak, Fellbach-Oeffingen; 246.1: Okapia, Frankfurt (Jef Meul/SAVE); 246.3: Franz-Josef Domke, Hannover; 247.4: Picture-Alliance, Frankfurt (a: Burkhard Juettner, b: Picture Press/Dietmar Nill); 248.1: Panthermedia.net, München (Tranquility); 248.2: Okapia, Frankfurt (LSF/OSF); 249.4: Okapia, Frankfurt (Hans Reinhard); 249.5-6: Panthermedia.net, München (fimbriatus); 251.4: Wildlife, Hamburg (M. Hamblin); 252.A: Imago, Berlin (Jochen Tack); 252.C1: Wildlife, Hamburg (D. Harms); 252.C2: Okapia, Frankfurt (Klaus Moll); 253.&: Picture-Alliance, Frankfurt (O. Cabrero i Roura/Okapia); 254.1: Boehme; 255.1: iStockphoto.com, Calgary (Christopher Futcher); 255.2: Shutterstock.com, New York (Valery Sidelnykov); 256.1A: mauritius images, Mittenwald (age fotostock); 256.1B: mauritius images, Mittenwald (Heidi Velten); 256.1C: iStockphoto.com, Calgary (Maica); 256.2: Lappan Verlag, Oldenburg (J. Bauer); 257.3-4: Minkus Images, Isernhagen; 263.2: Johannes Lieder, Ludwigsburg; 263.4A-B: Minkus Images, Isernhagen; 265.2A: fotolia.com, New York (Syda Productions); 265.2B: fotolia.com, New York (flairimages); 265.2C: fotolia.com, New York (Gina Sanders); 266.1: Okapia, Frankfurt (NAS/David M. Phillips); 267.3: mauritius images, Mittenwald (Phototake); 267.4B: TT Nyhetsbyran, Stockholm (Lennart Nilsson); 269.1B: mauritius images, Mittenwald (Kai Mahrholz); 271.1: fotolia.com, New York (famveldman); 271.2A: fotolia.com, New York (Sonja Haja); 271.2B: fotolia.com, New York (Africa Studio); 271.2C: Dieter Rixe, Braunschweig; 272.1: Minkus Images, Isernhagen; 272.3: Zartbitter e.V., Köln; 275.C: Minkus Images, Isernhagen; 276.1: Wildlife, Hamburg (S. Muller); 276.2: Zoonar.com, Hamburg (Alfred Schauhuber); 277.1: Panthermedia.net, München (Colorix); 277.2: fotolia.com, New York (jackwusel); 277.3: Panthermedia.net, München (JuergenL); 278.1: fotolia.com, New York (Jörg Hackemann); 278.2: Zoonar.com, Hamburg (Michael Krabs); 278.3: Shutterstock.com, New York (dugdax); 279.1: Panthermedia.net, München (sherjaca); 279.2: fotolia.com, New York (stritz).

Es war uns nicht in allen Fällen möglich, die Inhaber der Rechte ausfindig zu machen und um Abdruckgenehmigung zu bitten. Berechtigte Ansprüche werden selbstverständlich im Rahmen der üblichen Konditionen abgegolten.